Balzac

Henri Troyat
de l'Académie française

Balzac

Éditions J'ai lu

roquentin   coryphée

béquet

AVANT-PROPOS

Dès mes premières lectures, j'ai subi la fascination de Balzac sans parvenir à séparer mon admiration pour l'écrivain de mon amitié pour l'homme. Aujourd'hui encore, je ne puis évoquer son œuvre monumentale en dehors du puissant et tumultueux torrent de sa vie. A travers les pages de ses romans, c'est toujours lui que je vois, avec son visage massif, ses rires énormes et ses aventures abracadabrantes. Mais qu'on ne cherche pas dans le portrait que je lui consacre à mon tour des documents inédits sur les méandres de sa carrière ou la genèse de ses livres. Il s'agit plutôt d'une visite sentimentale à un personnage démesuré, d'une conversation cœur à cœur avec un compagnon de route aussi surprenant par ses écrits que par ses actes. Pour approcher ce fantôme fraternel et tenter de percer son mystère, je me suis appuyé sur les nombreux ouvrages qui ont précédé le mien. A cet égard, je veux rendre hommage aux remarquables travaux de Roger Pierrot, qui a voué toute son existence à l'étude de l'auteur de *La Comédie humaine*, à la brillante biographie d'André Maurois, *Prométhée ou la Vie de Balzac*, modèle de précision et de sensibilité, à celle, si révélatrice, de Pierre Sipriot, composée comme une mosaïque, à l'inventaire exhaustif des héros et des comparses dans l'excellent *Monde de Balzac* de Félicien Marceau, aux articles savants de divers chercheurs réunis dans les livraisons de *L'Année balzacienne*... Ils m'ont guidé dans ma connaissance d'un démiurge qui nous écrase tous par son extravagance, sa naïveté et son génie. Qu'ils en soient ici remerciés.

H. T.

PREMIÈRE PARTIE

ESSAIS DE PLUME

I

L'ENFANT HONORÉ

Dans les milieux modestes, il est rarement question de généalogie. Chez les Balzac, en revanche, la recherche des ancêtres est de tradition... Dès son plus jeune âge, le petit Honoré entendra ses parents discuter avec passion des mérites de leurs ascendances respectives. Le nom véritable de la lignée est Balssa. Il a été porté par de rudes paysans du hameau de La Nougayrié, près de Canezac, dans le Tarn. Emigrés d'Auvergne, ils sont venus se fixer dans ce village au moment de la croisade contre les Albigeois. Cultivateurs aux reins solides et aux mains calleuses, ils ont subi, pendant des siècles, les vicissitudes des guerres, des mauvaises récoltes, des jacqueries et de l'occupation anglaise. Cela ne les a pas empêchés d'amasser des écus à la sueur de leur front et d'arrondir leurs terres. Bernard Balssa, le grand-père d'Honoré, possédait des prés, des vignes et se paya le luxe d'avoir onze enfants, neuf fils et deux filles. L'aîné, Bernard-François, distingué par le curé de la paroisse pour sa vivacité d'esprit, apprend à lire, à écrire et se retrouve, à treize ans, clerc saute-ruisseau chez un notaire de Canezac. Le temps de se frotter d'un peu de droit et le voici, à vingt-deux ans, dans le cabinet d'un procureur, à Paris. Dans l'intervalle, il a troqué son nom de Balssa contre celui, plus sonore, de Balzac. C'est sous ce nouveau patronyme qu'il entre, en 1776, dans l'administration royale comme secrétaire de Joseph d'Albert, maître des requêtes au Conseil du roi.

D'année en année, il approfondit ses compétences et élargit le cercle de ses relations. Les secousses de la Révolution n'arrêtent pas son ascension dans les charges et les honneurs. Malgré sa sympathie pour quelques partisans de l'ancien régime qui ont favorisé ses débuts, il sait faire preuve de civisme au bon moment et parvient à être nommé directeur des Vivres, des Fourrages, des Approvisionnements de Paris et de ceux de l'armée. Après la victoire de Fleurus (1794), il est muté à Brest, puis à Tours où il assure la subsistance des troupes envoyées pour lutter contre les chouans et la Vendée.

La mode est aux uniformes. Bernard-François en porte un, superbe, bleu brodé d'argent. Il a de l'aplomb, de la repartie et de la gaieté. Son supérieur, Daniel Doumerc, lui trouve si bonne mine et si bon moral qu'il se met en tête de le marier à la fille d'un autre membre du « corps des Vivres », Joseph Sallambier, directeur de la Régie des hospices de Paris. Un seul hic : la promise, Anne-Charlotte-Laure Sallambier, a dix-neuf ans et Bernard-François en a cinquante et un. Une différence de trente-deux ans ! Qu'à cela ne tienne : un homme de bien n'a pas d'âge. Seules comptent la fortune et la réputation des deux conjoints.

Ce qui plaît par-dessus tout à Joseph Sallambier, « drapier drapant » de père en fils, c'est que son futur gendre est, comme lui, franc-maçon. D'une loge à l'autre, la fraternité préside aux choix matrimoniaux et aux préférences politiques. Quant à Bernard-François, bien que célibataire endurci, il ne résiste pas à la

10

beauté réelle et à la docilité apparente de celle qu'on lui destine comme épouse. Elle apporte d'ailleurs en dot une ferme estimée à cent vingt mille francs, alors qu'il ne peut aligner que son traitement de mille huit cents francs par an et quelques rentes raisonnables. Ainsi, dès le départ, l'avenir matériel du couple est-il assuré.

Mais ce que Bernard-François apprécie le plus chez sa fiancée, c'est encore l'éducation rigoureuse qu'elle a reçue de sa mère. Debout à sept heures du matin, elle avait dû, tout enfant, se laver à l'eau froide, nettoyer sa chambre, prendre des leçons de belle écriture de huit à neuf heures, s'occuper à des travaux de couture, de tricot et de dentelle le reste de la journée. Elle n'était autorisée à parler que pour répondre aux questions des grandes personnes, n'ouvrait jamais que les livres recommandés par ses parents et n'avait pas le droit de se regarder dans un miroir, par crainte des pièges de la coquetterie. De toute évidence, tant de restrictions dans l'apprentissage d'une jeune fille ne peuvent que la préparer à être une femme d'ordre et de vertu.

C'est du moins ce que se dit Bernard-François à la veille de ses noces, qui ont lieu le 30 janvier 1797. Or, très vite, il constate que le dressage domestique subi par Charlotte-Laure, loin de l'inciter à la douceur, a singulièrement durci son caractère. Elle est à la fois frivole et autoritaire. Seule sa grâce innée peut faire oublier sa sécheresse de cœur. En tout cas, elle accepte sans rechigner d'être la très jeune épouse d'un barbon. Ses bonnes dispositions sont telles qu'elle lui donne même, un an et trois mois après le mariage, un premier fils, qu'elle se flattera d'allaiter en fervente émule de Jean-Jacques Rousseau. Hélas ! le bébé meurt au bout de trente-trois jours.

Le couple est consterné, mais ne désespère pas de corriger bientôt cette erreur de la nature. Et, en effet, Charlotte-Laure ne tarde pas à être de nouveau enceinte. Un autre fils, robuste et braillard celui-là, vient au monde le 20 mai 1799, dans l'appartement que les Balzac habitent à Tours, au numéro 25 de la rue de l'Armée-d'Italie. Cette seconde naissance renforce Bernard-François dans l'idée qu'il bénéficie, à son âge, d'une constitution de fer. Il a toujours été persuadé que, en s'imposant de boire du lait, de faire de longues promenades, de se coucher tôt et d'éviter au maximum les tracas quotidiens, il pourrait vivre jusqu'à cent ans. Fidèle à l'idéal des Spartiates, il refuse que son fils reçoive une éducation de momeries. Tel est également l'avis de la mère. L'allaitement de leur premier enfant ayant mal réussi, ils décident, comme il est d'usage dans les familles bourgeoises, de placer Honoré en nourrice, à la campagne.

C'est à Saint-Cyr-sur-Loire que le bébé trouve un toit pour l'abriter et un sein pour l'alimenter. Seize mois plus tard, il est rejoint par une sœur, Laure, née le 29 septembre 1800. Dans le couple nourricier, l'homme est brutal, la femme simplette. Pour l'un comme pour l'autre, la présence des petits pensionnaires n'est intéressante que parce qu'elle rapporte quelques sous à la fin du mois. Cette cohabitation de deux enfants chez des étrangers favorise leur affection naissante. Bientôt ils mangent, s'amusent, dorment, rêvent ensemble, et leurs premiers baisers vont remplacer pour eux les caresses maternelles dont ils sont sevrés. Quels que soient les menus chagrins d'Honoré, un sourire de sa sœur le console. Que Laure se plaigne d'un bobo et Honoré, en l'embrassant, parvient à l'apaiser. Devenue Laure Surville, elle notera dans ses *Souvenirs* que son frère se laissait punir à sa place pour lui éviter une réprimande. Cette tendresse quasi incestueuse, à l'âge des hochets et des poupées, berce l'éveil d'Honoré à la vie et exalte sa soif de cajoleries féminines. Il a autant besoin d'aimer que d'être aimé.

Or, les parents ne se soucient guère des états d'âme de leur progéniture. Le père poursuit brillamment sa carrière d'administrateur, la mère soigne ses relations avec les dames les plus huppées de la ville. Le 18 avril 1802, ils ont une deuxième fille, Laurence-Sophie. Sur l'acte de baptême, Bernard-François s'accorde une particule et signe « de Balzac ». L'année suivante, Laure et Honoré sont enfin appelés à regagner le giron de la famille, à Tours. A présent, les Balzac nagent dans l'opulence et la respectabilité. Protégé par le général-préfet de Pommereul, Bernard-François est nommé administrateur de l'Hospice général de Tours, puis adjoint au maire et, pour asseoir sa notoriété, achète un bel hôtel particulier, avec écuries et jardin, au numéro 29 de la rue de l'Indre-et-Loire [1], et la ferme de Saint-Lazare. Attentif aux idées politiques du Premier Consul, bientôt empereur, qui préconise un retour de déférence envers la religion après une période d'anticléricalisme révolutionnaire, il affiche une piété raisonnable et proclame partout son attachement au nouveau régime qui allie le sabre et le goupillon. Son épouse s'épanouit dans les salons avec autant d'aisance qu'il en met à s'imposer dans la magistrature municipale. Lors d'une souscription ouverte en décembre 1802 pour la fondation d'un lycée à Tours, la contribution du « citoyen Balzac », chiffrée à mille trois cents francs, a dépassé celle du général-préfet et celle de l'archevêque. Une telle libéralité suffit à faire considé-

1. Aujourd'hui : 53, rue Nationale.

rer Bernard-François comme un homme de bien et Charlotte-Laure comme une femme dans le vent.

Les personnalités tourangelles se pressent dans leur salon. Pour n'être pas gênés lors des nombreuses réceptions qu'ils organisent chez eux, ils relèguent la marmaille au troisième étage de la maison et engagent une gouvernante, Mlle Delahaye. C'est une créature stricte, zélée et revêche, qui prend son rôle très au sérieux. Chaque matin, conduits par elle, les enfants vont dire bonjour à « maman » et, chaque soir, avant de se coucher, ils renouvellent la scène pour lui souhaiter une bonne nuit. Cette double cérémonie se déroule dans un silence glacial. En approchant leur mère, les bambins ont l'impression qu'elle lit sur leur figure les moindres méfaits qu'ils ont pu commettre dans la journée. Debout devant elle, ils attendent, en tremblant, ses remontrances. Il suffit à Charlotte-Laure d'un de ces regards bleus et froids dont elle a le secret pour que le coupable rentre sous terre. En se retrouvant dans son lit, Honoré se sent plus seul que s'il était orphelin.

Son unique distraction, pendant ces premières années étouffantes de monotonie et d'insensibilité, aura été une visite à Paris, chez ses grands-parents maternels, les Sallambier, qui habitent dans le Marais. Ils le comblent de baisers et de cadeaux, lui permettent même de jouer avec leur gros chien de garde, Mouche. A son retour au foyer, Honoré se découvre plus malheureux encore d'avoir connu tant d'affection et d'en être si brusquement privé. Son père se désintéresse de lui, sa mère le voit à peine et, chaque fois qu'elle le trouve sur son chemin, son visage se ferme. L'un et l'autre appartiennent au monde impénétrable des grandes personnes. Leur vraie vie se situe au rez-de-chaussée de l'hôtel particulier, dont les pièces d'apparat sont l'orgueil du couple. Ici, on reçoit, on papote, on médit, on plaisante et on fait admirer ses atours. Au milieu du salon, décoré de fines boiseries de style Louis XVI et d'une cheminée de marbre surmontée d'une glace, Charlotte-Laure, habillée avec recherche, échange des amabilités avec ses invités provinciaux. Son ton est enjoué, son sourire provocant. Elle est tantôt réservée et tantôt aguicheuse. Dans l'ensemble, les hommes la jugent jolie et spirituelle, tandis que les femmes lui reprochent d'être trop bien mise et de jeter de la poudre aux yeux.

Parmi les habitués de la maison, il y a un réfugié espagnol, Ferdinand Heredia, comte de Prado Castellane. Son assiduité auprès de Charlotte-Laure lui vaut d'être considéré par certains comme l'amant de l'accueillante hôtesse, nantie d'un mari hors d'usage. En fait, Heredia n'est que son chevalier servant. Il l'amuse par ses déclarations, se charge de ses commissions en ville, mais n'obtient d'elle aucune faveur. Plus vraisemblable est la liaison qu'on attribue à Mme Balzac avec un autre familier de son salon, Jean François de Margonne. Epoux d'une femme disgraciée et dévote, il a, en 1807, deux ans de moins que Charlotte-Laure. D'emblée, il tombe amoureux d'elle et exploite son avantage auprès d'une si avenante personne qui ne demande qu'à lui céder. Elle, de son côté, ne s'embarrasse pas de scrupules. Quant à Bernard-François, il ferme les yeux, estimant que son âge doit le rendre tolérant pour les débordements de cœur de sa jeune moitié, à condition que les convenances soient observées.

Peu après, Charlotte-Laure annonce en rougissant qu'elle est enceinte. A la maison, on se réjouit de cette future naissance comme si elle était aussi légitime que les précédentes. Honoré a-t-il été averti qu'il allait

avoir un petit frère ou une petite sœur ? A-t-il soup-
çonné l'infidélité de sa mère ? Plus tard, il n'en doutera
plus et, en juin 1848, le confirmera, noir sur blanc,
dans une lettre à Mme Hanska. En attendant, il subit
les événements sans les interpréter. D'ailleurs, en ce
qui le concerne, le régime n'a pas changé. Il poursuit
ses leçons à la pension Le Guay, où ses parents l'ont
inscrit comme « externe à la lecture ». Mais il y a une
innovation dans le train-train de la maison. Le soir, les
enfants écoutent leur père ou leur mère commenter à
leur intention des passages de la Bible. Chaque dimanche, la famille se rend à la cathédrale où elle est « abon-
née aux chaises ». Pour Mme Balzac, même enceinte
des œuvres d'un autre que son mari, la religion va de
pair avec la respectabilité bourgeoise. Quand on a un
rang à tenir, il est indispensable de se montrer régulièrement à l'église. Toutefois, la date de l'accouchement approchant, elle juge préférable d'écarter
Honoré. Dès la fin de juin 1807, il est retiré de la pension Le Guay pour être placé comme interne dans un
collège éloigné, à Vendôme. Son entrée dans l'établissement est signalée ainsi sur le registre : « Honoré Balzac [la particule a été ignorée par le scribe], âgé de
huit ans cinq mois [*sic*], a eu la petite vérole, sans
infirmité ; caractère sanguin, s'échauffant facilement,
sujet à quelques fièvres de chaleur. Entré au Pensionnat le 22 juin 1807. S'adresser à M. Balzac, son père,
à Tours. »

Quelques mois plus tard, le 21 décembre 1807, Charlotte-Laure donne le jour à un second fils. Le père légitime et le père naturel en sont également ravis. Le
bébé, aussitôt déclaré à la mairie et baptisé, reçoit le
prénom de Henry, qui est celui du beau-père et oncle
de Margonne, Henri-Joseph Savary, choisi comme parrain pour la circonstance. Rien à redire. Les apparen-

ces sont sauves. La bonne société de Tours congratule la jeune accouchée et le mari sexagénaire. Relégué au collège de Vendôme, Honoré se demande s'il doit se réjouir d'avoir un frère, qui un jour peut-être partagera ses jeux, ou craindre que le nouveau venu n'aigrisse encore le caractère de sa mère, déjà agacée d'avoir trop d'enfants à élever. Et puis, il y a la séparation d'avec Laure. Comment pourrait-il vivre loin d'elle ? Il était à la fois son protecteur et son protégé. A elle seule, elle lui tenait lieu de famille. Décidément, les parents n'ont aucun égard pour les sentiments de leurs rejetons. Ils ignorent les tourments d'un jeune cœur pour ne penser qu'à leur réussite mondaine et à leurs amours plus ou moins avouées. Par moments, Honoré se dit qu'il aimerait mieux être le chien Mouche de grand-père que le fils aîné de M. et Mme Balzac.

II

PREMIÈRES ÉTUDES

Bien que sécularisé sous la Révolution, le collège de Vendôme, tenu jadis par les oratoriens, n'a rien perdu de sa traditionnelle rigueur. Si les professeurs ont pris quelque distance avec la religion, ils appliquent à leurs élèves les mêmes méthodes de discipline et d'enseignement que du temps de la royauté. A la tête de l'établissement, figurent deux anciens prêtres assermentés et mariés, Lazare-François Mareschal et Jean-Philibert Dessaignes, qui ont épousé en 1794, le même jour, les deux filles d'un notaire, Me René Renou, et sont devenus ainsi beaux-frères. Sous leur férule, les enfants sont contraints d'oublier les douceurs de la vie familiale et l'habitude des vains amusements de leur âge. Confinés entre les murs de cette prison du savoir, ils n'en sortent même pas pour les grandes vacances. Leur uniforme comprend un chapeau rond, un collet bleu ciel et un costume de drap gris, dont l'étoffe est fournie par la direction et l'entretien assuré par les pensionnaires. De fréquentes inspections de détail les obligent à prendre un soin minutieux de leurs affaires. Une fois par mois, ils ont le droit d'écrire une lettre à leurs parents. Ceux-ci sont priés d'éviter les visites, qui risquent d'amollir le caractère des petits captifs. En six ans, Honoré ne les verra qu'à deux reprises.

Le dimanche, ils se rendent en rangs dans la propriété de M. Mareschal. Là, on herborise, on monte sur des échasses, on joue à la balle et on s'instruit en regardant vivre les animaux de la ferme. Chaque élève a la surveillance d'un pigeon qu'il nourrit en prélevant quelques miettes sur sa ration au réfectoire. Parfois, les maîtres entraînent les gamins, à l'aube, pour visiter une forge, ou une verrerie, ou un moulin, les font déjeuner frugalement sur l'herbe et les ramènent, exténués, au bercail.

En classe, les pensums pleuvent dru sur les cervelles distraites. Les punitions corporelles sont également fréquentes. Agenouillé devant la chaire du régent, le coupable se voit appliquer sur les doigts des coups de lanières de cuir jusqu'à ce qu'il demande grâce. Non moins redoutables sont les séjours dans une sorte de cachot, ménagé sous l'escalier et appelé l'« alcôve », ou dans les « culottes de bois », cellules de six pieds carrés réservées, dans un coin du dortoir, aux fortes têtes. Les bons sujets, en revanche, reçoivent la croix et l'autorisation de feuilleter des livres divertissants, choisis par une petite académie de cracks. Mais Honoré ne connaîtra jamais cet honneur. Quand il entre, parmi les « minimes », au collège de Vendôme, il n'est qu'un garçon balourd, joufflu, timide, paresseux et mélancolique. Il écrira dans son roman autobiographique, *Louis Lambert* : « Situé au milieu de la ville, sur la petite rivière du Loir qui en baigne les bâtiments, le collège forme une vaste enceinte soigneusement close où sont enfermés les établissements nécessaires à une Institution de ce genre : une chapelle, un théâtre, une infirmerie, une boulangerie, des jardins, des cours d'eau. Ce collège, le plus célèbre foyer d'instruction que possèdent les provinces du Centre, est alimenté par elles et par nos colonies [...]. Tout portait l'empreinte de l'uniforme monastique. »

Très vite, la vie en communauté semble à Honoré asphyxiante et injuste. Ses compagnons, ignares, rudes et bruyants, le déçoivent. Il ne peut pardonner à sa mère de l'avoir fourré dans cette geôle. D'autant que, pour éviter les tentations, elle le prive d'argent de poche. On dirait qu'elle prend plaisir à lui refuser non seulement la tendresse, mais encore les plus élémentaires commodités. Les parents des autres élèves assistent aux distributions de prix. Les siens ne se dérangent même pas pour cette grande occasion. Il est vrai qu'il ne leur offre aucun motif de fierté. Ses notes sont médiocres. Sa conduite laisse à désirer. Désespérant de l'amender, M. Mareschal écrit : « Rien à tirer de lui, ni leçons ni devoirs, répugnance invincible à s'occuper d'un travail commandé. » Sitôt qu'il décroche un satisfecit, il pavoise et l'annonce à sa mère. La première lettre de lui qu'on ait retrouvée est datée du 1er mai 1809. Il a dix ans : « Ma chère maman, je pense que mon papa a été désolé quand il a su que j'ai été à l'alcôve. Je te prie de le consoler en lui disant que j'ai eu un accessit. Je n'oublie pas de me frotter les dents avec mon mouchoir. J'ai fait un chayer [*sic* pour cahier] où je recopie mes chayers nettement et j'ai des bons points et c'est de cette manière que je compte te faire plaisir. Je t'embrasse de tout mon cœur et toute la famille et tous les messieurs de ma connaissance. » Et il signe : « Balzac, Honoré, ton fils soumis et affectionné. »

L'accessit de discours latin, qui devrait « consoler » son père, est matérialisé par un petit volume relié en basane fauve : *Histoire de Charles XII, roi de Suède*. Il est enrichi d'une inscription en lettres dorées : « Prix d'Honoré Balzac, 1808[1]. » Avec quel orgueil l'enfant a dû contempler cette attestation officielle de sa réussite ! Comme il a espéré que ses parents lui en sauraient gré ! Mais ils attendent de lui de plus éclatantes performances. Et il craint de ne pouvoir jamais être à la hauteur de leurs ambitions. Son véritable recours contre les vicissitudes de la vie scolaire, il le trouve chez un professeur, prêtre assermenté, régent de cinquième, Hyacinthe-Laurent Lefèbvre. Chargé de classer la vaste bibliothèque du collège, dont les volumes proviennent pour la plupart du pillage des châteaux et des abbayes pendant la Révolution, le père Lefèbvre donne des leçons de mathématiques à Honoré, qui est très faible en cette matière, alors que Bernard-François le destine à Polytechnique. En réalité, le maître et l'élève sont davantage attirés par les chefs-d'œuvre de la littérature que par les arcanes des chiffres et des équations. Au lieu d'inciter Honoré à piocher les manuels de sciences, le père Lefèbvre l'encourage à lire, pendant les répétitions, des ouvrages empruntés au fonds du collège. Lui-même est poète et philosophe à ses heures. L'exaltation du gamin lui rappelle sa propre jeunesse. Il décèle en lui une imagination, une fougue, un besoin de se perdre dans des rêveries sans fin qui tranchent sur la platitude d'esprit de ses camarades. A l'insu de tous, ils échangent leurs impressions sur les dernières pages qu'Honoré a dévorées en cachette. C'est, entre cet homme de quarante ans et ce garçon de onze ans, une complicité intellectuelle foisonnante. Ils appartiennent à la même race : celle des chasseurs de mirages. Evoquant ses années d'apprentissage sous la direction débonnaire du père Lefèbvre, Balzac écrira encore dans *Louis Lambert* : « Donc, en

1. Cf. André Maurois, *Prométhée ou la Vie de Balzac*.

vertu d'un pacte tacitement convenu entre nous deux, je ne me plaignais point de ne rien apprendre et lui se taisait sur mes emprunts de livres. »

Il avale pêle-mêle tout ce qui lui tombe sous les yeux, avec une prédilection marquée pour les ouvrages didactiques. Pendant les récréations, il dédaigne de se mêler aux jeux de ses compagnons et se réfugie sous un arbre, l'air absent, un livre à la main. La punition de l'« alcôve » le ravit parce qu'elle lui permet de s'isoler avec la pensée d'un auteur. Ces lectures, conduites avec fièvre et sans discernement, excitent son désir d'égaler les écrivains qu'il admire. Sa mémoire est phénoménale. Il suffit qu'il ait parcouru un texte pour en retenir les moindres détails. Approvisionnée de cent côtés à la fois, sa tête devient un prodigieux fourre-tout. Dès à présent, il étonne le père Lefèbvre par le bric-à-brac de ses connaissances et la vivacité de ses jugements. Sans le dire ouvertement, il est persuadé que, tôt ou tard, il donnera la mesure de ses nombreux talents. De quelle façon ? Il l'ignore encore. Mais l'effervescence de son cerveau est telle qu'il se sent appelé à conquérir le monde. Autour de lui, personne, semble-t-il, ne se doute du grand avenir auquel il se destine. Même le père Lefèbvre, qui le tient certes pour un élève doué et original, ne l'imagine pas au faîte de la gloire. Quant à ses autres professeurs et à ses condisciples, ils ne voient en lui qu'un garçon bizarre, remarquable par sa fâcheuse tendance à plastronner et un goût immodéré pour la chose écrite.

Poussé par son engouement pour André Chénier, il s'évertue à composer des vers. Il en citera un, dédié au peuple inca, dans *Louis Lambert* : « (Ô Inca ! ô roi infortuné et malheureux ! » Malgré l'imperfection de cet alexandrin de treize pieds, il persévère et déclame ses élucubrations à ses camarades, qui le surnomment ironiquement « le Poète ». Au vrai, cependant, il se considère comme étant moins fait pour la musique des mots que pour le tumulte des idées. Ce qui le tourmente, c'est la notion d'une force supérieure qu'il n'ose nommer Dieu et qui gouverne le monde selon des lois mystérieuses. A l'exemple de la plupart de ses compagnons, il est irréligieux, mais éprouve une vertigineuse attirance vers l'au-delà. Il pose au voltairien et embarrasse l'aumônier par des questions insolentes, alors même qu'il voudrait croire. Préparant sa première communion, il demande à brûle-pourpoint au chapelain du collège, le père Habert, où Dieu a pris le monde. Celui-ci lui répond par la phrase sibylline de saint Jean : « Au commencement était le Verbe et le Verbe était en Dieu. » Insatisfait par cette explication, il veut savoir d'où vient le Verbe. « De Dieu », réplique le prêtre. « Alors, si tout vient de Dieu, comment peut-il y avoir du mal en ce monde ? » interroge l'enfant. Et Balzac de conclure, dans un texte écrit à la première personne et destiné à être une contrepartie virulente de *Louis Lambert* : « Le bonhomme n'était pas fort, il comprenait la religion comme un sentiment, il en acceptait le dogme sans pouvoir l'expliquer. Mais ce n'était pas un saint ; comme il n'avait plus de chou à me couper, il se mit en colère, et il me fit donner deux jours de prison pour l'avoir interrompu pendant l'enseignement du catéchisme [1]. »

Un autre châtiment, plus grave, est la confiscation, par le régent François Haugou, d'un manuscrit du philosophe en herbe, intitulé : *Traité de la volonté*. « Voilà donc les bêtises pour lesquelles vous négligez vos devoirs ! » s'écrie le redoutable magister, face à Louis

---

1. *Ecce homo* (dans *Etudes philosophiques*) ; cité par Roger Pierrot, *Honoré de Balzac*.

Lambert, alter ego de Balzac. « Louis Lambert et lui [Balzac] ne font qu'un, écrira sa sœur, Laure Surville, c'est Balzac en deux personnes. La vie du collège, les petits événements de ces jours, ce qu'il y souffrit et y pensa, tout est vrai, jusqu'à ce *Traité de la volonté* qu'un de ses professeurs (qu'il nomme) brûla sans le lire, dans sa colère de le trouver au lieu du devoir qu'il demandait. Mon frère regretta toujours cet écrit comme un monument de son intelligence à cet âge. »

Déjà obsédé par le besoin de confier ses rêveries au papier, Honoré est de plus en plus hostile à la discipline de fer du collège. Tout ce qu'on veut lui faire apprendre l'horripile, tout ce qu'il apprend de son côté le passionne. Enfermé dans la grise prison de Vendôme, il n'a que ses propres pensées pour horizon. « Homme d'idées, écrira-t-il de Louis Lambert [c'est-à-dire de lui-même], il lui fallut étancher la soif de son cerveau qui voulait s'assimiler toutes les idées [...]. Les bénéfices de cette magnifique période, accomplie chez les autres hommes après de longues études seulement, échurent donc à Lambert pendant son enfance corporelle. » A quatorze ans, Honoré a une activité intellectuelle si intense, au milieu de ses banales obligations de potache, qu'il en arrive à se croire au bord de la folie. Sous son crâne, le bouillonnement des théories, des réminiscences, des projets évoque la surchauffe d'un liquide. « Honoré ressemblait à ces somnambules qui dorment les yeux ouverts, attestera Laure Surville. Il n'entendait pas la plupart des questions qu'on lui adressait et ne savait que répondre quand on lui demandait brusquement : « A quoi pensez-vous ? Où êtes-vous ? » Cet état surprenant [...] provenait d'une espèce de congestion d'idées [...] ; il avait lu, à l'insu de ses professeurs, une grande partie de la bibliothèque du collège [...] ; c'était dans le cachot où il se faisait

mettre journellement qu'il dévorait ces livres sérieux. »
Elle prétendra même qu'il était « atteint d'une espèce
de *coma* qui inquiétait d'autant plus ses maîtres qu'ils
n'en voyaient pas la cause ».

Cette hébétude douloureuse, jointe à des accès
d'indiscipline, voire de provocation, incite la direction
du collège à se débarrasser d'un élève dont le tempérament se plie mal à l'esprit de la communauté. Le
22 avril 1813, les Balzac sont priés de retirer leur fils
de l'établissement où, après six ans d'internat, la poursuite de son séjour est jugée indésirable. Chassé comme
un galeux, au milieu de l'année scolaire, Honoré craint
la violence de la réaction maternelle. Charlotte-Laure
ne va-t-elle pas se sentir personnellement outragée par
ce renvoi ? Mais il a si mauvaise mine et l'air si égaré
que ses parents, alarmés, lui épargnent, pour une fois,
les reproches. Ils comptent sur l'air vif et la saine nourriture pour le remplumer. En vérité, le miracle
qu'Honoré attend de ce retour en famille, ce ne sont
ni la libre promenade à travers la campagne ni la
bonne table qui vont le lui offrir. Rien de tout cela ne
vaut la présence de Laure, enfin retrouvée, qui a
grandi, embelli, qui l'aime et le comprend mieux que
quiconque.

III

DÉCOUVERTE DE LA FAMILLE

On croit connaître sa famille et, après six ans de séparation, on la découvre avec l'étonnement d'un étranger qui débarquerait d'un long voyage. C'est du moins ce que se dit Honoré devant tous ces êtres si proches de lui et dont cependant il doit réapprendre les visages, les habitudes et les sentiments. Si Laure, la sœur élue, est de plain-pied avec lui par l'âge et les préférences, son autre sœur, Laurence, qui n'a que onze ans, lui apparaît comme une quantité négligeable. Quant à son petit frère Henry, remarquable par ses caprices, ses mines et ses bredouillements, il ne mérite que le mépris. Or, c'est sur ce marmot que sa mère déverse toute son admiration et toute sa tendresse. Il lui rappelle Jean de Margonne, l'homme qu'elle a aimé, qu'elle aime encore sans doute. Elle ne tarit pas d'éloges sur les moindres mots, les moindres gestes du rejeton adultérin, tandis qu'Honoré n'a droit qu'à son indifférence ou à ses réprimandes. Nul ne lui a encore donné l'impression d'une telle aversion pour ses idées et pour sa personne. Comment ose-t-elle le traiter avec tant de froideur alors qu'elle se répand en amabilités dans son salon, parmi des invités qui ne lui sont rien ? On dirait qu'elle veut plaire à tout le monde, sauf à lui.

En ville, les méchantes langues l'accusent d'avoir des aventures. Certains observent qu'elle parle avec trop d'insistance de son « vieux mari ». A l'opposé de Bernard-François, elle affiche une piété ombrageuse. Ceux qui la voient régulièrement à l'église affirment qu'ils ne sont pas dupes de sa bigoterie. Il est de notoriété publique qu'elle quitte volontiers son bréviaire pour lire les écrits de Mesmer et qu'elle pratique le magnétisme.

Si Honoré se sent peu d'affinités avec sa mère, il éprouve pour son père de l'estime et même une sympathie émue. Malgré les aléas de sa carrière, Bernard-François paraît toujours d'excellente humeur. Grand lecteur de Montaigne, de Voltaire et de Rabelais, il a l'esprit ouvert à toutes les disciplines, le cœur joyeux et le tempérament combatif. Depuis que son ancien protecteur, le gentil baron de Pommereul, a été remplacé dans ses fonctions de préfet par le sourcilleux baron Lambert, il doit lutter contre les intrigues de ce nouveau roitelet de la région qui lui cherche des poux dans la tête. Celui-ci, agacé par les allures fanfaronnes et le scepticisme de Bernard-François, voudrait le priver de ses postes avantageux d'administrateur de l'Hospice général de Tours et d'agent général des Vivres de la 22ᵉ division militaire. Une cabale locale appuie le préfet dans ses reproches. On parle même de malversations du sieur Balzac. Mais l'intéressé peut compter sur le soutien de son ministre. Soucieux de donner un gage aux plus hautes autorités, il publie, coup sur coup, plusieurs brochures témoignant de son intérêt pour l'ordre public et de son attachement à l'Empire. Comme son fils, il a le goût de l'écriture. Toutefois, les sujets qu'il traite sont loin de ceux qui inspirent Honoré.

En 1807, l'imprimerie Mame, à Tours, sort de ses

presses un opuscule de M. Balzac, « adjoint au maire et l'un des administrateurs de l'Hospice général », intitulé : *Mémoire sur les moyens de prévenir les vols et assassinats, et de ramener les hommes qui les commettent aux travaux de la Société, et sur les moyens de simplifier l'ordre judiciaire.* Dans ce texte ronflant, l'auteur prend fait et cause pour les criminels libérés du bagne et de la prison, dont l'avenir est compromis par une feuille de route infamante qu'ils doivent présenter à toute réquisition. Nul ne s'avise de les employer, à la vue de ce document, et cela les oblige à tuer et à voler pour subsister. Si on veut éviter la récidive, il faut, suggère Bernard-François, créer des ateliers où ils trouveraient du travail et recevraient un salaire décent. L'année suivante, deuxième opuscule : *Mémoire sur le scandaleux désordre causé par les jeunes filles trompées et abandonnées dans un absolu dénuement et sur les moyens d'utiliser une portion de population perdue pour l'Etat et très funeste à l'ordre social.* Réflexion bienvenue, car le code Napoléon a interdit la recherche de paternité. Dans ces conditions, une fille enceinte et non mariée ne peut se placer nulle part. Elle n'a d'autre ressource que la prostitution. Pourtant, le remède est simple : instituer dans tous les hospices des offices gratuits pour les filles mères. L'auteur a, dit-il, expérimenté ce moyen avec succès, à Tours. Cette fois encore, il montre une plume pompeuse et un cœur généreux. Un an se passe et, en 1809, un troisième opuscule voit le jour : *Mémoire sur deux grandes obligations à remplir par les Français.* A présent, il veut rendre hommage au génie de Napoléon afin de s'assurer la bienveillance des pouvoirs publics et propose de lui ériger une pyramide colossale entre les Tuileries et la cour du Louvre. Encore un an et, en 1810, incapable de contenir son besoin de noircir du papier et d'enseigner ses semblables, il s'exprime doctement, en soixante-cinq pages, sur l'*Histoire de la rage et [le] moyen d'en préserver, comme autrefois, les hommes*. Mais, entre-temps, il a été démis de ses fonctions d'adjoint au maire. Sans se démonter, il adresse un rapport élogieux sur ses activités à la chancellerie de la Légion d'honneur. Il espère la croix, qu'il a, pense-t-il, cent fois méritée. Aucune suite n'est donnée à sa requête. Sans doute ses concurrents dans la course au ruban rouge sont-ils trop nombreux et trop bien recommandés. Il ne s'en formalise pas et persévère dans ses efforts pour se faire apprécier dans les hautes sphères. Son désir d'être distingué est si pressant que, lors de la chute de l'Empire, il retournera élégamment sa veste. Sous la première Restauration, il n'invitera plus les Français à élever une pyramide à Napoléon, mais une statue à Henri IV, afin d'affirmer pour les siècles à venir « leur amour envers la dynastie ».

Rien ne l'excite plus que de lancer ainsi des projets utopiques à la face de ses contemporains. Il est à la fois naïf et grandiloquent, plein de bons sentiments et de petites ruses. Sa fortune est rondelette. Dans un questionnaire administratif de 1807, il avoue « trente mille francs de rente environ[1] ».

La même année, il figure au neuvième rang parmi les trente-cinq personnes les plus imposées à Tours. Il n'a pas son pareil pour faire fructifier un capital tout en se prévalant de théories humanitaires. Quand Honoré l'entend développer en famille ses idées sur la politique et la société, il ne peut s'empêcher d'admirer sa faconde, son assurance et son optimisme. En outre,

1. Il faudrait multiplier par vingt les chiffres donnés en francs de l'époque pour obtenir une somme à peu près équivalente en francs actuels.

il apprécie que, dans l'importante bibliothèque de son père, les grands auteurs latins et français, les philosophes d'autrefois et d'aujourd'hui, les historiens, les poètes, les pamphlétaires fassent si bon ménage. Il se délecte à lire Voltaire, Rousseau, Chateaubriand et même quelques écrivains mystiques, favoris de sa mère. L'initiation intellectuelle, commencée à Vendôme, se poursuit à Tours dans le même désordre. La maison des Balzac bourdonne de harangues, de plaisanteries, de paradoxes, de superstitions, de références littéraires et de discussions passionnées autour des vastes idées et des petits événements quotidiens. Placé au centre de ce tohu-bohu, Honoré enregistre tout, visages, propos, environnement. Les parents, les sœurs, le frère, les amis de la maison, la grand-mère Sallambier, qui est devenue veuve et vit, renfrognée, chez son gendre qu'elle n'aime pas, les doux aspects de la Touraine, les beaux hôtels et les secrètes églises de la ville, les cancans locaux, les bribes de lecture, tout cela s'engouffre dans sa tête et n'en bouge plus. Son cerveau est un attrape-mouches. Ce qui vole à proximité de lui est immédiatement capté et retenu. « Il amassait des matériaux sans savoir à quel édifice ils serviraient », écrira Laure Surville.

Il serait volontiers resté des années dans ce climat d'oisiveté féconde et de fraternelle chaleur, mais son père n'a pas renoncé à son rêve de Polytechnique. Au début de l'été 1813, Honoré est placé comme pensionnaire dans une institution parisienne, rue de Thorigny, dans le Marais, dirigée par MM. Beuzelin et Ganser. De là il est conduit chaque jour, avec les autres élèves, au collège Charlemagne. Il y retrouve l'ennui des études obligatoires après les joyeux vagabondages de la pensée qu'il a connus à Tours. Mais, en cette période troublée, les esprits se soucient plus de politique que de culture. Napoléon, revenu à Paris, surveille la progression des armées étrangères qui menacent la France. L'Aigle sait qu'à moins d'un miracle l'Empire est condamné. Prévoyant le pire, il confie Marie-Louise et le roi de Rome aux officiers de la garde nationale. Le 13 janvier 1814, il passe en revue trente bataillons d'infanterie et quarante escadrons de cavalerie aux Tuileries, autour du Carrousel. Les Parisiens sont conviés à cette gigantesque parade, ultime défi du régime agonisant aux différentes nations qui mènent la curée. Sans doute Honoré assista-t-il, avec tous les élèves du collège, à cette cérémonie glorieuse et funèbre. Il écrira dans *La Femme de trente ans* : « L'air, en agitant les plumets des soldats, les faisait ondoyer comme les arbres d'une forêt courbés sous un vent impétueux. [...] La France allait faire ses adieux à Napoléon à la veille d'une campagne dont les dangers étaient prévus par le moindre citoyen. [...] Entre la plupart des assistants et des militaires, il se disait des adieux peut-être éternels ; mais tous les cœurs, même les plus hostiles à l'Empereur, adressaient au ciel des vœux ardents pour la gloire de la patrie. Les hommes les plus fatigués de la lutte commencée entre l'Europe et la France avaient tous déposé leurs haines en passant sous l'Arc de Triomphe, comprenant qu'au jour du danger Napoléon était toute la France. » Lorsque l'empereur paraît, Honoré éclate d'enthousiasme. Il voudrait offrir ses bras, sa poitrine pour le défendre. Et, en même temps, il rêve de devenir son égal dans la célébrité. Conduire tout un peuple ou, du moins, occuper l'esprit de millions d'inconnus par sa pensée, par son audace, par son talent, y a-t-il un destin plus enviable pour un mortel ? Avec avidité, il note que son héros du moment est « un petit homme assez gros, vêtu d'un uniforme vert, d'une culotte blanche et chaussé de bottes à l'écuyère ».

Il a sur la tête « un chapeau à trois cornes, aussi prestigieux que l'homme lui-même ». Le large ruban de la Légion d'honneur barre sa poitrine. Il porte « une petite épée au côté ». Devant lui, les tambours battent aux champs, les cuivres sonnent. « A ce belliqueux appel, les âmes tressaillirent, les drapeaux saluèrent, les soldats présentèrent les armes par un mouvement unanime et régulier qui agita les fusils depuis le premier rang jusqu'au dernier dans le Carrousel. »

Les événements se précipitent. Malgré quelques victoires, achetées au prix du sang des jeunes recrues, Napoléon doit battre en retraite. Craignant la défaite totale et le sac de Paris, Mme Balzac accourt, dès le début de mars 1814, pour chercher son fils et le ramener à Tours. Il est désespéré de manquer le spectacle des derniers combats et de ne pouvoir, lui aussi, payer son tribut de courage à la patrie. Mais il faut se résigner à survivre. Le 31 mars, les Alliés occupent la capitale. Le 6 avril, le Sénat, sous l'influence de Talleyrand, vote une constitution qui appelle Louis XVIII au trône. Napoléon abdique à Fontainebleau et est relégué à l'île d'Elbe.

Entre-temps, Bernard-François a dû renoncer à ses fonctions d'administrateur de l'Hospice général de Tours. C'est avec philosophie qu'il accepte de servir la royauté comme il a servi l'Empire. Pris dans l'agitation des notables opportunistes qui changent d'opinion selon la direction du vent, il donne une seconde édition de l'*Histoire de la rage*, mais expurgée, afin que n'y figure aucun hommage à l'empereur exilé. Puis il expédie la brochure au ministre de la Maison du roi, le comte de Blacas, qui lui en accuse réception et l'en félicite. Quant au projet de statue à la mémoire d'Henri IV, l'administration en approuve l'initiative, mais se garde bien de certifier qu'elle prendra les frais à sa charge. Bernard-François n'en rêve pas moins à la prochaine réalisation de son vœu et aux conséquences bénéfiques qu'elle aura pour sa carrière. Sans doute est-il moins triste que son fils de ne plus voir l'empereur occuper le devant de la scène.

Quelques jours après son retour au bercail, Honoré entre comme externe, en classe de troisième, au collège de Tours. Il en suit les cours sans zèle excessif, mais sans paresse ostentatoire, et obtient même un prix et un accessit qui lui valent la « décoration du Lys », généreusement distribuée, sous la Restauration, aux élèves méritants pour gagner la jeunesse à la cause du nouveau régime. Dans le document authentifiant cette distinction scolaire, le patronyme d'Honoré est même gratifié de la particule : « M. de Balzac (Honoré). » Cette noblesse qui lui tombe soudain sur les épaules n'est pas pour lui déplaire. Louis XVIII, tout mollasson qu'il paraisse, est peut-être un souverain avisé. D'ailleurs, le duc d'Angoulême, neveu et porte-parole du roi, prêche partout l'oubli du passé, la réconciliation nationale, la liberté du culte et promet le renouveau de la prospérité. Comment ne pas le croire ? A deux reprises, il s'est rendu à Tours pour faire acclamer son oncle. Pour sa seconde visite, le 6 août 1814, un grand bal est organisé chez un notable de la ville, M. Papion. Les échos de cette fête apparaîtront dans une page du *Lys dans la vallée*. Le jeune narrateur, Félix de Vandenesse, est manifestement une incarnation d'Honoré à quinze ans.

Il a obtenu que sa mère lui fasse confectionner un « habit bleu barbeau » pour participer à la réception. Avec ses bas de soie, ses escarpins et sa chemise à jabot, il a l'impression d'avoir troqué la dégaine d'un potache contre celle d'un galant cavalier. « Je me faufilai sous une tente construite dans les jardins de la maison Papion, raconte-t-il, et j'arrivai près du fauteuil où trônait le prince. [...] Les cuivres ardents et les éclats bourboniens de la musique militaire étaient étouffés sous les hourras de : "Vive le duc d'Angoulême ! Vive le Roi ! Vivent les Bourbons !" Cette fête était une débâcle d'enthousiasme où chacun s'efforçait de se surpasser dans le féroce empressement de courir au soleil levant des Bourbons, véritable égoïsme de parti qui me laissa froid, me rapetissa, me replia sur moi-même. »

Emporté « comme un fétu dans un tourbillon », Honoré se laisse choir, tout ahuri, sur une banquette, à côté d'une jeune femme dont la beauté et le parfum le bouleversent. Il est surtout fasciné par les épaules de l'inconnue, « légèrement rosées, qui semblaient rougir comme si elles se trouvaient nues pour la première fois ». Frissonnant de désir, il se hausse imperceptiblement pour mieux voir le corsage et surprend « une gorge chastement couverte d'une gaze, mais dont les globes azurés et d'une rondeur parfaite étaient douillettement couchés dans des flots de dentelle ». Alors, perdant la raison, il se jette sur sa voisine et dépose des baisers « sur toutes ces épaules en y roulant [sa] tête ». La dame, offusquée, le repousse. « J'eus honte de moi. Je restai tout hébété, savourant la pomme que je venais de voler, gardant sur mes lèvres la chaleur de ce sang que j'avais aspiré, ne me repentant de rien et suivant du regard cette femme descendue des cieux. »

Ce brusque passage de l'enfance à la virilité effraie Honoré par sa violence incontrôlable. Du jour au lendemain, la femme cesse de lui apparaître comme une figure éthérée pour devenir un être de chair, palpable de la tête aux pieds, respirable, nécessaire à l'assouvissement de la faim qui le tenaille jusqu'au malaise. Une nouvelle période s'ouvre dans son existence d'adolescent inquiet et vorace. Les rêves de réussite dans l'art, dans la politique, dans la société se compliquent d'un besoin presque bestial de possession amoureuse. Il a hâte de s'évader du collège, afin de pouvoir à la fois empoigner le monde à bras-le-corps et rencontrer une créature de haut rang qui l'initiera à tous les secrets de l'union dans un lit.

Comme pour répondre à ce double souhait, voilà que la famille entière doit changer de résidence et de mode de vie. Le 1er novembre 1814, Bernard-François apprend qu'il a été nommé directeur des Vivres à Paris. Il est redevable de cette promotion à son ancien protecteur, le munitionnaire Auguste Doumerc. Son traitement annuel sera de sept mille cinq cents francs. Décidément, la royauté a du bon. A plus de soixante-huit ans, l'ex-adjoint au maire de province reprend du poil de la bête. Branle-bas de combat. La maison a déjà été vendue quarante mille francs par-devant notaire, en prévision d'un déménagement dans les mois à venir. Les valises sont vite bouclées. On dit adieu aux amis sans trop les regretter. Et, dès la mi-novembre, les Balzac au complet quittent Tours pour s'installer à Paris, 40[1], rue du Temple, dans le quartier du Marais. Honoré voit dans cette transplantation inespérée les signes avant-coureurs de ses propres succès par-delà les travaux scolaires.

1. Maintenant 122.

IV

PARIS, LE RETOUR DE NAPOLÉON,
LA BASOCHE

Paris sans Napoléon ! Ce qu'Honoré croyait impossible est devenu une honteuse et tranquille réalité. La vie continue comme à l'ordinaire, avec ses théâtres pleins, ses salons clapotant de médisances, ses restaurants gastronomiques, ses pauvres gargotes, ses boutiques de mode, ses concierges en pantoufles, ses porteurs d'eau, ses marchands ambulants, ses chevriers, ses ravaudeurs nichés sous les porches, ses ouvriers ivres, titubant à la tombée du soir, dans les rues mal éclairées, entre des amas de détritus. La consigne est de s'adapter à toutes les incommodités. Et d'abord au nouveau régime. Chez les Balzac comme ailleurs, on s'éclaire à la chandelle ou à la lampe Quinquet, on se chauffe au bois, on s'approvisionne auprès des petits commerçants du coin. Oncles, tantes, cousins, cousines, la tribu des Sallambier est rassemblée dans cette partie du Marais. Le quartier appartient à la moyenne bourgeoisie, aux artisans, aux retraités d'excellent aloi. Tous ces gens de bien ont traversé le règne de Louis XVI, la Révolution, l'Empire et abordent la Restauration avec un scepticisme résigné. Ce qu'ils veulent, c'est l'ordre, la paix et de suffisantes rentrées d'argent. Ils parlent peu de politique et préfèrent aller consulter les journaux au café plutôt que d'afficher leurs opinions en s'abonnant à une feuille déterminée. *Le Quotidien* ou *La Gazette de France* désignent un ultra-royaliste, *Le Constitutionnel* ou *Les Débats* un libéral [1]. En lisant tout, on ne s'engage ni dans un camp ni dans l'autre, ce qui, par ces temps de controverse, est de la plus élémentaire sagesse.

Bernard-François est, pour sa part, résolu à la prudence. Pour témoigner de sa docilité aux événements, il confie Honoré à une institution tenue par un monarchiste farouche, Jacques-François Lepître. Le pensionnat est situé non loin de la maison, aux numéros 9 et 11 de la rue Saint-Louis-au-Marais, dans l'ancien hôtel de Joyeuse [2]. Le directeur, Lepître, est un gros homme pied bot, qui ne se déplace qu'en s'appuyant sur une béquille. Il a jadis participé au complot des royalistes pour enlever Marie-Antoinette du Temple. Dénoncé par une femme de ménage, jugé, incarcéré à la Conciergerie, il est parvenu à se justifier, a échappé par miracle à la guillotine alors que son complice, Toulan, finissait sous le couperet et, dès l'accession de Louis XVIII au trône, a été congratulé pour sa fidélité à la monarchie et décoré de la Légion d'honneur. Parmi les parents d'élèves, il a la réputation d'un érudit (n'a-t-il pas publié une *Histoire des dieux, des demi-dieux et des héros, adorés à Rome et dans la Grèce* ?) et d'un homme de droiture et de tradition.

La discipline est stricte. Sous la surveillance des « gâcheux » – ainsi nommait-on à l'époque les maîtres d'internat –, les enfants sont tirés du lit à l'aube, se

1. Cf. André Maurois, *op. cit.*
2. Emplacement correspondant aux numéros 37 et 39 de l'actuelle rue de Turenne.

débarbouillent le bout du nez à l'eau froide, avalent un petit déjeuner sommaire et tiédasse, se réunissent à l'étude afin de réviser en hâte les leçons de la veille et se mettent en rangs pour aller suivre les cours du lycée Charlemagne. Avant de partir, ceux qui ont quelque argent se faufilent chez le portier, compère stipendié de tous les écarts des pensionnaires. C'est lui qui leur procure, contre un juste pourboire, des livres interdits, arrange leurs retours clandestins après l'heure réglementaire et leur fournit le café au lait, si rare et si coûteux depuis le blocus continental. Honoré, à qui sa mère mesure les subsides avec parcimonie, ne peut guère se payer les services de ce personnage important dans la vie de la communauté. Alors que certains de ses camarades, ayant soudoyé le cerbère, arrivent à s'échapper pour courir auprès des filles du Palais-Royal, distributrices de mystérieux plaisirs, il doit se contenter du récit de leurs exploits.

Il n'est pas depuis deux mois à l'institution Lepître que Paris apprend avec stupéfaction le débarquement de Napoléon à Golfe-Juan, le 28 février 1815. Cette nouvelle soulève l'enthousiasme des élèves, qui ont tous la nostalgie des victoires impériales. Bien que la direction proclame l'urgence de « courir sus » à l'usurpateur, ils commentent avec passion la progression triomphale de leur héros, de ville en ville, à travers la France. Le 20 mars, Louis XVIII s'étant réfugié, tête basse, à Gand, Napoléon rentre à Paris. Pris entre deux feux, Lepître doit affronter à la fois ses pensionnaires, qui ont perdu le nord, son personnel, qui présente toutes sortes de revendications, et les parents qui ne savent plus sur quel pied danser. Malgré les menaces de sanctions qui déferlent sur leurs têtes, les gamins déchaînés brûlent des drapeaux blancs, chantent *La Marseillaise* et *Veillons au salut de l'Empire*, couronnent de lauriers un buste de l'Empereur. Mais leur euphorie est de courte durée. Peu après la défaite de Waterloo (18 juin 1815), quelques élèves, refusant d'aller en classe à Charlemagne, se dirigent vers Vincennes pour aider les derniers partisans de l'Empire à dresser des fortifications. Derrière la cohorte désordonnée des mutins, Lepître crie au scandale et brandit en vain sa béquille. Succédant à la seconde abdication de leur idole, les jeunes, désemparés, hésitent à présent entre l'abattement et l'émeute. La distribution des prix à Charlemagne est perturbée par des manifestations hostiles. Plusieurs « meneurs » sont renvoyés du lycée et de l'institution. Le proviseur et le censeur de Charlemagne se voient remplacés par mesure disciplinaire. Lepître lui-même devra se démettre. On lui reproche de n'avoir pas su maintenir l'ordre dans son établissement. Par chance, malgré son admiration fanatique pour Napoléon, Honoré a pu échapper à l'épuration et reçoit, le 29 septembre 1815, un certificat de scolarité qui loue, en termes vagues, « son travail et son honnêteté ».

Cependant, à la rentrée des classes, en automne, Bernard-François décide de ne pas réinscrire son fils à l'institution, devenue suspecte, de la rue Saint-Louis-au-Marais. Honoré retournera dans l'ancienne maison de la rue de Thorigny, chez Ganser, seul directeur depuis la mort, en 1813, de Beuzelin. Et il fera sa rhétorique au lycée Charlemagne, rebaptisé « collège royal ». Le dimanche, on le conduit, « sous bonne garde », rue du Temple, pour des leçons de danse. S'il prend goût à cet exercice frivole, il n'en néglige pas pour autant ses études. Mais il est trop dispersé. En dépit des promesses réitérées à ses parents, ses notes sont médiocres. Sa mère en est ulcérée comme d'un manquement d'égards à sa personne. Elle est d'une susceptibilité maladive, toujours sur le qui-vive, toujours offensée. A tout propos, elle se plaint de l'indifférence d'Honoré alors que, prétend-elle avec aplomb, elle lui marque un dévouement exemplaire. Aussi, pour le punir de son « ingratitude », le prive-t-elle, de temps à autre, de la joie d'un dîner à la maison. Le 27 janvier 1816, ayant appris que ce garçon de seize ans passés n'a été que trente-deuxième en version latine, elle lui adresse une « lettre-bombe » de sa façon : « Je ne peux, mon cher Honoré, trouver d'expression assez forte pour te peindre la peine que tu me fais ; tu me rends vraiment malheureuse, quand en faisant tout pour mes enfants, je devrais attendre d'eux mon Bonheur. [...] Tu penses bien que le 32ᵉ du lycée ne peut prendre part à la fête de Charlemagne qui fut un grand homme réfléchi et aimant le travail ; adieu à toutes mes jouissances si je suis souvent privée de réunir mes enfants, je suis si heureuse quand je les ai autour de moi que mon fils commet un grand crime envers l'amour filial quand il se met dans le cas de ne pas venir embrasser sa mère. Je devais t'envoyer chercher à 8 heures du matin, nous devions déjeuner et dîner ensemble, faire de nos bonnes causettes instructives. Ton peu d'application, ta légèreté, tes fautes me condamnent à te laisser à la pension. »

En lisant ces lignes terribles, Honoré croit sentir sur son front le regard inquisitorial de sa mère. Pourtant, s'il traîne en queue de la classe dans les matières dites « scientifiques », il témoigne d'une grande aisance de plume dans ses dissertations. Ainsi est-ce avec élan qu'il rédige les imprécations de la femme de Brutus contre son époux après la mise à mort de leurs fils : « Tout couvert du sang de tes enfants, tu oses paraître devant leur mère épouvantée ; veux-tu mettre le comble à ta cruauté en offrant à ses yeux leur bourreau, ou viens-tu jouir de ma douleur et voir expirer la mère après avoir assassiné les fils ? » Malgré la satisfaction vaniteuse qu'il éprouve à élucubrer ce genre de tirades, il n'obtient jamais que des notes moyennes pour ses devoirs. Sans doute le juge-t-on trop emphatique, trop verbeux. Ses professeurs lui préfèrent le jeune Jules Michelet, qui caracole en tête du peloton. Honoré s'est fait quelques amis parmi les élèves : deux anciens de Vendôme, retrouvés à Paris, Barchou de Penhoën et Desbassyns de Richemont, puis les frères Godefroy et Eugène Cavaignac, Justin Glandaz, Auguste Sautelet... Mais aucun de ces garçons ne lui tient réellement au cœur. Ce sont pour lui des condisciples, non des frères de vie et de combat.

En 1816, ayant terminé mollement ses études secondaires, il quitte l'institution et le collège, et retrouve la maison familiale avec ses hôtes si originaux et ses habitudes si immuables. Laure et Laurence sont dans une pension pour demoiselles où on leur enseigne la littérature classique, un peu d'anglais, la couture, le piano, la broderie et l'usage des bonnes manières dans la conversation. Henry, lui, l'enfant de l'amour, passe d'une école à l'autre, sans pouvoir améliorer ni ses connaissances ni son caractère, et désole ses maîtres autant qu'il ravit sa mère. Quant à Bernard-François, il continue à prendre un soin méthodique de sa petite santé, dans l'espoir de devenir centenaire, et à veiller sur l'équilibre moral de sa femme, qui est de plus en plus sujette à des sautes d'humeur. Leur crainte commune est que leur fils aîné ne montre trop de goût pour l'oisiveté et le confort. Ils ont toujours décelé dans l'inaction d'un adolescent la source de tous les maux dont souffre l'espèce humaine. A la fin des vacances, ils placent Honoré comme petit clerc dans l'étude d'un avoué, Mᵉ Jean-Baptiste Guillonnet de Merville, située 42, rue Coquillière. En outre, le 4 novembre, ils l'invitent à prendre une première inscription à la faculté de droit, en vue d'obtenir trois ans plus tard le diplôme de bachelier en droit, science que tout le monde révère chez les Balzac.

Dès l'abord, Honoré est enchanté de cette plongée au plus épais du monde de la basoche. Ce qui lui plaît dans son nouvel état, c'est l'occasion qui lui est offerte de se mêler à des dizaines de drames humains. Qu'ils se déroulent parmi les grands de ce monde ou chez des gens de condition modeste, ils révèlent tous des haines recuites, des rivalités sournoises, des crises de jalousie, des manœuvres de captation, des espoirs qui n'osent pas dire leur nom. A fouiller dans les dossiers, Balzac apprend les subtilités de la procédure, mais aussi, mais surtout, les aspects tantôt comiques, tantôt navrants du destin des autres. Derrière chaque liasse de pages, c'est un roman qui surgit à ses yeux, avec son lot de personnages extravagants qui respirent et qui souffrent. Nulle part ailleurs il n'a ressenti cette impression d'un microcosme mis à nu. Il lui semble parfois qu'il hume, à travers les lignes calligraphiées, l'odeur intime des familles. Il en est hanté comme s'il était condamné à suivre, en voyeur, toutes ces existences étrangères, comme s'il était à la fois lui-même et les clients de l'étude, comme s'il n'avait plus de vie propre et que l'univers entier entrait dans sa tête avec la violence d'un cauchemar.

Son apprentissage de la cuisine judiciaire, Honoré le fait parmi d'autres clercs, jeunes, impécunieux, cyniques et rigolards. Si le bureau du notaire est un lieu solennel, aux meubles bien astiqués et aux boiseries précieuses, la salle où travaillent les scribouillards ressemble au fourre-tout de la misère. Il y règne des senteurs de poussière, de vieille paperasse et de colle, mêlées aux relents des repas pris sur place entre deux copies. Les effluves du fromage rejoignent ceux des corps mal lavés. A quatre heures, le premier clerc a droit – lui seul ! – à un chocolat chaud. Derrière ses épaules, comme décor, des cartons verts étiquetés, des piles de documents sur des tables de décharge et, au mur, les affiches des saisies immobilières, des saisies-gageries, des adjudications définitives ou préparatoires... Pour oublier cette atmosphère sinistre, les jeunes de l'étude font assaut de calembours. Ces jeux de mots improvisés amusent Honoré qui renchérit avec des rires énormes.

En avril 1818, afin d'élargir le champ de ses compétences, son père lui fait quitter l'étude de l'avoué et le place dans celle d'un notaire, ami de la famille, Me Victor Passez. Pour comble de convenance, cet antre de la chicane est situé 40, rue du Temple, dans la maison même où les Balzac occupent un appartement à l'entresol. Dès à présent, Mme Balzac rêve de voir son fils aîné succéder un jour à Me Passez et gagner autant d'argent que lui. Honoré la laisse à ses illusions, mais nourrit en réalité une autre espérance. Tout en se familiarisant avec les questions juridiques, il se sent de plus en plus impérativement attiré par la gloire des écrivains. A l'étude de Me Passez, comme à celle de Me Guillonnet de Merville, il ne lève le nez d'un dossier de licitation entre majeurs et mineurs que pour s'absorber dans la lecture d'un roman ou d'un traité de philosophie. Ce qui n'est pas littérature, méditation et conquête de la renommée lui semble vain.

Cependant, pour complaire à ses parents, il suit des cours de droit à la faculté. Les mêmes lois dont il constate les effets concrets dans l'étude du notaire, il les entend analyser d'une façon théorique, et pour ainsi dire abstraite, pendant les exposés des professeurs. Le 4 janvier 1819, il passe avec succès le premier examen du baccalauréat en droit. Mais il n'a nulle envie de poursuivre. Ce qu'il apprend chez Mᵉ Passez lui paraît plus vivant, plus divers, plus nécessaire à son avenir que les discours des maîtres patentés de la science juridique. Pour ce qui est des « grandes idées », il préfère aller les cueillir comme auditeur à la Sorbonne, au Collège de France ou même au Muséum d'histoire naturelle. En effet, sa curiosité embrasse tous les domaines de l'esprit. Puisque le monde existe, il faut qu'il sache tout du monde, depuis le secret des âmes jusqu'à celui des profondeurs de la mer et du ciel. En écoutant les professions de foi des champions de la pensée moderne, il hésite entre le scepticisme matérialiste auquel son père l'a habitué et une conception universelle de la création qui unit la science des faits et l'intuition immédiate. Oscillant entre l'enseignement d'un Guizot, d'un Cuvier, d'un Geoffroy Saint-Hilaire, il se grise de grands principes susceptibles d'expliquer le mécanisme de la vie, qu'il s'agisse du règne animal ou du règne végétal. La tête brouillée par ces différents systèmes philosophiques, il les défend aussi bien devant ses camarades étudiants que devant les membres de sa famille. N'est-ce pas de son père qu'il tient ce goût de l'éloquence amphigourique ? Ses proches trouvent qu'il a la langue trop bien pendue. D'autant que, après avoir disserté avec superbe de l'occultisme ou des preuves chrétiennes de l'existence de Dieu, il s'amuse à lancer des jeux de mots dignes d'un palefrenier. Décidément, songe Mme Balzac, son fils n'est pas mûr pour le combat quotidien. Au lieu de s'assagir au contact des réalités, il s'obstine à chevaucher des chimères. Il faut pourtant qu'il se fixe, s'il veut prendre rang dans la société. Mais Honoré, à la fois pesant et aérien, sautille toujours d'un projet à l'autre.

A en croire sa sœur Laure, il a, dès cette époque,

quelques succès féminins. « Il voulait plaire aussi, écrira-t-elle, et de très piquantes aventures commencèrent alors. [...] Je puis seulement assurer que jamais jeune homme n'eut plus le droit d'être fat dès le début de sa vie [1]. » Il a même, prétendra-t-elle, parié cent écus avec sa grand-mère qu'il séduirait une des plus jolies femmes de Paris, et il a gagné ! Ce qui est certain, c'est que la vieille Mme Sallambier, qui autrefois n'aimait guère son petit-fils, se surprend à le trouver d'agréable compagnie. Il la fait rire par ses grosses plaisanteries et elle joue volontiers avec lui au whist ou au boston. Elle lui ouvre parfois sa bourse pour qu'il puisse aller parader sous les galeries du Palais-Royal. Honoré ne s'en prive pas. Dès qu'il a quatre sous en poche, il se paie du bon temps. Avec des grisettes, bien sûr. Malgré son visage poupin, sa bouche lippue, ses dents déjà ébréchées et sa voix de trompette, il ne compte que des réussites auprès d'elles. C'est que cette physionomie épaisse est rachetée par un regard d'une étincelante vivacité. Ses yeux fascinent, son discours enchante. Sans doute n'est-il plus puceau. Mais il n'a encore connu que de faciles escarmouches. Il rêve à des conquêtes d'une tout autre qualité, non plus dans la rue mais dans les salons. En amour comme en art, il lui faut l'exceptionnel. Quand donc rencontrera-t-il une femme digne de former avec lui un couple de légende ?

1. Lettre de Laure Surville à Mme Victor Hugo.

V

RUE LESDIGUIÈRES,
L'ÉVEIL DE L'AMBITION

En 1819, Bernard-François est secoué par un cataclysme plus grave à ses yeux que la chute de l'Empire. Alors qu'il va atteindre gaillardement ses soixante-treize ans, il est invité à prendre sa retraite. Au lieu des sept mille huit cents francs annuels de son traitement, il n'en touchera plus que mille six cent quatre-vingt-quinze. Cette baisse de revenus lui est d'autant plus cruelle à supporter qu'il a déjà perdu des capitaux considérables dans la faillite de la banque Doumerc et Cie. Dans ces conditions, il n'est plus question de rester à Paris où le loyer, les domestiques, les frais de représentation et la nourriture sont hors de prix. Il faut se loger ailleurs et se serrer la ceinture. Heureusement, un cousin germain de Mme Balzac, Claude-Antoine Sallambier, a acheté une maison à Villeparisis, sur la route de Meaux, et consent à la louer pour pas cher à la famille désemparée. Le village, de cinq cents habitants, à vingt-trois kilomètres à peine de la capitale, aligne ses façades plates et crépies au bord de la chaussée royale. Plusieurs lignes de diligence ont ici des relais permanents et, à cause du passage, six auberges sont à la disposition des rouliers et des voyageurs de commerce. Le rez-de-chaussée du nouveau logis des Balzac comporte un vestibule dallé, une salle à manger et un salon ouvrant par quatre fenêtres sur la rue. Au premier étage, se trouvent trois « pièces à feu », celles de Mme Balzac, de sa mère et de sa fille Laure, et une « pièce sans feu », où Bernard-François a installé sa bibliothèque et où il passe ses journées, malgré le froid et les courants d'air, à lire ses auteurs préférés. Ils l'aident à oublier les soucis dus à l'arrêt de sa carrière, les crises d'amour-propre de sa femme, vexée à propos de rien, et les grognements de sa belle-mère, une hypocondriaque qui ne se résout pas à avoir comme gendre un vieillard en bonne santé. Pour se consoler de ses accès de goutte, il invoque le roi David, qui, dit-il, en était atteint malgré sa verdeur. Et, si une dent le fait souffrir, il en appelle à tous les philosophes qui ont connu, sans se plaindre, le même désagrément. Ses enfants l'aiment bien parce que, sous ses airs bourrus, il est toujours vaillant et de bonne humeur. Laurence couche dans un cabinet attenant à la chambre de Laure ; Honoré, quand il vient de Paris, loge, lui, au second, de même qu'Henry, pensionnaire, pendant la durée de ses vacances. On a engagé des domestiques sur place, entre autres une voisine un peu sourde, Marie-Françoise Pelletier, surnommée « la mère Comin » ou « la mère Lantimêche », et la cuisinière Marie-Louise Laurette qui bientôt épousera le jardinier, porteur d'un nom prédestiné : Pierre-Louis Brouette.

Parmi les personnalités du lieu, Bernard-François note avec satisfaction la présence, en face de chez lui, d'un comte, Jean-Louis d'Orvilliers, propriétaire d'un « château », en vérité bien modeste, et, à l'autre bout du village, d'une famille aimable, les Gabriel de Berny, des Parisiens qui ne viennent que l'été. A signaler également un colonel en retraite dont il n'y a rien à dire et un jeune polytechnicien, ingénieur des Ponts et Chaussées, un certain Eugène Surville, travaillant à l'entretien du canal de l'Ourcq. Pour tout le village, les Balzac sont une famille des plus distinguées et des plus originales, qui a une large instruction, le goût de l'écriture et l'instinct des bonnes manières. Bref, des citoyens de tout repos. Personne ne se doute du tourment qui, depuis peu, agite la tête du chef de la tribu. Jaloux de l'honorabilité de la lignée, Bernard-François a suivi avec angoisse les péripéties d'une affaire criminelle qui le touche de près. Le 16 août 1818, son frère, Louis Balssa, a été arrêté à Najac (Tarn), sous la prévention de l'assassinat d'une fille de ferme, Cécile Soulié, qu'il aurait séduite, mise enceinte et étranglée. Malgré ses protestations d'innocence et les soupçons qui pèsent sur un notable de l'endroit, Jean Albar, le malheureux Louis Balssa est condamné à mort par les assises du Tarn et guillotiné, le 16 août 1819, à Albi. Tout au long du procès, Bernard-François s'est sagement tenu dans l'ombre, évitant de faire aucune démarche pour sauver ce frère dévoyé. A son avis, le devoir de respectabilité compte plus que le devoir de charité. Sans doute, connaissant le caractère impulsif d'Honoré, s'est-il gardé de lui révéler cette tache sur le blason de la famille.

D'ailleurs, son fils aîné, dont il a longtemps espéré qu'il prendrait la succession de Me Passez, le déçoit à présent par son refus de se consacrer à une de ces activités proches de la justice qui posent l'homme et emplissent les poches. Pourtant, il serait facile à Honoré de faire un beau mariage et d'acheter, avec la dot, la charge tant convoitée du notaire. Une fois installé dans l'étude, il aurait son avenir assuré et pourrait, au besoin, aider sa famille. Or, il se rebiffe. Il ne veut entendre parler ni d'une femme, ni d'une carrière d'officier public. On dirait que la seule vue des deux panonceaux dorés qui devraient éclairer son chemin l'offusque. Son unique ambition, c'est la littérature. Certes, tout le monde aime lire et même écrire dans le clan des Balzac, mais de là à encourager un garçon normalement constitué à vivre de sa plume, il y a un abîme. Chacun sait que les écrivains, malgré des exceptions qu'on compte sur les doigts d'une main, sont des ventre-creux et des traîne-savates. Si un Chateaubriand, un Hugo, un Lamartine se sont illustrés, en vers et en prose, combien de ratés dans la foule des pisseurs de copie ? Aligner des mots pour s'amuser dans la solitude et le secret de son cabinet, pourquoi pas ? C'est un luxe que tout honnête homme peut se permettre. Mais prétendre en faire son métier, quelle funeste aberration, quelle déchéance pour une âme bien née ! Mme Balzac le dit tout net à son fils. Et Bernard-François la soutient, un ton au-dessous. Il n'oublie pas son engouement personnel pour certains auteurs de sa bibliothèque. Mais Honoré a-t-il du talent ? Rien n'est moins sûr ! L'intéressé jure de prouver aussitôt ses capacités exceptionnelles. On hésite à le croire. Une grande discussion s'engage. Chacun y jette son grain de sel. Bernard-François sollicite l'avis d'un ami intime, Théodore Dablin, quincaillier à la retraite, riche collectionneur et grand lecteur, qui est à la fois un homme avisé et un ami des Lettres. Celui-ci déconseille de tenter l'aventure. Selon lui, le jeune homme a plutôt l'étoffe d'un « expéditionnaire ». Honoré s'entête. Son idée fixe lui donne le courage d'affronter sa mère, défigurée par l'indignation, sa sœur Laure qui, les larmes aux yeux, prie pour qu'il réussisse, et son père qui n'ose ni le désespérer, ni lui donner raison. Enfin on aboutit à un compromis acceptable par les deux parties. Un contrat moral est passé entre les parents à demi résignés et leur fils rebelle. Ils lui offrent la chance de démontrer en un temps record qu'il est un auteur à succès. Pendant deux ans, pas un mois de plus, il pourra vivre à Paris et s'adonner à sa passion de l'écriture, cela grâce au versement d'une pension tout juste suffisante pour ne pas mourir de faim. Gêné aux entournures, Bernard-François ne saurait faire mieux pour le moment. Mme Balzac estime du reste que la pénurie amènera bientôt son fils à résipiscence. Elle loue pour lui, près de la bibliothèque de l'Arsenal, 9, rue Lesdiguières, une mansarde minable au troisième étage d'une vieille maison. Encore craint-elle que les amis du Marais ne soient étonnés par cette installation à Paris d'un grand gaillard sans aucune occupation avouable. Il est donc convenu que, pour toutes les relations du quartier, Honoré sera censé être parti pour Albi, chez un cousin. Afin d'éviter les rencontres fâcheuses, il n'aura qu'à ne pas sortir de chez lui avant la tombée du soir. Cette discipline d'ermite sera la rançon de sa prétention à vivre en barbouillant du papier dans la capitale alors que sa famille habite à Villeparisis. La mère Comin, qui vient souvent faire des courses à Paris, sera la messagère attitrée entre lui et les siens. Honoré et ses sœurs la baptisent Iris, du nom de la déesse qui, dans la mythologie grecque, sert d'intermédiaire ailée entre les dieux.

Se souvenant du réduit de la rue Lesdiguières, Balzac écrira dans *La Peau de chagrin* : « Rien n'était plus horrible que cette mansarde aux murs jaunes et sales qui sentait la misère. [...] La toiture s'y abaissait régulièrement et les tuiles disjointes laissaient voir le ciel. Il y avait place pour un lit, une table, quelques chaises. [...] Cette cage [était] digne des *plombs* de Venise. [...] Je vécus dans ce sépulcre aérien [...], travaillant nuit et jour sans relâche, avec tant de plaisir que l'étude me semblait être le plus beau thème, la plus heureuse solution de la vie humaine. [...] L'étude prête une sorte de magie à tout ce qui nous environne. [...] A force de contempler les objets qui m'entouraient, je trouvais à chacun sa physionomie, son caractère, souvent ils me parlaient. [...] J'allais chercher moi-même, dès le matin, sans être vu, mes provisions pour la journée ; je faisais ma chambre ; j'étais tout ensemble le maître et le serviteur, je diogénisais avec une incroyable fierté. »

La vie d'Honoré, rue Lesdiguières, est plus que frugale. Il lui arrive de se contenter, pour le dîner, de pain rassis trempé dans du lait. Son loyer est de soixante francs par an. Le blanchissage lui coûte chaque fois deux sous, le charbon de terre deux sous également. Il surveille jusqu'à la dépense d'huile pour sa lampe et d'encre pour son encrier. Mais il ne se plaint pas. Cette pauvreté fait son orgueil. Il glorifie d'autant plus qu'elle a été voulue par lui, qu'il peut, à chaque instant, y renoncer pour retrouver le cocon familial et qu'il est sûr, en se privant du confort bourgeois, de favoriser l'éclosion de quelques chefs-d'œuvre.

Dans sa cellule, il reçoit parfois, le dimanche, la visite du petit père Dablin, surnommé « Pylade », qui lui répercute les échos de la ville et lui parle de ses voisins immédiats : « les gens du second », qui sont de braves bourgeois et ont une assez jolie fille ; le propriétaire, qui ne se doute pas du phénix littéraire auquel il a loué une mansarde... Quand Dablin laisse passer plusieurs dimanches sans venir, Honoré, avide de nouvelles, le lui reproche amicalement : « Perfide petit père, il y a seize grands jours que je ne vous ai vu. C'est mal cela, moi qui n'ai que vous comme consolation. » Mais ses plus grandes joies, il les doit aux lettres de Laure, que lui apporte régulièrement la mère Comin. Tantôt sa sœur le gronde parce que, au lieu d'employer son argent à payer le loyer, le blanchissage, la nourriture, il s'est acheté une glace au cadre doré. Maman et papa sont fâchés de ce gaspillage et, malgré toute son affection pour Honoré, elle abonde dans leur sens : « Mon bon Honoré, songe à ne pas te mettre comme cela en faute ; je t'aime et ne veux t'écrire que des tendresses, te transmettre tout au plus les conseils de maman – mais je ne suis pas contente de cette commission, du tout, mais du tout... » Tantôt elle lui envoie des détails insignifiants sur la vie à Villeparisis : « Bonne-maman nous a fait cadeau de trois chapeaux de paille cousue, comme on les porte, ils sont superbes ; tu juges comme nous sommes fières. [...] Les environs de Villeparisis sont charmants au total ; les bois sont jolis. J'étudie, de six heures à huit, mon piano tous les matins et, pendant les gammes, comme l'imagination ne fait rien, elle va rue Lesdiguières... »

Laurence aussi lui écrit. Les deux sœurs sont à la fois romanesques et railleuses, promptes à dénoncer les lieux communs et à proclamer leur indépendance de jugement. Leur opinion compte beaucoup pour Honoré, surtout celle de Laure. Il voudrait lui annoncer qu'il a entrepris une grande œuvre. Mais il se contente, lui dit-il, de « pensailler, rangeailler, mangeailler, promenailler » sans rien produire de bon. « *Coquecigrue* [un projet de roman épistolaire] me paraît trop difficile et au-dessus de mes forces, avoue-t-il. Je ne fais qu'étudier et me former le goût. »

Sa fringale de lectures s'est encore développée avec les années. Toujours à la recherche d'une métaphysique définitive, il s'efforce, avec le concours de Descartes, de Spinoza, de Leibniz, de Malebranche, de « déchirer les derniers voiles qui lui masquent le soleil de la vérité ». Il appelle même à la rescousse les philosophes indiens, ainsi que Lamarck et Hobbes, et patauge dans leurs théories contradictoires. Son intention première est de rédiger un *Traité sur l'immortalité de l'âme*, afin de démontrer que cette immortalité est un leurre. Il pense aussi à un *Essai sur le génie poétique*, prend des notes à ce sujet, s'acharne sur une traduction de l'*Ethique* de Spinoza... Mais, tout en planant parmi les nuages, il ne perd pas de vue la terre ferme. Réflexion faite, il convient que ce ne sont pas des ouvrages philosophiques qui lui apporteront la gloire et l'argent dont il a grand besoin et que, s'il veut obtenir cette double récompense, il doit se lancer plutôt dans des entreprises romanesques ou théâtrales. A l'époque, le roman est considéré comme un art inférieur, mais le théâtre bénéficie d'un incontestable prestige. Surtout le théâtre en vers. Honoré a composé naguère, avec facilité, quelques poèmes ni plus mauvais ni meilleurs que beaucoup d'autres. Pourquoi ne pas écrire une tragédie en cinq actes et en alexandrins ? Un excellent argument lui est fourni par une étude en deux volumes de François Villemain sur Cromwell. Le voici tout feu tout flamme. Le 6 septembre 1819, il annonce à Laure : « Je me suis enfin arrêté (par raison) au sujet de *Cromwell* (la mort de Charles Ier). Il y a près de six mois que j'en médite le plan et je l'ai ordonnancé. Mais frémis, chère sœur, il me faut au moins sept à huit mois pour versifier et inventer, et *plus* pour polir. Les idées principales du 1er acte sont sur le papier, il y a quelques vers qui gisent çà et là, mais je dois me manger au moins sept à huit fois les ongles avant d'avoir élevé mon premier monument. [...] Il me semble que, si le ciel m'a doué de quelque talent, mon plus grand délice sera d'en faire rejaillir la gloire qui en peut résulter sur toi, sur ma bonne mère ; songe à mon bonheur si j'illustrais le nom de *Balzac* !

quel avantage de vaincre l'oubli ! [...] Aussi lorsque, ayant attrapé une belle pensée, je la rends en un vers sonore, je crois entendre ta voix qui me dit : *Allons, courage !* J'écoute les accents de ton piano et je m'attable à la besogne avec une nouvelle ardeur. »

Parfois, quittant *Cromwell*, il se délasse en « croquignolant un petit roman dans le genre antique ». Ou bien il songe à un opéra-comique inspiré du *Corsaire* de Byron. Mais il ne faut pas négliger les exercices physiques. Pour se dégourdir les jambes, il aime se rendre, malgré la distance, au cimetière du Père-Lachaise. Il lit les épitaphes et rêve sur les grands hommes qui dorment ici de leur dernier sommeil. « Tout en cherchant des morts, je ne vois que des vivants », dira-t-il encore à sa sœur. Des dalles funèbres, son regard se porte sur la ville brumeuse, étendue à ses pieds. Cette immense fourmilière grise, avec ses milliers de vitres qui s'allument au crépuscule, lui donne le vertige. Il y devine, tout ensemble, une réserve innombrable de personnages de romans et la multitude des lecteurs qu'il voudrait conquérir. Il sacrifierait n'importe quoi pour forcer l'admiration de cette masse d'inconnus qui ignorent encore jusqu'à son existence. Le héros du *Père Goriot*, Rastignac, lancera, du même endroit, le même défi à Paris, dans les dernières lignes du livre : « A nous deux maintenant ! »

En attendant, *Cromwell* avance cahin-caha. Le souvenir des meilleurs auteurs tragiques empêche Honoré de dormir. Saura-t-il leur ressembler, les dépasser ? « Crébillon me rassure, écrit-il à Laure, Voltaire m'épouvante, Corneille me transporte, Racine me fait quitter la plume. » Et il se désespère à la pensée que « le Grand Racine *a passé deux ans à polir Phèdre* ». Cependant, il se taille un chemin, coûte que coûte, à travers l'enfer de la versification. Et, dans la même lettre, il affirme à sa sœur, sur le ton de la plaisanterie : « Le feu a pris dans mon quartier, rue Lesdiguières, n° 9, au 3ᵉ, dans la tête d'un jeune homme. Les pompiers y sont depuis 1 mois 1/2 ; pas possible de l'éteindre. Il s'est pris de passion pour une jolie femme qu'il ne connaît pas. Elle s'appelle la Gloire. » Dans le courant du mois de novembre 1819, il peut envoyer à Laure un plan détaillé de la pièce. Il n'en est pas mécontent. Mais la musique des alexandrins lui échappe. L'ensemble est lourd, maladroit et conventionnel en diable. Pressentant l'échec, Bernard-François écrira avec amertume à sa fille Laure : « Celui sur lequel je comptais le plus pour planter ma famille a perdu en quelques années la majeure partie des trésors que la nature lui avait prodigués, [ce] dont j'aurai toujours à gémir. C'est parce qu'on ne m'a pas écouté ; on l'a amolli par des agréments lorsqu'il devait marcher sur la route épineuse et fatigante menant au succès. Au lieu de percer et de devenir maître clerc, le travail s'est trouvé dur, difficile, rien ne lui a convenu, si ce n'est les noms des pièces de théâtre, des acteurs et des actrices. [...] Et j'ai la mortification de voir que le fils d'un de mes anciens camarades est à dix-sept ans maître clerc d'une grande étude. [...] Ô que je serais malheureux et cruellement puni si j'avais quelque reproche à me faire à l'égard de celui dont j'attendais tant de biens futurs [1] ! »

Mme Balzac, en revanche, n'est pas peu fière que son fils ait accouché de cinq actes en vers. Honoré lui ayant communiqué son manuscrit, elle s'applique à en faire une copie calligraphiée. De son côté, Laure plaisante son frère sur ses prétendues amours avec « la demoiselle du second ». Il proteste : elle le prend pour

1. Lettre du 3 décembre 1819.

« un Adonis » alors qu'il n'est qu'« un magot de Chine », qui « ne va pas dans les lits mais sur les cheminées des dames ». Au fait, elle-même n'est-elle pas un peu éprise de cet Eugène Surville dont elle lui parle incidemment dans ses lettres ? Elle l'assure que non, mais il a du mal à la croire. Il sait que, comme toutes les jeunes filles, elle rêve d'hyménée. Sans envisager un mariage d'amour, qui n'est pas dans les mœurs de l'époque, on peut être heureuse en épousant un homme par inclination, par estime, par raison, s'il a du bien et un caractère en rapport avec le vôtre. De temps à autre, pour montrer leurs deux filles, les parents Balzac les emmènent au bal de Sceaux où se réunit la bonne société du département. Selon toute probabilité, Eugène Surville y fait la roue devant elles. Mais un simple ingénieur des Ponts et Chaussées ne saurait être un prétendant sortable. Il faut viser plus haut. Tout en condamnant les préventions bourgeoises, Honoré est de cet avis.

Pour le moment, épuisé par un long travail de rapetassage sur son *Cromwell*, il a hâte de fuir Paris et de prendre quelque repos à L'Isle-Adam, dans la vallée de l'Oise, chez un ami de son père, Louis-Philippe de Villers-La-Faye. Cet ancien prêtre a quitté la soutane après la Révolution et, depuis, vit joyeusement en concubinage avec une femme qui tient sa maison et règne sur sa couche. Il accueille son invité avec affection, lui ouvre sa riche bibliothèque et se plaît à discuter avec lui des œuvres de Buffon, que le jeune homme connaît à peine et qui l'émerveillent. C'est ici, vers le 12 mai 1820, qu'Honoré reçoit une lettre de Laure lui annonçant son prochain mariage avec Eugène Surville et le priant de se trouver à Paris le mercredi 17 mai pour assister à la signature du contrat chez Me Passez et à la messe, le jeudi matin, en l'église Saint-Merri.

Au vrai, Eugène-Auguste-Louis Surville a longtemps balancé entre Laure et Laurence, avant de se décider pour l'aînée, et les parents Balzac ont hésité non moins longtemps à donner leur fille à ce prétendant sans éclat et de fortune modeste. Le fiancé a trente ans et il est le fils bâtard d'une petite théâtreuse de province, Catherine Allain, qui a débuté sur les planches sous le pseudonyme de Surville. Le père, Auguste Midy de La Greneraye, est mort sans avoir reconnu l'enfant, mais a chargé son frère de constituer à Mlle Allain une rente de douze cents livres. C'est sous le nom de Surville que le jeune homme est entré à l'Ecole polytechnique, puis à l'école des Ponts et Chaussées.

Au début, Laure l'a estimé de trop basse origine pour mériter l'attention. Mais, comme il a déposé une demande auprès du tribunal de Rouen pour valider un vieux jugement l'autorisant à s'appeler Midy de La Greneraye, dit Surville, les parents Balzac se ravisent. La particule, même attrapée in extremis, change, à leur sens, les données du problème. Ils raisonnent leur fille. Et elle finit par se laisser convaincre que ce candidat au passé obscur n'est pas à dédaigner. Quel a été le sentiment d'Honoré en voyant sa sœur préférée au bras d'un homme qui aura désormais le droit de la prendre dans son lit ? Un peu de jalousie sans doute, mais aussi la certitude qu'un mari, fût-il charmant, ne remplacera jamais pour elle le frère de son enfance. Leur amour, vaguement incestueux, est plus fort que les lois humaines. Balzac évoquera, dans son roman par lettres *Sténie*, cette passion angélique d'un garçon pour sa sœur. Il y a ainsi, parfois, dans la fusion des âmes, un bonheur que, selon lui, même l'union des corps est incapable de procurer.

A peine Honoré a-t-il assisté aux cérémonies du mariage de Laure avec Eugène Surville qu'un autre événement d'importance le sollicite. Bernard-François, désirant être fixé, une fois pour toutes, sur les capacités de son fils, réunit quelques amis dans le salon de la maison de Villeparisis pour qu'il leur lise sa tragédie. Optimiste par tempérament, Honoré espère un triomphe. Tout en débitant son texte qu'il connaît presque par cœur, il guette, du coin de l'œil, les réactions de l'assemblée. Au fur et à mesure que se déroule le drame de Charles Ier, victime des manœuvres abominables de Cromwell, les visages se ferment, les regards s'éteignent. Nul ne semble percevoir la terrible actualité du thème qui oppose le pouvoir royal au pouvoir populaire. Charles Ier, c'est Louis XVI à la fin de sa vie ; Marie-Henriette lui témoigne un dévouement exemplaire. Toute la pièce est empreinte d'une violente rancune contre les Anglais. Waterloo n'est pas oublié. On dirait que la reine reproche à Cromwell non d'avoir envoyé le roi à l'échafaud, mais d'avoir exilé Napoléon à Sainte-Hélène. Malheureusement, la pièce est en vers. Et ils sont une pâle imitation des modèles classiques. Marie-Henriette maudissant la perfide Angleterre, c'est la Camille de Corneille maudissant Rome :

> Exécrable Albion, je puis donc te haïr !...
> Je renonce à régner où l'on m'a pu trahir !
> Je redeviens française et je lègue à la France
> Ma couronne et mes fils, mes droits et ma vengeance !
> [...]
> Ô France ! ô mon pays ! saisis tes étendards !
> Et, tout en me vengeant, écoute ma prière !...
> Que ta haine, à jamais, éternise la guerre,
> Et combattez toujours, même au sein de la paix !
> Que toujours la victoire appartienne aux Français...

Enfin Honoré lance la dernière réplique, qu'il a attribuée à Fairfax, « général parlementaire » :

Ecoutez une voix en leçons si féconde,
Ô Rois, instruisez-vous à gouverner le monde.

Un silence gêné accueille cette péroraison. Personne n'ose complimenter l'auteur. Même Laure est, dira-t-elle, « atterrée ». Elle décide néanmoins de recopier la pièce, qui a d'abord été calligraphiée par sa mère. Quant à Bernard-François, ému plus qu'il ne le prévoyait par la déception de son fils, il déclare que le « jury » s'est peut-être trompé et qu'il serait sage de soumettre *Cromwell* à « une autorité compétente et impartiale ». Le choix se porte sur un ancien professeur d'Eugène Surville à l'Ecole polytechnique, l'académicien François-Guillaume Andrieux. On lui présente, avec force circonlocutions, la copie calligraphiée par Mme Balzac. Le verdict du spécialiste est, selon Laure Surville, sans appel : « L'auteur, dit-il, doit faire quoi que ce soit, excepté de la littérature. » Alors, la mère et la sœur du dramaturge en herbe se rendent au Collège de France pour rencontrer Andrieux, entendre ses doctes conseils et récupérer le manuscrit. Profitant de cette visite, Laure, leste comme un écureuil, dérobe, parmi les papiers qui jonchent le bureau du professeur-académicien, une feuille sur laquelle il a jeté ses impressions de lecture. Elle montre ces notes à Honoré, puis les restitue avec ses excuses, ce qui vaut à Mme Balzac une lettre de l'aristarque soucieux d'apaiser le désappointement de la famille : « Ces critiques de détail ont amené le jugement peut-être un peu sévère que j'ai porté. Je suis loin de vouloir décourager M. votre fils ; mais je pense qu'il pourrait mieux employer son temps qu'à composer des tragédies ou des comédies. S'il me fait l'honneur de venir me voir, je lui dirai comment je crois qu'il faut considérer l'étude des Belles-Lettres et les avantages qu'on en peut

et qu'on en doit tirer sans se faire Poète de profession. »
Docile, Honoré passe au Collège de France, mais n'y
trouve pas Andrieux. Il ne renouvellera pas sa démarche.

De son côté, l'aimable Dablin, qui pourtant n'a guère
apprécié la pièce, propose de s'entremettre pour solliciter l'avis d'un connaisseur : Pierre Rapenouille, dit
Lafon, sociétaire de la Comédie-Française et interprète
attitré des tragédies de Corneille et de Racine. Il
compte gagner la bienveillance de l'acteur grâce à la
recommandation d'un de leurs amis communs : Pépin-
Lehalleur. « Hâtez-vous donc de faire mettre au net le
fruit de vos veilles, suggère-t-il à Honoré, que ce soit
en assez gros caractères et bien écrit, ensuite écrivez
une lettre d'envoi à Pépin[-Lehalleur], le plus obligeant
et le plus sûr des hommes, [...] n'oubliez pas de brûler
un grain d'encens pour Lafon sans lui faire voir
l'encensoir. [...] Il est probable que trois ou quatre jours
après la remise de votre manuscrit vous serez présenté
à Lafon par Pépin, il a poussé la bonté jusqu'à vous
engager à dîner. »

Prêt à toutes les tentatives pour faire aboutir son
projet, Honoré apporte à Dablin le manuscrit calligraphié. Mais il n'a pas grand espoir. Et il a raison de
douter. *Cromwell* laisse Lafon de marbre. Sans doute
ce comédien est-il trop enfermé dans le « répertoire »
pour prendre quelque plaisir à la nouveauté. Du moins
est-ce là ce que se répète Honoré pour accepter l'échec.
Cependant, dans un éclair de lucidité, il avoue à Laure :
« Je vois que *Cromwell* ne vaut rien et n'a même pas le
mérite d'être un embryon. » Cette prise de conscience,
loin de l'abattre, lui donne du ressort. S'il n'a pas
réussi dans la tragédie, il doit chercher d'autres modes
d'expression, plus conformes à son talent. La seule
chose qu'il déplore dans la triste aventure de *Cromwell*,

c'est d'avoir perdu quelques mois en besognes inutiles alors que son père ne lui a octroyé que deux ans pour faire éclater son génie. Tant pis : désormais, il mettra les bouchées doubles. Ce ne sont pas les sujets qui manquent ! Pourvu que les stupides contraintes militaires ne viennent pas l'empêcher d'écrire ! La perspective d'un tirage au sort malencontreux, avec l'obligation de passer des années sous l'uniforme, l'obsède. Mais, le 1er septembre 1820, la chance lui sourit. Ayant tiré un bon numéro, il est « définitivement libéré du service militaire ». Le certificat du secrétaire général de la préfecture de la Seine, constatant cette dispense providentielle, porte comme unique indication du signalement de l'intéressé qu'il mesure sous la toise : « un mètre 655 millimètres [1] ». La taille courtaude, un début d'embonpoint, le teint fleuri, les dents gâtées, il n'est pas faraud de l'image que lui renvoie son miroir. Pourtant, il a la certitude qu'un feu divin couve sous cette enveloppe ingrate. Et il a hâte de le prouver. A sa famille, bien sûr. Mais surtout aux milliers d'inconnus qui, perdus dans leurs occupations quotidiennes, ne savent pas encore que c'est lui et lui seul dont ils attendent l'apparition au firmament de la littérature.

1. Roger Pierrot, *op. cit.*

VI

L'ATELIER LEPOITEVIN

Le mariage de Laure a permis de libérer une chambre dans la maison de Villeparisis. Estimant que l'expérience parisienne de leur fils a assez duré, les parents
d'Honoré exigent qu'il regagne le foyer familial où il
dispose maintenant de toutes les commodités souhai-
tables. Il s'y résigne, partagé entre la tristesse de quitter la capitale et la satisfaction de connaître à nouveau
un peu d'aisance après des mois d'inconfort. Heureusement, les Balzac ont gardé un pied-à-terre dans le
Marais, au 17, rue Portefoin, tout près du 40, rue du
Temple. Cela permet à Honoré de se rendre à Paris de
temps à autre, en diligence, pour un bref séjour. A son
retour, il retrouve, avec un agacement mêlé de tendresse, les vaticinations de son père, son entrain sénile,
ses recettes de longue vie (croquer une pomme tous les
soirs et se coucher avec les poules), les crises d'exas-
pération, de vexation et d'autorité de sa mère, les
gémissements de sa grand-mère contre la dureté de
l'époque et la déliquescence des mœurs, les vaines
rêveries de Laurence qui, depuis les noces de sa sœur,
ne tient plus en place et cherche à la ronde un épouseur
de belle tournure et de grand nom. Il les aime bien,

ses proches, avec leurs faiblesses, leurs défauts, leurs manies, mais personne, ici, ne peut remplacer Laure, exilée à Bayeux avec son mari et qui se dit contente de son sort. Impossible de savoir si elle ne joue pas la comédie de la parfaite harmonie conjugale. Honoré lui écrit régulièrement pour la tenir au courant de ses sentiments et de ses travaux.

Après la déconvenue de *Cromwell*, il ne voit plus de salut que dans le roman. La découverte de l'œuvre de Walter Scott lui donne des ailes. Il veut surpasser l'auteur fameux d'*Ivanhoé*, tant par l'invention des épisodes que par le brio de l'évocation historique. Enflammé par l'exemple, il commence un long récit, *Agathise*, qui se déroule en Italie au temps des croisades. Il y a là-dedans de l'amour, de la traîtrise, des tournois, des brigands et une belle héroïne qui connaît les secrets des philtres et des plantes. Ayant noirci quelques pages, il interrompt cet imbroglio pour le reprendre, sous une autre forme, dans *Falthurne*, qui serait le « manuscrit de l'abbé Savonati, traduit de l'italien par M. Matricante, instituteur primaire ». Nous sommes encore en Italie, mais avant la première croisade. Dans cette nouvelle élucubration, le pape représente l'obscurantisme et l'étroitesse d'esprit, la merveilleuse Falthurne la liberté, l'inspiration, la magie antique. Son nom étrange signifie « tyrannie de la lumière ». Elle a une grâce surnaturelle et incarne toute la science du monde. Faite pour régner sur les hommes, elle subjugue d'abord l'auteur. Mais il n'ira pas au bout de cette parabole initiatique. Il travaille également à son roman par lettres : *Sténie ou les Erreurs philosophiques*. Cette fois, l'intrigue se situe en France. Le héros, Jacob Del-Ryès, revient à Tours et y retrouve sa sœur de lait, Stéphanie de Formosand, dite Sténie, qu'il a quittée tout enfant. Il a pour elle une adoration équivoque et se désespère parce que la mère de la jeune fille l'oblige à épouser M. de Plancksey. Une correspondance passionnée s'établit entre ces deux êtres faits l'un pour l'autre et dont un destin cruel contrarie les élans. Au cours d'une promenade, Sténie est sur le point de céder. Le mari brutal et jaloux provoque Jacob en duel. Celui-ci mourra d'une façon inexplicable. Tout dans cette fable est démesuré, ampoulé, hormis la description de la province qui lui sert de décor : « Entre la Loire et le Cher est une large plaine, non pas aride et sèche, mais bien verdoyante et sans cesse arrosée par l'espèce d'amitié souterraine que les ondes du fleuve ont contractée avec les eaux de la rivière. » Dès qu'il évoque les paysages où il a si souvent promené ses pas, Balzac trouve le mot juste et impose son enchantement. Mais il mêle trop de considérations idéologiques aux sentiments de ses personnages. A chaque instant, le fil de l'histoire est interrompu par l'interminable discours du héros sur la matérialité de la pensée ou l'absurdité de l'explication chrétienne du monde. Perdu dans ce flot de paroles, le lecteur ne sait plus s'il doit prêter l'oreille aux battements d'un cœur ou au verbiage d'un apprenti philosophe. Si l'auteur témoigne d'une extraordinaire aisance d'écriture, il manque encore de technique. Il s'en rend compte d'ailleurs et note, en marge de son manuscrit : « A refondre... A corriger... »

Son but est toujours d'être le premier en tout, mais il se préoccupe aussi de gagner de l'argent, au plus vite, afin d'apaiser les craintes de ses parents. Il a entendu parler, par son ancien condisciple de Vendôme, le gros Auguste Sautelet, d'une figure représentative de la bohème parisienne, Auguste Lepoitevin, dit

Le Poitevin de L'Egreville ou Le Poitevin Saint-Alme, homme de lettres, vaudevilliste, journaliste, échotier, qui s'est spécialisé dans la confection de romans populaires écrits en collaboration. Grâce à ce travail d'équipe, des dizaines de livres sans prétention sont ficelés en un tournemain et lancés sur le marché où la demande est forte. Fils d'un acteur assez connu, Lepoitevin est de peu l'aîné de Balzac et, dès leur première entrevue, devine qu'il a affaire à un cerveau prodigieusement alerte et fécond. Il lui offre donc une place parmi les scribes qui triment sous sa loi et dont le plus remarquable est Etienne Arago, le jeune frère du célèbre astronome. La règle qui préside à cette entreprise de ponte collective est simple : que les descriptions se réduisent à quelques lignes, que les héros appartiennent au meilleur monde, que les femmes brillent par leur beauté, leur intelligence, leur générosité, avec parfois de piquants accès de jalousie, que le scélérat soit toujours puni et le redresseur de torts récompensé après de multiples péripéties, que la poésie ruisselle à chaque page, que la famille et la religion demeurent respectées et surtout que l'émotion ne faiblisse jamais. Quant au style, Lepoitevin s'en moque. Ce n'est pas avec ce miel-là qu'on appâte les lectrices. Confiants en son expérience commerciale, les exécutants font de leur mieux. « Il tenait sous ses ordres, comme un maître d'école armé d'une férule, une douzaine de jeunes gens qu'il traitait de *petits crétins* », écrira un de ses contemporains [1]. Rangé parmi les *petits crétins*, Balzac se plie aisément à la discipline du groupe. Lui, dont l'ambition cent fois proclamée est de doter le monde d'une œuvre immortelle, ne croit pas déchoir en prê-

1. Hippolyte Castille, dans *Les Hommes et les Mœurs en France* (Paris, 1853).

tant la main au façonnage de ces sous-produits. Ce n'est pas le même homme qui se berce de projets grandissimes et celui qui concocte la basse cuisine dont se régale le public inculte et candide. Et pourtant, alors que ces tristes pratiques devraient le dégoûter de la littérature, elles lui apprennent, presque malgré lui, à mieux conduire une intrigue, à en distribuer plus habilement les incidents, à en justifier davantage les coups de théâtre. Loin de le diminuer, le travail selon la recette de Lepoitevin le pousse à prendre de la hauteur. L'atelier tourne à plein rendement. Les libraires-éditeurs, friands de ce genre de marchandise, avalent toute la prose qu'on leur offre à bas prix. Les auteurs signent de pseudonymes prestigieux : Dom Rago, c'est Etienne Arago ; Viellerglé est l'anagramme de L'Egreville, nom usurpé de Lepoitevin ; Lord R'Hoone, c'est Honoré. Celui-ci ne crache pas dans la soupe. Cette besogne l'amuse même plutôt par la rapidité de l'exécution, le trucage de la méthode. Et puis, il touche de l'argent, sans entamer le trésor qu'il porte dans sa tête. Il tient Laure au courant de ses gains de faiseur de copie à la ligne : « Ma chère sœur, tu sauras que je suis dans la joie parce que *L'Héritière de Birague* [roman écrit en collaboration avec Lepoitevin] a été vendue huit cents francs » (juillet 1821). A l'automne, il cède au même éditeur-libraire, Hubert, installé dans les galeries du Palais-Royal, un deuxième roman, *Jean-Louis ou la Fille trouvée*, pour mille trois cents francs. Le 23 novembre, il annonce à sa sœur qu'il espère également tirer deux mille francs d'un troisième roman, intitulé provisoirement *Le Beau Juif* et dont le titre définitif sera *Clotilde de Lusignan ou le Beau Juif*.

Engagé dans ce qui n'est encore à ses yeux qu'une

parodie commerciale de l'art, il compte, dit-il, gagner à l'avenir douze mille francs en publiant six romans par an. Le chiffre ne lui fait pas peur. Il se sent de taille à imaginer et à rédiger une bonne demi-douzaine « d'ordures » sous pseudonyme en attendant de pouvoir signer de son nom un roman dont il sera fier. Cette prétention, il n'en parle pas à Lepoitevin, qui probablement lui rirait au nez. Mais il ne lui déplaît pas que son « patron » fasse de temps en temps le voyage de Villeparisis pour déguster le ragoût familial. Ses visites apportent un peu d'animation dans le train-train de la bourgade. Immédiatement, Laurence, qui a le cœur dans les nuages, se figure que ce Parisien truculent et empressé ne vient que pour elle. Honoré a grand-peine à la persuader qu'il n'en est rien et que, du reste, « tous les auteurs sont de fort vilains partis ».

Laurence se résigne mal à ce manque de soupirants. Evoquant la vie si paisible et si morne que l'on mène à la maison, elle écrit à sa sœur, qui, elle, a la chance d'être mariée : « Nous ne sommes pas d'une gaîté folle, mais nous ne sommes pas tristes, nous sommes de bons bourgeois, ne donnons pas dans les extrêmes ; le soir, le whist ou le boston, quelquefois l'écarté, la chasse aux cousins, la bouillie... Quelques bêtises spirituelles d'Honoré, et puis nous allons nous coucher. » Et Honoré complète le tableau à l'intention de Laure : « Je te dirai très confidentiellement que cette pauvre maman tourne à être comme bonne-maman, et pis. J'espérais que l'époque où elle se trouve pourrait influer sur toute sa machine et changer son caractère ; il n'en sera rien [...]. Encore hier, je l'entendais se plaindre comme bonne-maman, s'inquiéter du serin comme bonne-maman, prendre en grippe tour à tour Laurence ou Honoré, changer de sentiments avec la rapidité de l'éclair, ne se souvenir que de ce qui est favorable à l'opinion qu'elle soutient momentanément. Et les exagérations ! [...] Oh ! il n'y a pas dans le monde deux familles comme la nôtre, et, je le crois, nous y sommes tous uniques dans notre genre. » Dans ce milieu confiné et vieillot, Laurence dépérit à vue d'œil et son frère s'en inquiète. Il affirme à Laure, en juillet 1821, « que Laurence est faite à peindre, qu'elle a le plus joli bras et la plus jolie main qu'il soit possible de voir, qu'elle a la peau très blanche et deux nénais [nénés] placés admirablement bien ». Enfin elle possède un esprit naturel et des yeux qui feraient fondre une statue de bronze. Bref, elle représente un trésor fabuleux et il faut vite la marier.

C'est également l'avis de Bernard-François. Il a d'ailleurs déniché un parti honorable : Armand-Désiré Michaut de Saint-Pierre de Montzaigle. Cette double particule mérite une double considération. La famille du prétendant est de noblesse récente mais authentique. Bernard-François a connu le père du jeune homme au Conseil du roi et, plus tard, dans l'administration des Vivres. Ce parallélisme entre les deux carrières lui semble d'excellent augure. Et puis, Armand-Désiré a quinze ans de plus que Laurence, ce qui est un gage de stabilité dans un ménage. A noter aussi qu'après un court passage dans l'armée il a trouvé un emploi de confiance à la direction générale de l'Octroi. Sûr d'avoir misé sur le bon cheval, Bernard-François veut ignorer les rumeurs persistantes selon lesquelles son futur gendre aurait contracté quelques dettes et beaucoup fréquenté les maisons de jeux et les filles publiques. Bien au contraire, il estime que, ayant jeté sa gourme comme célibataire, l'intéressé est tout à fait mûr pour être un paisible mari, dévoué à sa femme, à ses pantoufles et à son compte en banque. Certes, la suffisance de ce beau parleur agace un peu Honoré. Il le surnomme « l'aigle des aigles » ou « le troubadour » et se moque, derrière son dos, de sa prétention à n'avoir pas de rivaux à la chasse, au billard et dans les salons. Mais Bernard-François n'écoute même pas les critiques de son godelureau de fils. Et Laurence, sans être le moins du monde amoureuse, se réjouit, par vanité, d'être bientôt, comme sa sœur, une vraie dame avec ses domestiques, son jour de réception, sa calèche et, peut-être, des enfants.

L'affaire est menée tambour battant et le père écrit, dès le 19 juillet 1821, à sa fille Laure, à Bayeux : « Je t'apprendrai, ma chère Laurette, avec satisfaction – et tu recevras la nouvelle ainsi que ton mari – qu'avec un nouvel ami, j'ai arrêté un mariage pour ta sœur. [...] Les futurs se sont vus depuis un mois, se conviennent fort, les renseignements sont pris, la famille de l'amoureux consent avec intérêt. » Trois jours plus tard, le 22 juillet, pour le soixante-quinzième anniversaire de Bernard François, toute la tribu Balzac se réunit solennellement à Villeparisis. On baptise, par la même occasion, le fils de Louise Brouette, la cuisinière, et Montzaigle fait sa demande en mariage qui est acceptée de grand cœur. Ayant observé le fiancé pendant cette entrevue, Honoré écrit à Laure : « Il est un peu plus grand que Surville ; il a une figure ni laide ni jolie, sa bouche est veuve des dents d'en haut et il n'est pas à présumer qu'elle contracte de secondes noces, car la nature s'y oppose ; ce veuvage le vieillit considérablement. Du reste, il est plutôt mieux que bien, pour un mari, s'entend. »

Un contrat de mariage est signé en l'étude de Me Passez, le 12 août 1821, prévoyant une dot de trente mille francs. Pour célébrer l'événement, une soirée est donnée à Villeparisis, avec un buffet copieusement fourni en vins et en friandises. Bernard-François reçoit ses invités en clignant d'un œil. Le coup de fouet d'un cocher maladroit lui a éraflé la cornée. Cette mésaventure, survenue alors qu'il veille si jalousement sur sa santé et son bien-être, lui gâche la fête. Deux jours après la signature du contrat, Mme Balzac, ayant jugé prudent de poser à Armand-Désiré certaines questions de confiance, écrit à Laure : « Il [Montzaigle] m'a donné sa parole d'honneur, et j'y crois, qu'il n'a jamais touché une fille et qu'il est vierge de toute maladie ; il n'a jamais été soigné, il n'a jamais pris médecine et sa santé est parfaite. Il n'a pas eu d'enfant qui puisse venir [le] troubler par la suite. Il n'a jamais mis les pieds dans une maison de jeu et, par la raison qu'il est un des premiers de Paris au billard, il n'a jamais joué d'argent [1]. »

En fait, Montzaigle ment comme il respire, et la naïveté de Mme Balzac est si forte qu'elle gobe tout avec le sourire d'une mère comblée. A l'inverse, Honoré est de plus en plus sceptique. « Le troubadour vient et déjeuner et dîner, et faire une cour assidue, écrit-il à Laure. Néanmoins, si tu veux que je parle avec une franchise qui nécessitera le brûlement de cette lettre confidentielle, je t'avouerai que je ne découvre dans toutes ses démarches, sourires, paroles, actions, gestes, etc., rien qui marque l'amour comme je l'entends. »

Le mariage sera célébré le 1er septembre 1821, à la mairie du 7e arrondissement (ancien) et en l'église Saint-Jean-Saint-François. A cette occasion, les Balzac font imprimer deux versions du faire-part. La première, réservée aux intimes, est libellée ainsi : « Mon-

1. Cf. *L'Année balzacienne*, 1964 ; cité par Roger Pierrot, *op. cit.*

sieur Balzac, ancien Secrétaire au Conseil du Roi, ex-Directeur des Vivres de la première Division militaire, et Madame Balzac, ont l'honneur de vous faire part du mariage de Mademoiselle Laurence Balzac, leur Fille, avec Monsieur Armand-Désiré Michaut de Saint-Pierre de Montzaigle. » Sur la seconde version, destinée aux amis plus lointains, une particule est ajoutée à chacun des trois Balzac mentionnés. Le faire-part envoyé par les Montzaigle porte également l'indication que la fiancée est Laurence *de* Balzac.

Malgré toutes les précautions prises, le mariage se révèle aussitôt désastreux. Installée dans une maison isolée au fin fond de Saint-Mandé, Laurence, malade depuis sa nuit de noces, a des crises de nerfs – comme sa mère et sa grand-mère –, s'ennuie à périr et perd ses cheveux à poignées. Son mari la délaisse pour d'interminables parties de chasse ou de billard. La première lettre qu'elle envoie à Bayeux n'est qu'une longue plainte. « Je vais te chanter misère. Je suis toujours dans les nerfs, c'est tout te dire. [...] Une femme en conscience devrait bien taire les défauts de son mari, cependant je te dirai le plus bas possible que je le crois bien léger et [d']un grand amour-propre que tu auras peut-être aperçu. » Pour comble de malheur, elle apprend très vite qu'Armand-Désiré doit de l'argent à la terre entière, qu'il emprunte à gauche pour rembourser à droite et que leurs meubles risquent d'être saisis. Par orgueil, elle tente de cacher ce désastre à la famille. Mais le secret transpire. Atterré par cette situation, Honoré écrit à Laure : « Il est affreux qu'un homme se dise sans dettes, car il paraît que Montzaigle a un millier d'écus de dettes. Laurence est harcelée par une meute de créanciers [...]. Il y a une grande barbarie dans la conduite de Montz[aigle]. Comme il ne rentre jamais qu'au matin, il laisse seule tout le jour une petite femme souffrante, dans un appartement à deux lieues de tout[1]. »

Après avoir porté le prétendant aux nues, la famille, consternée, découvre qu'il est un gredin. Bientôt, Laurence devra mettre ses bijoux en gage. Acculé à la ruine, Montzaigle sollicitera un prêt de son beau-père. Celui-ci refusera, avec hauteur, d'aider un gendre qui l'a trompé dès le début. De son côté, Mme Balzac, incapable d'admettre que sa fille puisse aimer et soutenir un individu aussi abject, lui retirera son affection. Tout au plus lui fera-t-elle l'aumône d'une visite alors que la malheureuse est sur le point d'accoucher. Elle n'assistera pas au baptême de son petit-fils, Alfred, né le 28 juillet 1822, car elle estime qu'il est le fruit d'une union répréhensible. Laurence, malade, placera le bébé en nourrice. Quant à Montzaigle, il délaissera encore plus son épouse, qu'il considère comme un poids mort dans sa vie aventureuse.

Balzac se souviendra de lui pour peindre les figures les plus cyniques de sa galerie de portraits dans *La Comédie humaine*. C'est ce beau-frère superbement canaille qui lui servira de modèle, notamment, pour l'exécrable Philippe Bridau de *La Rabouilleuse*, lequel, après avoir précipité la ruine d'une famille et désespéré sa femme, accomplit une ascension sociale dont tout Paris s'émerveille. En 1831, Montzaigle se retrouvera secrétaire particulier du comte de Cessac, qui est académicien et pair de France. Délivré de ses soucis pécuniaires, bombardé chevalier de la Légion d'honneur, il deviendra, comme le héros égoïste et vil de Balzac, un homme qui réussit sa percée dans le monde contre toute justice et toute morale. Ainsi, peu à peu, Honoré

1. Lettre du 23 novembre 1821.

constate qu'il lui suffit de jeter les yeux autour de lui, dans la cohue de ses proches, de ses amis, de ses relations, pour découvrir des personnages autrement plus complexes et plus émouvants que ceux des romans-clichés dont Lepoitevin l'a chargé d'assurer la fabrication.

VII

MADAME DE BERNY

Le monde est décidément bien petit, pense Honoré chaque fois qu'il passe devant la dernière maison de Villeparisis, sur la route de Meaux : elle appartenait jusqu'en 1815 à Charles de Montzaigle, le père de l'infâme gendre des Balzac. Ruiné, il l'a vendue à un conseiller à la cour royale, Gabriel de Berny. C'est une vaste bâtisse aux fenêtres à petits carreaux, coquettement fleurie, soigneusement tenue et comportant une cour sablée que décorent des orangers et des grenadiers en caisses. Bernard-François a connu le comte de Berny durant sa carrière administrative. Tous deux ont fait fortune dans l'intendance. Cela crée des liens ! Mme de Berny, née Louise-Antoinette-Laure Hinner, est la fille du professeur de harpe de la reine Marie-Antoinette et d'une de ses femmes de chambre préférées. Elle a été présentée sur les fonts baptismaux à Versailles, en 1777, par le roi Louis XVI et son épouse, ce qui était la coutume lorsqu'il s'agissait de l'enfant d'un serviteur apprécié par Leurs Majestés. Après la mort de Hinner, en 1787, sa veuve s'est remariée avec le chevalier de Jarjayes, lequel, sous la Révolution, tentera en vain, avec Toulan et Lepître (l'ancien directeur

74

de la pension qu'a fréquentée Balzac enfant), de faire évader Marie-Antoinette du Temple [1].

Devant l'accumulation des menaces que les sans-culottes multiplient autour de son mari et d'elle-même, Mme de Jarjayes se hâte de marier sa fille, âgée de quinze ans et demi, à un homme qui saura la protéger, le ci-devant comte de Berny. Dès le lendemain des noces, les deux époux sont arrêtés. La chute de Robespierre et la réaction thermidorienne leur sauvent la tête. En 1799, Gabriel de Berny entre dans l'accueillante administration des Subsistances, puis le voici sous-chef du personnel au ministère de l'Intérieur, et enfin conseiller à la cour de Paris. Le ménage a neuf enfants, ce qui ne signifie nullement que les conjoints vivent en harmonie. Gabriel de Berny, vieilli avant l'âge, est à demi aveugle et témoigne d'un caractère grincheux, tatillon, morose et vénal. Mme de Berny n'a pour lui que l'estime exigée par la bienséance. Elle l'a d'ailleurs trompé abondamment et il a toujours fermé les yeux, par commodité, sur ses frasques. Un de ses amants, un Corse « atroce », André Campi, l'a entraînée plus loin que les autres. Une fille, Julie, est née de cette union, d'abord clandestine, puis affichée. Après avoir rompu avec sa femme, Gabriel de Berny est revenu à elle sans trop de rancune pour ses infidélités. L'enfant adultérin porte le nom de Campi, qui lui a été donné par son tuteur et oncle, le général Toussaint Campi, selon les indications testamentaires de son frère, après la mort de celui-ci. L'acte d'état civil indique néanmoins que l'intéressée serait née « au mois d'avril 1804, de père et de mère inconnus ».

Aucunement gênée par ces irrégularités, Mme de

1. Le personnage de Jarjayes a servi de modèle à Alexandre Dumas pour le héros du *Chevalier de Maison-Rouge*.

Berny recueille volontiers Julie à Villeparisis parmi sa nombreuse progéniture légitime. On chuchote, dans le pays, qu'elle est du dernier bien avec un autre homme, un certain M. Manuel, locataire d'une de ses maisons. Elle n'en est pas moins considérée par tout le voisinage, et notamment par les Balzac, comme une grande dame, la châtelaine du bourg. Les deux familles ont des relations courtoises et même amicales. On s'invite pour des goûters, on se rencontre dans des comités de bonnes œuvres... Habillée de blanc comme ses filles, en souvenir des apparitions de Marie-Antoinette à Trianon, Mme de Berny possède du charme, de l'aisance et de l'esprit. A quarante-cinq ans, elle a un visage rayonnant de bonté et, malgré sa petite taille et son léger embonpoint, une belle élégance d'allure. Du reste, elle ne cache pas son âge, s'avoue volontiers grand-mère, par un mélange de bravade et de coquetterie, et sait se moquer de tout avec une vivacité juvénile. Honoré s'étonne que cette femme brune et menue, qui est d'un an l'aînée de sa mère, affirme une telle fraîcheur de tempérament. L'ayant observée, à la maison, lors de la réception pour le baptême du fils de la cuisinière, Louise Brouette, il écrit à Laure, en février 1822 : « Les enfants de Mme de Berny sont les seuls dans le monde qui sachent rire, danser, manger, dormir et parler comme il faut, et la mère est toujours une femme très aimable et très aimante. »

Or, justement, Mme de Berny souhaite que le jeune Honoré donne des leçons à ses filles. Il accepte sans rechigner ce rôle de répétiteur et, très vite, prend un véritable plaisir aux visites chez « les dames du bout ». Les exercices pédagogiques se prolongent par des conversations divertissantes et instructives. Constatant l'application du précepteur improvisé à instruire ses élèves, leur mère songe déjà à un mariage possible entre l'une d'elles, Julie Campi, et le fils Balzac. Il ne serait pas un mauvais parti. Et, si son physique n'est guère avantageux, il le rachète par l'intelligence, la fougue et la drôlerie.

Mais ce ne sont pas ces demoiselles qui attirent Honoré aux confins de Villeparisis. De jour en jour, il se sent plus ému par la grâce mûre de la maîtresse de maison. Il ne la voit jamais que parmi ses enfants et, bizarrement, leur banale joliesse, leur sotte innocence rehaussent à ses yeux l'exceptionnel prestige de cette femme qui a vécu, qui a souffert, qui a aimé et à laquelle l'expérience confère un mystère autrement attractif que celui de la virginité. Elle a l'art de l'inciter, par ses questions, à ouvrir son cœur, qu'il s'agisse de ses projets d'écrivain, de ses rapports avec sa sœur Laure ou de ses ressentiments envers sa mère. Elle le taquine sur ses emballements, apaise ses inquiétudes, compatit à ses chagrins, discute avec lui de littérature et de stratégie familiale au point qu'il ne peut se passer de sa présence. Il se passionne également pour les récits qu'elle lui fait de son enfance du temps de Louis XVI, de son adolescence pendant la Révolution, de sa jeunesse sous l'Empire. Evoqués par cette survivante encore désirable, ces souvenirs lui semblent mille fois plus captivants que ceux de ses parents sur la même époque. Il se laisse bercer par la voix musicale qui les commente pour lui seul et dont certaines inflexions lui donnent le frisson. L'héroïne du *Lys dans la vallée*, Mme de Mortsauf, aura, comme Mme de Berny, une façon de prononcer le « ch » qui met les hommes en transe. N'ayant jamais connu la tendresse maternelle, Honoré défaille de gratitude devant cette femme qui offre toutes les qualités dont Charlotte-Laure est dépourvue. Le fait qu'elles aient à peu près le même âge, loin de le glacer, l'exalte. Mieux que quiconque, cette nouvelle venue dans sa vie saurait, pense-t-il, lui faire oublier les chagrins, les humiliations, les frustrations de ses premières années en famille. En face d'elle, il éprouve tout ensemble le respect d'un fils et la folie d'un amant. Il voudrait à la fois se fondre dans son âme et la pénétrer dans sa chair ; se blottir, tout petit, tout désarmé, tout confiant, contre le sein d'une génitrice et triompher d'elle dans la possession. Est-ce possible ? Il en rêve nuit et jour. Il ose se déclarer. Elle le repousse, arguant de son âge, de sa situation sociale et de son état d'épouse. Aucune de ces considérations ne le décourage. Au lieu de se calmer, il multiplie les lettres insensées à l'objet de ses vœux. Elles seront brûlées, sur ordre de Mme de Berny, après sa mort, par son fils Alexandre. Mais Honoré en a conservé les brouillons. De l'une à l'autre, l'imploration revient plus pressante : « Songez, Madame, que, loin de vous, il existe un être dont l'âme, par un admirable privilège, franchit les distances, suit dans les airs un chemin idéal, et court avec ivresse vous entourer sans cesse, qui se plaît à assister à votre vie, à vos sentiments, qui tantôt vous plaint, et tantôt vous souhaite, mais qui vous aime avec cette chaleur de sentiments et cette franchise d'amour qui n'a fleuri que dans le jeune âge, un être pour qui vous êtes plus qu'une amie, plus qu'une sœur, presque une mère, et même plus que tout cela [...], une espèce de divinité visible à laquelle il rapporte toutes ses actions. En effet, si je rêve grandeur et gloire, c'est pour en faire un marchepied qui me conduise à vous, et si je commence une chose importante, c'est en votre nom. Vous m'êtes, sans le savoir, une véritable protectrice. Enfin, imaginez tout ce qu'il y a de tendre, d'affectueux, de gracieux, d'expansif dans le cœur humain, et je crois l'avoir dans le mien lorsque je pense à vous. »

Flattée par cet amour d'un homme de vingt-deux ans alors qu'elle en a quarante-cinq, Mme de Berny s'impose pourtant une sage retenue et refuse de le recevoir hors de la présence de ses enfants. Elle estime que la barrière de sa nombreuse progéniture la garantit contre la tentation d'un entraînement qui n'est plus de saison. Ce n'est pas la pensée d'un mari, décati et grognon, qui la retient sur la pente, mais la crainte d'avoir à se repentir, plus tard, d'une incartade sans lendemain. Cependant, Honoré a le diable au corps. Et ses missives sont bien émouvantes. Le moyen de résister à cette juvénile exigence ? Il insiste : « Grand Dieu, si j'étais femme, que j'eusse quarante-cinq ans et que je fusse encore jolie, ah ! que je me serais conduite autrement que vous [...] ! Je me serais livrée à ce sentiment en tâchant d'y retrouver les délices du premier âge, ses innocentes illusions, ses naïvetés et tous ses charmants privilèges. » Il se compare à Jean-Jacques Rousseau en quête d'une Mme de Warens, qui ait à la fois la douceur d'une mère et la fougue d'une maîtresse. Par moments, il a l'impression d'être un affamé à la vitrine d'une pâtisserie.

En avril 1822, Mme Balzac part pour Bayeux, où elle compte inspecter, de son œil infaillible, le ménage de sa fille Laure. Resté seul à Villeparisis avec son père, Honoré s'enhardit à multiplier les visites chez Mme de Berny. Les voisins commentent avec une ironie malveillante la fréquence de ces rendez-vous ; les enfants eux-mêmes s'en étonnent, sans en tirer encore de conclusions sur la conduite de leur mère. Estimant que le prénom usuel d'Antoinette ne convient pas à la maîtresse de maison, Honoré lui demande l'autorisation d'utiliser dorénavant dans leurs conversations son autre prénom, Laure. C'est ainsi que s'appellent sa mère et sa sœur. La première est pour lui le symbole de l'indifférence, la deuxième celui de la communion des cœurs. La première l'a mis au monde, la deuxième lui a révélé la tendresse. Avec la troisième, il atteindra au paradis. Amusée par ce caprice, Mme de Berny accepte le changement de prénom. A dater de ce nouveau baptême, Honoré se découvre plus proche encore de celle qui maintenant constitue sa principale raison de vivre. Bien qu'elle se refuse toujours à lui, il la devine sur le point de succomber. Leur correspondance s'enflamme : « Pensez-vous à moi autant que je pense à vous, lui écrit-il, m'aimez-vous autant que vous le dites, je ne sais pourquoi, depuis, j'en doute. [...] Que vous étiez jolie hier [...] ! Ne me parlez plus de votre âge. » Poursuivie dans ses derniers retranchements, elle le supplie de renoncer à lui parler d'amour, sinon elle lui condamnera sa porte. Il se drape dans la dignité d'une passion blessée : « Je crois comprendre votre lettre. C'est un ultimatum. Adieu, je désespère et j'aime mieux la souffrance de l'exil que celle de Tantale. Pour vous qui ne souffrirez rien, je pense que ce qui peut m'advenir vous est indifférent. Puissiez-vous croire que je ne vous ai jamais aimée ! Adieu !... »

Bien entendu, ce sont des propos en l'air. Il n'a nullement l'intention de rompre. Et, sous des airs réticents, elle n'a qu'une hâte : le retrouver dans sa jeunesse et sa déraison. Un soir, après avoir été éconduit, il retourne sur ses pas, la voit assise, toute songeuse, dans le jardin, sur leur banc habituel. Surprise par son apparition inopinée, elle n'a pas la force de le repousser. Et c'est entre eux le premier baiser. Mais elle n'ira pas plus loin. Que cette légère étreinte lui suffise ! Il la quitte en la désirant davantage parce qu'elle lui a permis d'effleurer ses lèvres. Pendant quelques jours, elle se dérobe encore : « Mais rien ne m'empêchera, lui écrit-il, d'être à la grille à dix heures et d'y rester en

80

mémoire de celle que j'y devais trouver. Il sera beau d'y être sans espoir. » Enfin, lors d'une nouvelle rencontre, elle s'avoue prête à l'irréparable. La nuit de mai est si douce ! Ils se rejoignent dans le jardin, sur le banc providentiel. L'ombre transparente, le silence plein de frémissements, les parfums de la végétation assoupie, il semble que la nature entière se ligue pour préparer la victoire d'Honoré. Troublée plus qu'elle ne le voudrait, Mme de Berny oublie toute prudence et cède aux assauts de son amoureux.

Rentré chez lui, la tête en feu, il lui adresse, sur-le-champ, une lettre de gratitude éperdue : « Ô Laure, c'est au milieu d'une nuit pleine de toi, au sein de son silence et poursuivi par le souvenir de tes baisers délirants que je t'écris ! Et quelles idées puis-je avoir ? Tu les as toutes emportées. Oui, mon âme tout entière s'est attachée à la tienne et tu ne marcheras désormais qu'avec moi. Oh ! je suis environné d'un prestige tendrement enchanteur et magique ; je ne vois que le banc ; je ne sens que ta douce pression et les fleurs qui sont devant moi, toutes desséchées qu'elles soient, conservent une odeur enivrante. Tu témoignes des craintes et tu les exprimes d'un ton déchirant pour mon cœur. Hélas ! je suis sûr maintenant de ce que je jurais, car tes baisers n'ont rien changé. — Oh ! si, je suis changé ; je t'aime à la folie... »

A présent, il ne supporte plus l'atmosphère de l'ennuyeuse maison familiale. Dès qu'il échappe à « l'aura » de Mme de Berny, l'univers se décolore à ses yeux. Il écrit à sa sœur Laure : « Le sourire de bonne-maman m'a déplu, la voix de mon père n'avait plus d'attrait et j'ai lu le journal les larmes dans les yeux. » Sa vie ne commence qu'à la tombée du soir, lorsqu'il se prépare à retrouver en cachette l'ensorceleuse qui lui a révélé l'amour.

A son retour de Bayeux, Mme Balzac subodore les malhabiles subterfuges de la liaison et s'indigne. Son fils détournant du droit chemin une femme mariée ! Et une femme mariée qui a le double de son âge ! Une contemporaine de sa mère ! Quel scandale ! Honoré tente de se justifier, mais, ébranlé par les remontrances de ses parents, il doit avouer que la situation est délicate. De toute évidence, par ses assiduités, il compromet Mme de Berny aux yeux du voisinage et, d'abord, de ses enfants. Ils ont tout compris, ils la jugent, ils la condamnent et elle en est sans aucun doute malheureuse. « Je crois que nous ne pouvons pas nous dissimuler que l'œil perçant des jeunes filles nous devine, écrit-il à sa maîtresse. Je ne sais, mais jamais je ne puis regarder ton El[isa] sans qu'elle rougisse et que sa figure dise quelque chose que je ne saurais exprimer. Quant à A[ntoinette], le dédain et une foule d'autres sentiments percent maintenant. J[ulie Campi] nous a depuis longtemps compris, et toutes nous entourent d'une masse de sentiments qu'elles ne cachent plus. »

Devant cette coalition hostile de la jeune génération, Honoré estime plus sage d'espacer ses rendez-vous. Pour une fois, c'est lui qui conseille la prudence et Mme de Berny qui se déclare prête à braver l'opinion. La solution est trouvée par Mme Balzac. Pour faire taire les cancans, Honoré ira passer quelques semaines chez sa sœur Laure, à Bayeux. Il accepte, la mort dans l'âme, cet exil nécessaire. Mais il voudrait gagner quatre ou cinq jours : le temps de s'habituer à l'inévitable. Ayant obtenu ce bref sursis, il va revoir le banc des amours, accompagne Laure de Berny à Paris et y reste avec elle, seul à seul, jusqu'au 12 mai. Revenu en sa compagnie à Villeparisis, il exige qu'après son départ pour Bayeux elle envoie chaque semaine une longue lettre, « écrite menu serré et sans blancs », à « Monsieur

Honoré, chez Monsieur Surville, rue Teinture ». La
veille de la séparation, elle lui fait cadeau de son amulette préférée, d'un flacon d'eau du Portugal et d'un
volume de vers d'André Chénier, qu'ils ont lu ensemble. Il verse des larmes sur la cruauté du sort qui les
éloigne l'un de l'autre, et enfin, le 20 mai, grimpe dans
la diligence comme on monte à l'échafaud. Cependant,
le domestique, Louis Brouette, qui l'a escorté jusqu'à
la patache, affirme à Mme Balzac avoir vu son jeune
maître plaisanter avec « une comtesse très aimable »
qui fait partie du voyage. Mme Balzac se rassure.
Honoré n'est donc pas aussi désemparé qu'il voudrait
le laisser croire. De toute façon, elle compte sur sa fille
Laure pour raisonner ce frère qui a perdu la boussole.
Auprès d'elle, il retrouvera les valeurs morales de la
famille et de la bienséance. Avec sang-froid, Mme Balzac joue Bayeux contre Villeparisis.

VIII

PROFESSION : ÉCRIVAIN

Dès son arrivée à Bayeux, Honoré apprécie les bienfaits du dépaysement. La joie de revoir sa sœur Laure contrebalance son regret d'avoir quitté Mme de Berny. Son beau-frère est venu le chercher à sa descente de diligence, au bureau des Messageries. Ensemble, ils se rendent rue Teinture. Si la porte cochère de la maison a mauvaise mine avec sa peinture verte qui s'écaille, l'intérieur est douillet, cossu, meublé avec recherche : on y décèle la présence d'une femme d'ordre et de goût. La pièce de réception est lambrissée de noyer poli. Des chaises et des fauteuils de tapisserie invitent à des conversations entre gens de bien.

A peine le frère et la sœur se retrouvent-ils tête à tête que les confidences fusent. Bientôt, elle sait tout de lui et il sait tout d'elle. Laure s'ennuie à Bayeux, mais affirme être, en somme, satisfaite de son mariage. L'ingénieur des Ponts et Chaussées Eugène Surville est un homme terne et sérieux, qui aime son métier, respecte sa femme et ne s'égare pas dans les rêves. A son contact, on éprouve vaguement la sensation de manquer d'air, mais sans rien avoir à lui reprocher. Des notables de la cité et leurs épouses viennent souvent

84

rendre visite au couple. Les messieurs se retirent dans le salon pour parler chasse et politique ; les dames papotent, à côté, de leurs soucis domestiques et de leur progéniture. Et la vie s'écoule, monotone, comme le flot de la rivière Aure qui baigne la ville. Honoré sent qu'il travaillera mieux ici qu'à Villeparisis, où l'envie de voir Mme de Berny à toute heure du jour dérangeait son inspiration. Peut-être n'est-il pas fait pour se consacrer à une femme ? Peut-être est-il préférable pour sa carrière d'écrivain qu'il soupire après une créature admirable et inaccessible plutôt que de s'attacher à elle au risque de négliger son œuvre ? Peut-être l'art est-il incompatible avec un certain conformisme dans l'amour, fût-il extraconjugal ? Honoré en discute librement avec Laure. Elle le comprend à demi-mot. Elle est un autre lui-même. Vêtu d'un simple pantalon, sans bas, sans cravate, il prend plaisir à se vautrer devant elle sur une ottomane et à lui ouvrir à la fois son cœur et sa tête.

Comme il se doit, Laure le présente à ses connaissances. Il les étudie avidement, avec l'espoir de les caser dans un de ses prochains livres. Quelques rencontres lui suffisent pour analyser l'esprit de cette société provinciale, avec ses castes, ses ambitions, ses vanités, sa cupidité et sa peur du qu'en-dira-t-on. Il la compare à celle de Villeparisis. Elles se ressemblent et pourtant chacune a ses caractéristiques, ses traditions, ses manies, sa couleur, son odeur. Décidément, la vie est un merveilleux prétexte à littérature. Et si elle n'était que cela ?

Surville promène son beau-frère dans les rues de Bayeux, l'emmène à Caen, à Cherbourg. Partout Honoré observe et note au vol les visages, les monuments et les anecdotes. Il ne cesse de faire son plein alors même qu'il feint d'avoir la cervelle ailleurs. Il a apporté à Bayeux le début d'un roman, *Wann-Chlore*, et le plan du *Vicaire des Ardennes*. Mais, pour l'instant, il est préoccupé par la sortie des presses d'un autre de ses romans, *Clotilde de Lusignan ou le Beau Juif*, publié sous le pseudonyme de Lord R'hoone par l'éditeur Hubert, à Paris. Certes, il n'a pas signé de son nom cette élucubration abracadabrante sur fond de croisade, mais il y a mis beaucoup de verve, beaucoup d'ambition et, dès qu'il a en main le volume imprimé, il attend, tout fiérot, les compliments de sa famille.

Or, le 5 août 1822, ayant lu le livre, Mme Balzac envoie à Laure une lettre courroucée, dont elle espère bien que son fils prendra connaissance : « Un nouveau chagrin m'affecte, [...] il s'agit d'Honoré, de ce bon, de cet excellent Honoré, qui vient, sans le vouloir, de me faire donner de fiers coups de poignard ; tu ne connais pas encore, ma bonne amie, comme l'amour-propre d'une mère est délicat et fort, prompt à naître par le désir que toutes les bonnes mères ont de voir leurs enfants devenir quelque chose ; j'en suis là avec mon Honoré ; mes vœux sont vraiment loin d'être écoutés. [...] J'avais engagé Honoré à revoir sévèrement son manuscrit ; je l'avais même engagé à le soumettre à quelqu'un, qui eût plus que lui l'habitude d'écrire. Je l'avais prié de faire quelques retranchements ; je lui avais dit que les tortures qui y sont décrites feraient horreur [...]. Honoré avait l'air de trouver que ce que je disais ne valait rien, me répondait que ce que je blâmais ferait une beauté pour un autre, que vingt avis, vingt choses différentes, que les uns trouvaient beau ce que les autres trouvaient mauvais, qu'un auteur devait être *lui* et voilà tout. »

Et, pour justifier son indignation, Mme Balzac cite

une série d'expressions qu'elle estime inacceptables. Comment son fils a-t-il osé écrire : *fenêtre légère, rayon fluet, à bonne enseigne* ? Pourquoi abuse-t-il des mots *suave* et *soyeux* ? De quel droit parle-t-il d'*humeurs séminales* ? « Je suis [...] dans la plus grande désolation, poursuit-elle. Toutes les fois que l'auteur veut faire de l'esprit, il en est loin [...], lorsqu'il parle aux lecteurs, c'est toujours d'un mauvais goût [...], ses opinions paraissent à chaque page, ce qu'il ne faudrait pas. Un livre doit être écrit pour tout le monde. [...] Rabelais lui a fait tort [...] ; Sterne est aussi pour quelque chose dans des suspensions de sens, enfin [...] je suis désolée, voilà mon refrain. Honoré, ou se croit *tout* ou se croit *rien* ; alors la tête se détraque et je craindrais beaucoup en lui disant tout ce que je vous écris ; j'attends donc de votre tendresse pour lui de lui faire des observations sans le porter à trop de découragement[1]. »

Ainsi, non contente de prétendre diriger la vie de son fils, Mme Balzac prétend diriger son œuvre. Elle sait aussi bien comment il faut écrire un roman que comment il faut se tenir en société. A son sens, Honoré, quand il va à Paris, fréquente « des jeunes gens qui, entre eux, se gâtent le goût, perdent les convenances, oublient ce qui est bien et ne croient beau que les sornettes qu'ils se débitent pour rire ». S'il continue sur cette lancée, il ne fera rien de propre dans l'existence. Que Laure se charge de le mettre en garde contre la légèreté de son caractère ! Qu'elle s'inspire de l'épître maternelle sans la lui montrer !

Evidemment, malgré les conseils hypocrites de Mme Balzac, la « lettre-bombe » est placée par Laure sous les yeux d'Honoré. Il reconnaît tout à fait sa mère dans cette violence de ton et cette assurance de juge-

---

1. *Etudes balzaciennes*, n° 7, avril 1959 ; cf. Roger Pierrot, *op. cit.*

ment. Jamais il ne vient à l'idée de cette femme abrupte qu'elle pourrait se tromper. Le manque absolu de compréhension, de douceur, d'indulgence dont elle témoigne envers son fils le bouleverse plus que ne le feraient les critiques d'un journaliste teigneux. Il est à la fois déçu et atterré. Laure le console tant bien que mal et répond avec diplomatie aux reproches de Mme Balzac. Elle admet que sa mère a raison de dénoncer la qualité médiocre des ouvrages publiés par Honoré sous l'égide de Lepoitevin, mais il a été trop pressé par le temps pour émonder avec soin son manuscrit. « Quand un jeune homme de l'imagination d'Honoré écrit en deux mois quatre volumes, tout ce qui s'y trouve est une conséquence naturelle de cette précipitation, mais il aurait dû revoir avec rigueur et prendre le jugement des autres, confesse Laure. Alors *Clotilde* eût été un ouvrage charmant, alors les inégalités auraient disparu. [...] Je le répète, si Honoré avait eu moins confiance en lui et un peu plus dans les autres, *Clotilde* eût été un livre qu'il eût pu avouer avec honneur. Mais, ma bonne mère, je ne donne pas au découragement à cause de *Clotilde*, au contraire, *Clotilde* me fait espérer beaucoup. [...] Honoré ne te demande rien que le bonheur, donne-[le-] lui, ma petite mère. Mais tu vois trop en noir à son sujet, son nom est-il à *Clotilde* ? est-ce nécessaire que ce soit un bon ouvrage pour se vendre ? [...] des romans sont-ils jamais des chefs-d'œuvre lorsqu'on ne les fait que pour gagner de l'argent et qu'on ne prétend à aucune gloire par eux[1] ? »

En dépit des doux encouragements de sa sœur, Honoré est blessé à mort. Ne devrait-il pas dire adieu

1. Cf. Roger Pierrot, *op. cit.*

à ses rêves de grandeur ? Subitement, tout son séjour auprès de Laure prend une couleur de cendre. Sur le point de quitter Bayeux, il adresse à Mme de Berny une missive désenchantée : « Je n'ose dire que vous m'attristez en ne mettant plus de fleurs dans vos lettres. Mon eau de Portugal est finie et, sans mon Chénier, je serais sans amulette. [...] Il y a des êtres qui naissent malheureusement, je suis de ce nombre. »

Pour lui remonter le moral, Mme de Berny l'informe qu'elle a « retrouvé [son] libre arbitre », autrement dit que son mari, mis au courant, accepte leur liaison avec philosophie. Au lieu de s'en réjouir, Honoré s'obstine à broyer du noir. « Je crois m'être abusé sur moi-même ; je me suis en outre abusé sur la vie, mande-t-il à sa maîtresse. Content désormais de vivre dans votre cœur, si j'y tiens la place que je vous donne dans le mien, je me nourrirai de souvenirs, d'illusions, de rêves, et ma vie sera toute imaginative, ainsi qu'elle l'était déjà en partie [1]. » Craignant qu'elle ne mesure pas toute l'importance de cette déclaration, il insiste aussitôt après dans une sorte d'autoflagellation romantique : « Lorsqu'on est médiocre, qu'on n'a pour tout bien qu'une âme sans fiel et sans levain, on doit se faire justice ; la médiocrité de moyens ne donne point de grandes jouissances [...]. Les avantages du génie et les privilèges des grands hommes sont les seules choses qu'il soit impossible d'usurper. Un nain ne peut pas lever la massue d'Hercule. J'ai dit que je mourrais de chagrin le jour où je reconnaîtrais que mes espérances sont impossibles à réaliser. Quoique je n'aie encore rien fait, je pressens que ce jour approche. Je serai victime de ma propre imagination. Ainsi, Laure, je vous

1. Lettre du 30 juillet 1822.

conjure de ne point vous attacher à moi ; je vous supplie de rompre tout lien. »

Cependant, alors même qu'il l'implore de consentir à une séparation définitive, il s'enquiert passionnément de la vie qu'elle mène loin de lui. Inconséquence d'un amoureux qui ne sait plus très bien où il en est de ses sentiments : il demande à l'élue si elle s'assied parfois, en pensant à lui, sur « leur » banc, si elle chante ses chansons préférées, si elle joue du piano en son absence. Il décide donc de rentrer, bien qu'il craigne les désagréments qui l'attendent à la maison, entre une mère intraitable et un père diminué par l'âge. Mme Balzac a recueilli, entre-temps, son neveu Edouard, fils de sa sœur Sophie Sallambier et de Sébastien Malus, tous deux décédés. L'orphelin a vingt-deux ans et souffre d'une tuberculose pulmonaire avancée. Ce qui le rend particulièrement cher à Mme Balzac, c'est qu'il est « seul dans la vie » et qu'il jouit d'une fortune considérable dont elle héritera si elle prend soin de lui dans ses derniers jours. En attendant qu'il ait craché son reste de poumons, elle est toute prévenance à son égard. Honoré ne voit aucun inconvénient à cette manœuvre mi-charitable, mi-intéressée. Sa préoccupation est ailleurs.

Pendant ces deux mois à Bayeux, il a commencé un nouveau roman, *Le Vicaire des Ardennes*, et proposé à sa sœur et à son beau-frère de collaborer à la rédaction de cette histoire extravagante, mélange d'érotisme et de religiosité. A eux trois, ils iront plus vite. On partagera les bénéfices. Est-il rien de plus naturel que d'écrire en famille ? Avant de partir, il a laissé le manuscrit à Laure et à Eugène, afin qu'ils y ajoutent quelques chapitres, selon le plan qu'il a dressé et qui a eu leur assentiment. Puis il s'est mis en route, le cœur inquiet, pour Villeparisis, où Mme de Berny l'attend avec impatience.

Au vrai, même en voyage, il n'oublie pas sa production romanesque. De passage à Paris, il trouve le moyen de s'aboucher avec un libraire-éditeur, Charles-Alexandre Pollet. Circonvenu par lui, il signe un contrat pour deux romans : *Le Centenaire* et *Le Vicaire des Ardennes*, en échange d'une somme de deux mille francs, dont six cents « en espèces ayant cours » et le reste en billets à huit mois. Le seul ennui, c'est que les deux ouvrages devront être livrés avant le 1er octobre 1822. Or, l'un et l'autre sont encore à l'état d'ébauches. Devant l'urgence de l'exécution, Honoré écrit, le 14 août, à sa sœur : « Ainsi, nous avons le mois de septembre pour faire le *Vicaire*. Je crois qu'il y a impossibilité pour vous de faire chacun deux chapitres par jour, pour que j'aie le *Vicaire* le 15 septembre ; encore n'aurais-je que quinze jours pour le refondre [...]. Consultez-vous [...]. Si vous avez quelque pitié pour moi, vous m'enverrez ce diable de *Vicaire* et, si vous soupçonnez une bourde, je vous enverrai le traité de Pollet par lequel il y a un dédit si le *Vicaire* n'est pas imprimé au mois de novembre [...]. Cette suée de travail est impossible pour toi, Laure. Je ne crois pas que tu puisses écrire soixante pages de roman par jour. »

Malgré l'insistance de son frère, Laure tarde à expédier le précieux paquet. Pour passer le temps, Honoré lit à ses proches le début du roman qu'il avait emporté à Bayeux : *Wann-Chlore* (ou *Jane la Pâle*). Par chance, sa mère, cette fois, apprécie le texte et fait quelques compliments du bout des lèvres. Elle s'est un peu radoucie depuis qu'elle a sous les yeux son riche neveu agonisant. La famille est pleine de projets. Le cousin Antoine Sallambier, propriétaire de la maison, l'a vendue à son frère Charles, et celui-ci prétend augmenter le loyer dans des proportions exorbitantes : cinq cents francs ! C'est trop cher pour Villeparisis. Du coup, Mme Balzac songe à se réinstaller à Paris, dans le Marais. Elle a trouvé « un trou » tout à fait acceptable, rue du Roi-Doré. Honoré y aurait sa chambre. Mais Edouard Malus est intransportable. Il faut attendre qu'il ait rendu le dernier soupir pour déménager. Sa langue est déjà « presque noire » ; son pouls diminue régulièrement ; il se nourrit d'huîtres et s'abreuve de lait. Cela ne durera guère. Un peu de patience ! Devant ce jeune homme cadavérique, qui pour se divertir fait de la broderie, Bernard-François affiche, en dépit de son âge, une santé insolente. Bonne-maman gémit, comme d'habitude, sur ses maladies. Le jeune frère Henry débite des sottises. Mme Balzac se plaint toujours de tout et de tous, et court à Paris pour préparer le retour de la petite tribu dans la capitale. Pressé de se remettre au manuscrit de son *Vicaire*, dont il guette chaque jour l'arrivée par la poste, Honoré donne à sa sœur des nouvelles de l'état d'esprit qui règne parmi les siens : « Edouard marche à la tombe ; bonne-maman à sa maladie ; maman à Paris et à l'exagération ; papa à la santé perpétuelle ; Louise aux portes ; Louis à la bêtise ; Henry aux farces ; et moi, je ne sais où... *Le Vicaire ! Le Vicaire ! Le Vicaire !* courrier par courrier. Car je vais y travailler. »

Il ne parle pas de Mme de Berny dans sa lettre, et pourtant elle absorbe de nouveau toutes ses pensées. Quelques semaines auparavant, il envisageait une séparation salutaire. Mais il lui a suffi de la revoir pour se renflammer. « Plus nous allons et plus je découvre une foule de beautés dans toi, lui confesse-t-il, le 4 octobre 1822. Laure, je te l'avoue, la consécration du banc, cette fête d'un amour que nous croyions expirant, le rallume et, loin d'y voir une tombe, ce lieu charmant ne m'est apparu que comme un autel. » Il est sûr de mieux l'aimer depuis qu'il l'a délaissée pour se plier à l'absurde pénitence de Bayeux. Mais a-t-elle, de son côté, éprouvé l'approfondissement de leur passion dans l'absence ? Il voudrait en être sûr et lui jure qu'en ce qui le concerne il n'a fait que « gagner au contact de l'âme » d'une femme à laquelle il ne pouvait se joindre qu'en imagination. Loin d'elle, il a appris à savourer le souvenir aussi intensément que la réalité.

Comme il est incapable de cacher tout à fait l'exaltation de ses sentiments à son entourage, Mme Balzac se lamente dans ses lettres à Bayeux : « Honoré part à midi ; revient à cinq heures ; il repart après le journal et revient à dix heures du soir. Malgré qu'Edouard soit si mal, ces messieurs me laissent seule. Honoré ne voit pas combien il est indiscret d'aller ainsi, deux fois par jour, dans cette maison. Il ne voit pas qu'on veut *le faire*. Je voudrais être à cent lieues de Villeparisis. Il n'écrit pas une ligne. Il n'a qu'une vingtaine de pages pour finir *Le Centenaire*. Il n'a plus qu'une chose dans la tête et ne voit pas que, en se donnant trop à cette chose, il en sera las un jour ; mais sa conduite le mettra dans l'impossibilité d'être raisonnable dans cette affaire. »

Néanmoins, elle doit bientôt reconnaître que, tout en se dépensant comme amoureux, Honoré abat une besogne de forçat comme écrivain. Le manuscrit du *Vicaire des Ardennes* est enfin revenu entre les mains de l'auteur. Depuis, il cravache. « Il faut qu'il travaille sans quitter un moment la plume, que pour prendre un peu de repos, annonce Mme Balzac à sa fille Laure. Son *Vicaire* est tout ce qu'il a fait de mieux, tu en seras, je crois, bien contente. [...] J'y trouve beaucoup de mots hasardés, quelques répétitions dans la description du vieillard, mais il ne veut rien sacrifier. Je désire que cela puisse être jugé sans qu'on sache que c'est de lui, tiendra-t-il son secret, je le souhaite [1]. »

Pour se reposer de son *Vicaire*, Honoré s'échine sur *Le Centenaire*. Conduire deux romans à la fois n'est pas pour l'effrayer. Il goûte même une certaine excitation à sauter tout à coup d'une intrigue dans une autre. Mme Balzac est satisfaite de son application, mais n'envisage toujours l'activité de son fils que comme une entreprise commerciale. Lui-même ne pense d'abord qu'à gagner de l'argent. Cette obsession pécuniaire est commune à toute la famille. Le jeune Edouard Malus, toussant à fendre l'âme, en est le symbole visible.

Le 25 octobre 1822, le malade expire après une longue agonie. Le clan Balzac en est attristé et soulagé à la fois. Madame mère sera bien payée de son dévouement. La succession du défunt, liquidée par Mᵉ Passez, lui rapportera trente mille francs en rentes, actions et numéraire. Elle pleure de chagrin et de reconnaissance sur ce pauvre garçon qui la récompense par-delà le tombeau. Maintenant, on peut bouger, on en a la liberté et les moyens. Dès le mois de novembre, les Balzac abandonnent Villeparisis pour se transporter à Paris, 7, rue du Roi-Doré. Honoré a exigé de participer aux frais de son futur séjour sous le toit de ses parents. Le 1ᵉʳ novembre, il a signé avec son père un traité stipulant qu'il lui versera cent francs par mois pour son loyer et sa nourriture. « Monsieur Honoré, lit-on dans le document, sera chargé de sa lumière, de son bois et de son blanchissage, la somme de douze cents

1. Lettre du 30 août 1822.

francs n'étant appliquée qu'à la nourriture et au loyer. »

En quittant Villeparisis, Honoré se dit que, s'il perd une maîtresse dont, depuis quelque temps déjà, les caresses comptent moins pour lui que la communion spirituelle, il va se lancer enfin dans le vrai combat de l'homme de lettres pour la fortune et la notoriété.

IX

PUBLICATIONS ANONYMES

En s'installant à Paris, Honoré ne change pas seulement de domicile ; il troque son pseudonyme de Lord R'Hoone (anagramme de son prénom) contre un autre aussi prestigieux. En novembre 1822, l'éditeur Pollet publie, coup sur coup, *Le Vicaire des Ardennes* et *Le Centenaire ou les Deux Beringheld*, dus à la plume du « bachelier ès lettres » Horace de Saint-Aubin. Dans le premier de ces ouvrages, Honoré s'est livré à une élucubration échevelée où voisinent une mère éprise d'un vicaire qui est peut-être son propre fils, une jeune fille éperdument amoureuse de l'homme qu'elle croit être son frère, un chef de pirates acharné à enlever la malheureuse enfant... Au passage, l'auteur effleure, bien entendu, les problèmes du célibat des prêtres, de l'inceste, des liaisons impossibles, des vœux de chasteté et de l'hypocrisie de la société qui refuse d'honorer les grands sentiments au nom d'une morale surannée. Hélas ! dès sa sortie en librairie, le livre est dénoncé comme un flagrant outrage aux mœurs et à la religion. La saisie est ordonnée, mais Pollet, prévenu à temps de la perquisition, dissimule les volumes : la police doit se contenter d'emporter le manuscrit et un exemplaire de référence. Heureusement, l'interdiction de vente du

Vicaire des Ardennes est jugée suffisante par les autorités et aucune poursuite n'est engagée contre le sieur Balzac.

Le Centenaire, lui, paraît sans que la justice s'en émeuve. Dans la préface, l'auteur, Horace de Saint-Aubin, présente son travail comme la scrupuleuse transcription de la confession d'un homme dont le père a traversé les siècles d'une façon maléfique et terrifiante. Le vieux Beringheld a signé autrefois un pacte avec le diable. Il sera immortel à condition de tuer, de loin en loin, une vierge dont le sang, une fois infusé dans ses veines, lui rendra la vigueur de ses vingt ans. Après mille péripéties, l'increvable ancêtre s'apprête à sacrifier la jeune Marianine pour survivre. Il ne sait pas que la victime qu'il a choisie pour se régénérer est aimée de son fils Tullius. Averti du crime rituel qui se prépare, Tullius arrache sa fiancée aux mains de son père qui allait l'immoler. Et le centenaire se défend au nom de la science : « Quelle gloire pour un homme de découvrir le principe vital et, au moyen de certaines précautions, d'acquérir une vie aussi durable que le monde ! » Il y a, dans cette affabulation funèbre, toutes les obsessions d'Honoré, sa foi en l'effet des forces surnaturelles, son intérêt pour les médiums, son goût de la magie, de la télépathie, de l'ésotérisme... N'a-t-il pas été également inspiré, en traçant cette chronique de la longévité, par l'attitude de son père, dont le principal souci est de résister aux atteintes du temps ? L'indestructible Beringheld n'est-il pas la caricature hideuse de Bernard-François acharné à traverser les années sans faillir ?

Si le père de famille brave ainsi la maladie, la fatigue et l'usure, sa belle-mère, Mme Sallambier, dépérit à vue d'œil. L'installation à Paris ne lui a pas réussi. Elle meurt le 31 janvier 1823. Ses enfants lui offrent un bel enterrement. Quand on a un rang à tenir, il faut savoir, dans les grandes occasions, ne pas regarder à la dépense. Pourtant l'héritage de la défunte est maigre. Elle a toujours prétendu que ce sont les spéculations de son gendre qui l'ont ruinée. Honoré avait fini par sympathiser avec cette vieille dame acariâtre. Elle s'était amusée, depuis le début, de son intrigue avec Mme de Berny et leur avait même servi de boîte aux lettres pendant la proscription de Bayeux.

Après ce deuil, l'existence dans l'appartement du deuxième étage, au 7, rue du Roi-Doré, se resserre autour des parents et du jeune Henry, qui se révèle de plus en plus léger, prodigue et incapable du moindre effort. Les Surville se sont rapprochés de Paris, habitent Champrosay et espèrent, pour Eugène, un poste d'ingénieur des Ponts et Chaussées de Seine-et-Oise qui leur permettrait de se fixer à Versailles. Laurence, à peine sur pied après son accouchement, doit affronter les difficultés financières de son mari, Armand-Désiré de Montzaigle, lequel a été saisi pour dettes. Honoré la croit définitivement marquée pour le malheur. De toute son énergie, il veut, lui, réussir, étonner, briller. La vie ne vaut la peine d'être vécue que si l'on est un gagneur. A présent, les besognes littéraires du genre de ses premiers romans ne lui suffisent plus. Il vise plus loin. Mais a-t-il l'étoffe d'un écrivain de haute volée ? « Maintenant que je crois connaître mes forces, je regrette bien de sacrifier la fleur de mes idées à ces absurdités, écrit-il à sa sœur Laure. Je sens dans ma tête quelque chose et, si j'étais tranquille sur ma fortune, c'est-à-dire si je n'avais pas des obligations à remplir, si j'avais ma pâtée et ma niche, et une Armide, je travaillerais à des choses solides ; mais il faut se séparer du monde pour cela et, à chaque pas, j'y rentre. »

Il s'est lié, à Paris, avec un groupe de journalistes

caustiques et impécunieux qui déversent leur bile dans des feuilles à scandale, tels *Le Pilote* ou *Le Corsaire* : ils ont nom Auguste Lepoitevin, Etienne Arago, Horace Raisson..., réceptacles toujours ouverts des menus ragots parisiens. Tous prêtent leur verve, quand il le faut, à des auteurs en renom, tous vivent d'expédients, tous hantent les cafés d'artistes et les coulisses des théâtres. Entraîné par eux, Honoré cherche sa voie dans le désordre et la fièvre. Il trousse un mélo, *Le Nègre*, le présente à la Gaîté, essuie un refus poli, se tourne à nouveau vers le roman, écrit *La Dernière Fée ou la Nouvelle Lampe merveilleuse*, reconnaît que ces pages conventionnelles ne valent rien et, afin de raviver son inspiration, se plonge dans les œuvres de Lavater, selon lequel on peut percer le secret d'un homme par l'examen de son aspect physique. Tout en étudiant la phrénologie, il s'intéresse aux sciences occultes, esquisse une théorie de la pensée qui serait, dans certains cas, « plus puissante que ne l'est le corps » et finit par tomber sous l'influence d'un de ses anciens camarades de la faculté de droit, Jean Thomassy.

Catholique et légitimiste, Thomassy entreprend de convertir Honoré, le voltairien, au respect de l'Eglise. Il va jusqu'à lui suggérer de ne plus écrire de romans, occupation profane et dégradante. « J'en reviens à mes moutons, lui mande-t-il. Brûlez ce que vous avez adoré et adorez ce que vous avez brûlé. Vous ne sauriez concevoir combien votre talent grandirait s'il était fécondé par les idées morales et religieuses. » Sans suivre son ami au bout de ses raisonnements, Honoré admet que Dieu existe, mais seulement sous la forme d'un principe éternel, dont l'explication échappe à la logique humaine. Il songe même à rédiger un *Traité de la Prière* et en informe Thomassy, lequel a, entre-temps, quitté Paris pour Bourges où il a décroché le poste de chef de cabinet du préfet de l'Indre. En apprenant le projet de Balzac, Thomassy lui déconseille de le mettre à exécution : « Parlez-moi de votre *Traité de la Prière*. Pour le composer, il ne suffit pas d'avoir une belle âme, une riche imagination ; il faut encore des habitudes religieuses, il faut un commerce prolongé avec la divinité, il faut enfin un spiritualisme plein d'expansion et d'attendrissement. Si jamais vous n'avez tressailli en entendant tout à coup l'orgue solennel, si vous n'avez pas été bouleversé en entendant un jeune prêtre invoquer le Dieu d'Abraham, sur la tête de deux époux jeunes comme lui ; si etc., laissez là votre *Traité de la Prière*. Rousseau lui-même y eût échoué, parce qu'il n'avait pas les habitudes religieuses dont je parle. Autre chose est faire dix ou trente lignes dans un heureux moment ; autre chose est de se soutenir pendant tout un volume[1]. »

Honoré se le tient pour dit. Ayant renoncé à son *Traité de la Prière*, il publie, toujours anonymement, une brochure sur *Le Droit d'aînesse* et une *Histoire impartiale des Jésuites*, puis un roman, *Annette et le Criminel*, annoncé comme étant une suite du *Vicaire des Ardennes*. Aucun de ces textes, concoctés sur commande et payés à la ligne, ne suscite l'intérêt des foules. Cependant, Bernard-François, ayant feuilleté *Le Droit d'aînesse*, qu'il a trouvé chez sa fille Laure, et ignorant que l'auteur de ce pamphlet n'est autre que son fils, s'indigne contre les conceptions réactionnaires de l'ouvrage et entreprend de rédiger une lettre de réfutation en bonne et due forme. Laure Surville, qui est dans le secret, s'amuse beaucoup de ce duel aveugle, la plume à la main, entre le père et le fils.

En 1824, les Balzac s'avisent qu'ils n'ont pas encore

1. Lettre du 7 janvier 1824.

donné d'emploi raisonnable aux capitaux provenant de l'héritage d'Edouard Malus. Après quelques placements hasardeux, ils décident d'utiliser une partie de cet argent à l'achat de la maison de Villeparisis appartenant à Charles Sallambier et dont ils ont été longtemps locataires. L'acte d'acquisition, pour un montant de dix mille francs, est signé le 24 juin 1824, chez l'inévitable Me Passez. Bernard-François a suggéré cette solution en affirmant que l'air de la campagne est nécessaire à quiconque veut faire de vieux os. En outre, ayant conservé, à soixante-dix-huit ans, le goût des frasques rustiques, il sait qu'il trouvera sur place des filles saines disposées à le satisfaire.

On se réinstalle immédiatement dans les lieux. Mais, dès le mois d'août, Honoré refuse cette claustration en province et revient à Paris. Cette fois, il délaisse le Marais et émigre sur la rive gauche, dans un petit appartement qu'il a loué au cinquième étage d'un bel immeuble, 2, rue de Tournon. Laure, toujours aussi tendrement disposée envers lui, affirme à leur mère que, s'il a choisi d'habiter seul à Paris, « c'est pour y travailler ». Mme Balzac n'est pas dupe. A son avis, Honoré n'a abandonné le domicile familial que pour pouvoir recevoir chez lui, commodément, « la dame du bout ». « Venons à la désertion d'Honoré, écrit-elle à Laure le 29 août 1824. Comme vous je dis bravo si c'est réellement pour travailler, [...] mais je crains que cette retraite ne soit qu'un prétexte pour se livrer sans nulle contrainte à une passion qui le perd. Il s'est enfui de chez nous avec elle, elle a passé trois grands jours à Paris. [...] Toutes ces réflexions me font croire qu'il a voulu une grande liberté et voilà tout. Dieu veuille que je me trompe et qu'il ouvre enfin les yeux. [...] La dame du bout m'accable de visites et d'attentions. Vous sentez combien cela me flatte. On affecte toujours de venir par le village. Je fume ! On est venu encore aujourd'hui pour m'enlever pour dîner et j'ai refusé le plus honnêtement possible. »

Quelques jours plus tard, le 4 septembre, elle reprend l'énumération de ses griefs et accuse son gendre Surville d'avoir, lors d'une conversation avec Bernard-François, émis l'hypothèse qu'on avait peut-être manqué d'affection et de générosité à l'égard de ce pauvre Honoré. « Ton père m'a dit qu'il avait été satisfait de détromper ton mari sur les idées qu'il avait de nos procédés financiers vis-à-vis d'Honoré, qui a puisé dans notre bourse quand il a voulu. Dernièrement encore, je lui ai proposé de payer toutes ses dettes si cela pouvait être nécessaire pour donner essor à son génie et pour enfin lui voir produire quelque chose que l'on pût avouer. Un peu plus d'obligation l'aurait gêné, il a refusé. Je lui ai proposé d'assurer sa subsistance ; plus, nous ne le devions pas, même pour son bien ; il n'a rien voulu accepter ; il nous a payé de toutes nos attentions par une licence de conduite qui arrivait presque jusque dans notre intérieur, il nous a mis, malgré notre volonté de vouloir rien apercevoir, il nous a mis, dis-je, dans l'impossibilité du doute, notre position par rapport au public est devenue assez embarrassante, un air fort digne, un regard même sévère de ma part ne pouvaient retenir certains ricanements dans le village lorsque j'y passais avec elle. [...] Ne crois pas, ma Laure, [...] que [nous] lui en voulions ni que sa conduite ait attiédi notre amitié, nos bras restent ouverts, notre bourse à son service. [...] S'il montre du talent, ce sera pour nous une grande jouissance ; s'il peut redevenir son maître et traiter sa passion comme elle devrait l'être, c'est-à-dire en faire une source de jouissance qui ne puisse jamais préjudicier à son talent et à ses travaux, je croirai qu'il commence à savoir quelque chose ; il est temps que cela arrive ; la dame est souvent à Paris depuis qu'il n'est plus ici, elle y passe toujours deux jours, ce qui me fait craindre d'avoir vu juste et qu'Honoré en quittant son logement n'a voulu que plus de liberté. »

Ce qui attise l'indignation de Mme Balzac, c'est la pensée qu'Honoré soit épris d'une personne plus âgée qu'elle. Comment imaginer qu'une grand-mère puisse enivrer de ses baisers un jeune homme dans toute la fraîcheur d'une sensualité qui s'éveille ? Cette créature déjà flétrie connaît-elle des caresses qui abolissent la barrière des années entre elle et son amant ?

Au vrai, Mme de Berny elle-même est étonnée de l'engouement d'Honoré et de son propre penchant pour un homme qui pourrait être son fils. Au début de leur liaison, elle s'était montrée maternelle, experte, amusée, voire quelque peu moqueuse. Mais, après quatre ans de rapports constants, elle s'abandonne à la passion qu'il lui inspire par sa fougue et son intelligence. Les lettres qu'elle lui écrit entre deux rendez-vous sont celles d'une femme comblée. « Je t'aime ! Oui, je t'aime ! Tu es pour moi plus que l'air pour l'oiseau, plus que l'eau pour le poisson, plus que le soleil pour la terre, plus que la nature pour l'âme. En répétant simplement après lui : chéri, je t'aime, je t'adore, j'aurais voulu charmer son oreille, à défaut de l'oiseau printanier, en lui demandant de prendre sa chérie sur son cœur et de faire avec elle une gentille promenade, j'aurais voulu lui faire croire aux plus beaux jours d'été. [...] Tes dons sont immenses, mais ta gentille sait tous les sentir, les saisir. Ô pourquoi ne suis-je pas mille pour te rendre tout ce que je voudrais et comme je le voudrais ? Mais, ami, si tout mon être, dans ses parties, dans son entier, orné de tout ce que l'amour le plus parfait peut y ajouter, te suffit, je serai contente, car rien de moi n'est à moi. » Ailleurs, elle l'appelle « mon divin chérubin ». Elle lui crie : « Merci, mille fois merci ! »

Pour Honoré, si les amours marchent bien, la littérature bat de l'aile. Il collabore anonymement, et pour des rétributions misérables, à divers journaux, participe, avec ses amis du café *Voltaire* ou du café *Minerve*, à la rédaction de brochures commerciales, commence un roman historique, *L'Excommunié*, l'abandonne après quelques chapitres et se désole parce que *Wann-Chlore* (ou *Jane la Pâle*) n'a toujours pas trouvé d'éditeur. Découragé, il écrit une postface à cet ouvrage dont personne ne veut : « On dira, d'après cette postface, qu'Horace de St-Aubin a de l'amour-propre, mais, ma foi, qu'on dise ce que l'on voudra, car c'est la dernière fois qu'on en parlera. J'ai trop besoin du silence pour essayer de faire du bruit, même avec mon nom. Adieu donc, me donnera qui voudra une poignée de main d'ami [1]. »

Mais, quand il tire ainsi sa révérence au public, est-ce Horace de Saint-Aubin, bachelier ès lettres, dont il enterre la carrière sans gloire ou Balzac dont il se refuse à envisager l'avenir ? En vérité, malgré la fatigue, le dégoût que lui inspirent ses besognes alimentaires, il hésite à démissionner. Le besoin d'inventer des personnages, de nouer des intrigues, de créer un monde avec des mots est plus fort chez lui que toutes les désillusions de l'auteur méconnu. Un soir, cependant, la mesure est comble. L'amour de Mme de Berny ne suffit plus à le persuader qu'il a quelque chose dans le ventre. D'ailleurs, elle est loin, il est seul à Paris. Seul avec sa disgrâce. La vue des paperasses et de

1. Cette postface est restée inédite. Elle ne figure pas dans la publication en volume de *Wann-Chlore*, en 1825.

l'encrier l'écœure. Le terrible « à quoi bon ? » que tout écrivain a affronté un jour lui ronge le cerveau. Il sort de chez lui et va traîner sur les quais, au crépuscule. Etienne Arago, passant sur un pont, le voit accoudé au parapet et regardant couler le flot noir. Etonné, il demande : « Que faites-vous là, mon cher ami ? Imitez-vous donc le personnage du *Misanthrope* ? Crachez-vous dans l'eau pour y faire des ronds ? – Moi, dit Balzac, je regarde la Seine et je me demande si je ne vais pas me coucher dans ses draps humides ! – Quelle idée ! s'écrie Etienne Arago. Un suicide ? C'est de la folie ! Voyons, venez donc avec moi. Avez-vous soupé ? Nous souperons ensemble [1]. »

La tentation suicidaire d'Honoré ne devait pas être bien sérieuse. Après le souper avec Etienne Arago, il n'en restera rien. L'appel de sa table de travail a été plus fort que celui de la Seine.

1. D'après une analyse des *Mémoires* d'Etienne Arago, publiée par Jules Claretie dans *Le Temps*, le 21 mai 1892.

X

LA DUCHESSE D'ABRANTÈS

L'amour de Mme de Berny a pris des proportions telles qu'il défie le jugement de son mari, de ses enfants et même de l'opinion publique. Ayant vendu sa maison de Villeparisis, elle est venue se loger tout près d'Honoré, à Paris. Elle n'ignore pas qu'avec le temps son visage, son corps seront de moins en moins désirables et cette certitude exacerbe son besoin de le retrouver chaque jour, ou presque, dans les derniers transports auxquels son âge lui donne droit. Il lui sait gré de cette folie sensuelle qui répond si bien à la sienne. Dans son cœur, il lui a déjà attribué le qualificatif latin de *dilecta* (« chérie »), qui deviendra son surnom. La Dilecta ne le charme pas seulement au lit, elle l'aide à comprendre le monde qui l'entoure.

Ce monde, celui de la Restauration, présente un bizarre mélange d'ambitions et de rancœurs. Les aristocrates qui ont échappé à la Terreur ne peuvent oublier les souffrances qu'ils ont subies et réclament la restitution de tous leurs privilèges. Les parvenus de la finance, qui ont fait fortune sous l'Empire, défendent jalousement leurs acquis. Les bourgeois, enrichis sous la Révolution, tremblent d'être dépossédés d'une partie de leurs biens par un pouvoir soucieux de réparer les

« erreurs de l'Histoire ». Les officiers en demi-solde soupirent après la gloire des combats et les chamarrures de l'uniforme, et brocardent dans les cafés un régime sans grandeur. Enfin les libéraux, qui ont la sympathie du jeune Balzac, haïssent les ultras, dont l'aveuglement risque de rejeter la France cinquante ans en arrière.

Déçu par ses entreprises romanesques, Honoré tente un dernier coup en publiant anonymement un *Code des gens honnêtes, ou l'Art de ne pas être dupe des fripons.* Cet opuscule, destiné à avertir les bourgeois des dangers que court leur argent, rend également hommage à l'ingéniosité des voleurs, si nécessaires à la société puisqu'ils font vivre « la gendarmerie, la magistrature, la police, les serruriers, les huissiers, les geôliers, les avocats ». L'ironie de l'auteur n'épargne même pas les fournisseurs de l'armée, dont il a connu les manœuvres à travers son père. Il trace là vingt croquis d'aigrefins, enlevés avec verve. L'idée de ces « codes » (*Code du commis voyageur, Code du littérateur et du journaliste, Code galant*, etc.) revient à Horace Raisson, qui d'ail leurs signera de son nom, en 1829, une réédition du *Code des gens honnêtes*, bien qu'elle soit entièrement de la main de Balzac. L'appropriation d'un de ses manuscrits par un autre écrivain ne gêne nullement Honoré, qui, sur ce chapitre, a les idées larges. Il croirait déchoir en montrant de l'amour-propre pour une de ces productions en série.

Du reste, il est sur le point de renoncer à la littérature pour se lancer dans les affaires. Son confident, Jean Thomassy, le lui conseille expressément : « Prenez une direction utile et, *par surcroît*, faites de la littérature. Avant de songer au dessert, assurons-nous de deux services bien complets ; tel est le moyen de dormir en paix et en sûreté de conscience. » En somme, il s'agirait de gagner de l'argent dans le commerce ou dans l'industrie et de garantir ainsi la possibilité d'écrire ce que bon vous semble, quand bon vous semble, sans être pressé par le temps ni par des considérations mercantiles. Comment n'y a-t-il pas pensé plus tôt ? Justement, Horace Raisson l'a mis en rapport avec un libraire, Urbain Canel, 30, place Saint-André-des-Arts, qui se prépare, avec son confrère Delongchamps, à faire paraître les œuvres complètes de La Fontaine, puis celles de Molière, chaque édition comportant un seul volume in-octavo, imprimé en caractères très fins, sur deux colonnes par page. L'idée éblouit Honoré, qui voit déjà les librairies dévalisées par des acheteurs enthousiastes, tous impatients d'acquérir les trésors de la littérature française sous une forme maniable et élégante. Pendant que La Fontaine et Molière feront ainsi la fortune de Balzac, il composera, à tête reposée, des romans impérissables, dont les éditeurs sérieux se disputeront l'honneur de la publication.

Evidemment, il faut une mise de fonds pour participer à l'entreprise. Le projet est si prometteur que, selon Honoré, les capitaux afflueront d'eux-mêmes. Sans réfléchir plus avant, il passe avec Urbain Canel un contrat prévoyant le partage équitable des gains, des charges et des périls de l'affaire. Un ami de la famille Balzac, Dassonvillez de Rougemont, prête six mille francs en espèces, puis trois mille francs assortis de gros intérêts pour le Molière ; Mme de Berny versera neuf mille francs pour le La Fontaine. Elle est sûre que, cette fois, Honoré sortira du bourbier la tête haute. Les parents sont, eux aussi, persuadés que leur fils a enfin trouvé sa voie. Seule de toute la famille, la triste et lointaine Laurence est inquiète. Depuis que son mari, Armand-Désiré de Montzaigle, a ruiné leur couple, elle se méfie du monde des agioteurs. Dès qu'on parle de billets à ordre, d'échéances, d'hypothèques, de paraphes sur des traités, de clauses compromissoires, elle tremble. Son époux, qui a tout d'un escroc avantageux, exige sa signature pour lui arracher le peu d'argent qui lui reste sur sa dot. Mais sa mère lui interdit de consentir à cette ultime spoliation. Déchirée entre son respect filial et son amour conjugal, Laurence ne sait plus où donner de la tête. Une seconde grossesse compromet dangereusement sa santé. Tuberculeuse au dernier degré, elle ne peut même plus compter sur l'affection de ses parents. Elle a cherché refuge dans leur pied-à-terre, 7, rue du Roi-Doré, et doit subir les remontrances de la despotique Charlotte-Laure, qui ne lui pardonne pas d'avoir gâché ses chances par un mariage mal assorti et de ne pas reprendre en main les rênes du ménage. Malgré les désagréments de sa propre vie, elle a la lucidité et le courage de reprocher à Honoré les aventures où il va se lancer : « Tes trois ou quatre entreprises commerciales, mon cher Honoré, me trottent dans la cervelle ; un auteur a bien assez de sa muse. Versé dans la littérature comme tu l'es, comment cette seule occupation, qui a pris l'existence entière des hommes célèbres qui ont écrit, peut-elle te laisser, à toi, le temps de suivre une nouvelle carrière et te jeter dans le commerce que tu ne connais pas du tout et qui demande au contraire que l'on y soit versé dès la première jeunesse ? Lorsque l'on commence avec rien dans cette partie, il faut [pour] y faire fortune être une bonne bête qui, depuis le moment du réveil jusqu'à l'heure du repos, n'a qu'une idée : faire bonne mine aux gens, vanter sa marchandise et la vendre à bénéfice. Mais tu n'es pas dans cette hypothèse [...]. Tu es avec des gens qui te feront voir les choses de la manière la plus avantageuse du monde. Ton imagination ira son train ; tu te verras avec trente mille livres de rentes et, lorsque l'esprit se met en campagne et fait mille projets, cela renvoie le jugement et la raison. Tu as une bonté et une droiture qui ne te mettront jamais en garde contre les coquineries des autres, que tu croiras aussi francs que toi et [de] la même loyauté. C'est l'intérêt que je te porte qui me fait faire ces réflexions, mon cher Honoré, et j'aimerais mieux te voir bien des manuscrits, des ouvrages sérieux en train, pas le sol en poche, logé au quatrième dans une chambre d'artiste, que de te voir une fortune et de belles entreprises[1]. »

Trop tard ! Balzac a déjà enfourché sa chimère. Ayant signé le contrat qui le lie à Urbain Canel, il part pour Alençon, s'entend avec un graveur, Pierre-François Godard, pour l'illustration des ouvrages, revient à Paris afin de rédiger une préface au Molière, une autre au La Fontaine. Hélas, les deux éditions, compactes, imprimées en caractères microscopiques, se révèlent trop coûteuses pour un marché hésitant. Les souscripteurs sont rares. Honoré commence à douter du succès de l'opération.

Plus heureux que lui, son beau-frère Surville a enfin réussi dans ses démarches. Le voici ingénieur des Ponts et Chaussées pour le département de l'Oise, avec résidence à Versailles, 2, rue Maurepas. Ravi de ce rapprochement inespéré, Honoré va souvent rendre visite à sa sœur, qui très vite a noué des relations dans la haute société de la ville. Par son entremise, il fait la connaissance, entre autres personnalités versaillaises, de Laure d'Abrantès, qui loge à deux pas de là, rue de Montreuil. Toute jeune, Laure Permon a épousé le brave général Jean-Andoche Junot. Après s'être battu comme un lion en Espagne et au Portugal, il a été fait duc d'Abrantès par Napoléon. Mais, au cours de la

1. Lettre du 4 avril 1825.

110

désastreuse campagne de Russie, il a perdu la raison. Nommé gouverneur de l'Illyrie, il s'est suicidé, en 1813, dans un accès de fièvre chaude, laissant une veuve démunie et quatre enfants. Malgré la chute de l'Empire, Laure a pu compter sur l'amitié du chancelier d'Autriche Metternich, dont elle a été jadis la maîtresse, et sur celle du tsar Alexandre Ier, sensible à sa beauté et à son esprit. Ruinée mais vaillante, elle vit maintenant à petits frais, ayant vendu la plupart de ses meubles et songeant à s'illustrer dans la littérature. A quarante et un ans, avec son teint frais, son œil vif, son cou long et blanc, sa souple chevelure noire aux ondulations profondes, elle est plaisante à voir et à entendre. Elle a suivi Napoléon pas à pas, dans ses débuts, dans son ascension, dans son apothéose et dans sa déchéance. Et, bien qu'elle le considère aujourd'hui comme un usurpateur aux ambitions néfastes, elle est pleine de merveilleux souvenirs sur celui qui fut autrefois le maître incontesté d'une moitié de l'Europe. Honoré découvre avec gratitude cette femme qui a eu l'insigne chance de fréquenter les Tuileries. En parlant avec elle, il a l'impression de converser avec l'Histoire de France. Il lui suggère d'écrire ses Mémoires. Elle ne dit pas non. En revanche, elle le remet aimablement à sa place quand il lui fait une cour trop pressante. Ce qui le séduit en elle, c'est son passé tumultueux, sa verve caustique et son titre nobiliaire. Une duchesse, fût-elle d'Empire, a pour lui le rayonnement d'une étoile du soir. Il lui semble qu'il gravit un échelon en pénétrant dans le grand monde. Cette fois encore, l'âge de la partenaire n'est pas un obstacle. Pourquoi s'en soucierait-il avec Mme d'Abrantès quand il s'en est si bien accommodé avec Mme de Berny ? En outre, la duchesse est de sept ans plus jeune que sa rivale. Il ne comprend pas qu'elle se refuse à être sa maîtresse, alors que tant d'autres, avant lui, ont bénéficié de cette promotion. Le juge-t-elle trop laid, avec son corps lourd et sa bouche édentée ? N'apprécie-t-elle pas la truculence de son esprit et l'étendue de ses lectures ? Elle lui offre son amitié. C'est mieux que rien.

En attendant, il lui écrit lettre sur lettre en signant – il faut mettre tous les atouts dans son jeu pour séduire une si haute dame ! – Honoré *de* Balzac. Il se déclare subjugué par le caractère à la fois énergique et radieux de sa correspondante : « Plus j'ai réfléchi à votre destinée et à la nature de votre esprit, et plus j'ai été poursuivi de cette idée : que vous étiez un de ces génies de femme qui peuvent prolonger leur règne plus loin que ne le veulent les lois ordinaires. [...] J'aime à le croire, car il me semble que la nature vous a marquée d'un sceau choisi. Le hasard seul vous aurait-il lancée à travers toutes les contrées de notre vieille Europe remuée alors par un titan entouré de demi-dieux ? » Ailleurs, il se défend devant elle d'être retenu auprès d'une autre (Mme de Berny) par « des chaînes fleuries ». Il n'est assujetti, dit-il, qu'à ses goûts et à sa volonté : « Si j'ai une qualité, c'est l'énergie [...]. Une domination m'est insupportable. J'ai tout refusé, en fait de places, à cause de la subordination, et, sur cet article, je suis un vrai sauvage. » Rien de tel que cette affirmation d'indépendance pour encourager une femme mûre à diriger la vie d'un jeune homme. Il le sait et insiste à dessein : « Je renferme dans mes cinq pieds deux pouces toutes les incohérences, tous les contrastes possibles, et ceux qui me croient vain, prodigue, entêté, léger, sans suite dans les idées, fat, négligent, paresseux, inappliqué, sans réflexion, sans aucune constance, bavard, sans tact, malappris, impoli, quinteux, inégal d'humeur, auront tout autant raison que ceux qui pourraient dire que je suis économe, modeste, courageux, tenace, énergique, négligé, travailleur, constant, taciturne, plein de finesse, poli, toujours gai. [...] Rien ne m'étonne plus de moi-même. » Bref, il se dépeint sous des couleurs si contrastées, si mystérieuses qu'il espère bien inciter la destinataire de cette lettre à se pencher, avec une tendre curiosité, sur son cas. Il a vu juste : la duchesse d'Abrantès est intriguée, allumée. Mme de Berny le devine et en prend ombrage.

Mais le début de cette nouvelle idylle est bientôt assombri par la maladie de Laurence qui, ayant donné naissance, le 15 mars, à son second fils, Alphonse, tarde à se remettre de ses couches. Installée à Paris, dans le petit appartement familial du 7, rue du Roi Doré, auprès de sa mère, elle se sait sur le point de mourir et fait mélancoliquement le bilan de son existence gâchée. Son père, resté à Villeparisis, ne s'émeut guère de cette fin misérable et écrit gaillardement, le 3 août 1825, à un de ses neveux : « A 81 ans courants [sic], ma santé continue toujours d'être inaltérable [...] avec une conduite aussi raisonnable que les pauvres humains peuvent [l'] observer. Mme de Montzaigle, ma seconde fille, mère de deux garçons, ayant vingt-deux ans [sic], sera dans l'autre monde lorsque vous recevrez cette lettre ; c'est une désolation. Son aînée, Mme Surville, est au commencement de sa seconde grossesse. Son mari a fait le plan d'un nouveau canal qui coûtera dix-sept millions, le gouvernement l'a adopté, l'a nommé ingénieur en chef de ce grand établissement ; la compagnie cherche des fonds pour commencer. [...] Honoré s'occupe sans relâche de littérature, fait de jolies et intéressantes choses qui se vendent bien. » Ainsi, avec une tranquille inconscience, Bernard-François range sur le même plan la mort prochaine de sa fille et la construction d'un canal, les nouvelles de sa santé florissante et celles des prétendus

113

succès littéraires de son fils. Tout se mélange dans sa tête fatiguée. Honoré le déplore et met ce cynisme sur le compte de l'âge.

Laurence meurt le 11 août 1825. Elle a eu vingt-trois ans en avril. Son frère est prévenu à Versailles, alors qu'il se trouve chez sa sœur Laure, qui elle-même supporte une grossesse difficile. Pour la ménager, on lui laisse ignorer le deuil qui frappe la famille. A peine informé, Honoré écrit à la duchesse d'Abrantès : « Les souffrances de ma pauvre sœur sont finies. Un exprès arrive à l'instant ; je pars sans pouvoir déterminer le temps que je resterai remplissant d'aussi tristes devoirs. Je reviendrai aussitôt à Versailles. Ayez un peu de compassion pour moi à défaut de tout autre sentiment et ne m'accablez pas au moment où toutes les douleurs semblent fondre sur moi. Adieu. Conservez-moi, je vous en supplie, votre amitié. Elle me soutiendra dans ces épreuves nouvelles. »

Quant à Mme Balzac, elle ne peut s'empêcher d'éprouver un certain soulagement à l'idée que, Laurence morte, bien des soucis lui seront épargnés. Incapable de s'attendrir sur le chagrin de ses proches, elle écrira à son autre fille, Laure, en guise d'oraison funèbre : « On pourrait presque dire que le doigt d'une Providence a dirigé le malheur qui nous a privés de ta sœur. Le sort s'est montré généreux envers elle et nous devons presque bénir sa fin[1]. » Des années plus tard, Honoré reviendra, avec une sévérité implacable, sur l'attitude de sa mère devant la disparition de Laurence : « Si vous saviez ce qu'est ma mère !... C'est à la fois un monstre et une monstruosité ! Dans ce moment, elle est en train de *tuer ma sœur*, après avoir tué ma pauvre Laurence et ma grand-mère. Elle me

1. Lettre du 28 décembre 1825.

hait pour bien des raisons. Elle me haïssait avant que je ne fusse né[1]. »

Ce deuil a si profondément ébranlé Honoré qu'il décide de faire un petit séjour en Touraine pour se changer les idées. Il espère aussi que le dépaysement le guérira de ses maux dentaires et d'un tic nerveux qui ne le lâche plus. Au préalable, il a pu obtenir de la duchesse d'Abrantès qu'elle cède à ses adjurations passionnées. Cette conquête d'orgueil le console un peu de la perte de Laurence. Dans une lettre écrite de Saché à sa nouvelle maîtresse, il alterne le « tu » et le « vous », et l'appelle « ma chère Marie ». En effet, comme sa mère, comme sa sœur, comme Mme de Berny, elle porte le prénom, fort à la mode, de Laure. Quatre Laure dans sa vie, c'est trop pour un seul homme ! Afin de la différencier des autres, Balzac la rebaptise. Pour lui seul, elle sera Marie. Ainsi aura-t-il du moins l'impression de ne pas tromper la douce Dilecta. La duchesse d'Abrantès, qui a pris goût à la compagnie d'Honoré, lui reproche son absence prolongée et insiste pour qu'il revienne au plus tôt à Versailles. Il lui répond, vers la fin de septembre 1825 : « Ne crois donc pas, ma chère Marie, n'être point aimée. Que ne puis-je faire passer en ton âme la confiance qui est en la mienne ! [...] J'écris cette lettre en souffrant de telle manière que rien ne peut rendre mes angoisses ; à peine si je vois le papier. Cependant, mon âme est pleine de gracieuses caresses et de souvenirs. Une phrase qui te fera sourire, ma chère Marie aimée, c'est que je serai à Versailles le 5 ou le 6 octobre, dussé-je m'embarquer avec mes douleurs. »

Pendant quelques jours, Honoré hésite entre le plaisir vaniteux de se retrouver l'amant d'une duchesse,

1. Lettre du 17 octobre 1842.

lui, le raté de la famille, et la crainte de ne pouvoir se montrer à la hauteur de sa réputation, à cause de sa rage de dents et de son dérangement nerveux. Enfin, il retourne à Versailles, au grand dépit de la Dilecta qui, jalouse de cette préférence, la lui reprochera encore sept ans plus tard : « Une autre dame ne t'a-t-elle pas fait revenir jadis de Tours à Versailles pour la consoler de chagrins que son égoïsme lui faisait te grossir ? » C'est un homme épuisé, malade qui reparaît, en octobre, entre ses deux maîtresses. Il désire les garder l'une et l'autre, la première en date pour sa tendresse maternelle, la seconde pour sa force d'âme, son passé légendaire et ses relations dans la haute société. Il n'a pas trop de ce double parrainage pour supporter les à-coups de sa carrière. *Wann-Chlore* vient d'être publié par Urbain Canel. La critique dédaigne cet ouvrage, largement inspiré par *Les Amours des anges* de Thomas Moore. Seul un chroniqueur de quelque renom, Henri de Latouche, soucieux de complaire à l'éditeur qui patronne ses propres œuvres, donne, dans *Le Pandore*, deux articles élogieux qui prônent les dons de l'auteur malgré de grandes négligences de style. La vente est nulle. Même insuccès pour les *Œuvres complètes* de Molière. Honoré est au plus bas de la pente. Il accepte l'hospitalité de ses parents à Villeparisis. Ils ont pitié de lui, mais le considèrent comme un fruit sec. Jamais il n'arrivera à s'imposer, que ce soit dans le roman ou dans les affaires. Son père écrit, le 14 janvier 1826, à Laure Surville : « Honoré est arrivé ici, la semaine dernière, dans un état que j'ai cru, sans le lui dire, tout à fait désespéré, sans ressources ; il s'est refait peu à peu pendant quatre jours, sans pouvoir écrire un mot ; il a commencé, le cinquième, un ouvrage, en a fait depuis une quarantaine de pages, est parti mercredi pour Paris, pour revenir le lendemain continuer son régime. Ta mère et moi avons payé son loyer ; je lui ai remis ici la quittance, comme pour étrennes. Ceci pour toi seule. Reviendra-t-il ? Que veut-il faire ? Que fera-t-il ? Je n'en sais et n'y entends rien, si ce n'est qu'à vingt-sept ans il en a usé peut-être plus de quarante de ses facultés, sans faire le premier pas dans le monde utile. »

Tandis que les semaines passent, ce « monde utile », si cher aux parents d'Honoré, semble se dérober de plus en plus devant lui qui tâtonne. Il aligne des chiffres sur le papier, échafaude des fables dans sa tête, mais, chaque fois, les événements lui infligent un démenti catégorique. Le Balzac triomphant dont il rêve ne se manifeste encore par aucun signe, par aucune promesse. Doit-il renoncer à tout, en bonne logique, ou se cramponner malgré l'évidente démesure de ses ambitions ?

XI

LES MÉCOMPTES D'UN IMPRIMEUR

La Fontaine comme Molière seraient-ils passés de mode ? Rien ne se vend. Les dettes s'accumulent. Pris de panique, les associés d'Honoré le lâchent en pleine débâcle. Au lieu de s'en inquiéter, il se réjouit d'être enfin seul à la barre. Encouragé par son père, par Mme de Berny et par M. Dassonvillez, il décide d'être désormais à la fois éditeur et imprimeur. Le 15 juillet 1827, il s'entend avec André Barbier, ancien prote de chez Tastu, et crée sa propre entreprise. Mais il lui faut, pour exercer ce nouveau métier, un brevet d'imprimeur, délivré par le ministère de l'Intérieur, après enquête de la police. M. de Berny, qui est indubitablement la complaisance même, use de ses relations en haut lieu et la démarche de l'intéressé reçoit un avis favorable : M. Honoré de Balzac est « un jeune homme de bonnes mœurs, pensant bien et de famille aisée, qui avait fait ses études, son droit et qui était même homme de lettres ». Le reliquat des éditions de Molière et de La Fontaine est cédé à perte au libraire Baudouin, qui se charge de dédommager une partie des créanciers. Quant à l'achat de l'imprimerie, sise 17, rue des Marais-Saint-Germain[1], avec son matériel, pour un

1. Actuelle rue Conti.

montant de soixante mille francs, il est financé grâce à un prêt consenti par Mme Joséphine Delannoy, fille du banquier Doumerc, amie indéfectible de la famille, et garanti par les parents d'Honoré.

Bien entendu, Mme de Berny est également avec lui, résolue à l'aider matériellement s'il trébuche. Mais elle met une condition à son obligeance : elle ne veut plus qu'il voie la duchesse d'Abrantès ! Elle a trop souffert d'être supplantée par sa rivale. Il lui semble qu'en échange de son dévouement Honoré lui doit un minimum de fidélité. Terrible cas de conscience ! Pendant un moment, l'amant volage reste indécis entre les deux femmes. L'une a pour elle les souvenirs de l'épopée napoléonienne, l'autre un amour sincère et une situation bancaire confortable. Enfin la raison et la gratitude l'emportent. Mais c'est à regret qu'Honoré sacrifie une maîtresse au nom historique à une bailleresse de fonds moins élevée en grade. Délaissée pour des raisons bassement commerciales, la duchesse d'Abrantès fulmine : « Cette répugnance à venir est plus que ridicule. Pour vous mettre à votre aise sur vos craintes, je vous dirai sans colère que l'indifférence la plus complète a succédé à tout ce qui a pu exister d'abord. [...] En conséquence, veuillez vous rappeler pour la dernière fois que je suis une femme, et avoir simplement pour moi cette stricte politesse que tout homme a pour la dernière des créatures. Si vous êtes assez faible pour être sous le poids d'une défense, pauvre homme ! C'est plus pitoyable que je ne le pensais. Veuillez me renvoyer des livres qui m'ont été redemandés par le bibliothécaire de Versailles, et qui ne vous ont été prêtés qu'à mon nom. »

A présent, il s'agit de mettre en mouvement cette lourde machine qui emploie trente-six ouvriers. C'est pourtant une petite entreprise quand on songe qu'à la même époque Didot en emploie deux cents et Everat cinq cents[1]. Le rez-de-chaussée de la maison est occupé par l'imprimerie proprement dite, dont le vitrage donne sur la ruelle des Marais-Saint-Germain. Un escalier tournant, à la rampe de fer, conduit au premier étage où se trouve l'appartement de Balzac : antichambre, salle à manger, chambre à coucher, avec un grand lit enfoncé dans une alcôve. La percale bleue qui tapisse les murs confère à ce réduit un aspect séraphique. Mme de Berny se rend chez Honoré chaque jour et supporte vaillamment la promiscuité des ouvriers, le bruit saccadé des machines et l'odeur d'encre, de papier et de colle qui monte de l'atelier. Elle se penche avec lui sur les livres de comptes, épluche les factures, tempère les projets mirifiques du nouveau patron. Car, comme toujours, il n'est à l'aise que dans le monumental. Le 1er août 1827, il crée sa propre fonderie de caractères d'imprimerie. Un troisième associé entre dans la société Balzac et Barbier : Jean-François Laurent. Mme de Berny avance courageusement les capitaux nécessaires.

Honoré dispose maintenant de sept presses de Stanhope, d'une presse à satiner et d'un choix considérable de lettres en plomb, de signes et de vignettes. Toutes les commandes sont bonnes à prendre. Pêle-mêle, il imprime des Mémoires historiques, des prospectus commerciaux, des placards de réclame, des brochures à deux sous, des inédits de Mérimée, la troisième édition du *Cinq-Mars* de Vigny... Celui-ci, l'ayant rencontré, se souviendra d'un « jeune homme très sale, très maigre, très bavard, s'embrouillant dans tout ce qu'il disait et écumant en parlant parce que toutes ses dents de devant manquaient à sa bouche trop humide ».

1. Précision fournie par Pierre Sipriot dans *Balzac sans masque*.

En dépit de cet aspect peu avenant, Mme de Berny continue de voir en lui un surhomme à la fois puéril, tumultueux et génial. « Mme de Berny a été comme un Dieu pour moi, confiera-t-il bien des années plus tard. Elle a été une mère, une amie, une famille, un ami, un conseil ; elle a fait l'écrivain ; elle a consolé le jeune homme ; elle a pleuré comme une sœur ; elle a ri ; elle est venue tous les jours, comme un bienfaisant sommeil, endormir les douleurs [1]. » Malgré la tendre surveillance de la Dilecta, Balzac ne tarde pas à se noyer dans les registres. Il ne sait pas calculer. Encore moins prévoir. Sa gestion est chaotique. Comme d'habitude, il a vu trop grand, il est allé trop vite.

Dès le début de l'année 1828, il est au bout du rouleau. Oubliant ses excellentes dispositions, M. Dassonvillez demande à être remboursé ; les factures pleuvent comme grêle ; la clientèle est de plus en plus rare. Mme de Berny commence à se dire qu'elle a eu tort d'encourager son amant à se lancer dans cette entreprise d'imprimerie. Elle était plus tranquille quand il se contentait d'écrire des romans. En femme avisée, elle redoute moins, pour tous les deux, quelques infidélités avec la duchesse d'Abrantès que la honte d'une faillite. Au mois de février 1828, André Barbier, prévoyant la catastrophe financière, lâche l'imprimerie. La société Balzac et Barbier, dissoute, est remplacée par la société Laurent, Balzac et de Berny. La Dilecta apporte neuf mille francs sur un capital de trente-six mille francs, dont dix-huit mille correspondent au matériel d'imprimerie fourni par Jean-François Laurent. Quant à Honoré, il a dans le bilan de l'affaire un compte personnel débiteur de quatre mille cinq cents francs. Les billets des créanciers envahissent son logis.

1. *Lettres à Madame Hanska.*

Excédé, il les laisse traîner sur son bureau, sur le siège des fauteuils, sous le socle de la pendule. La nuit, il voit des additions dans ses rêves. Le jour, il supporte difficilement le regard des ouvriers impayés.

Il finit par déserter cet appartement où les signes de la déconfiture sont trop évidents et part se réfugier chez un ami, l'écrivain Henri de Latouche. Puis il loue, sous le nom de son beau-frère Surville, un appartement au deuxième étage du 1, rue Cassini. Là du moins, pense-t-il, personne ne viendra le relancer. Bientôt, la situation de sa société est si préoccupante qu'il se résigne à vendre à Barbier, pour soixante-sept mille francs, toute l'imprimerie, y compris les équipements et le brevet d'imprimeur. Cette opération permettra de désintéresser les créanciers les plus voraces. Au bout du compte, Honoré se retrouve avec plus de cinquante mille francs de dettes, dont quarante-cinq mille à ses parents. Ceux-ci ont tellement peur qu'il ne soit jeté en prison comme débiteur insolvable que Mme Balzac prie son cousin Charles Sédillot, juge suppléant au tribunal de commerce, de régler l'affaire à l'amiable. Le 16 avril 1828, Charles Sédillot fait dissoudre la société de fonderie de caractères Laurent-Balzac. Le fils de la Dilecta, Charles-Alexandre de Berny, qui n'a que dix-neuf ans et qu'on émancipe en hâte, reprend avec Laurent la direction de l'entreprise.

Balzac n'est plus ni fondeur de caractères, ni imprimeur, ni éditeur ; à peine se sent-il écrivain ! Et cependant, il a la certitude que son incursion dans le monde des affaires ne lui aura pas été inutile : il a appris à nager parmi les requins. Il s'en souviendra lorsqu'il s'avisera de peindre les affres de ses personnages, luttant pour leur survie dans le monde impitoyable de la finance. En fait, même la délicieuse Mme de Berny, soi-disant tout acquise aux intérêts de son amant, a su tirer parti de la liquidation en obtenant que son fils remplace Honoré à la tête de l'entreprise. Ayant le contrôle de la caisse, Charles-Alexandre redressera la situation. Mais Balzac, qui a passé la main, ne profitera pas de cette renaissance.

Il est d'ailleurs sans rancune contre ceux qui l'ont mal conseillé ou même exploité. Son nouvel appartement, rue Cassini, lui plaît infiniment. Le bon Latouche en a assuré avec habileté la décoration. Les boiseries ont été lessivées et les murs tapissés d'un calicot bleu finement lustré. Une porte secrète, sous une draperie, donne accès à une salle de bains aux parois revêtues de stuc blanc, doucement éclairées par une fenêtre au plafond, de couleur rougeâtre. Quant à la chambre à coucher, blanc et rose, elle invite aux jeux de l'amour. Le premier soin de Balzac est d'acquérir des meubles et des bibelots pour orner son intérieur : trois tapis achetés au Renard-Bleu pour quarante francs, une pendule à socle de marbre jaune pour cent quarante francs, une bibliothèque en acajou où s'alignent des volumes aux reliures de maroquin cramoisi, dont certaines aux armes des Balzac d'Entragues. « Il n'y a pas de luxe chez moi, écrit-il à Laure, mais il y a du goût qui met tout en harmonie. » Enfin, soucieux d'arborer une mise digne de l'élégance de son logis, il commande chez le tailleur Buisson, 108, rue de Richelieu, « un pantalon noir habillé de 45 francs, un gilet piqué blanc de 15 francs, une redingote bleue en drap fin de Louviers de 120 francs, un pantalon de coutil marengo de 28 francs, un gilet piqué chamois de 20 francs ». Son désir de paraître et d'étonner est tel qu'il ne se préoccupe pas de savoir comment il paiera ses achats. Que d'autres, dont l'honnête Sédillot, se débrouillent avec les billets à ordre, les traites de toutes sortes, les protêts ; lui, il entend jouir de l'existence au plus vite, quitte à mourir jeune. Du reste, le tailleur Buisson est très compréhensif. Etourdi par l'abattage de Balzac, il accepte tous les délais, toutes les promesses sans toucher un sou. Il est persuadé qu'un jour viendra où ce personnage munificent réglera ses dettes au centime près. En attendant, il l'accueille comme un ami et le raccompagne jusqu'à la porte de son atelier avec la déférence qu'un commerçant avisé doit à son meilleur client.

Au vrai, Honoré trouve naturel que tant de gens se dévouent pour l'aider à vivre agréablement. Avec sa tête débordante de projets et son cœur assoiffé d'amour, il ne saurait se contenter d'une destinée moyenne. Pour être lui-même, il doit se montrer fastueux dans ses idées, dans son décor et dans son habillement. N'a-t-il pas deux femmes à continuer de séduire : l'immuable Mme de Berny et la tenace duchesse d'Abrantès, qui est revenue à la charge ? Ce qui l'étonne davantage, c'est que son père, octogénaire, ait lui aussi une aventure. Au dire de Mme Balzac, il a engrossé une souillon du village et on craint qu'elle ne le fasse chanter. Il est du reste si fier de son exceptionnelle verdeur qu'il en a carrément informé sa fille Laure, quelques années auparavant : « J'ai une jeune, belle et forte maîtresse à laquelle je suis accoutumé, d'elle émane tout mon contentement... Je roule sur soixante-dix-sept ans, voilà mes amours [1]. » Mme Balzac se soucie peu d'être trompée par un vieillard maniaque, mais pourra-t-elle s'opposer à une action en recherche de paternité et aux conséquences pécuniaires d'un tel imbroglio ? Elle confesse son inquiétude à Laure : « Au moment des couches, on le bernera joliment, on lui fera faire tout ce qu'on voudra, par l'amour-propre et par la peur [2]. »

1. Cf. André Maurois, *op. cit.*
2. *Ibid.*

124

Pour éviter un scandale, toujours possible dans un pareil cas, et pour se rapprocher des Surville, les Balzac choisissent de déménager et d'aller habiter Versailles, 2, rue de Maurepas. Honoré s'amuse de cette fuite d'un roquentin devant ses responsabilités de trousseur de filles. Son père lui apparaît comme un monstre d'égoïsme et de jouissance, un épicurien ridicule et hideux, bref, un personnage de roman tel qu'il les aime. Mais est-il encore capable d'imaginer des romans ? A force d'imprimer les autres, il ne sait plus s'il a envie d'écrire lui-même. A un correspondant occasionnel, le baron de Loëve-Veimars, introducteur en France de la littérature allemande, il a naguère confié avec amertume : « Il y a longtemps que je me suis condamné moi-même à l'oubli, le public m'ayant brutalement prouvé ma médiocrité. Aussi j'ai pris le parti du public, et j'ai oublié l'homme de lettres ; il a fait place à l'homme de lettres de plomb. »

En vérité, maintenant qu'il s'est évadé de l'enfer bruyant de l'imprimerie, il pense à nouveau que le plus beau métier du monde est celui de l'homme seul, installé dans le silence de son bureau, devant une feuille de papier blanc et qui, la plume à la main, invente des histoires dont des milliers de lecteurs inconnus suivront plus tard les péripéties.

XII

LES CHOUANS, D'UN CERTAIN BALZAC

La période la plus étrange dans la vie d'un auteur, c'est celle où, tenaillé par le besoin d'écrire, il ne sait encore à quel sujet il se consacrera. Depuis des semaines, Balzac se sent prêt à reprendre la plume et court d'une intrigue romanesque à l'autre sans parvenir à se décider. Différentes époques de l'Histoire de France, toutes riches en soubresauts sanglants, le sollicitent. Il songe tour à tour à la Saint-Barthélemy, à la Terreur, à l'insurrection de Vendée... Il a multiplié les lectures sur ces derniers événements, passant des *Mémoires* de Tureau à ceux de Mme de La Rochejaquelein, et il vient de se plonger dans les six volumes de Savary relatant *La Guerre des Vendéens et des Chouans*. Mais, chose curieuse, tout en appréciant les récits de ces convulsions nationales, il pense irrésistiblement aux œuvres de Walter Scott, inspirées par les mœurs de l'Ecosse, et encore plus à celles de Fenimore Cooper, dont *Le Dernier des Mohicans* retrace les exploits des Peaux-Rouges combattant les Blancs dans les forêts du Nouveau-Monde. Ses « Indiens » à lui, tout aussi primitifs et valeureux que les autres, seront les innombrables partisans du Bocage normand. D'instinct, il devine qu'en mêlant leur épopée à une forte aventure sentimentale il saura atteindre, comme Fenimore Cooper, à l'universalité par la spécificité. A ses yeux, les chouans, par leur fierté, leur courage, leur ruse et leur fidélité à la tradition, méritent un hommage qu'il est tout désigné pour leur rendre face à la postérité. Mais il ne veut pas choisir entre les adversaires. Seule l'impartialité de l'auteur pourra garantir l'authenticité du tableau. Quel prodigieux spectacle, juge-t-il, que celui de cet affrontement fratricide entre, d'un côté, les Bleus, républicains dans l'âme, organisés en régiments, avec des uniformes, des armes neuves, des officiers aguerris, et, de l'autre, les Blancs, paysans fanatiques et illettrés, brandissant de vieux fusils et des faux, vêtus de peaux de bique et commandés par des aristocrates émigrés venus d'Angleterre ! Plus il avance dans sa documentation, plus il se passionne pour ces histoires de complots, d'escarmouches, de tortures et de liaisons amoureuses au cœur de la tempête. Enfin, il écarte tous les autres thèmes pour s'arrêter à celui de la chouannerie. Dès 1827, il a trouvé un titre, *Le Gars*, et même rédigé un projet d'avertissement. N'ayant pas encore l'intention de publier le livre sous son nom, il a choisi comme pseudonyme Victor Morillon. Mais bientôt, entraîné par le mouvement de ses personnages, il renonce à la préface et au pseudonyme, décide que *Le Gars* sera signé Honoré Balzac et qu'il s'agira d'un monument littéraire d'une inégalable grandeur.

Cependant, il est convaincu que ses lectures ne peuvent lui suffire pour recréer l'atmosphère des lieux et des temps. Il doit impérativement se rendre sur place afin de recueillir des témoignages de première main et étudier le terrain où se déroulera l'action. Son souci de vérité le pousse à accorder le même intérêt aux objets qu'aux âmes, à considérer qu'un visage, un paysage, un bibelot, un geste coutumier, une façon de s'habiller, de parler, de se nourrir renseignent sur le caractère d'un individu mieux que ne le ferait une longue analyse psychologique. La conception qu'il a de ses héros est si précise que, parfois, en les appelant au cours de ses rêveries, il croit les voir entrer dans sa chambre et se pencher sur son manuscrit avec leur figure de chair, leur voix, leur costume, leur odeur. Cette hallucination se communique de son cerveau à sa main. Ce ne sont plus des portraits qu'il trace, ce sont des présences qu'il accueille dans sa solitude. Et il espère que le lecteur les acceptera comme des êtres vivants, comme des compagnons de route.

Mme de Berny, qui lui rend visite chaque jour rue Cassini (elle vient à pied, car elle habite tout près de là, rue d'Enfer-Saint-Michel), l'encourage dans son entreprise. Elle préfère tellement le savoir aux prises avec les chouans plutôt qu'avec les fournisseurs et les clients de l'imprimerie ! L'ami Latouche, bougon et serviable, l'assure, lui aussi, que l'aventure vendéenne est une affaire en or et que le public se ruera dessus. D'ailleurs, les romans historiques sont à la mode. Le *Cinq-Mars* de Vigny a eu un grand succès et on raconte que Victor Hugo s'est embarqué dans une œuvre de fiction qui gravite autour de Notre-Dame de Paris. Ainsi éperonné, Balzac se dit qu'il n'y a plus à tergiverser et que la France entière attend sa prochaine production. Mais il s'est juré de ne rien entreprendre avant d'avoir visité la région où évolueront les acteurs du drame dont il entrevoit déjà les méandres. Avec à-propos, il se rappelle que son père a été intimement lié, à Tours, avec le général-préfet François-René de Pommereul. Celui-ci est mort en 1823, mais son fils, Gilbert, lui-même général en retraite, habite Fougères, en plein centre de la patrie des chouans. Il y possède une belle maison en ville et deux châteaux à proximité, dans la campagne. Avec un aplomb tranquille, Balzac, qui a déjà eu l'occasion de le rencontrer à Paris, lui demande l'hospitalité pour quelque temps. « J'ai été précipité [...] du haut de ma petite fortune, lui écrit-il le 1ᵉʳ septembre 1828. Grâce au dévouement de ma mère et aux bontés de mon père, nous avons sauvé l'honneur et le nom aux dépens de ma fortune et de la leur [...] je reste à 30 ans bientôt avec du courage et mon nom sans tache. [...] Je vais reprendre la plume et il faut que l'aile agile du corbeau ou de l'oie me fasse vivre et m'aide à rembourser ma mère. Depuis des mois, je travaille à des ouvrages historiques d'un haut intérêt [...]. L'on m'a présenté, par le hasard le plus pur, un fait historique de 1798 qui a rapport à la guerre des Chouans et des Vendéens, lequel me fournit un ouvrage facile à exécuter. Il n'exige aucune recherche, si ce n'est celle des localités. Ma première pensée a été pour vous et j'avais résolu d'aller vous demander asile pour une vingtaine de jours, – la muse, son cornet, sa main de papier et moi ne sommes certes pas gênants, mais le vrai est que la seconde pensée a été que, sans nul doute, je vous gênerais [...]. Or, figurez-vous, Général, qu'un lit de sangle et un seul matelas, une table, pourvu qu'elle soit comme les quadrupèdes et non invalide, une chaise et un toit sont tout ce que je réclame, avec votre bienveillance si précieuse et si charmante. »

Le général de Pommereul lui ayant répondu qu'il serait heureux de le recevoir, Balzac prend immédiatement la diligence de Bretagne. Il couche à Alençon, visite la ville au passage et débarque à Fougères avec l'enthousiasme dévorant d'un explorateur. Le général et son épouse l'accueillent comme un ami de longue date alors qu'ils le connaissent à peine. La baronne de Pommereul, qui est bien plus jeune que son mari, est charmée par ce nouveau venu à l'œil brillant et à la langue facile, qui raconte si drôlement les incidents de son voyage dans une inconfortable « turbotine ». « C'était un petit homme avec une grosse taille, qu'un vêtement mal fait rendait encore plus grossière, dira-t-elle plus tard ; ses mains étaient magnifiques, il avait un bien vilain chapeau, mais aussitôt qu'il se découvrit tout le reste s'effaça. Je ne regardai plus que sa tête [...] ; vous ne pouvez pas comprendre ce front et ces yeux-là, vous qui ne les avez pas vus : un grand front où il y avait comme un reflet de lampe et des yeux bruns remplis d'or, qui exprimaient tout avec autant de netteté que la parole. Il avait un gros nez carré, une bouche énorme, qui riait toujours malgré ses vilaines dents ; il portait la moustache épaisse et ses cheveux très longs rejetés en arrière ; à cette époque, surtout quand il nous arriva, il était plutôt maigre et nous parut affamé... Il dévorait, le pauvre garçon... Enfin, que vous dirai-je ? Il y avait dans tout son ensemble, dans ses gestes, dans sa manière de parler, de se tenir, tant de confiance, tant de bonté, tant de naïveté, tant de franchise, qu'il était impossible de le connaître sans l'aimer. Et puis, ce qu'il y avait encore de plus extraordinaire chez lui, c'était sa perpétuelle bonne humeur, tellement exubérante qu'elle devenait contagieuse. En dépit des malheurs qu'il venait de subir, il n'avait pas été un quart d'heure au milieu de nous, nous ne lui avions pas encore montré sa chambre, et déjà il nous avait fait rire aux larmes, le général et moi [1]. »

Dès les premiers jours, une chaleureuse amitié s'établit entre le voyageur et ses hôtes. Mme de Pommereul

1. Récit de la baronne de Pommereul, publié dans l'ouvrage de R. Du Pontavice de Heussey, *Balzac en Bretagne* (1885) ; cf. Roger Pierrot, *op. cit.*

met un point d'honneur à « gaver » l'écrivain, qu'elle juge trop amaigri pour fournir un travail sérieux. Cédant à sa vigilante insistance, il mange comme quatre et baptise la baronne « Lady Bourrant ». Il aime sa chambre, raffole des craquelins qu'on lui sert au petit déjeuner, écoute avec passion les récits du général sur les différents épisodes de la guerre civile et, chaque matin, parcourt avec lui la lande couverte de genêts et d'ajoncs, les bois touffus où les chouans se cachaient pour préparer leurs embuscades, les abords des châteaux où se réunissaient les chefs des rebelles. Guidé par son cicérone, il rencontre quelques survivants de la tragédie, interroge des prêtres qui se souviennent avec horreur de la cruauté des Bleus, note tout et s'inquiète de l'abondance des renseignements qui affluent dans sa tête. Saura-t-il les dominer pour en nourrir son livre ? Avec prudence, il en ébauche les premiers chapitres. Mme de Pommereul n'aime pas le titre qu'il a choisi : *Le Gars*. Il en trouve un autre : *Les Chouans ou la Bretagne il y a trente ans* ; plus tard, ce sera : *Le Dernier Chouan ou la Bretagne en 1800*, enfin, en 1841, *Les Chouans* tout court.

De Paris, Latouche le presse d'en finir avec les travaux préparatoires et de revenir vite rue Cassini, avec le manuscrit dans ses bagages. Mme de Berny, elle aussi, se plaint d'être une fois de plus abandonnée : « Chéri adoré, lui écrit-elle, reçois ta Minette sur tes genoux, laisse-lui passer son bras derrière ton cou, penche ta tête chérie sur son épaule [...]. Je te donne un de ces baisers que nous connaissons si bien [...]. J'ai peur que tu ne restes là-bas bien longtemps. Cependant, si tu y es bien et que tu y travailles, je devrais être contente. Chéri, ma raison fera ce que tu voudras, mais mon cœur est un enfant trop gâté pour se prêter de bonne grâce aux privations qu'on lui impose. »

Enfin, Balzac se résout à lever le camp. Mais, au lieu de rentrer rue Cassini, il se réfugie à Versailles auprès de ses parents et des Surville. C'est de là qu'il écrit, le 15 septembre 1828, au général de Pommereul pour le remercier du merveilleux séjour qu'il a passé à Fougères : « Je suis ici à travailler et je ne quitterai que lorsque j'aurai terminé non plus *Le Gars*, titre qui déplaisait à Madame de Pommereul, mais *Les Chouans ou la Bretagne il y a trente ans* [...]. Ne croyez pas que je vous quitte en terminant cette lettre, car tant que je m'occuperai de mon ouvrage, il me semblera être encore près de vous à Fougères. Ah ! par exemple, à table, l'illusion cesse, car ni craquelin ni beurre. »

Malgré Latouche qui s'impatiente à le voir fignoler ses phrases, Balzac ne veut pas se hâter. Ce texte doit être irréprochable. Il serait bon de le publier en deux volumes, dans le format in-octavo réservé aux ouvrages de qualité et non en in-douze comme le tout-venant. Ce n'est que vers la fin du mois d'octobre qu'il regagne son domicile de la rue Cassini, où il convoque Latouche pour lui lire son roman. Celui-ci, en échange, lui lira quelques pages du sien, *Fragoletta*, relatant les aventures d'un hermaphrodite napolitain. Habitué aux jugements abrupts de son ami, Balzac s'attend à une critique sévère. Or, Latouche est transporté. « Pour votre livre, *exeat*, cent fois *exeat*, lui écrira-t-il. Qu'avez-vous besoin de mes rabâchages [...] ? Ah ! allons donc, c'est en quatre volumes, avec son titre et son bel habit bleu, que je veux voir votre Marquis. N'y a-t-il pas assez longtemps que vous léchez ce petit ours ? Nous le vendrons comme du pain. »

Conquis par le livre d'Honoré, Latouche se charge d'en assurer la publication et le lancement. Il en parle à l'éditeur Urbain Canel et, comme ce dernier hésite à s'engager, il décide de supporter lui-même les frais de composition. Mais on n'envisage plus le glorieux format in-octavo. Un in-douze courant suffira. L'ensemble formera quatre volumes. Le manuscrit est remis par Latouche à l'imprimeur le 13 janvier 1829 et le contrat d'édition signé avec Urbain Canel le 15 du même mois : tirage initial de mille exemplaires et versement à l'auteur de la modeste somme de mille francs, qu'il reconnaît avoir reçue comptant. Pour la première fois, la page de titre portera le nom d'Honoré Balzac. Il mesure la responsabilité qu'il prend en se démasquant ainsi devant le public. Mais c'est que, désormais, il a conscience de s'être évadé de la fabrication pour accéder à l'art. Son souci de perfection est tel qu'il multiplie les corrections sur les épreuves. Les marges se couvrent de rajouts, de repentirs, de béquets qui désespèrent les typographes. Ces retouches continuelles retardent la sortie de l'ouvrage. Latouche piaffe et se plaint parce que les rectifications de dernière minute augmentent les frais d'impression. Balzac, en revanche, se moque des contingences commerciales. Seule compte pour lui la valeur littéraire du roman. Il le veut inattaquable dans tous ses adjectifs et toutes ses virgules. Plus il le relit, plus il le polit, et plus il croit en son succès. Il y a là tous les ingrédients d'une grande cuisine : l'affrontement de deux mondes, de deux morales, un mouvement endiablé, des coups de feu, des attaques à l'arme blanche, le siège de Fougères, la capture d'une diligence, l'épouvante et la fureur des prêtres pourchassés, le sang à chaque page, mais aussi l'amour entre Montauran, le rebelle, et la séduisante Marie de Verneuil, une espionne vendue à la Révolution, les noces hâtives, avec, comme corollaire du drame, le rappel de « cette estime que les soldats ont pour de loyaux ennemis ».

Le livre sort des presses au mois de mars 1829. En

lui annonçant le prochain envoi d'un exemplaire, Balzac écrit au baron de Pommereul : « Il [cet ouvrage] est un peu le vôtre, car il ne se compose, en vérité, que des anecdotes précieuses que vous m'avez si bien et si généreusement racontées entre quelques coups de ce joli petit vin de graves et ces beurrées de craquelin. [...] Tout est à vous, jusqu'au cœur de l'auteur, à sa plume et à ses souvenirs[1]. »

Contre toute attente, la critique fait la grimace devant *Les Chouans*. Certes, il y a un article favorable dans *Le Corsaire*, journal de Lepoitevin, et un autre dans *Le Mercure du XIXᵉ siècle*. Latouche, directement intéressé par le succès de son poulain, loue dans *Le Figaro* du 12 avril 1829 « le parfum de poésie, la force d'expression, l'originalité du coloris pittoresque et la hauteur du style » ; mais il ne peut s'empêcher de dénoncer « l'écrasante uniformité » de l'ensemble, une mise en scène « confuse » et les longs paragraphes descriptifs qui « égarent l'imagination du lecteur ». *L'Universel*, quant à lui, reproche à Balzac son langage « faux et prétentieux » et ses constantes digressions. Enfin, le *Trilby* assène le coup de grâce : « Il y a dans cet ouvrage une intrigue beaucoup trop compliquée, de l'embarras, de l'inexpérience, des caractères mal tracés, et, par-dessus tout cela, un dévergondage de style que l'auteur a pris pour de l'originalité. » Seule la *Revue encyclopédique* osera écrire que l'héroïne du *Dernier Chouan* est d'une vérité admirable, que la solidité de l'information est exemplaire et qu'il s'agit là peut-être (même après *Cinq-Mars*) du premier roman historique français. Mais cet éloge viendra trop tard. En juin 1829, on n'a vendu que trois cents exemplaires du livre...

Latouche regrette l'argent qu'il a perdu dans l'affaire

1. Lettre du 11 mars 1829.

et en veut secrètement à Balzac de cet échec. Quand, à quelques mois de là, son propre roman, *Fragoletta*, paraît en librairie, Balzac le salue d'un article ironique, mi-figue, mi-raisin, dans *Le Mercure* : « Le laconisme de M. Latouche ressemble trop à l'éclair. On est ébloui et l'on ne sait où l'on marche. Quel que soit du reste mon sentiment particulier, cet ouvrage est destiné à un grand éclat et il ne saurait être ni peu loué ni peu critiqué. » Cette appréciation réticente pique la vanité de Latouche, qui s'offense. Une véritable inimitié s'installe entre les deux hommes. En réalité, tout les sépare : Latouche, précieux, précis, ratiocineur, replié sur lui-même, est agacé par l'exubérance bon enfant de Balzac, ses gros rires, sa candeur, ses mauvaises façons. Et Balzac s'irrite des prétentions de ce pion mesquin qui le morigène à tout propos. La chute des *Chouans* marquera la chute de leur amitié. Par orgueil, Honoré a exigé que ses proches s'abstiennent de tout commentaire sur son dernier roman. Il refuse particulièrement de subir les réprimandes de sa mère. « Je ne vous verrai qu'après l'apparition des *Chouans*, écrivait-il à Laure Surville dès le 14 février, et je vous préviens que je ne veux en entendre parler par personne, soit en bien, soit en mal. Une famille et des amis sont incapables de juger son auteur. »

Cependant, il ne peut rester longtemps éloigné de sa sœur, qui est sa meilleure confidente. Elle le rassure tant bien que mal sur la qualité de son livre, dont elle est persuadée qu'il fera son chemin malgré la mévente actuelle. Fière de lui, elle s'emploie à l'introduire auprès de ses amis de Versailles et des environs. Eugène Surville le met en rapport avec un autre ancien élève de Polytechnique, maintenant directeur des études de l'école de Saint-Cyr, près de Versailles, le commandant François-Michel Carraud. Son épouse, née

Zulma Tourangin, est une femme de trente-trois ans, sans beauté, mais avec sur le visage une expression de franchise, d'intelligence et d'énergie virile dont tous ses familiers subissent l'ascendant. En face d'elle, Honoré ne sait plus au juste s'il a affaire à une personne du sexe ou à un homme dont la grâce le déconcerte et le charme. Dès ses premières visites au couple Carraud, il découvre le réconfort d'une nouvelle amitié.

Il en a bien besoin, car, quand il se tourne vers ses parents, il ne rencontre que tristesse et ressentiment. Son père regrette d'avoir quitté Villeparisis où il avait « ses habitudes », se bourre de médicaments et dépérit à vue d'œil. Madame mère reproche à son fils d'être un ingrat et de gaspiller son argent en bibelots et en toilettes alors qu'il est incapable de gagner sa vie. Laure, jouant les terre-neuve, s'efforce en vain d'expliquer aux parents qu'un écrivain a besoin de calme et de confort pour enfanter des chefs-d'œuvre. Ne sachant où donner de la tête, Honoré cède, une fois de plus, à la duchesse d'Abrantès, qui a remis le grappin sur lui. Ils se retrouvent régulièrement chez elle, à Versailles. Jalouse, elle lui fait jurer qu'il va sacrifier pour elle ses « vieilles chaînes » ; et, comme il est faible, il promet de lui obéir. En vérité, il continue à fréquenter assidûment Mme de Berny, qui, à cinquante-deux ans, se révèle plus exaltée encore qu'au début de leur liaison. Aujourd'hui, ce n'est pas seulement son amant qu'elle adore, mais l'écrivain de génie dont elle se flatte d'avoir favorisé l'éclosion. « Ô toi ! toi, céleste cher ! lui écrit-elle. Rester en extase, absorbée par mes souvenirs, est tout ce que je puis. Comment te dire mon bonheur ? [...] J'aurais souhaité, dans un rêve plein de folie, être aimée à la manière du ciel. [...] Ô que puis-je faire ? Où trouver la force, le pouvoir, tout ce que je voudrais, tout ce qu'il me faudrait pour payer tant d'amour ? Ma soirée d'hier fait, à elle seule, dix siècles. » Elle n'ignore pas qu'Honoré partage ses loisirs entre elle et la duchesse d'Abrantès. Mais elle préfère supporter cette infidélité plutôt que de le perdre. Parfois, elle tente de le raisonner : « Je ne crois pas que cette femme puisse ou veuille t'être utile... Elle ne le voudra pas, car ce n'est pas à Versailles que tu pourrais trouver fortune, et t'éloigner d'elle ne serait pas, je pense, de son goût. »

Quand elle le croit à Paris, elle se rend à pied rue Cassini, pour le surprendre. Une fois sur deux, c'est la femme de chambre, Flore Delevoie, qui l'arrête sur le seuil : « Monsieur est sorti. » Elle comprend à demi-mot : Honoré est à Versailles, avec l'autre. En principe, il l'aide à rédiger ses Mémoires. Mais il doit s'agir, entre eux, d'une occupation moins studieuse. Mordue de jalousie, Mme de Berny lui reproche son inconséquence en le vouvoyant : « Je vous prie de me faire dire si je peux, malgré le soleil ou la pluie, m'aventurer jusqu'à la rue de Cassini, à trois heures [...] ? Adieu, Didi... Adieu, toi ! » Pris de remords, il s'attendrit sur cette Dilecta éplorée, mais ne renonce pas pour autant à l'ardente duchesse. Il lui semble confusément que ces deux femmes se complètent, qu'elles sont, chacune à sa manière, nécessaires à son équilibre. Pour lui, Mme de Berny, c'est la communion avec le ciel ; Mme d'Abrantès, c'est la communion avec la terre. Même en trompant la première avec la seconde, il ne se sent pas réellement fautif. Il voudrait que la Dilecta acceptât ses frasques occasionnelles en échange de l'assurance qu'il lui vouera toujours un amour désincarné. Mais elle ne peut se contenter de cet à-peu-près. De temps à autre, elle a des retours d'appétit. Et il doit s'évertuer pour paraître la désirer autant qu'au premier jour. A ses yeux, son excuse, dans ce va-et-vient entre deux passions si différentes, est son état d'artiste. Un écrivain a le droit, et même le devoir, pense-t-il, de vivre le plus grand nombre d'aventures possible, de se frotter au plus grand nombre de corps, d'affronter le plus grand nombre de complications sentimentales. De quoi nourrirait-il ses romans s'il était condamné à la sagesse ? Tant pis pour les femmes qui s'attachent à lui ! Elles paient pour toutes les lectrices qui se pâmeront en lisant ses œuvres.

En l'occurrence, ce vieux paillard de Bernard-François serait tout à fait d'accord avec son fils. Mais, pour l'heure, il ne songe plus guère à la bagatelle. Sa santé se dégrade rapidement. Lui qui se vantait de finir centenaire craint que, malgré ses recettes de longévité, il ne soit sur le point, à quatre-vingt-trois ans, de passer l'arme à gauche. Vers la fin d'avril 1829, les médecins, de plus en plus inquiets, parlent d'un abcès au-dessus du foie, qu'il faudrait ouvrir d'urgence. L'opération a lieu à l'hôpital. C'est un échec. Bernard-François meurt le 19 juin 1829. L'office funèbre est célébré deux jours après, en l'église Saint-Merri, et l'inhumation a lieu au cimetière du Père-Lachaise.

Le défunt, ayant placé toute sa fortune en viager, laisse à sa veuve une situation embrouillée. A la liquidation de la communauté entre époux, elle aurait le droit de reprendre, pour sa dot et pour les héritages de sa mère et de son neveu, un peu moins de deux cent mille francs, mais l'actif ne s'élève même pas à cent cinquante mille francs. La famille Balzac au complet se désiste de la succession, car chacun de ses membres a déjà sa part : Honoré a reçu une avance de trente mille francs le 1er juillet 1826 ; la dot de Laure, d'une valeur égale, lui a été versée le 6 décembre 1828 ; Mme Balzac s'engage en outre à régler quinze mille francs à son deuxième fils, Henry, quand il aura atteint sa trentième année, et quinze mille francs dans l'immédiat à son ex-gendre, l'abominable Montzaigle. Honoré, se trouvant en voyage, n'a pas assisté à la réunion chez le notaire. Pourtant, la mort de son père l'a profondément affecté. Tout en se moquant des tics séniles de Bernard-François et des soins dont il s'entourait pour échapper aux maladies, il a gardé envers lui une sorte de gratitude amusée. Sans doute sont-ce l'originalité, l'optimisme et la naïveté du personnage qui le charment, aujourd'hui encore, à travers ses souvenirs, par contraste avec la dureté et l'autorité de sa mère. Il ne s'est jamais senti en porte-à-faux avec lui, alors qu'avec elle il a souvent eu l'impression d'être un intrus dans la famille. S'il aime tant la compagnie des femmes, c'est peut-être parce qu'il cherche en elles, de l'une à l'autre, ce que sa mère n'a pas su lui donner dans son enfance.

XIII

LE VENT EN POUPE

Les Chouans n'ont pas eu beaucoup de lecteurs, mais quelques personnes de qualité, ayant pris connaissance du livre, ont eu la curiosité d'en rencontrer l'auteur. Avide de se lancer dans le monde, Balzac se rend assidûment aux mercredis du peintre François Gérard, où il retrouve des artistes fameux, Eugène Delacroix, David d'Angers, Ary Scheffer, et se passionne pour leurs discussions esthétiques. Mais ce plaisir raffiné n'est rien auprès du bonheur d'orgueil qu'il éprouve, le 10 juillet 1829, lorsqu'il est invité à entendre la lecture, par Victor Hugo, de sa nouvelle pièce, *Marion de Lorme*. La séance a lieu au domicile de l'illustre écrivain, 11, rue Notre-Dame-des-Champs. Il y a là Alfred de Musset, Alfred de Vigny, Sainte-Beuve, Villemain, Alexandre Dumas, Mérimée... Honoré se sent tout petit au milieu d'un tel aréopage. Comme de juste, la pièce remporte un franc succès. Chacun se récrie sur cet homme de génie, qui a vingt-sept ans, une femme séduisante, trois beaux enfants et une œuvre déjà considérable, dont ses confrères eux-mêmes reconnaissent qu'elle le désigne pour être le chef de file de la jeune génération romantique. *Cromwell* a été déclaré « injouable », mais *Marion de Lorme* sera, prédisent-ils, un triomphe. Balzac mêle sa voix au concert d'éloges qui monte vers le maître, alors qu'à part soi il rit de ces bravos excessifs. Tout en cédant à l'attrait des réunions littéraires, il condamne la jalousie sournoise, l'hypocrisie souriante, les obscurs calculs qui s'y dissimulent sous le brio de la conversation. Il se moque des coups d'encensoir qui saluent Hugo et il souffre de ne pas en recevoir autant.

La duchesse d'Abrantès, ayant loué un pied-à-terre à l'Abbaye-aux-Bois, dans la maison de repos tenue par des religieuses, mais indépendante de leur couvent, se trouve être la voisine de Mme Récamier. Celle-ci, vieillie, digne et désargentée, règne dans un minuscule appartement, au troisième étage de la bâtisse. Sa renommée est si fortement établie que les grands hommes du moment sont attirés par elle comme les mouches par une lampe. A demi allongée sur son éternelle méridienne, elle reçoit Benjamin Constant, Chateaubriand, Lamartine... Balzac tremble de respect quand cette femme, en qui il voit une légende vivante, l'accueille chez elle, à la demande de la duchesse. Au dire d'un témoin, Etienne Delécluze, il déborde d'un enthousiasme naïf devant la brillante assemblée qui l'accepte dans son sein. Se sent-il indigne d'un tel honneur ou n'est-ce là que le contentement de la jeunesse à ses premiers pas dans le monde ? « Il fallut que cet homme eût recours à ce qui lui restait de raison pour ne pas se jeter dans les bras de tous les assistants [1] », écrit Delécluze.

Balzac se montrera aussi, à plaisir, chez une créole, ancienne « merveilleuse » du Directoire, Fortunée Hamelin, chez la princesse Bagration, veuve du pres-

1. Etienne-Jean Delécluze, *Souvenirs de soixante années* (Michel Lévy, 1862).

tigieux général russe tué en 1812 à la bataille de Boro-
dino, chez la délicieuse Sophie Gay que courtisent les
coryphées du romantisme. Son intérêt oscille entre les
hommes célèbres qui hantent ces salons et les jolies
femmes qui en sont l'ornement. Toutes lui semblent
désirables. Autant de visages, autant de secrets à pénétrer. Il se voudrait cent fois plus beau, cent fois plus
amusant pour les séduire. Malgré l'adoration que lui
voue Mme de Berny, il a conscience de ses défauts : un
corps lourd, une tournure d'esprit souvent vulgaire,
une candeur puérile et un besoin effréné de paraître.
Sa passion pour la condition féminine est si impérieuse
qu'il lui consacre un livre.

La Physiologie du mariage, « par un jeune célibataire », sort en librairie vers le 20 décembre 1829.
L'ouvrage a été certainement inspiré à Balzac par la
fréquentation de Mme de Berny et de la duchesse
d'Abrantès, par les malheurs de sa sœur Laurence, par
les déceptions de sa sœur Laure, par les rancœurs de
sa mère et par cent autres informations qu'il a recueil-
lies au cours de ses rencontres avec des amies en veine
de confidences. Le style est résolument caustique ; la
philosophie du « jeune célibataire » se ramène à la
condamnation sans appel du mariage, tel qu'il a été
réglé par les conventions sociales. Les hommes, dans
l'ensemble, n'ont aucun égard pour la sensibilité des
femmes, qui, par la volonté de leurs parents, passent
de l'état de vierges ignorantes à celui d'esclaves rési-
gnées. Incomprises d'âme et de chair, elles doivent
subir les assauts d'un mari qui n'a pas su les éveiller
aux raffinements du plaisir et se consolent de cette
frustration en dirigeant les domestiques, en soignant
les enfants et en s'étourdissant dans les futilités de la
vie mondaine. Leur seul recours contre cet enfer du
faux-semblant, c'est l'adultère. Mais, si les infidélités

masculines sont fautes vénielles aux yeux de la justice, les moindres écarts de conduite des épouses sont considérés comme des crimes. En étudiant cet asservissement d'un sexe par l'autre, Balzac affirme son indulgence pour les frêles créatures victimes de la loi et de la tradition. Même quand il décrit les roueries, les mensonges des femmes, il leur trouve des excuses, face à l'outrecuidance aveugle des maris. Sa conclusion est que le mariage, présenté comme une exigence de la nature, est, dans la plupart des cas, une institution contre nature. La fusion entre deux êtres aussi différents dans leur constitution physique et dans leur structure mentale ne peut être heureuse dans la domination de l'un par l'autre. C'est seulement si le mâle renonce à sa suprématie ancestrale, s'il consent à n'être pas le maître absolu de sa compagne, s'il se donne la peine de la comprendre dans ses aspirations les plus délicates et ses répugnances les plus intimes, bref, s'il accepte de la traiter comme son égale que l'harmonie régnera dans le ménage.

Choquée par le cynisme de ce désaveu du mariage, Zulma Carraud écrit à l'auteur pour lui exprimer son indignation. Il lui répond : « Le sentiment de répulsion que vous avez éprouvé, Madame, à la lecture des premières pages du livre que je vous ai apporté [...] prouve que vous n'appartenez pas à un monde de fausseté et de perfidie, que vous ne connaissez pas une société qui flétrit tout, et que vous êtes digne de la solitude où l'homme devient toujours si grand, si noble et si pur. » En revanche, la profession de foi féministe contenue dans le « livre infernal » ravit la plupart des lectrices qui y voient, exposées avec vigueur, les revendications qu'elles n'ont jamais osé exprimer elles-mêmes. Elles se passionnent pour les exemples d'unions mal assorties, de tromperies mutuelles, de destins brisés que Balzac aligne pour illustrer sa théorie. Ce qu'elles découvrent là, ce sont à la fois de brefs croquis de personnages saisis sur le vif et une plaidoirie qui justifie leurs griefs et leurs espérances.

Le succès de *La Physiologie du mariage* est tel que Balzac regrette presque de n'avoir pas signé le livre. Enfin, il se résout à révéler son identité pour profiter du mouvement de sympathie que lui vaut sa réputation d'avocat des droits de la femme. Mieux, il décide d'exploiter cet engouement du public et de se détourner du roman historique à la manière des *Chouans* pour se lancer dans des nouvelles inspirées par les mœurs contemporaines.

Son idée, à présent, est d'écrire de courts récits aux accents véridiques, destinés d'abord aux journaux, et dont l'action se situera soit à Paris, soit en province. Dans chacun de ces tableaux, il plongera au plus épais des familles, il dévoilera les mystères de l'existence à deux, les tristesses et les compromissions qui couvent sous les apparences de la respectabilité. La plupart du temps, les *Scènes de la vie privée* sont dominées par les vicissitudes de la situation conjugale. Il y a, derrière cet étalage de misères morales et physiques, toute l'expérience d'Honoré qui a connu, au milieu même de la tribu Balzac, les effets désastreux de l'adultère, de l'indifférence et de la haine. Sa sœur Laurence trompée et ruinée par Montzaigle, son autre sœur, Laure, réduite à l'acceptation d'un destin médiocre, sa mère adorant Henry, l'enfant des amours coupables, son père courant la gueuse pour échapper à l'ennui et aux criailleries des soirées à la maison. Et, au-dessus de tous ces échecs du cœur et du corps, l'obsession de l'argent. Le symbole de cette hantise de la fortune est l'insatiable usurier Gobseck, possédé par la passion des combinaisons financières et de la puissance qu'elles procurent. Cette préoccupation de l'honorabilité et du gain se retrouve d'ailleurs dans les six nouvelles qui composent l'ouvrage : *La Vendetta*, *Les Dangers de l'inconduite (Gobseck)*, *Le Bal de Sceaux*, *Gloire et malheur (La Maison du Chat-qui-pelote)*, *La Femme vertueuse (Une double famille)*, *La Paix du ménage*. Partout aussi revient l'idée du ratage de l'union entre l'homme et la femme lorsque interviennent entre eux les notions de différence sociale, de vanité et d'intolérance. L'ensemble forme un navrant catalogue des espérances déçues.

Les *Scènes de la vie privée* paraissent le 13 avril 1830, en deux volumes in-octavo, sous le nom de H. Balzac, chez Mame et Delaunay-Vallée. Honoré a touché douze cents francs payables en billets à ordre. Alors que certaines lectrices ont été effarouchées par le ton ironique de *La Physiologie du mariage*, toutes sont subjuguées par la connaissance du cœur féminin dont témoigne l'auteur de ces récits à la fois cruels et tendres. Balzac devine qu'il a le vent en poupe. On réclame ses livres dans les cabinets de lecture, les éditeurs le sollicitent pour de nouveaux manuscrits, les journaux les plus cotés lui ouvrent leurs colonnes. Il rédige de nombreux articles pour *Le Voleur* d'Emile de Girardin, pour *La Silhouette*, pour *La Mode*, publications patronnées par le même groupe. Quel que soit le sujet auquel il s'attaque, ses remarques font mouche. Aussi évite-t-il de signer une chronique sur *Hernani*, dans laquelle il se donne les gants d'éreinter Victor Hugo. Cependant, il ne se sent pas encore sur un pied d'égalité avec les géants de la littérature. Dans les salons, c'est autour d'Hugo, de Vigny, de Nodier que se groupent les amateurs de célébrités. Incontestablement, il est desservi par son aspect physique. « Je le vois enfin, note le jeune Antoine Fontaney dans son *Journal*, ce nouvel astre de gloire éclose : gros garçon, œil vif, gilet blanc, tournure d'herboriste, mise de boucher, air de doreur, ensemble prestigieux. C'est l'homme du commerce littéraire par excellence [1]. »

D'autres, tel le comte de Falloux, lui reprochent sa vanité, son manque de goût et ses paradoxes. Et de fait il détonne, avec son ventre rondelet, son visage joufflu, son essoufflement, sa denture ébréchée, dans cette assemblée de l'élégance et des bonnes façons. Mais, dès qu'il prend la parole, les dames oublient son apparente vulgarité et se rapprochent de lui pour l'entendre. Il n'est pas encore de leur milieu, mais il les intrigue, il les amuse. Quant aux hommes en vue, leur embarras devant ce nouveau venu provient de la difficulté qu'ils éprouvent à le classer politiquement. Issu de la bourgeoisie, il a de la sympathie pour les libéraux, mais condamne les excès révolutionnaires. Amant de deux femmes du monde, il n'en raille pas moins les usages d'une caste qui met au-dessus de tout les privilèges de la naissance. Respectueux de l'Eglise, il dénonce les aberrations des dévots et n'hésite pas à peindre, dans *Une double famille*, un prêtre cauteleux et arriviste. En vérité, sa cible préférée, c'est l'intolérance. Il ne peut pardonner leur fanatisme aux ultras, à quelque bord qu'ils appartiennent. Selon sa théorie, il faut que l'Etat maintienne l'ordre sans jamais recourir à la force. La solution, pour le bonheur du peuple comme pour celui des ménages, consiste dans un compromis entre les revendications des uns et des autres.

Sous cet éclairage raisonnable, feu Louis XVIII, dont Balzac a d'abord critiqué la mollesse, lui paraît avoir été un honnête souverain, qui s'est employé à réconci-

---

1. Antoine Fontaney, *Journal intime* (Les Presses françaises, 1925) ; cf. André Maurois, *op. cit.*

lier les ennemis d'hier. Mort le 16 septembre 1824, le roi bien intentionné a laissé la place à Charles X, lequel, au lieu de continuer une politique d'équilibre, s'appuie sur les extrémistes de droite, au grand mécontentement d'une partie de la Chambre. Plus que jamais, Balzac regrette le gros monarque podagre et débonnaire, qui a gouverné la France ces dernières années. Il souhaiterait que le roi actuel s'inspirât de l'exemple de son prédécesseur pour étouffer les rivalités qui divisent la nation. Républicaine déclarée, Zulma Carraud lui reproche sa tiédeur. « Ne m'accusez pas de non-patriotisme, lui répond-il, parce que mon intelligence me sert à faire le décompte exact des hommes et des choses. C'est s'irriter d'une addition qui vous démontre le malheur d'une fortune. A chaque révolution, le génie gouvernemental consiste à opérer une fusion ; et voilà ce qui a fait de Napoléon et de Louis XVIII deux hommes de talent. » Pour Balzac, ce qui doit dicter la conduite d'un chef d'Etat, c'est le pragmatisme, l'opportunisme ; pour Zulma Carraud, ce sont les idées générales. Des deux, c'est lui qui est dans la réalité et elle dans l'utopie.

Quand il est las de l'agitation parisienne, Honoré se tourne vers Mme de Berny, dont il est sûr, au moins, qu'elle l'approuvera dans ses convictions et l'aidera à poursuivre son œuvre. Certes, il ne la désire plus. A peine est-elle encore pour lui une femme. Décharnée et pâle, le regard gris, le sourire mélancolique, elle ne représente à ses yeux qu'un souvenir de jeunesse. Mais quel souvenir ! Il lui garde une profonde reconnaissance pour l'homme et l'écrivain qu'elle a fait de lui, au long des années, par la douceur, la patience et une maternelle adoration. C'est auprès d'elle qu'il est le plus à l'aise pour travailler. Et ce mérite dépasse, à son avis, tous les autres. Il suffirait presque à rendre à la Dilecta sa beauté d'antan.

Au printemps de 1830, il décide de se retirer avec elle, pour quelques mois, en Touraine, à Saint-Cyr-sur-Loire, le village où il a été placé, tout petit, en nourrice, et loue une vieille et charmante maison, la Grenadière, dont la terrasse domine la vallée de la Loire. Avant de s'y installer, le couple descend le fleuve en bateau, visite Saumur, Le Croisic, Guérande, s'émerveille de ces villes quiètes, respire l'odeur de l'Océan et se persuade que le bonheur est partout, sauf dans la fourmilière de Paris. Arrivé à la Grenadière, Balzac se déclare définitivement conquis par la Touraine. « La vertu, le bonheur, la vie, c'est six cents francs de rente au bord de la Loire », écrit-il le 21 juillet 1830 à Victor Ratier, directeur de *La Revue de Paris*. Du fond de sa solitude campagnarde, il nargue l'univers entier et méprise les vains remous de la politique. « Oh ! quand on voit ces beaux cieux, par une belle nuit, lit-on dans la même lettre, on est prêt à se déboutonner pour pisser sur la tête de toutes les royautés. » Pour se divertir et gagner quelque argent, il concocte un *Traité de la vie élégante*, sorte d'hommage badin aux oisifs qui, à la manière du dandy Brummel, mettent la tenue vestimentaire au-dessus de tous les arts et de toutes les philosophies. Cette production mineure déçoit Mme de Berny. Mais il est trop sûr de lui pour se soucier des remarques d'une vieille maîtresse. Partant pour Paris, elle emporte le début du manuscrit dans ses bagages.

La capitale est en pleine ébullition. Charles X ayant nommé un ministère ultra, avec à sa tête le prince de Polignac, s'est heurté à l'hostilité de la Chambre. Entêté dans ses idées absolutistes, et comptant sur l'éclat de la victoire remportée par le corps expéditionnaire en Algérie, il a signé des ordonnances qui dissolvent l'Assemblée, modifient la loi électorale et suppriment la liberté de la presse. Convoqués pour le 23 juin et le 3 juillet, les électeurs votent massivement contre ces décisions imprudentes. Le parti royaliste n'obtient que cent quarante-trois sièges contre deux cent soixante-quatorze à l'opposition libérale. Dès lors, l'affrontement entre le monarque et le pays est inévitable. Balzac le sait, mais il ne bouge pas de sa retraite. Il se situe au-dessus des luttes partisanes, qui, de loin, avec la Loire à ses pieds, lui paraissent dérisoires.

Le 25 juillet 1830, pour s'aérer le cerveau, il se rend à pied de la Grenadière, située dans les faubourgs de Tours, à Saché, distant de quinze kilomètres, où habitent ses amis Margonne. La chaleur est intense, le sol brûlant. Suant et soufflant, Balzac écoute avec ravissement le tic-tac des moulins qui « donnent une voix à la vallée » de l'Indre, admire la transparence fuyante de la rivière et se persuade qu'aucune réflexion politique ne mérite d'être poursuivie quand on a la chance de pouvoir contempler la nature. De retour au logis, les rumeurs de Paris le rejoignent. Ce qui compte à ses yeux, ce ne sont pas les ambitions opposées de tel ou tel parti, c'est la lutte des pauvres contre les riches, pour une vie meilleure. Il craint l'émeute de la misère, de la malchance, de l'injustice. Le sang ne va-t-il pas couler de nouveau comme au temps de la Révolution ? Or, le soulèvement de Paris, avec barricades, fusillades et proclamations, ne prend pas la même ampleur et est de courte durée. Les journées des 27, 28 et 29 juillet, appelées les Trois Glorieuses, se soldent par moins de deux cents tués du côté des forces de l'ordre et moins de deux mille du côté des rebelles ; mais la victoire reste à la rue. Charles X, désavoué, abdique. Louis-Philippe, duc d'Orléans, nommé d'abord lieutenant-général du royaume, est élu après une révision de la

Charte. Il a, dit-on, l'esprit républicain. En tout cas, il ne se fait pas appeler « roi de France par la grâce de Dieu », mais « roi des Français ». Il ne sera pas sacré à Reims ; il prêtera serment. A distance, Balzac estime que c'est là un pis-aller acceptable. Mme de Berny le presse de revenir à Paris. Les Trois Glorieuses ne l'ont nullement émue. Elle est trop attentive aux battements de son cœur amoureux pour se soucier des événements extérieurs. Ce n'est pas des tempêtes politiques qu'elle parle dans ses lettres à Honoré, mais des tempêtes du sentiment : « Ô doux et gentil espoir, venez sur mon cœur que je vous caresse ; montrez-moi mon chéri, mon maître absolu ; annoncez-moi sa venue ! »

Cependant, Balzac ne veut rentrer à Paris que bardé de manuscrits facilement négociables. Il pourrait essayer de profiter du changement de régime pour décrocher un poste ou une distinction honorifique. Cette idée ne l'effleure même pas. Il se moque de certains de ses confrères qui se sont rués sur les places laissées vacantes par leurs précédents titulaires. Autour de lui, on récompense à tour de bras les bonnes volontés : Girardin se voit bombardé inspecteur général des Beaux-Arts, Stendhal consul à Trieste, Dumas bibliothécaire adjoint au Palais-Royal, Mérimée fonctionnaire au ministère du Commerce et des Travaux publics, Philarète Chasle attaché d'ambassade à Londres, Auguste Mignet archiviste au ministère des Affaires étrangères... Avant même d'avoir retrouvé le pavé de la rue Cassini, Balzac a son opinion sur cette révolution qui, menée par les jeunes et les pauvres, permettra aux vieux et aux riches de vivre sous la protection des lois. Néanmoins, il reconnaît qu'une légère modification s'est opérée dans l'architecture de la société. A la faveur des événements, les classes moyennes ont gagné en importance. Elles s'installent, sous l'égide d'un roi prudent, d'une Chambre timorée, et paraissent résolues à servir le pays dans la sagesse, la tradition et le profit. Ce faisant, elles écarteront autant que possible ceux qui les ont dominés naguère et veilleront à ne pas se laisser déborder par les masses obscures, lesquelles, fort heureusement, après quelques éclats, sont retournées à leurs ateliers et à leurs taudis.

En septembre 1830 enfin, Balzac quitte à regret la Touraine pour se retremper dans l'agitation parisienne. Les Carraud l'appellent à la rescousse parce que, à la suite des récents bouleversements administratifs, le mari de Zulma est menacé d'être privé de son poste à Saint-Cyr. Malgré les démarches de ses amis, Carraud sera nommé inspecteur de la poudrerie d'Angoulême, ce qui est une rétrogradation à peine déguisée. Mais le principal motif du retour d'Honoré, ce ne sont ni les déboires des Carraud, ni les supplications de Mme de Berny délaissée : Emile de Girardin lui a commandé pour *Le Voleur* une série d'articles, des « Lettres sur Paris » où il analyserait, à l'intention des lecteurs de province, l'état d'esprit des habitants de la capitale au lendemain de la révolution de Juillet. Donc, il faut qu'il soit sur place pour témoigner.

Au début de sa collaboration au *Voleur*, il se veut impartial et se contente de peindre, avec ironie, quelques types de « participants » à l'émeute. Il raille les soi-disant héros qui n'ont pas quitté leur chambre tandis qu'on se battait dans les rues et ceux qui, une fois l'ordre rétabli, ont proclamé leurs opinions orléanistes pour rafler postes et prébendes. Le gouvernement actuel ne lui semble guère différent de celui qui l'a précédé. Peu à peu, il en vient à douter des nobles intentions de Louis-Philippe. Il ose dire sa déception dans *La Caricature*. En observant ses concitoyens sous leur nouveau costume, il arrive à la conclusion que le maintien au pouvoir de quelques vieillards, bien carrés dans leur fauteuil, interdit au pays tout espoir de grandeur. Ce ne sont pas les jeunes et ardents vainqueurs de juillet qui dirigent le destin de la France, mais des épiciers égoïstes, des banquiers retors, des chefs de famille pressés de caser leur progéniture aux postes clés du royaume. Certes, la cocarde et le drapeau tricolore ont remplacé le drapeau blanc, mais, pour l'essentiel, la nation continue sur sa lancée. Louis-Philippe a beau commander à Delacroix un tableau représentant *La Liberté sur les barricades*, la liberté n'est encore qu'un mythe et le peuple, frustré de sa victoire, a dû de ses mains repaver les rues. Balzac le constate avec un mélange d'amertume et de philosophie. Tout en pestant contre le manque de combativité des humbles, il n'est pas mécontent d'un statu quo qui lui permet de poursuivre sa carrière sans à-coups. Aurait-il été plus heureux si une révolution sanglante avait précipité la chute de Charles X ? Assurément pas. Même si ses idées avaient triomphé, il aurait soupiré après le calme nécessaire aux méditations de l'écrivain. Une chose est de raconter des histoires pour distraire ses contemporains, autre chose est de les exciter à la révolte pour renverser un ordre qui, malgré ses défauts, préserve votre tranquillité personnelle. Ce credo politique, Balzac l'expose clairement dans une lettre de novembre 1830 à l'irascible Zulma Carraud : « La France doit être une monarchie constitutionnelle, doit avoir une famille royale héréditaire, une Chambre des Pairs extraordinairement puissante, qui représente la propriété avec toutes les garanties possibles d'hérédité et des privilèges dont la nature doit être discutée, puis une seconde assemblée élective qui représente tous les intérêts de la masse intermédiaire, qui sépare les hautes positions sociales de ce que j'appelle le peuple. La masse des lois et leur esprit doivent tendre à tâcher *d'éclairer le plus possible* le peuple, les gens qui n'ont rien, les ouvriers, les prolétaires, etc., afin de faire arriver le plus possible d'hommes à l'état d'aisance qui distingue la masse intermédiaire. Mais aussi le peuple doit être laissé sous le joug le plus puissant, il faut qu'il ait tout pouvoir pour que ses individus puissent trouver lumière, aide, richesse et protection, et qu'aucune idée, aucune forme, aucune transaction ne le rende turbulent. [...] Au gouvernement autant de force que possible. Ainsi, gouvernement, riches et bourgeois ont intérêt à rendre la classe infime heureuse et à agrandir la classe *mitoyenne* où est la puissance véritable des Etats. [...] Qu'on me plaisante, qu'on m'appelle libéral ou aristocrate, je n'abandonnerai jamais ce système. »

Somme toute, quelles que soient les explications de Balzac, le chaos lui semble incompatible avec la nécessité de construire son œuvre.

DEUXIÈME PARTIE

LE BONHEUR D'ÉCRIRE

I

LA PEAU DE CHAGRIN

A l'exemple d'Honoré, toute la famille Balzac a l'obsession de la réussite. Son beau-frère, Eugène Surville, estimant que sa situation dans l'administration des Ponts et Chaussées est indigne de ses capacités, a démissionné en 1829 de son poste, insuffisamment rémunéré, pour lancer l'idée d'un canal, latéral à la Loire inférieure, entre Orléans et Nantes. Le fonctionnaire est devenu son propre maître. Dès 1830, les Surville quittent Versailles, où ils végétaient, pour s'installer à Paris, 22, boulevard du Temple, où l'ingénieur compte faire fortune. Pourtant, il n'a pas encore obtenu la concession officielle du canal. En attendant, il cherche des commanditaires pour la « société d'études » chargée de préparer les travaux. Il trouve le meilleur appui financier auprès des Pommereul, du chevalier de Vallois, leur ami, du docteur Nacquart et même de sa belle-mère. Celle-ci, bien que peu avantagée par l'héritage de son mari, est attirée par les revenus mirifiques que lui promet son gendre et lui consent un prêt substantiel. Elle est persuadée qu'en un rien de temps elle doublera sa mise. Mais l'affaire est plus compliquée qu'il n'y paraît au premier abord. Les pourparlers traînent. Surville, qui est férocement républicain, avance l'explication d'un prétendu complot des jésuites contre son projet. Madame mère s'inquiète à juste titre. Elle a grand besoin de cet argent, car Honoré, la tête en l'air, ne songe toujours pas à rembourser la créance qu'elle a sur lui. En outre, elle doit un complément de dot aux enfants de Laurence et il lui faudra, un jour ou l'autre, « établir » les deux filles de Laure : Sophie et Valentine. Si encore son fils préféré, le cher Henry, lui donnait satisfaction ! Mais, après avoir usé ses culottes sur les bancs des meilleures pensions de France, il a désolé ses professeurs par sa paresse et sa veulerie, s'est essayé, sans résultat, à divers emplois, a rêvé d'apprendre plusieurs langues étrangères pour décrocher une sinécure internationale et a fini par s'embarquer, le 31 mars 1831, sur le voilier *Magellan* afin de tenter sa chance aux colonies. En juin, il est à l'île Maurice et décide d'y rester. Il semble vouloir épouser là-bas une veuve de quinze ans plus âgée que lui, mère d'un enfant et qui a mis quelque bien à gauche. Faut-il espérer une telle solution ou la craindre ? Madame mère est dépassée par les événements.

Au vrai, le seul de ses enfants qui paraisse tirer son épingle du jeu, c'est ce sacripant d'Honoré, sur lequel elle ne comptait guère au départ. Ses livres se vendent, on voit souvent son nom dans les journaux, il connaît tout Paris. Mais il mène une vie désordonnée qui lui coûte plus qu'il ne gagne. Et il n'écoute pas les conseils de modération que sa mère lui prodigue comme au temps de son enfance.

C'est que, pour la première fois, il est sûr de tenir le bon bout. Après le succès de *La Physiologie du mariage* et des *Scènes de la vie privée*, il a l'intention d'asseoir sa renommée sur un coup d'éclat. Un sujet étrange caracole depuis peu dans sa tête. Il note dans ses carnets : « L'invention d'une peau qui représente la vie.

Conte oriental. » Ce roman, qu'il intitule déjà *La Peau de chagrin*, lui apparaît d'abord comme une légende surnaturelle, dans le genre fuligineux d'Hoffmann, une sorte de récréation délirante où il mettrait toute sa fantaisie et un peu de ses conceptions métaphysiques. Il en parle, dans une lettre à une inconnue, comme d'une « véritable niaiserie en fait de littérature », mais où il a « essayé de transporter quelques situations de cette vie cruelle par laquelle les hommes de génie ont passé avant de devenir quelque chose ». Le prétexte en est un talisman constitué par une peau de chagrin. Ce petit morceau de cuir, marqué d'une inscription en sanscrit, confère à son possesseur la faculté magique de voir tous ses vœux exaucés. Mais, pour chaque souhait réalisé, la peau se rétrécira à proportion du bonheur obtenu. Quand elle ne sera plus qu'un infime lambeau entre les mains de son propriétaire, il saura qu'il va mourir. Donc, pour vivre longtemps, il devra se garder de trop aimer la vie. Tout désir comblé est un pas de plus vers la tombe, toute tentation surmontée est un sursis dans la course au néant. La longévité est synonyme de renoncement. Il faut choisir : ou brûler la chandelle par les deux bouts pour connaître le plus grand nombre de joies terrestres, ou accepter d'assister aux fêtes des autres en restant dans son coin, solitaire et obscur, tel un avare assis sur son coffre rempli d'écus.

Le héros du roman, Raphaël de Valentin, est un double de Balzac. Pauvre, désespéré et au bord du suicide, il se retrouve dans la boutique d'un vieil antiquaire, au milieu d'un bric-à-brac d'objets inestimables. Le brocanteur, qui a atteint cent vingt-cinq ans grâce à une abstinence farouche, consent à céder à Valentin le précieux talisman. « Je vais vous révéler en peu de mots le grand mystère de la vie humaine, dit-il à son visiteur.

L'homme s'épuise par deux actes instinctivement accomplis qui tarissent les sources de son existence. Deux verbes expriment toutes les formes que prennent ces deux causes de mort : *vouloir* et *pouvoir*. Entre ces deux termes de l'action humaine, il est une autre formule dont s'emparent les sages, et je lui dois le bonheur de ma longévité. *Vouloir* nous brûle et *Pouvoir* nous détruit ; mais *Savoir* laisse notre faible organisation dans un perpétuel état de calme. Ainsi le désir ou le vouloir est mort en moi, tué par la pensée. »

Plus Balzac approfondit le thème de ce conte, plus il en découvre la terrible philosophie. Il songe à son père qui, comme le vieil antiquaire, a préféré la solitude et la tranquillité provinciales à la vie brillante des grandes cités. Au contraire de Bernard-François, Honoré s'adonne à la débauche, aux mondanités, au luxe, aux expériences galantes de toutes sortes. Vorace, il ne sait pas se priver devant la table mise. Bernard-François a été économe dans ses sentiments, alors que lui en est prodigue. Bernard-François a construit sa destinée avec précaution, comme on dresse un château de cartes, lui la bouleverse et l'invente à chaque instant. Ah ! oui, il est exactement taillé dans l'étoffe de son héros ! Face à Valentin, l'assoiffé de plaisirs, qui, comme lui, veut la gloire, la richesse, l'amour, se dresse Rastignac, l'arriviste, qui l'admire et le traite d'écervelé. Pour ce dernier, on ne peut gagner dans la vie qu'en calculant froidement chacun de ses coups, qu'en avançant ses mises vers des cases sûres, qu'en utilisant au mieux ses amis. Il présente Valentin à la belle et froide comtesse Fœdora et le malheureux s'éprend de cette femme au cœur de pierre. « Elle était hier aux Bouffons, elle ira ce soir à l'Opéra, dira Balzac ; c'est, si vous voulez, la Société. » Assailli par d'innombrables convoitises qu'il est pressé de satisfaire, Valentin fait de la peau de chagrin un usage inconsidéré. Mais bientôt, de rêves fous en assouvissements délectables, il voit le bout de cuir diminuer sous ses yeux. Epouvanté, il s'efforce alors de ne plus éprouver un seul désir. Mais ses jours sont comptés. Il les a dilapidés en vaines rencontres. Il a troqué l'essentiel contre l'accessoire. Il succombera dans un dernier élan de passion devant Pauline, sa maîtresse, à demi nue, qui voudrait se tuer pour le sauver. Tout au long de ce conte philosophique aux multiples rebondissements apparaissent les thèmes obsessionnels de l'auteur, la hantise de la mort, le goût de la fête, la quête d'un amour sans frein, la volonté de domination, le pouvoir de l'argent, le matérialisme opposé à l'idéalisme. L'ensemble forme une illustration magistrale de l'éternel conflit de la chair et de l'âme.

Avant même d'avoir achevé son roman, Balzac le vend, en janvier 1831, à MM. Charles Gosselin et Urbain Canel pour la modique somme de onze cent trente-cinq francs. Mais la rédaction du premier jet est ralentie par les nombreux prétextes de distraction qui éloignent l'auteur de sa table de travail. Prenant exemple sur son personnage favori, il ne refuse aucune invitation, aucune occasion de plaisir. Il fréquente assidûment le fastueux Eugène Sue et sa maîtresse, Olympe Pélissier, dont il apprécie la grâce et la coquetterie. Il se serait même caché, dit-on, dans la chambre de la jeune femme pour la surprendre en déshabillé [1]. Mise au courant de l'aventure, Mme de Berny trouve à peine la force d'en être jalouse. Eugène Sue et Olympe reçoivent élégamment, dans leur salon, le duc de Fitz-James, le duc de Duras, Horace Vernet, Rossini... De

1. Olympe Pélissier deviendra plus tard la maîtresse, puis la femme du compositeur Rossini.

chez eux, Balzac court au café de Paris, au café Turc, au café Tortoni. A moins qu'il ne rende visite au couple Aurore Dudevant (la future George Sand) et Jules Sandeau. Aurore, qui s'y connaît en hommes, apprécie la conversation de ce gros garçon jovial et bavard. « Oh ! vous auriez compris la fascination de M. Balzac ou vous ne comprendrez jamais rien à la magie du regard et à la sympathie des âmes », écrira-t-elle à son ami Charles Duvernet.

Honoré exulte dans ses habits de parvenu de la littérature. Il gagne assez d'argent maintenant avec ses livres et ses articles pour s'acheter un cheval, un cabriolet, un harnais, une couverture violette avec chiffre et couronne brodés en poil de chèvre. Un mois plus tard, il pourra atteler un second cheval à sa voiture. Mais il lui faut un groom, ou « tigre », pour prendre soin de ses bêtes. Il embauche le jeune Leclercq et lui commande, chez Buisson, une livrée bleue, un gilet américain vert à manches rouges et un pantalon de coutil blanc à rayures. Cet équipage tout à fait convenable lui permet de figurer sans déchoir aux réceptions mondaines ou aux soirées de l'Opéra et des Italiens. Grâce à un accord avec le propriétaire de l'immeuble de la rue Cassini, il a doublé la surface de son appartement. Comme de juste, le montant du loyer a été doublé, lui aussi. Peu importe : la plume paiera tout cela. Balzac s'endette joyeusement pour faire tapisser son salon de percaline grise et décorer sa salle à manger d'une tenture carmélite. Il y a partout des tapis, des glaces et des meubles en bois doré. La salle de bains est dotée d'une baignoire en marbre et s'ouvre sur une chambre à coucher « nuptiale pour duchesse de quinze ans ». Le maître de maison offre des dîners succulents et raffinés, où le champagne pétille. Pour régler ces dépenses, qu'il engage sans compter, il travaille de jour comme de nuit entre deux sorties. En un peu plus d'un an, il publiera quarante et un contes ou chroniques.

Puis, brusquement, il décide de fuir le carrousel parisien pour s'enterrer dans quelque trou de province et y écrire en paix. Il se réfugie, au mois de mars, chez les Carraud, à la poudrerie d'Angoulême ; en avril, il est à la Bouleaunière, propriété que Mme de Berny a louée près de Nemours. Là, alors qu'il est en pleine élaboration de *La Peau de chagrin*, il éprouve un accès de fièvre politique. Une envie extravagante lui traverse le cerveau : se présenter aux élections de 1831. S'il est élu, il deviendra doublement célèbre, en tant qu'écrivain et en tant que député. Comme s'il possédait le talisman qu'il a inventé pour son personnage, et peut-être pour lui-même, aucune gloire ne lui paraît inaccessible : il n'aura pas assez de vies pour jouir de toutes les félicités de la terre. Tant pis si son destin en est écourté. Du moins l'aura-t-il conduit avec frénésie. Mais, pour être candidat, il faut justifier d'un cens de cinq cents francs. Or, en 1831, Balzac ne paie que trente et un francs trente cinq d'impôt. Par un tour de passe-passe, il brandit un titre de propriété de sa mère, qui lui permettrait de concourir aux élections. Reste à déterminer le point de chute. Où doit-il se rendre pour solliciter le suffrage de ses concitoyens ? A Cambrai, il peut compter sur l'appui de Samuel-Henry Berthoud, qui dirige *La Gazette de Cambrai* ; à Fougères, c'est son ami le baron de Pommereul qui le soutiendrait devant la population locale ; enfin, à Tours, l'avocat Amédée Faucheux, qui a de la sympathie pour lui, ne refuserait certainement pas de militer en sa faveur. Bref, il n'a que l'embarras du choix. Et c'est cela même qui le paralyse.

Entre-temps, il a publié, pour se mettre en selle, une

Enquête sur la politique de deux ministères (Jacques Laffitte et Casimir Perier). Dans ce texte, il conseille la propagation des lumières dans le peuple et la constitution d'un gouvernement fondé sur un contrat d'assurance mutuelle entre riches et pauvres. De quoi plaire aux masses soucieuses d'être protégées et aux élites qui redoutent les tremblements de terre. Toutes les chances semblent être de son côté. Mais voilà : soudain, la pensée de ses lecteurs l'emporte sur celle de ses électeurs. Il se sent plus proche du monde imaginaire où il suit, pas à pas, Raphaël Valentin que du monde réel où il a cru pouvoir s'aventurer. Il préfère sa chambre, où il écrit pour le plaisir de raconter des histoires, à la Chambre où il haranguerait les représentants du pays. Abandonnant toute idée de candidature, il renonce même à faire le voyage de Cambrai pour rencontrer ses éventuels partisans et demeure à la Bouleaunière, auprès de Mme de Berny, qui, *in petto*, approuve cette sage résolution.

Charles Gosselin le relance dans sa retraite et le supplie de lui livrer au plus vite la copie promise. Pourtant, alors qu'il abat page sur page, d'étranges désirs le visitent. Un moment, il songe à épouser une certaine Eléonore Mallet de Trumilly, dont les parents, anciens émigrés, disposent d'une honnête fortune. Cette perspective inquiète Mme de Berny. Elle vit dans la crainte continuelle que son amant ne la quitte pour se marier. Mais Balzac a une telle aversion pour la vie des couples légitimes qu'il repousse aussitôt cette trop bourgeoise tentation. Il entend triompher par lui-même, sans femme pendue à son bras, sans rejetons pendus à ses basques. *La Peau de chagrin* lui donnera-t-elle ce bonheur avant de se ratatiner tragiquement à l'usage ?

Enfin, le livre sort des presses. Balzac est sur les dents. Comment le public accueillera-t-il cette fable diabolique ? Pour être sûr d'être « bien servi » par la critique, l'auteur a rédigé lui-même, à l'intention de *La Caricature*, un article très louangeur sous le pseudonyme du comte Alexandre de B. Heureusement, d'autres journalistes lui emboîtent le pas. Hormis Sainte-Beuve qui, dans une lettre privée, trouve le roman « fétide et putride », les chroniqueurs sont unanimes à en vanter les rares qualités. *La Revue des Deux Mondes* décrète : « Ce n'est ni Rabelais, ni Voltaire, ni Hoffmann, c'est Balzac. » Dans *Le Quotidien*, on lit : « Son livre est un petit miracle de l'art, une œuvre étincelante de rhétorique prestigieuse. » Et, dans *L'Artiste*, Jules Janin proclame : « M. de Balzac vient de se mettre au premier rang de nos conteurs. [...] Vous entendez un grand bruit ; on entre, on sort ; on se heurte ; on crie ; on hurle ; on joue ; on s'enivre ; on est fou ; on est fat ; on est mort ; on est crispé ; on est tout balafré de coups, de baisers, de morsures, de volupté, de feu, de fer. Voilà toute *La Peau de chagrin*. C'est un livre de brigand qui vous attend au coin d'un bois. »

La vente du roman donne raison à l'engouement des aristarques professionnels. Toute la génération romantique vibre à l'unisson de cette histoire de passion et de désenchantement. On en goûte à la fois le réalisme et la magie, la netteté des descriptions et la fantaisie du mythe. Certains y découvrent une condamnation de l'oisiveté, d'autres un hommage au mal du siècle. C'est *Faust* à l'envers, c'est *Werther* avec le désespoir métaphysique en plus. Bref, pour être de son époque, il faut avoir lu ce livre. Balzac lui-même s'étonne de l'avoir si bien réussi alors qu'au départ il n'y voyait qu'un conte divertissant et absurde. En trois ans, avec trois ouvrages, il est devenu un écrivain de première grandeur. Le stock de volumes s'épuisant très vite, il signe avec Gosselin un nouveau contrat prévoyant le droit, pour l'éditeur, de tirer douze cents exemplaires de *La Peau de chagrin* et de publier huit à dix romans ou récits philosophiques déjà parus dans les journaux. La cession est faite moyennant quatre mille francs en billets à ordre.

Aussitôt, Balzac se met en devoir d'honorer sa promesse. Les sujets biscornus ne manquent pas. Dans *L'Elixir de longue vie*, le père de don Juan, se trouvant à l'agonie, demande à son fils de le frictionner après sa mort avec un élixir mystérieux qui le ressuscitera. Mais don Juan, qui convoite l'héritage paternel, n'obéit pas à cette injonction et garde le précieux liquide afin de s'en faire oindre lui-même le moment venu. A la fin d'une vie dissolue, il exige à son tour de son fils, don Philippe, le service qu'il a refusé jadis à son père. Le fils obéit. Or, à peine a-t-il commencé à frotter la tête et les bras du cadavre que le corps inerte se ranime et l'étreint vigoureusement. Epouvanté, il laisse tomber le flacon qui se brise. La femme de don Juan, doña Elvire, envoie chercher un abbé qui crie au miracle. Don Juan, le scélérat, est canonisé en grande pompe. Pendant la cérémonie, la tête vivante hurle des injures aux fidèles : « Vous insultez la majesté de l'enfer ! » Puis, se détachant du corps inanimé, la tête, qui a conservé toute sa force, tombe sur l'officiant et lui mord férocement le crâne. Là encore resurgissent les obsessions de Balzac : le problème de la longévité et celui des rapports du père et du fils. Comme *La Peau de chagrin*, *L'Elixir de longue vie* illustre la malédiction métaphysique qui pèse, depuis leur naissance, sur les individus de toute condition. Nul n'échappe à la mort et cette mort témoigne à elle seule de l'existence de Dieu.

Dans une autre nouvelle, *L'Auberge rouge*, un jeune Allemand, Hermann, dînant chez l'opulent banquier Taillefer, raconte un crime commis en 1799 à Andernach. Il ne se doute pas qu'il est assis à la table du véritable meurtrier. En effet, l'assassinat a certes été conçu et préparé par un autre, mais c'est Taillefer qui l'a perpétré et son complice qui a été fusillé à sa place. En constatant à quel point le banquier est bouleversé par ce récit, le narrateur devine l'horrible erreur judiciaire. Au paroxysme du remords, Taillefer s'écroule, terrassé par une crise nerveuse. Or, Hermann est amoureux de Victorine, la fille du coupable. Un cas de conscience se présente à lui. Il se demande s'il peut épouser cette jeune personne si avenante et si riche, alors que le père a du sang sur les mains. Il consulte ses amis. A-t-il le droit de dire à une innocente et belle créature : « Tous vos écus sont tachés » ? Un avocat émet l'avis le plus sage : « Où serions-nous tous s'il fallait rechercher l'origine des fortunes ? » Il y a dans ce conte, adroitement agencé, une double détente du ressort dramatique. Première détente : le vrai criminel est-il celui qui a projeté l'acte ou celui qui l'a réalisé ? La force de l'idée suffit peut-être pour transférer la responsabilité du concepteur sur l'exécutant. Seconde détente : le narrateur, connaissant enfin la vérité, ne commettrait-il pas un péché en profitant de la situation pour asseoir son bonheur conjugal sur de l'argent maudit ? A l'occasion de cette publication dans les *Romans et contes philosophiques*, Philarète Chasles écrira dans une préface : « Un conteur qui prend pour base la criminalité secrète, le marasme et l'ennui de son époque, un homme de pensée et de philosophie qui s'attache à peindre la désorganisation produite par la pensée : tel est M. de Balzac. »

La particule à éclipses reparaît dans la signature des récits de cette période. Certains confrères, dans les salles de rédaction des journaux, se moquent de cette prétention nobiliaire. Le brusque succès d'un jeune écrivain ne va pas sans quelques grincements de dents parmi son entourage. Loin de démoraliser Balzac, ces sarcasmes renforcent en lui la notion d'une suprématie qu'il a toujours revendiquée. C'est le front haut qu'il continue à fréquenter les salons de la capitale. Il y fait volontiers la lecture de ses œuvres en cours. Ses soirées les plus agréables, il les passe maintenant chez Charles Nodier, bibliothécaire à l'Arsenal, où se réunissent sans façon Hugo, Sainte-Beuve, Musset, Vigny, Lamartine... Comme Nodier, il croit à l'amélioration de la condition humaine, grâce à l'instruction des masses. Et, pour opérer ce miracle, l'un et l'autre préconisent avec insistance la lecture de Rabelais. Cet auteur truculent vivifiera, prétendent-ils, la langue française et, par sa bonne humeur, sauvera la France de la morosité.

Un moment aussi, Balzac s'intéresse au mouvement saint-simonien, qui prône l'organisation de la classe ouvrière, la fin de l'exploitation de l'homme par l'homme, le partage des fortunes et l'institution d'une religion nouvelle, toute de charité et d'égalité. Mais il est trop bourgeois pour accepter de gaieté de cœur un tel bouleversement dans ses habitudes de vie et de pensée. Il voudrait pouvoir dire au pauvre : « Je ne te laisserai pas mourir de faim à condition que tu ne m'empêches pas de gagner de l'argent. » Au fond de lui, il souhaite une évolution raisonnable des relations sociales avec l'appui, autant que possible, de l'Eglise. Cette Eglise qu'il a longtemps soupçonnée, comme son père, d'être à l'origine de toutes les superstitions lui paraît aujourd'hui investie d'une importante mission politique. Pour un peu, il la jugerait seule capable d'éviter la dégradation de l'espèce humaine. Il publie une nouvelle symbolique, *Jésus-Christ en Flandre*, inspirée d'une légende brabançonne, où l'on voit une barque chargée de passagers qui se groupent selon leurs affinités et leur fortune : les riches et les nobles à l'arrière, les pauvres à l'avant. Au cours d'une tempête biblique, l'esquif est sur le point de sombrer. Dominant le désarroi général, un homme aux cheveux blancs et au regard lumineux s'écrie : « Ceux qui ont la foi seront sauvés. Qu'ils me suivent ! » Et il marche sur les flots. Les simples, les croyants, les démunis marchent comme lui sur la mer démontée ; les incroyants coulent à pic.

Autre allégorie : *L'Eglise.* Alors que l'auteur rêve à ce miracle flamand, au milieu d'une cathédrale, une horrible vieille le prend par la main et l'entraîne ; soudain apparaît, sans plus de rides ni de haillons, la femme belle, simple et radieuse qu'elle a été dans sa jeunesse. C'est l'Eglise, émergeant de plusieurs siècles d'obscurantisme et d'intolérance. Indigné, le narrateur lui reproche ses erreurs passées et s'exclame : « Tu as sans motif dévoré des milliers d'hommes, tu les as jetés comme des nuées sablonneuses de l'Occident sur l'Orient. Tu es descendue des hauteurs de la pensée pour t'asseoir à côté des rois [...]. Pourquoi vis-tu ? [...] Où sont tes trésors ? Qu'as-tu fait de beau ? » Et l'apparition lui répond : « Vois et crois. » Au même instant, il aperçoit, dans un mirage, des centaines de cathédrales, chefs-d'œuvre de l'architecture, il entend des chants angéliques, il découvre des foules de fidèles qui se pressent là pour honorer la science, l'histoire, la littérature et servir les pauvres. Mais déjà la jeune femme, vêtue d'une robe de lin et coiffée d'une auréole d'or, est redevenue l'abjecte mendiante aux vêtements déchirés. Elle soupire : « On ne croit plus ! » L'auteur, réveillé de sa vision, conclut : « Croire, c'est vivre ! » Et il prend la résolution de défendre l'Eglise [1].

Ainsi, tout en prêchant la liberté de pensée, Balzac

1. Lors de leur publication en volume, le texte de *Jésus-Christ en*

confesse-t-il que la foi est nécessaire pour assurer la survie de l'humanité. Et pas n'importe quelle foi : la foi des humbles, la foi des naïfs, celle du charbonnier. Plus cette foi se rapprochera de l'instinct, plus elle sera efficace. En réunissant les individus dans une même ferveur, elle contribuera à maintenir l'ordre extérieur sans lequel ni les arts, ni les sciences, ni le progrès social ne sont concevables. Le texte de *L'Eglise* a été écrit en février 1831, au lendemain du pillage de Saint-Germain-l'Auxerrois où l'on célébrait la messe anniversaire de l'assassinat du duc de Berry (14 février 1820). Le 15, les émeutiers ont attaqué Notre-Dame, mis à sac et détruit l'Archevêché. Balzac, outré, a protesté dans *Le Voleur* contre ces actes de vandalisme : « Trente mille âmes sur un quai, applaudissant à la chute de la croix archiépiscopale ; et, sur les boulevards, des femmes parées, des promenades de curieux, des masques railleurs. Sur le quai des Morfondus, un ouvrier, déguisé en vieille femme centenaire, piteuse, criblée de haillons, en lambeaux, présentait, de ses mains tremblantes, un chétif rameau de buis aux rires des passants... Tel était le catholicisme en 1831. »

A la fin de mai, Balzac tombe de son tilbury, se relève avec de nombreuses contusions et se voit contraint de garder la chambre. En juin, il est encore au lit, malade, soumis à la diète et aux saignées, avec défense de travailler. Alors qu'il traîne sa convalescence chez sa sœur Laure, 22, boulevard du Temple, il aperçoit par les fenêtres les manifestations populaires organisées à l'occasion des obsèques du général Lamarque, mort du choléra. La foule hurle des « slogans » républicains. Pendant deux jours, les 5 et 6 juin,

Flandre et celui de *L'Eglise* ont été réunis afin de former un seul conte fantastique sous le titre du premier.

les émeutiers occupent le centre de Paris, de la place des Victoires à la Bastille et au boulevard du Temple. La troupe et la garde nationale ouvrent le feu. Il y a des tués, des blessés. L'armée fait mille cinq cents prisonniers. L'ordre rétabli semble précaire. Inquiet de l'ampleur prise par le mouvement, Balzac part pour Saché, chez M. de Margonne. Il ne tient nullement à être le témoin d'une nouvelle révolution. Et puis, à la campagne, il risquera moins d'être atteint par l'épidémie de choléra. Heureusement, à Paris, les remous s'apaisent. Les trublions rentrent dans le rang. Louis-Philippe reste en place. Est-ce un bien ? Est-ce un mal ? Une fois de plus, Balzac a le sentiment que les enragés de la politique compromettent l'avenir du pays. Mais, ce qu'il leur reproche surtout, c'est de le déranger dans son travail.

II

LE GOÛT DU LUXE
ET LE GOÛT DE LA FEMME

Le rêve de Balzac : être à la fois un Hugo par la notoriété et un Eugène Sue ou un Lautour-Mézeray par le faste et la désinvolture. Ce dernier surtout le fascine, avec ses airs insolents, son collier de barbe, ses succès féminins et le pouvoir qu'il a acquis dans le journalisme, aux côtés d'Emile de Girardin, en lançant *Le Voleur* et *La Mode*. Fils d'un notaire d'Argentan, ce « lion » règne sur le boulevard, les salons et les coulisses des théâtres. Il occupe à l'Opéra, avec ses amis, une baignoire d'avant-scène, dite « loge infernale ». Balzac y a sa place, mais cesse bientôt de payer sa part de location, ce qui lui attire une lettre ironique du grand dandy parisien, adressée à « Monsieur Balzac d'Entragues de la Grenadière ». On a surnommé Lautour-Mézeray « l'homme au camélia », parce que, tous les jours, cette fleur coûteuse orne sa boutonnière. Il reçoit ses visiteurs allongé sur un divan, dans un cabinet de style mauresque. Ses moindres gestes sont calculés. Sa morgue est proverbiale, sa parole souvent blessante. Il règle à Balzac cent francs pour trois articles par mois. Son complice dans les entreprises de presse, le puissant Emile de Girardin, a épousé en 1831 la fille de Sophie Gay, Delphine, qui, toute blondeur et tout sourires, réunit autour d'elle les plus grands écrivains de l'époque. Balzac s'enorgueillit de figurer dans ce cénacle.

Pour soutenir sa réputation d'auteur à la mode, il se ruine en vêtements du dernier chic, en chaussures, en gants de cuir glacé, couleur jaune paille. Il commande aussi, chez Buisson, trois robes de chambre blanches, avec ceinture à glands d'or. Cette tenue de moine opulent favorise, dit-il, son inspiration pendant les longues heures de travail nocturne. Sa mère a beau le supplier de se restreindre, l'argent lui file entre les doigts. S'il trime comme un forcené, c'est, pense-t-il, parce qu'il doit conforter son image auprès de l'opinion parisienne. Ainsi se développe en lui un bizarre mélange de gravité spirituelle et de futilité mondaine. Il est à la fois léger comme une plume au chapeau d'une coquette et pesant comme les œuvres complètes de Swedenborg. Sans doute est-ce cette perpétuelle oscillation entre l'essentiel et l'accessoire qui lui permet de se glisser dans la peau des personnages les plus divers.

De Frapesle, près d'Issoudun, où elle s'est retirée quelque temps auprès de son père, Zulma Carraud le met en garde contre les dangers de la dissipation : « Cher Honoré, si Paris vous entretient dans vos traditions d'élégance, vous offre-t-il l'affection si vraie que vous eussiez trouvée à Frapesle ?... Occupé à peindre les sentiments d'êtres fictifs, vous négligez forcément le trésor, autrement précieux, des vôtres propres. [...] Je ne veux pas et n'ai jamais voulu de cette amitié charmante que vous offrez aux femmes... Je prétends à un sentiment plus élevé. [...] Si quelque mécompte vient troubler votre joie, si quelque déception froisse votre cœur, vous m'évoquerez alors et vous verrez comme je saurai répondre à cet appel. » Elle s'apprête à rejoindre la poudrerie d'Angoulême, où l'Administration a réservé aux Carraud une maison confortable avec jardin. Une chambre *d'ami* y attend Honoré. Qu'il se dépêche donc de venir !

Malgré cette invitation affectueuse, il tarde à se décider. « Ma vie est un combat, lui écrit-il ; il faut que je dispute pied à pied la reconnaissance de mon talent, si talent il y a. » Il faut aussi qu'il se débatte parmi les créanciers, qu'il déjoue les traquenards des huissiers, qu'il traite avec les éditeurs, qu'il harcèle les journaux qui le lanternent pour le règlement de sa copie. Quand il s'embrouille dans ses comptes, il prie sa mère de faire le tri de ses notes impayées et d'assurer les rentrées d'argent. Sans rien perdre de son humeur atrabilaire, elle s'est, peu à peu, rapprochée de son fils. Depuis qu'il réussit, elle accepte de s'occuper de ses affaires. Elle s'est même mise à croire en son talent. De temps en temps, il lui confie la surveillance de son appartement de la rue Cassini et court se cacher à la Bouleaunière, chez Mme de Berny, ou au château de Saché, chez Jean de Margonne. De même qu'il a plusieurs ports de relâche pour son travail, de même il a plusieurs refuges de tendresse pour son cœur. La roucoulante Mme de Berny est toujours prête à lui ouvrir ses bras et son lit. Elle sait les caresses qui l'enivrent et n'a pas sa pareille pour corriger ses épreuves. Depuis longtemps, elle ne lui reproche plus ses infidélités et se contente d'être, à cinquante-cinq ans, la plus sûre de ses confidentes et la plus docile de ses partenaires de plaisir. Son autre maîtresse, la duchesse d'Abrantès, consent également au partage, parce qu'il l'aide à écrire ses livres et parce qu'il la divertit par sa faconde et son entrain. En passant de l'une à l'autre, il a l'impression de parfaire sa connaissance du cœur et du corps féminins. Il reçoit d'ailleurs de nombreuses lettres de lectrices inconnues qui le félicitent pour sa juste vision de la vie des couples. Malgré l'incohérence ou la banalité de ces hommages, il n'hésite pas à en accuser réception avec une extrême amabilité. Cela fait partie, estime-t-il, de ses obligations d'écrivain.

En octobre 1831, parmi le flot des missives quotidiennes, une le frappe par son étrangeté. Elle est adressée à *Monsieur de Balzac, à Paris*, sans autre précision. Par extraordinaire, les services de la poste la lui font parvenir rue Cassini d'abord, puis au château de Saché. Elle est signée d'un nom anglais, probablement faux, et blâme l'auteur de *La Physiologie du mariage* pour le cynisme de son opinion sur les femmes. Piqué au vif, Balzac remercie sa correspondante d'avoir prêté attention à un de ses ouvrages et se justifie avec véhémence : « *La Physiologie*, Madame, fut un livre entrepris pour défendre les femmes. Ainsi, pour une femme qui a passé par les orages de la vie, le sens de mon livre est l'attribution de toutes les fautes commises par les femmes à leurs maris. C'est une grande absolution. [...] Il n'y a pas de mariage heureux possible si une connaissance parfaite des deux époux, comme mœurs, caractères, etc., ne précède pas leur union, et je n'ai reculé devant aucune des conséquences de ce principe. »

Emue par le soin qu'un écrivain fameux et très occupé prend à plaider devant elle la cause de son livre, l'inconnue se démasque. C'est la marquise de Castries, née Henriette de Maillé de La Tour-Landry. De trois ans plus âgée qu'Honoré, elle a été mariée au marquis de Castries et s'en est séparée, en 1822, pour vivre en concubinage avec son amant, Victor de Metternich, un jeune homme charmant et fragile, fils du chancelier d'Autriche. Elle a eu un enfant de lui, en 1827, Roger, anobli par l'empereur d'Autriche, sous le nom de baron d'Aldenburg. En 1829, Victor de Metternich est mort tuberculeux. Quant à la marquise de Castries, elle a fait une chute de cheval, au cours d'une partie de chasse, qui a gravement compromis sa santé. Blessée à la colonne vertébrale, elle est à moitié infirme. Surmontant sa disgrâce physique et bravant le monde qui lui reproche la liaison scandaleuse qu'elle a eue naguère avec Victor de Metternich, elle reçoit beaucoup et partage sa vie entre son hôtel de la rue de Grenelle, le château de Lormois, près de Montlhéry, propriété de son père, le duc de Maillé, et le château de Quevillon, appartenant à son oncle, le duc de Fitz-James.

En apprenant l'identité de sa correspondante, Balzac sent des ailes pousser dans son dos. La marquise l'invite. C'est l'aristocratie du Faubourg qui lui ouvre ses portes. Eugène Sue et Lautour-Mézeray sont enfoncés ! Jamais il ne s'est autant réjoui d'avoir à sa disposition un cabriolet, une paire de chevaux fringants et un groom en livrée. Dans cet équipage, il fera bonne figure parmi les familiers de la maîtresse de maison. Lorsqu'il se rend chez elle pour la première fois, il est ébloui par son teint de lis, ses cheveux d'un roux ardent et le charme de sa conversation. Elle marche avec difficulté, mais, quand elle reste assise, elle est encore très séduisante. De retour rue Cassini, il savoure la chance qu'il a d'être distingué par une si grande dame. « Voulez-vous me permettre de vous exprimer toute ma reconnaissance, une reconnaissance profonde pour les heures que vous m'avez laissé prendre ? lui écrit-il en mars 1832. Elles s'impriment dans mon souvenir comme des poésies inconnues, comme les rêveries qui naissent d'une situation du ciel, ou en écoutant une belle musique. Je vous dirai que je commence à redouter de si douces et de si attrayantes choses. » Très vite, il s'imagine qu'il pourrait peut-être obtenir d'elle mieux que de l'admiration et de l'amitié... L'idée d'avoir pour maîtresse une femme alliée aux plus hauts noms de France lui tourne la tête. Peu importe qu'elle boite en marchant : couchée, elle doit être un morceau de roi. Parce qu'elle porte le titre de marquise, parce qu'elle possède un bel hôtel particulier et une domesticité nombreuse, parce que tout Paris la connaît et l'envie, il rêve de la conquérir et de gravir ainsi un échelon de plus dans la hiérarchie des élus de la gloire. Ils ont souvent de tendres bavardages tête à tête. Elle le retient jusqu'à une heure avancée dans son boudoir, mais ne lui permet aucune privauté. La distance qu'elle conserve entre eux le stimule chaque jour davantage. Pour lui complaire, il exagère ses sentiments légitimistes. Il publie des articles dans le nouveau journal du parti : *Le Rénovateur*. Le duc de Fitz-James approuve son engagement à droite. Mais ses amis libéraux le déplorent. L'avocat tourangeau Amédée Faucheux le tance sévèrement : « Vous voilà donc définitivement légitimiste ! Croyez-moi, ne prenez pas parti pour une mauvaise cause qui n'a pas d'avenir dans le pays. Les affaires peuvent aller fort mal, mais elles n'iront jamais assez mal pour que nous revoyions Henri V et son entourage de prêtraille et de hobereaux. » A son tour, Zulma Carraud lui fait la morale : « Laissez donc la vie élégante à qui elle doit tenir lieu de mérite, ou bien à ceux à qui de grandes plaies morales l'ont rendue nécessaire comme moyen de s'étourdir. Mais vous, vous ! [...] Vous vous jetez dans la politique, m'a-t-on dit. Oh ! prenez garde, prenez bien garde ! Mon amitié s'effraye. Ce n'est pas vous qui devez vous vouer aux personnes ; il ne peut y avoir de gloire à cela qu'alors qu'on a *vécu* dans l'intimité des grands de la terre. [...] Laissez la défense des personnes à la domesticité de cour et ne salissez pas votre juste célébrité de pareille solidarité. [...] Cher, bien cher, respectez-vous, dussent les chevaux anglais et les chaises gothiques y passer[1]. »

Il se défend : oui, il s'occupe de politique à l'occasion, il sort beaucoup, il se laisse entraîner dans le sillage de plusieurs femmes, mais il travaille aussi. « Je suis un galérien de plume et d'encre, un vrai marchand d'idées », affirme-t-il à Zulma Carraud pour la tranquilliser. Et, de fait, une résistance physique exceptionnelle lui permet de passer une nuit à écrire après avoir banqueté avec des amis. Il aligne les mots sur le papier jusqu'à épuisement de ses forces avant de s'écrouler, vidé et béat, sur le lit, pour s'endormir d'un sommeil de brute. Si Mme de Berny l'aide parfois dans la correction de ses épreuves, il les revoit après elle, les crible de ratures et de rajouts, refait des paragraphes entiers dans les marges. Cette quête fiévreuse de la perfection littéraire ne s'oppose pas aux divertissements que lui offre la vie en société. On dirait que ces vulgaires bouffées de plaisir lui sont indispensables pour goûter ensuite la satisfaction d'une besogne grave et solitaire. Plus il se disperse dans le monde, mieux il se concentre lorsqu'il se retrouve chez lui, devant une liasse de feuilles vierges. Peut-être a-t-il autant besoin de l'éphémère que de l'éternel ?

En février et mars de cette année 1832, *L'Artiste* donne, en quatre livraisons, un roman de lui intitulé *La Transaction* et dont le titre définitif sera *Le Colonel Chabert*. Le sujet lui en a été inspiré par la lecture des chroniques historiques de l'époque napoléonienne et par les récits de la duchesse d'Abrantès. Laissé pour mort après la bataille d'Eylau, le colonel Chabert revient en France et s'efforce de faire établir sa véri-

1. Lettre du 3 mai 1832.

table identité. Sa femme, Rose Chapotel, ancienne prostituée, est devenue la comtesse Ferraud et a eu deux enfants de son second mariage. Le retour de son premier mari, qui n'est plus qu'un misérable mendiant, risque de compromettre sa réussite sociale. Epouvantée, elle suggère une transaction : elle le paiera pour qu'il s'efface de sa vie. Devant la renonciation qu'on exige de lui, Chabert se cabre. Il finira dans un hospice, oublié de tous, renié par tous, après avoir été un héros de l'épopée impériale.

Au printemps, peu après la publication de cette belle histoire, violente et amère, Mme de Berny réussit à soustraire Balzac aux tentations et aux tracas de Paris et l'emmène à Saint-Firmin, en bordure de la forêt de Chantilly. Là, dans un calme jalousement protégé par la Dilecta, il achève *La Femme de trente ans* et rédige d'une traite *Le Curé de Tours*. Dans cette longue nouvelle, alliant profondeur et sobriété, il peint les malheurs d'un pauvre vicaire de la cathédrale, le faible et naïf Birotteau, dépossédé de son appartement par une vieille fille confite en méchanceté et un abbé ambitieux qui lorgne l'évêché. Tout ici sonne vrai : la description de la somnolente province tourangelle, l'analyse des caractères qui s'affrontent dans un milieu étouffant, les manœuvres sournoises de la congrégation, le drame psychologique sous le train-train journalier. Balzac est content de lui. La campagne lui a porté bonheur.

De retour à Paris, il retrouve le choléra et la politique. L'épidémie fait rage. Les gens n'osent plus sortir de chez eux. Les aventures de la duchesse de Berry, mère de l'« héritier légitime du trône », défraient la chronique. Le soulèvement qu'elle tente de provoquer en Vendée est-il une folie vouée à l'échec ou doit-on en craindre les effets sur le régime de Louis-Philippe ? En ville, les esprits sont divisés, surchauffés. A peine Balzac a-t-il déposé ses valises dans l'appartement de la rue Cassini qu'il songe à repartir. Ah ! un château avec, à l'intérieur, une épouse de haute origine et qui le laisserait travailler tout en l'adorant ! Après avoir rêvé à Eléonore de Trumilly, qui s'est malheureusement dérobée, il tourne ses pensées vers la baronne Caroline Deurbroucq, née Landriève des Bordes, qui a l'avantage d'être jeune, veuve et de posséder une grosse fortune. Elle est voisine des Margonne, à Saché. Il pourrait l'y rencontrer, l'été prochain. S'il l'épousait, il aurait de quoi payer toutes ses dettes et verrait les éditeurs se rouler à ses pieds. A tout hasard, il a pris soin de lui faire dire qu'il éprouve un grand sentiment pour elle. Mais une telle conquête demande du temps. Or, il vient d'être victime d'un nouvel accident de voiture. C'est la seconde fois que son tilbury, trop large, verse dans un tournant. Le revoici au lit avec des contusions et des maux de tête.

En juin, il décide de désobéir au docteur Nacquart, qui lui a recommandé le repos absolu, et de partir pour Saché où les Margonne s'offrent à le recevoir. En son absence, sa mère viendra habiter chez lui et le déchargera de tous les soucis domestiques. Tant pis pour Mme de Berny qui souffre en silence de cette nouvelle séparation ! Tant pis pour la duchesse d'Abrantès qui voudrait l'associer à la rédaction de ses interminables Mémoires ! Il a trop à faire avec la construction de son œuvre personnelle pour collaborer à celle d'autrui. Ses dettes le poussent dans le dos. Et d'ailleurs cette conception haletante du travail correspond à son caractère impatient. Dès qu'il aura épargné un peu d'argent, il partira pour Aix-les-Bains, où la marquise de Castries l'invite à la rejoindre au mois d'août. De là, ils pourraient, dit-elle, se rendre en Suisse, en Italie... Cette escapade coûtera cher, bien sûr ! Mais la possession d'une femme de ce rang mérite une mise de fonds exceptionnelle. A Saché, auprès des Margonne, il réalisera des économies, écrira tout son soûl et prendra des forces en vue de sa future conquête. Peut-être même aura-t-il la chance de rencontrer, dans l'intervalle, la baronne Deurbroucq. Ainsi, il fera d'une pierre deux coups.

Il quitte Paris juste à temps pour échapper à de nouvelles émeutes. La duchesse de Berry a multiplié les actions folles en Vendée. L'insurrection est étouffée, l'instigatrice du mouvement a pris la fuite, mais ses partisans légitimistes viennent d'être arrêtés ; parmi eux : Chateaubriand, Hyde de Neuville, Berryer et même le duc de Fitz-James, qui est pourtant un homme raisonnable. Ils seront relâchés après deux semaines de détention. La malencontreuse agitation de la duchesse de Berry est bel et bien terminée. Mme de Berny, qui séjourne chez un ami, le général Jacques Allix, au château de Bazarnes, près de Clamecy, se réjouit de cette déconfiture. Jalouse des sentiments d'Honoré pour la marquise de Castries, elle enferme dans le même sac tous les hauts personnages du Faubourg et met en garde son jeune amant contre un entraînement qui pourrait être fatal à sa carrière. Pourquoi diable s'est-il rallié à cette coterie aristocratique qui n'a rien compris à l'évolution du pays ? « J'ai vu hier dans le journal certaines arrestations qui m'ont beaucoup occupée, lui écrit-elle. M. de Chateaubriand ne sera pas fâché, je crois, de cette circonstance qui lui donne une importance politique à laquelle il court toujours sans pouvoir la saisir ; quant à l'arrestation de M. de F[itz-] J[ames], je suis forcée par ma franchise envers toi de te dire que je suis loin d'en être peinée. Car, si le parti de ces gens-là était détruit, il faudrait bien que tu en prisses un autre. Cependant, une crainte mortelle vient quelquefois faire bondir mon cœur ; je pense que *si certaine dame t'écrivait* de la venir trouver, tu serais assez *bon* pour y aller. [...] Ta vanité est toujours éveillée, active, et a sur toi une prise d'autant plus réelle que tu en ignores la force. Cependant, mon bien-aimé cher ami, fils d'amour, si tu veux, écoute un peu la raison qui emprunte pour se faire entendre la plus amicale de toutes les voix qui jamais frapperont ton oreille, songe bien que certains personnages ne te donneraient pas un seul des trois ou quatre mille écus dont tu as un indispensable besoin ; songe bien que, dussent-ils être vainqueurs, ils ont toujours été *ingrats par principe*, et ne changeront pas pour toi seul, ami ; ils ont tous les défauts de l'égoïsme, toute l'astuce et la fourberie de la faiblesse ; un dédain qui va jusqu'au mépris pour tous ceux issus d'un autre sang que le leur ; ami ! par tout ce qui t'est cher, pour ta gloire, pour ton bonheur à venir, pour mon repos (car tu m'aimes), ne les crois pas, ne t'y fie pas ; emploie ton esprit à prendre avec eux le rôle qu'ils jouent dans le monde ; sers-toi, s'ils peuvent te servir pour suivre la route dans laquelle tu es entré, puisque, malheureusement, ton pied y est déjà posé ; mais hélas ! que de défauts il te faut acquérir pour les imiter ; et comment défendras-tu ton âme, comment la conserveras-tu pure au milieu de tant de perversités ? Enfin, chère créature adorée, tire-moi de peine, enlève-moi le poids qui m'oppresse l'âme en m'assurant que tu ne seras pas *l'esclave* de ces gens-là et n'obéiras pas au premier ordre que tu recevras d'eux[1]. »

Ainsi, pendant qu'Honoré rêve à la marquise de Cas-

1. Lettre du 20 juin 1832.

tries, la fidèle Dilecta le supplie de s'en éloigner, corrige ses épreuves, pleure sur les *Scènes de la vie privée* et attend avec impatience des nouvelles du bien-aimé : « Pour chasser de cruelles pensées, je relis quelques chères phrases de tes lettres et j'espère que ton cœur me servira de tombe avant qu'il appartienne à une autre [1] ! » « Tu es encore mon maître et j'attends l'arrêt de ta volonté toute souveraine, or, comme il ne m'est pas encore connu quel qu'il soit, je me crois toujours ta chérie, et te fais toutes nos caresses accoutumées. Je te baise partout. Je suis toute à toi, toute ton Eve [2]. » Lorsque le courrier lui apporte enfin les quelques lignes qu'elle souhaite, c'est une explosion de joie. « Tu m'aimes ! je suis toujours ta chérie aimée ! ta chère étoile ! ta Didi idolâtrée ! Oh ! ami, mon cœur ne te demande plus rien [3]. » Parfois, elle se veut raisonnable et envisage avec générosité l'avenir de son amant marié à une autre. De cette « autre », elle exige toutes les qualités : « Quand je fais des châteaux en Espagne, je te marie avec une femme pleine de dévouement et de bonté, assez spirituelle pour te comprendre, pas assez pour viser au bel esprit ; je te fais riche, assez pour que tu aies de l'aisance, pas assez pour que tu aies des flatteurs [...] ; j'éloigne de toi tes faux amis ou tes amis faux. Parmi ceux-ci se trouve la duchesse d'Abr[antès] [4]. » Mais, en même temps, elle s'inquiète des choix matrimoniaux d'Honoré et, apprenant que Caroline Deurbroucq, dont il prétend gagner les faveurs, a quitté le manoir de Méré, proche de Saché où il réside, elle écrit avec soulagement : « Je suis un

1. Lettre du 21 juin 1832.
2. Lettre du 24 juin 1832.
3. Lettre du 25 juin 1832.
4. Lettre des 27-29 juin 1832.

peu rassurée, d'autant que la *dame* est partie ; que le sort la fasse rester où elle est jusqu'à parfaite tranquillité et que le diable enchaîne toutes les femmes qui se mêlent de ce qui ne les regarde pas[1]. » Une semaine plus tard, c'est à nouveau le débordement des désirs inassouvis : « Oh ! mon Didi à moi ! mon chéri ! mon adoré maître ! viens donc recevoir le tribut d'une volupté créée par toi, les caresses d'une chérie façonnée à ton usage. Oh ! nous nous retrouverons bientôt, j'espère ; il me serait trop affreux de laisser cueillir par d'autres ces belles fleurs dont le parfum vient encore jusqu'à moi et m'enivre, dont les vives couleurs me réjouissent le cœur et que j'effeuillerais avec tant d'amour sur ton gentil corselet[2]. »

Cet amour vorace épuise la patience de Balzac. Mais il sait gré à la Dilecta d'être une maîtresse si docile, si attentionnée et si efficace dès qu'il s'agit des besognes préparatoires à l'édition d'un livre. De même, il a découvert que sa mère, dont il a en vain sollicité l'affection dans son enfance, peut lui être d'un grand secours pour surveiller son intérieur et accomplir en son nom les démarches les plus délicates. Tantôt il la charge de prendre livraison d'un paquet contenant un manuscrit pour un éditeur, tantôt il lui demande de fouiller dans ses papiers pour retrouver le dossier marqué *Dettes courantes*, tantôt il la prie d'avertir ses créanciers qu'il est en voyage et ne sera pas chez lui avant plusieurs semaines... Pour calmer les appréhensions de Madame mère, il a fait miroiter à ses yeux la possibilité d'un mariage avec Caroline Deurbroucq. Dans la perspective du retour de la baronne en Touraine, il recherche

1. *Ibid.*
2. Lettre du 7 juillet 1832.

l'appui de Claire, la sœur de l'intéressée, qui vit au manoir de Méré, chez ses parents. « On attend de jour en jour Madame Deurbroucq, annonce-t-il à sa mère. Tu comprends que cette affaire me prend beaucoup de temps car il faut préparer les voies. [...] Je vais trois fois par semaine à Méré. [...] Je veux mettre Claire dans mes intérêts et pour cela il faut se mettre dans ses bonnes grâces en s'occupant d'elle, car c'est par elle que je ferai savoir tout ce qu'il faudra que l'on sache sans me compromettre [1]. »

Soudain, contrordre : Mme Deurbroucq avertit ses parents qu'elle ne viendra pas à Méré avant longtemps. Encore un mirage qui s'évanouit. Et les dettes s'additionnent. Il faut se serrer la ceinture. « Si tu peux vendre les chevaux, vends-les, écrit Balzac à sa mère ; si tu veux *renvoyer Leclercq, paye-le et renvoie-le.* » Mais il n'en est pas abattu pour autant. Ce mauvais passage n'excédera pas six mois. Que sa mère se rassure : « Tôt ou tard, la littérature, la politique, le journalisme, un mariage ou ma grande affaire me feront une fortune. Il nous faut encore un peu souffrir, si je souffrais seul ! bien, car voici quatre ans que sans Madame de Berny je me serais vingt fois expatrié, mais tu es maintenant bien souffrante, et la nécessité te force à devenir une des causes de mes tourments secrets. Je t'ai donné presque tous mes embarras outre les tiens. Cela me fait un mal affreux. Tu me demandes de t'écrire en détail, mais ma pauvre mère, tu ne sais donc pas encore comment je vis ? Quand je puis écrire je fais mes manuscrits, quand je ne fais pas mes manuscrits, j'y pense. Une page arrachée par les affaires et les obligations, ou par les affections, c'est me dévorer la vie. Je ne me

1. Lettre du 28 juin 1832.

repose jamais. [...] Dans mon désir de nous tirer d'embarras, je ferai l'impossible. Si le bonheur veut que je puisse travailler comme les derniers jours de St Firmin, je nous sauverai[1]. »

S'il se montre aussi convaincu d'une prompte réussite, c'est qu'il est en train d'écrire une œuvre sur laquelle il compte plus que sur aucune autre pour faire éclater son génie aux yeux d'un public blasé. C'est l'histoire d'un jeune homme, Louis Lambert, favorisé par une intelligence supérieure et des lectures encyclopédiques. Il lui prête des souvenirs de sa propre adolescence, de ses découvertes, de sa passion pour les théories des grands philosophes. Louis Lambert jouit d'un tel pouvoir d'imagination qu'il se projette physiquement dans les pages qu'il parcourt du regard. En outre, il peut, par la seule force de sa pensée, agir sur les êtres et même sur les objets. Emule de Swedenborg, le mystique suédois, et de Saint-Martin, dit « le Philosophe inconnu », il émet des ondes magnétiques qui ébranlent les corps de son entourage. L'idée qui se forme dans sa tête est si impérieuse qu'elle lui tient lieu d'action. Son cerveau dévore sa chair. Entraîné par une réflexion surnaturelle, il s'achemine vers la folie. La femme qui l'aime et qu'il aime, « l'ange-femme », Pauline Salomon de Villenoix, est incapable de le tirer de son aberration géniale et inutile. A la veille de son mariage, il rompt avec « cette vie dans laquelle nous végétons » pour s'enfoncer dans les ténèbres, où d'ultimes visions le hantent, et meurt, à vingt-huit ans, entre les bras de sa fiancée. Le narrateur commente : « Peut-être a-t-il vu dans les plaisirs de son mariage un obstacle à la perfection de ses sens intérieurs et à son vol à travers les Mondes Spirituels. »

1. Lettre du 15 juillet 1832.

Quant à Pauline, ayant enseveli dans une île du parc de Villenoix le corps de celui qui en savait trop sur la vie pour vivre lui-même, elle conclut par ces mots : « J'ai eu son cœur, à Dieu son génie. »

Dans ce roman où l'au-delà affleure à chaque ligne, Balzac s'est ébroué jusqu'à en perdre la tête. Il a appelé à la rescousse les sciences, l'ésotérisme, la Bible, la métaphysique afin de rendre plausible la soumission, dans certains cas, de la matière à l'idée. A plusieurs reprises, il a remanié le texte de *Louis Lambert*, l'enrichissant de considérations philosophiques destinées à en préciser le sens. Il a voulu habiller en roman un traité d'occultisme. Mais, avec ce déguisement, le roman nuit au traité d'occultisme et le traité d'occultisme au roman. Sous la plume de Balzac, le surhumain apparaît moins émouvant que l'humain.

Pressé d'avoir l'opinion de Mme de Berny sur ce récit, qui lui est d'ailleurs dédié, il lui en communique la première version. Elle lit le manuscrit avec angoisse et avoue : « Je crois que tu as entrepris une œuvre *impossible*. Ce qui me console, c'est que le public ne verra pas ce que tu as espéré en faire [...]. Si le public devinait cela tu serais perdu, car ce serait vouloir poser une borne qu'il n'est permis qu'à Dieu de toucher. » En somme, elle lui reproche de chercher à expliquer l'inexplicable et d'attenter ainsi au mystère de la création. Elle juge intolérable que l'auteur glorifie son personnage d'avoir « reculé pour lui les limites du monde moral ». Elle le supplie de se montrer plus modeste dans les ambitions de son héros, donc dans les siennes : « Fais, mon chéri, que toute la foule t'aperçoive de partout par la hauteur où tu seras placé, mais ne lui crie pas de t'admirer, car de toutes parts les verres les plus grossissants seraient à l'instant dirigés sur toi, et que

devient le plus délicieux objet vu au microscope[1] ? »
Dans la même lettre, elle lui conseille, magnanime, de
consulter sur la question sa rivale Zulma Carraud : « Je
te dis en toute vérité que, par les lettres que tu m'as
lues d'elle et par ce que tu m'en as dit, je la crois plus
capable que moi, qui n'ai comme tu sais que mon sentiment guidé par l'instinct du cœur. »

Cette dernière remarque décide Balzac à décamper.
De toute façon, il est las de la vie de château qu'il mène
depuis son arrivée à Saché. Il y a des horaires à respecter, il faut obéir à la cloche, s'habiller pour le dîner,
faire la conversation avec des invités médiocres. En
outre, Mme de Margonne est certes bien brave, mais
bossue et dévote. Et Jean de Margonne est dur
d'oreille. Au point d'exaltation où il est parvenu,
Honoré a besoin d'une autre compagnie. Le 16 juillet,
il prend congé de ses hôtes et se rend à pied, en plein
midi, de Saché à Tours, où il monte dans la diligence
pour Angoulême.

Le lendemain, il est chez les Carraud. Contrairement
à Mme de Berny, Zulma Carraud est séduite par
l'étrangeté de *Louis Lambert*. « Je crois *Louis Lambert*
un beau livre, écrit Balzac à sa sœur Laure. Nos amis
l'ont admiré ici, et tu sais qu'ils ne me trompent pas !
Pourquoi revenir sur son dénouement ? [...] Cette fin
est probable, et de tristes exemples ne la justifient que
trop : le docteur [Nacquart] n'a-t-il pas dit que la folie
est toujours à la porte des intelligences qui fonction-
nent trop[2] ? »

A la poudrerie d'Angoulême, dans la maison des Carraud, il retravaille le texte de *La Femme abandonnée*,
mais songe à deux autres femmes, nullement abandon-

1. Lettre de la fin juillet 1832.
2. Lettre d'août 1832.

188

nées celles-là, qui méritent également son attention. Ah ! qu'il est donc difficile de mener de front une vie d'écrivain et une vie d'homme ! Zulma est une amie merveilleuse, le pendant – en moins sensuel, en plus énergique – de Mme de Berny. Pourtant, ni l'une ni l'autre ne représentent à ses yeux l'avenir. Pour son confort matériel et moral, Honoré hésite entre deux projets : rejoindre à Aix la marquise de Castries ou épouser la baronne Deurbroucq. Chacune de ces solutions offre des avantages et des inconvénients. La marquise, assez séduisante malgré son infirmité, n'a encore rien promis. Ne va-t-elle pas l'éconduire s'il se montre trop entreprenant ? La baronne, elle, dispose d'une fortune et d'une situation sociale, qui assureraient à son mari la sécurité pour le restant de ses jours. Mais gare à l'atroce monotonie de la vie conjugale ! Honoré écrit à Laure : « Vos conjectures sur Madame Deurbroucq sont fausses. Elle a un procès à Nantes et ne viendra à Méré qu'en octobre. Claire lui a dit depuis 3 mois que je l'aime, et Claire doit m'écrire de revenir quand Madame Deurbroucq sera à Méré. Ainsi tout cela est aussi bien emmanché que possible. » Par la même occasion, il la rassure en quelques mots sur ses chances de succès, qu'ils soient matrimoniaux ou littéraires. Toujours cette faculté de remonter la pente quand on le croit dans le fossé ! « Ma pauvre sœur, tout va bien. Seulement l'abandon des journaux a causé momentanément un déficit qui m'a mis à mal. Mais j'ai fait, pendant ces 6 mois-ci, des progrès immenses sur tous les points de ma sphère et, dans quelque temps, je retrouverai tout le fruit des sacrifices que ma mère et moi allons faire. [...] Un jour de grand bonheur et de gloire lui paiera tout cela. Seulement elle a une imagination comme la mienne ; et, par instants, elle ne voit que la misère et les difficultés, comme à d'autres elle ne voit que le triomphe[1]. »

Chez les Carraud, Honoré écrit en paix et savoure la chaleur d'une amitié qui ne demande rien en échange. Sa notoriété l'a rejoint à Angoulême. Il confie à sa mère qu'un jeune homme s'est « trouvé mal » et a laissé tomber de saisissement ses livres de classe en voyant l'illustre Balzac en chair et en os. Il affirme également que les gens du « Cercle constitutionnel » ont une telle vénération pour son œuvre que, s'il voulait être député, ils le soutiendraient « malgré [ses] opinions aristocratiques ». On raconte en ville que des admiratrices de l'écrivain ont assiégé la boutique d'un coiffeur où il venait de se faire couper les cheveux et se sont disputé les mèches qui traînaient sur le sol. Balzac déguste quotidiennement ces signes de gloire, mais souffre d'être provisoirement privé d'une maîtresse habile aux jeux de l'amour. « Ma chasteté me gêne un peu et m'ôte le sommeil[2] », avoue-t-il, en toute simplicité, à sa mère. Ce manque de rapports physiques prend de telles proportions qu'il découvre soudain que Zulma Carraud est *aussi* une femme et qu'elle pourrait, à la rigueur, assouvir sa faim. Jouant le tout pour le tout, il lui dit un jour : « Vous êtes voluptueuse et vous résistez à la volupté. » Froissée par cette insistance, elle le repousse. Autant elle apprécie l'honneur d'être son amie de cœur et sa confidente, autant elle se hérisse à l'idée qu'il puisse la désirer. Cette convoitise mâle la blesse comme une insulte. Elle sait trop que, dans le domaine des sens, elle ne représentera jamais pour lui qu'un pis-aller. « La privation de toute relation intime avec mon sexe vous le faisait aimer tout entier, lui

1. Lettre du 20 juillet 1832.
2. Autre lettre du 20 juillet 1832.

expliquera-t-elle plus tard. Je suis trop fière pour être choisie sous l'empire d'un pareil besoin. Vous avez espéré agir sur moi par l'espoir d'un paradis inconnu... Vous n'avez donc pas deviné que je suis fière de n'y être pas initiée ! Vous ne connaissez pas les délices de la chasteté volontaire [1]. »

Après avoir été ainsi rabroué, Balzac s'est rabattu sur l'idée du voyage en Savoie. Peut-être la marquise de Castries sera-t-elle plus compréhensive que Zulma Carraud ? Mais où trouver l'argent ? Justement, la manne lui tombe du ciel. Grâce aux démarches de sa mère, une fidèle amie de la famille, Mme Joséphine Delannoy, accepte de prêter dix mille francs à long terme : de quoi calmer quelques créanciers et louer une place dans la diligence. « Je me mets fort à votre place, écrit Mme Delannoy à Honoré, et je sens très parfaitement que, si vous n'avez pas l'esprit au repos, il vous est impossible de vous livrer avec succès à vos occupations habituelles. J'aime votre talent et votre personne, et je ne veux pas qu'il soit dit que l'un sera entravé et l'autre tourmenté quand je peux faire qu'il en soit autrement. Un hasard heureux me sert, puisqu'il vient de me rentrer des fonds qui ne sont pas encore placés. Ils serviront à acquitter vos dettes et à vous donner les moyens de faire le voyage que vous désirez, qui me paraît opportun de toutes les manières. Il reposera votre imagination fatiguée par une trop forte dose de travail et par beaucoup d'autres causes peut-être [2]. »

Sûr maintenant de pouvoir, un jour prochain, se rendre auprès de la marquise de Castries, Balzac lui envoie, pour « préparer le terrain », un extrait de *Louis*

1. Lettre du 10 septembre 1832.
2. Lettre du 27 juillet 1832.

Lambert, en l'espèce la lettre d'amour du jeune héros à Pauline de Villenoix : « Ange aimé, quelle douce soirée que celle d'hier ! Que de richesse dans ton cher cœur, ton amour est donc inépuisable comme le mien. [...] Tout s'accordait à me conseiller ces voluptueuses sollicitations, à me faire demander ces premières grâces qu'une femme refuse toujours, sans doute pour se les laisser ravir ; mais non, toi, chère vie de mon âme, tu ne sauras jamais d'avance ce que tu pourras accorder à mon amour et tu te donneras sans le vouloir peut-être, car tu es vraie et n'obéis qu'à ton cœur. »

On ne peut être plus explicite ! Ayant ainsi appâté la lointaine marquise, Balzac se prépare à prendre congé des Carraud. Sous leur toit hospitalier, il a écrit, en une nuit, *La Grenadière* et s'est amusé à composer des *Contes drolatiques* dans la manière de Rabelais. Rien ne le divertit davantage que l'invention de ces pastiches en vieux français, teintés de paillardise. Il s'impose un travail de philologue pour jongler avec des mots anciens et agencer des phrases aux tournures archaïques. Le résultat est cocasse, violent et déroutant. Quel rapport y a-t-il entre le Balzac de ces joyeusetés et celui de *Louis Lambert* ou de *La Peau de chagrin* ? L'un espère dévoiler les mystères de la destinée humaine, l'autre ne songe qu'à égayer ses contemporains en revêtant le masque hilare de l'auteur de *Pantagruel* et de *Gargantua*. Son père lui a appris à chercher en Rabelais le secret de la bonne humeur et même de la santé. Depuis son enfance, Honoré aime rire à gorge déployée. Le besoin de méditer va de pair, chez lui, avec le besoin de s'esclaffer. En s'échinant à fabriquer ces histoires priapiques d'un autre temps, il paie son tribut à la rude gaieté française. Il fait un pied de nez au désenchantement romantique. Il prouve qu'il sait être tour à tour un penseur et un amuseur.

La réaction des premiers lecteurs est mitigée. « Certes, il y a du mérite et beaucoup d'esprit dans vos contes *drolatiques*, écrit à l'auteur la brave Mme Delannoy, mais il y a aussi des choses désapprouvées par le bon goût et d'une morale trop facile [1]. » En revanche, le duc de Fitz-James applaudit gaillardement : « Toutes les foudres des Bégueules et des Académiciens vont tomber sur vous. Je ne me joindrai pas à eux car je me suis bien amusé, et quand je ris je suis désarmé. » Dans la presse, le *Premier Dixain* des *Contes drolatiques*, édité par Gosselin, soulève un mouvement de surprise, de recul et même d'hostilité. Les journalistes accusent l'auteur d'obscénité, de provocation, de goût immodéré pour la farce gauloise. « C'est écrit en néerlandais », dira *Le Figaro*. Seul Jules Janin conseille aux femmes de profiter du choléra qui les retient à la maison pour lire en cachette ces contes « encore plus graveleux que ceux de Boccace ». Malgré ce dernier encouragement, le public est, dans l'ensemble, désorienté par une prose torturée, qui se déchiffre difficilement. Les uns sont choqués par la langue, les autres par le propos. Mais Balzac persiste à défendre bec et ongles cet exercice de haute école littéraire. « S'il y a quelque chose de moi qui puisse vivre, ce sont ces contes, affirmera-t-il. L'homme qui en fera cent ne saurait mourir [2]. » Son seul regret est que la vente ne soit pas à la hauteur de ses espérances. Les Français auraient-ils perdu l'envie de se divertir sainement, le ventre à l'aise ? Est-ce le choléra ou le romantisme qui les a transformés en pisse-froid ?

Les subsides de Mme Delannoy arrivent à point pour lui permettre de changer d'horizon. Son salut, désor-

1. Lettre déjà citée du 27 juillet 1832.
2. Lettre à Mme Hanska du 23 octobre 1833.

mais, c'est Aix, où une marquise authentique l'attend dans les meilleures dispositions. Au moment de quitter Angoulême, il s'avise qu'il manque d'argent liquide. Ses amis sont là pour le tirer d'embarras. Oubliant qu'il a naguère envisagé de tromper le commandant Carraud en séduisant sa femme, il lui emprunte cent cinquante francs pour le voyage. « Tu les lui renverras par les Messageries », recommande-t-il à sa mère. Déjà, Zulma Carraud n'est plus pour lui qu'un souvenir. Il est tout entier, par la pensée, aux pieds de la marquise de Castries. Et peut-être même dans son lit. La liste des travaux qui le guettent à Aix est impressionnante : *La Bataille* à rédiger, *Louis Lambert* à revoir, des nouvelles, des articles promis à *La Revue de Paris*. D'après le contrat qu'il vient de signer avec Amédée Pichot, directeur de la publication, il s'engage à livrer chaque mois l'équivalent de quarante pages imprimées pour la somme de cinq cents francs. Les conditions sont bonnes. La perspective d'une lourde tâche supplémentaire n'inquiète pas cet habitué de l'écriture sur commande. Bien au contraire. Elle le stimule. Amour et littérature ont toujours fait bon ménage dans sa vie d'homme pressé.

Il part le 21 ou le 22 août (la date est imprécise), s'arrête à Limoges, visite consciencieusement la ville et reprend la diligence, quelques heures plus tard, à destination de Clermont. Au relais de Thiers, dans le Puy-de-Dôme, alors qu'il remonte à sa place, sur l'impériale, en tirant pour s'aider sur les cordons de cuir disposés à cet effet, les chevaux s'élancent et, déséquilibré, il tombe à la renverse. Suspendu à une lanière, il est projeté de tout son poids (quatre-vingts kilos) contre le marchepied supérieur de la voiture et un fer lui ouvre le tibia. On le panse tant bien que mal. Etendu entre les sièges, au sommet de la patache, il souffre tout le reste du voyage. Son supplice ne l'empêche pas d'admirer les paysages qu'il traverse. Après l'épreuve, l'arrivée à Aix-les-Bains lui apparaît comme une entrée en fanfare au paradis de l'aristocratie et de la tendresse. La plaie s'est refermée en cours de route, mais la jambe est encore enflée. Epuisé et boitillant, il a droit à plus de sollicitude que s'il s'était présenté à la marquise sous des dehors prospères. Tout compte fait, pense-t-il, cet accident ne peut que le servir dans sa stratégie amoureuse.

III

ZULMA CARRAUD
ET LA MARQUISE DE CASTRIES

La chambre que la marquise de Castries a louée pour Balzac à Aix est petite, mais claire, confortable, et ne coûte que deux francs par jour. De sa fenêtre, il voit le lac et la vallée de l'autre côté, dominés par la Dent-du-Chat. Levé à cinq heures du matin, il travaille douze heures d'affilée face à ce décor grandiose. Pour son déjeuner, il fait venir du Cercle, moyennant quinze sous, un œuf et un verre de lait. A six heures du soir, il se rend chez la marquise pour dîner et reste avec elle jusqu'à onze heures. Hormis elle, il ne voit personne. Mais il soigne sa jambe par des bains qui ont déjà supprimé la suppuration. Bientôt, il pourra marcher comme avant l'accident. Cet emploi du temps régulier lui permet d'écrire à volonté, de faire des économies et de goûter quotidiennement, au crépuscule, les plaisirs de la conversation avec la noble dame dont il est épris. Comme prévu, il prépare *La Bataille*, corrige *La Femme abandonnée* et fignole *Louis Lambert*.

Cependant, il n'est pas pleinement satisfait de son séjour. Ses tête-à-tête avec la marquise sont un véritable supplice de Tantale. Elle s'amuse à l'aguicher, mais se rétracte au moindre regard appuyé, au moindre frôlement de main. Il en voudrait presque à Zulma Carraud de n'avoir pas davantage insisté pour qu'il renonce à son voyage aixois. « Ici, je suis venu chercher peu et beaucoup, lui écrit-il. Beaucoup parce que je vois une personne gracieuse, aimable, peu parce que je n'en serai jamais aimé. Pourquoi m'avez-vous envoyé à Aix ? [...] C'est le type le plus fin de la femme, Mme de Beauséant[1] en mieux ; mais toutes ces jolies manières ne sont-elles pas prises aux dépens de l'âme[2] ? »

Loin d'amadouer l'orgueilleuse Zulma, cette légère critique adressée à sa rivale l'exaspère. Secouée par une sainte fureur, elle se retourne contre Balzac et lui lâche son paquet. Elle enrage de le voir à ce point sensible aux éloges d'une seule classe, des éloges qui, pour le séduire, doivent, ironise-t-elle, sentir « le miel d'Angleterre ou l'extrait de Portugal ». « Je vous ai entendu dire que vous n'écriviez que pour vingt intelligences ! Mais vous ne tirez pas que vingt exemplaires de vos livres. [...] Comment voulez-vous que l'être qui ne voit dans un individu revêtu d'habits *démodés* qu'un esprit borné, dans l'ouvrier qu'une mécanique, dans le manœuvre aux mains calleuses qu'un gibier de cour d'assises, puisse avoir assez d'étendue dans l'esprit pour comprendre que *les anges sont blancs*[3] ? [...] Honoré, je souffre de ne pas vous voir grand. » Elle lui reproche aussi d'avoir renoué avec Amédée Pichot, directeur de *La Revue de Paris*, qui l'a naguère offensé par un article discourtois[4] et qui, aujourd'hui, doit se frotter les mains en proclamant : « Pour de l'argent, on

1. Personnage central de *La Femme abandonnée*.
2. Lettre du début septembre 1832.
3. Allusion aux visions de Louis Lambert.
4. Amédée Pichot avait raconté dans un article que l'épisode de

l'a toujours. » « De l'argent ! poursuit Zulma, de plus en plus indignée. Oui, et cela parce que, dans vos cercles de bon ton, il ne faut pas venir à pied. [...] Avez-vous mesuré la peau de chagrin depuis que votre appartement a été renouvelé, depuis que votre cabriolet si moderne vous ramenait tous les jours à deux heures de la nuit de la rue du Bac [1] ? Pourquoi je vous ai envoyé à Aix, Honoré ? Parce que là seulement il y avait ce qu'il vous fallait. [...] Je vous ai laissé aller à Aix parce que pas une pensée ne nous est commune ; parce que je méprise ce que vous déifiez ; parce que je suis peuple, peuple aristocratisé, mais toujours sympathique à qui souffre l'oppression ; parce que je hais tout pouvoir en ce que je n'en ai pas encore rencontré un de juste ; parce que je ne suis pas arrivée, je n'arriverai jamais à concevoir que celui qui a une gloire toute faite veuille la sacrifier à de l'argent. [...] Vous êtes à Aix parce que vous devez être acheté à un parti et qu'une femme est le prix de ce marché ; et moi, laide, petite et boiteuse, je n'aurai jamais un homme que l'on espère séduire ainsi. [...] Vous êtes à Aix parce que votre âme est faussée, parce que vous répudiez la vraie gloire pour la *gloriole* ; parce que jamais mon être ne s'infusera par une pression de main en celui d'un homme qui jouit quand il dépasse les promeneurs aux bois et arrive le premier à la place Louis XV... [2]. C'est substituer le plaisir le plus vain de l'esprit à tout autre. Je vous dis bien des duretés, cher Honoré, mais je vous les dis avec confiance [...], parce que, quand vos

La Peau de chagrin où Valentin se cache dans la chambre de Fœdora était le souvenir d'une aventure analogue de Balzac avec Olympe Pélissier.

1. De chez la marquise de Castries.
2. Place de la Concorde.

duchesses vous manqueront, je serai toujours là, vous offrant les consolations d'une vraie sympathie. »

Ainsi, après s'être refusée à lui « par amitié », Zulma déplore-t-elle qu'Honoré s'abaisse à essuyer les rebuffades qu'une autre lui inflige par coquetterie. Peut-être regrette-t-elle confusément de ne pas lui avoir cédé alors qu'il la pressait avec tant d'ardeur ? Peut-être souhaite-t-elle, par pure tendresse, qu'il parvienne à ses fins avec Mme de Castries ? En tout cas, lui ayant maternellement tiré les oreilles, elle le rassure en prophétisant le couronnement de ses efforts auprès de la marquise : « Je vous prédis que vous serez heureux à Aix. Ce ne pouvait pas être le premier jour. Mais vous dînez et logez ensemble ; la vanité et le plaisir vous uniront et vous aurez ce que vous demandez. D'ailleurs, croyez-moi, votre parti a trop intérêt à vous conquérir pour vous permettre des amours plébéiennes. » Et, pour finir, ce cri du cœur : « Oh ! Honoré, que n'êtes-vous resté étranger à ce tripotage politique, si pitoyable quand le temps l'éloigne ! [...] Tout cela se résout pour vous en vie influente et dorée[1]. »

Malgré les prévisions optimistes de Zulma Carraud, les rendez-vous de Balzac et de la marquise se bornent, chaque fois, à des marivaudages mondains. Elle n'a pas sa pareille pour allumer d'un regard coquin, d'un sourire prometteur les appétits de celui qui la courtise et se refermer ensuite, comme choquée par l'excitation qu'elle provoque. Elle n'encourage que pour mieux décourager. Elle ne s'offre que pour battre aussitôt en retraite. A ce jeu de cache-cache, Honoré est sur le point de perdre la raison. Un triangle de peau aperçu sous la manche, au-dessus du coude, un soulèvement du corsage très décolleté, un soupir derrière l'éventail,

1. Lettre du 10 septembre 1832.

et il halète de désir. Il lui faut un douloureux effort de volonté pour dominer en lui le besoin de dévêtir et de ployer cette femme inaccessible. Afin de justifier sa réserve face à ce soupirant trop exalté, Mme de Castries invoque, en termes voilés, son attachement à son fils, Roger, âgé de cinq ans, qui est auprès d'elle à Aix et dont la seule vue lui rappelle Victor de Metternich, l'homme qu'elle a tant aimé. Les souvenirs de ce passé merveilleux l'empêchent, dit-elle, de penser au présent avec la liberté d'esprit nécessaire. Et puis, elle est si fragile depuis son accident ! Bien que jeune d'apparence, elle n'a plus l'entrain d'autrefois. Elle est une créature brisée. L'engouement de Balzac l'amuse et la flatte, mais elle n'a nulle envie de coucher avec lui. On peut admirer l'œuvre d'un écrivain tout en répugnant à s'abandonner dans ses bras. Il est si pesant, si ordinaire, si disgracieux ! Seuls son regard et sa parole la charment. Dès qu'il ose un geste un peu familier, elle se rétracte. Elle accepte cependant qu'il lui donne, dans l'intimité, selon une étrange manie, un prénom qui sera leur secret à tous deux. Elle s'appelle Henriette, il l'appellera Marie. Cela ne le changera guère puisqu'il a déjà baptisé ainsi la duchesse d'Abrantès.

Ayant obtenu ce droit moral sur la marquise de Castries, il reprend espoir. Un pas après l'autre, il finira bien, songe-t-il, par accéder à la chambre à coucher. Comme pour le confirmer dans cette promesse, elle lui suggère de la suivre en Suisse et en Italie. Le duc de Fitz-James, son oncle, et son épouse la duchesse les accompagneront. Nul doute qu'au cours du voyage surviendront les occasions d'un rapprochement définitif. Evidemment, cette escapade sera coûteuse. Mais Balzac compte recevoir la mensualité de *La Revue de Paris*, plus des rentrées d'argent grâce aux *Contes drolatiques*. En outre, au cercle d'Aix, il s'est lié d'amitié avec

James de Rothschild, qui va le recommander à son frère, à Naples. Ainsi épaulé, il ne risque pas de se retrouver sans un sou hors de France. En hâte, il donne des instructions à sa mère : qu'elle lui envoie d'urgence douze cents francs, une paire de bottes fines de salon et une paire de grosses bottes pour l'usage ordinaire. « Mets donc dans les bottes un pot de pommade de Joannis et une bouteille d'eau de Portugal d'Houbigant, ajoute-t-il. Cela me manque beaucoup. » D'autre part, il lui annonce qu'il va lui expédier deux morceaux de flanelle qu'il a portés sur l'estomac. Elle devra les soumettre à une somnambule opérant sous le contrôle du docteur Chapelain afin qu'elle détermine le mal dont il souffre : « Prends les flanelles avec des papiers pour ne pas altérer les effluves », précise-t-il. Enfin : « Ma chère mère, mets dans le paquet une demi-douzaine de gants jaunes [1]. »

Avec ces gants jaunes, ces bottes souples et cette « eau de Portugal », il espère bien vaincre les dernières réticences de la marquise. Avant le départ pour l'Italie, elle l'invite à une excursion à la Grande Chartreuse. La sévère majesté des montagnes environnantes, la visite des cellules nues et silencieuses bouleversent Balzac et il rêve à ce que pourraient être les sentiments d'un homme qui, blessé par l'indifférence d'une femme aimée, fuit la société pour s'abîmer dans la solitude, la méditation et la contemplation de la nature. Ne devrait-il pas choisir cette solution puisque sa « Marie » demeure si froide à son égard ? Par déformation professionnelle, ce qu'il n'ose vivre, il songe à l'écrire. Quel est le romancier qui n'éprouve pas le besoin de transformer ses phantasmes en personnages sous un autre visage et un autre nom ? Au retour de l'expédi-

1. Lettre des 16 et 18 septembre 1832.

tion, il déclare à sa mère : « J'ai travaillé trois jours et trois nuits ; j'ai fait un volume in-8°, intitulé : *Le Médecin de campagne*[1]. » En réalité, il s'est contenté d'esquisser le canevas du livre. Cela lui suffit pour en annoncer triomphalement la naissance à l'éditeur Louis Mame : « J'ai été, depuis longtemps, frappé et désireux de la gloire populaire qui consiste à faire vendre à des milliers incommensurables d'exemplaires un petit volume in-8° comme *Atala*, *Paul et Virginie*, *Le Vicaire de Wakefield*, *Manon Lescaut*, *Perrault*, etc., etc. [...] Il faut que le livre puisse aller en *toutes* les mains, celles de la jeune fille, celles de l'enfant, celles du vieillard et même celles de la dévote. [...] Mon livre est donc un livre conçu dans cet esprit, un livre que la portière et la grande dame puissent lire. J'ai pris l'Evangile et le Catéchisme comme modèles, deux livres d'excellent débit, et j'ai fait le mien. J'ai mis la scène au village[2]. »

Dans son esprit toujours en alerte, l'envie de gagner beaucoup d'argent avec un roman facile à lire n'exclut pas l'ambition d'en tirer un chef-d'œuvre. Il n'y a pas à rougir d'une recette qui procure des recettes. Après les folles élucubrations de *Louis Lambert*, c'est tout naturellement que Balzac en vient à la poésie simple du *Médecin de campagne*. Quittant les hautes sphères de la spiritualité, il s'intéresse maintenant à la psychologie d'un homme triste et solitaire, qui se console d'un chagrin d'amour en essayant de soulager et d'éduquer les humbles habitants d'un canton de montagne. Au début, guidé par l'exemple du *Vicaire de Wakefield*, il envisage de faire de son héros un prêtre. Mais sa méconnaissance des problèmes moraux d'un ecclésias-

1. Lettre du 23 septembre 1832.
2. Lettre du 30 septembre 1832.

tique le décide à s'orienter vers une profession dont il se sent plus proche et sur laquelle il est mieux renseigné. Le personnage central, Bénassis, sera médecin et, pour lui donner vie, l'auteur lui infusera les souvenirs qu'il a gardés de ses rapports avec quelques praticiens dont il a apprécié la science modeste, l'esprit ouvert et le dévouement. Pour camper la figure du narrateur, le commandant Genestas, il se servira des récits qu'il a entendus chez les Carraud sur l'existence de ces vieux grognards qui, aujourd'hui désœuvrés, remâchent indéfiniment la nostalgie des campagnes napoléoniennes. Autour d'eux s'agiteront des paysans, des ouvriers, toute une population rude et malheureuse que Bénassis voudrait tirer de son hébétement. Balzac est tellement possédé par ce nouveau projet de roman qu'il regrette presque d'avoir à partir pour l'Italie avant de l'avoir écrit.

Par ailleurs, la terrible lettre de Zulma Carraud l'a écorché au point qu'il voudrait se justifier devant elle, une fois pour toutes. Comment peut-elle l'accuser, lui qui est la probité même, de trahir ses opinions politiques par opportunisme et d'être à la remorque d'un clan aristocratique qui le méprise tout en feignant de l'admirer ? « Vous avez été injuste dans bien des appréciations, lui répond-il. Moi, vendu à un parti pour une femme ?... Un homme chaste pendant un an !... Vous n'y songez pas : une âme qui ne conçoit pas la prostitution ! qui regarde comme entachant tout plaisir qui ne dérive pas et ne retourne pas à l'âme ! Oh ! vous me devez des réparations. [...] Vous avez fait des monstres de mes jeux d'imagination. [...] Je vous en supplie, comprenez-moi mieux. Vous donnez plus d'importance que je n'en accorde au frivole plaisir d'aller vite au Bois. C'est une fantaisie d'artiste, un enfantillage. Mon appartement est un plaisir, un besoin, comme celui d'avoir du linge blanc et de me baigner. J'ai acquis le droit de me mettre dans la soie, parce que demain, s'il le faut, je retournerai sans regret, sans un soupir, dans la mansarde de l'artiste, sa mansarde nue, pour ne pas céder à une chose honteuse, pour ne me vendre à personne. Oh ! ne calomniez pas une âme qui vous aime et qui pense à vous avec orgueil dans les moments difficiles. Aux grands travaux, de grands excès, cela est tout simple, mais rien de mauvais. »

Balzac ne supporte pas non plus que Zulma le critique sur sa conception du pouvoir. Cette conception n'est nullement rétrograde, comme elle le prétend, mais très proche des idées libérales qu'elle a toujours défendues. « Seulement, affirme-t-il, je prends une route que je crois plus sûre pour arriver à un bon résultat. » Et il précise son programme de gouvernement : « La destruction de toute noblesse hors la Chambre des Pairs, la séparation du clergé d'avec Rome ; les limites naturelles de la France ; l'égalité parfaite de la classe moyenne ; la reconnaissance des supériorités réelles, l'économie des dépenses, l'augmentation des recettes par une meilleure entente de l'impôt, l'instruction pour tous, voilà les principaux points de ma politique auxquels vous me trouverez fidèle. [...] Je veux le pouvoir fort. [...] Je sais n'être corruptible ni par l'argent ni par une femme, ni par un hochet, ni par le pouvoir, parce que je le veux entier. » Parvenu à ce point de son exposé, il demande à Zulma de le tenir secret, car, si ses opinions étaient divulguées trop tôt, elles lui attireraient la haine du parti dont il souhaite le soutien pour être éventuellement élu député. Certes, il a conscience qu'en agissant de la sorte il trompe certaines personnes qui, à droite, lui font confiance, mais il sait qu'il finira par les circonvenir et que sa philosophie triomphera, parce qu'elle exprime « des choses voulues

par la nature des idées du siècle ». Du reste, son prochain roman, *Le Médecin de campagne*, d'inspiration
philosophique, lui vaudra l'estime de tous les honnêtes
gens : « Il me fera des amis. C'est un écrit bienfaisant,
à gagner le prix Montyon. » En tout cas, Zulma doit se
mettre dans la tête qu'il est un homme libre de toute
entrave sentimentale, que ni l'argent ni les titres n'ont
de prise sur lui et qu'il va de l'avant sans se soucier de
l'opinion de quiconque. « Je me dis qu'une vie comme
la mienne ne doit s'accrocher à aucun jupon de femme,
que je dois suivre ma destinée largement et voir un peu
plus haut que les ceintures [1]. »

Le même jour, Balzac écrit à sa mère une lettre où,
contrairement au dédain qu'il a manifesté devant
Zulma pour les vanités mondaines, il étale un contentement enfantin à l'idée de son aristocratique expédition en Italie. Là-bas, il sera flanqué de la marquise de
Castries, du duc et de la duchesse de Fitz-James. Excu-
sez du peu ! « Je ferai un beau voyage, car le duc est
comme un père pour moi. Alors je serai en relation
partout avec la haute société. Je ne saurais jamais
retrouver une semblable occasion. Il [le duc] a déjà été
en Italie. [...] Son nom m'ouvrira bien des portes. La
duchesse et lui sont *bien* pour moi. » Et il précise : « Je
voyage en quatrième dans le voiturin de Mme de Castries ; et le marché dans lequel sont compris nourriture, voitures, auberges, tout est de 1 000 francs pour
aller de Genève à Rome, mon 1/4 est de 250 francs. »

Quittant Aix, les voyageurs commencent par se rendre à Genève et s'installent à l'hôtel de la Couronne.
Toujours empressé auprès de la marquise, Balzac
espère que la Suisse sera plus favorable que la Savoie
à la réalisation de ses vœux. Mais, ici comme à Aix,

1. Lettre du 23 septembre 1832.

elle reste sur ses gardes, sourire aux lèvres et cuisses serrées. Il a un regain de confiance lorsque, au cours d'un pèlerinage sur les hauteurs de Cologny, à la villa Diodati, hantée par le souvenir de Byron, elle se laisse voler un baiser furtif. Hélas ! aussitôt après, elle se reprend et lui signifie, d'une voix tranchante, qu'elle ne lui appartiendra jamais. Il redescend en ville les yeux brouillés de larmes et tout étonné qu'une femme ait pu « d'un seul mot couper la trame qu'elle avait paru prendre plaisir à tisser[1] ». Sans avouer sa mortelle désillusion à Zulma Carraud, il lui écrit : « Mon Dieu, me voilà derechef assailli de chagrins. [...] Il faut renoncer à mon voyage en Italie. [...] J'ai bien souffert depuis votre dernière lettre, et des maux inouïs, car ils sont en raison de ma sensibilité toute artiste, vive, de premier mouvement. Adieu, pensez à moi comme vous pensez aux gens qui sont courbés sous le poids du travail et de l'affliction[2]. »

L'Italie ne présentant plus aucun attrait pour Balzac, puisque la marquise se refuse à lui, il se résigne à rentrer en France. Mais il ne regagne pas directement Paris, comme il l'a d'abord déclaré à la police genevoise. Réfugié auprès de Mme de Berny, à la Bouleaunière, il y cherche le réconfort d'une amitié indulgente et l'oubli de sa dernière humiliation. Au vrai, il a quitté Mme de Castries en galant homme, sans rompre ses relations épistolaires avec elle. Il envisage même d'aller la retrouver à Rome, en tout bien tout honneur, dans quelques mois. Mais, sa véritable rancœur, il la confie au papier, sous la forme d'une « Confession du docteur Bénassis » destinée à être insérée dans *Le Médecin de campagne*. Son héros avoue que, s'il s'est

1. Lettre à Mme Hanska de janvier 1834.
2. Lettre du 10 octobre 1832.

éloigné du monde, c'est à la suite du désespoir que lui a causé une femme au cœur de pierre : « Pourquoi m'a-t-elle nommé pendant quelques jours son bien-aimé, si elle devait me ravir ce titre, le seul dont le cœur se soucie ?... Elle a tout confirmé par un baiser, cette suave et sainte promesse... Un baiser ne s'efface jamais... Quand a-t-elle menti ? Lorsqu'elle m'enivrait de ses regards, en murmurant un nom donné, gardé par l'amour [Marie], ou lorsqu'elle a brisé seule le contrat qui obligeait nos deux cœurs, qui mêlait à jamais deux pensées en une même vie ? [...] Vous me demandez comment s'est passée cette affreuse catas-trophe ?... De la manière la plus simple. La veille, j'étais tout pour elle ; le lendemain, je n'étais plus rien. La veille, sa voix était harmonieuse et tendre, son regard plein d'enchantement ; le lendemain, sa voix était dure, son regard froid, ses manières sèches ; pen-dant la nuit, une femme était morte ; c'était celle que j'aimais[1]. »

Cette plainte furieuse ne sera pas incorporée au *Médecin de campagne*. L'aventure de la marquise de Castries mérite plus et mieux que cela, pense Balzac en rongeant son frein près de la Dilecta. Il entrevoit un grand roman : le récit de la vengeance d'un honnête homme sur une coquette qui s'est amusée à le faire souffrir. Sous le nom de la duchesse de Langeais, ce sera la marquise de Castries qu'il punira de l'avoir dédaigné. Qu'on lui laisse seulement le temps de digé-rer cette avanie et on verra le chef-d'œuvre qu'il aura su en tirer ! En attendant, la profondeur de sa blessure

---

1. Texte cité par Marcel Bouteron dans *Etudes balzaciennes* (1954, « La marquise de Castries et la duchesse de Langeais ») et repris par André Maurois, *op. cit.*

d'amour-propre est telle que Mme de Berny s'évertue vainement à lui redonner le goût du travail. Il est loin d'avoir rédigé la totalité du *Médecin de campagne*. Quand Louis Mame accourt pour en prendre livraison à Nemours, il lui avoue n'en avoir encore noté que les têtes de chapitre. Mais que son éditeur lui fasse confiance : il terminera l'affaire au galop ! Mame est sceptique.

A Paris, Mme Balzac, excédée par les ordres et contrordres de son fils, demande qu'il la décharge de ses fonctions d'intendante. Un ami de Zulma, le jeune peintre berrichon Auguste Borget, propose d'aller loger rue Cassini et de veiller aux affaires domestiques de l'écrivain en son absence. Marché conclu. Pour rassurer sa mère, qui craint toujours de se trouver un beau matin démunie, Honoré promet de lui verser cent cinquante francs par mois afin d'éteindre peu à peu sa dette, ramenée à trente-six mille francs : « Tu peux compter sur ce paiement régulier ; rien au monde ne passera avant. [...] Je ne veux plus désormais t'apporter ni ennuis, ni soucis d'aucune espèce [1]. » Paroles en l'air, comme d'habitude. Et, comme d'habitude, dictées par une sincérité absolue.

Zulma Carraud l'appelle à Angoulême, Eugène Sue le réclame à Paris. Ce dernier lui expose son mode de vie actuel avec un cynisme qui évoque les riches heures de la « loge infernale » : « Mon bon Balzac [...], je vais répondre à vos questions et par ordre : 1° L'amour ? – J'entretiens une fille et m'amuse, comme je vous l'avais dit, à me faire haïr et exécrer. Il faut qu'elle ait bien faim pour me supporter. J'ai, avec cela, une femme du monde dont je me soucie peu et qui me le rend bien – mais nous nous gardons par habitude – somme toute,

1. Lettre du 5 novembre 1832.

à nos âges, on voit trop bas et trop vrai pour compter sur l'amour comme but, joie ou croyance[1]. »

Cette conception toute physique des rapports amoureux répond au désarroi de Balzac qui, après la dérobade de la marquise, ne croit plus qu'il existe sur terre une femme susceptible de s'attacher à lui par la chair et par la pensée. Celles dont il apprécie les qualités morales – Mme de Berny, Zulma Carraud – ne sont guère désirables, et celle qu'il désire – Mme de Castries pour l'instant – est incapable d'un grand sentiment. La pauvre Dilecta a beau redoubler de tendresse à son égard, il ne voit que ses rides, son regard terne, sa taille voûtée. Elle s'en rend compte et en souffre autant que lui. Plus elle cherche à le consoler, à le distraire, plus il se découvre désespéré devant les cendres d'un amour qui fut jadis brûlant. Alors, il se résout à regagner Paris. Mme de Berny l'y poursuit de ses lettres passionnées : « La mort me vaudrait mieux que toutes les idées d'un avenir froid. [...] Oui, chéri, ce sont tes rayons vivifiants qui ont fait naître tant de choses qui, pour la plupart, seront désormais en trop chez moi[2]. » Elle l'imagine dans la capitale, assailli par des femmes, toutes belles et disponibles, et maudit son impuissance à les égaler : « Tu me défends d'être jalouse, c'est m'ordonner de te moins aimer. [...] Je sais que j'ai ton cœur ami, oui, je le sais, mais le souffle des femmes me le gâte. Je t'en vois entouré et, quand je te dis que je n'en souffre plus, je te mens, parce que je cherche à me mentir à moi-même. [...] Oh ! oui, il faudra bientôt en finir et voir si je pourrai t'aimer d'une tendre et belle amitié[3]. »

1. Lettre de novembre 1832.
2. Lettre sans date de 1832.
3. Lettre sans date de 1832 ou 1833.

Lui, cependant, ne se sent pas en mesure de s'intéresser à une créature de basse qualité par simple attirance physique. « Je ne puis pas en conscience me faire des consolations comme beaucoup d'artistes le prennent, écrit-il à Zulma Carraud. Ni la grisette, ni la maîtresse soldée ne me vont. Une femme distinguée ne me fera pas d'avances et moi, qui trouve dix-huit heures de travail dans les vingt-quatre insuffisantes, je n'ai pas le temps d'aller prostituer mon caractère à faire des singeries de dandy auprès d'une femmelette. [...] Je souffre d'autant plus que le hasard m'a fait connaître le bonheur dans toute son étendue morale, en me privant de la beauté sensuelle. Elle m'a donné un amour vrai qui devait finir [1]. Cela est horrible. [...] Le mariage serait un repos. Mais où trouver une femme [2] ? »

Cette femme idéale, Balzac l'imagine sous les aspects d'une personne jeune, appétissante, d'un rang social élevé, couronnée d'un titre nobiliaire et assise sur une fortune conséquente. En conseillère avisée, Zulma Carraud lui répond que l'essentiel pour l'épouse d'un homme tel que lui, c'est la discrétion, le dévouement et l'expérience. « Il faut bien de l'amour pour consentir à n'être que secondaire près de celui qu'on aime tant ! lui écrit-elle. Une jeune vie ne peut même prendre cette direction. Il faut avoir été éprouvée par les mille douleurs qui viennent assaillir la femme pour trouver des charmes puissants dans la simple abnégation. [...] Ami, il faut se marier en homme supérieur et non en esclave de telle ou telle caste, de telle ou telle opinion. Croyez-vous donc qu'une bonne petite femme, bien dotée par la nature, faite pour vous comprendre, qui n'apportera que son entretien de plus dans votre

1. Allusion à Mme de Berny vieillissante.
2. Lettre du 1er janvier 1833.

dépense, et auquel la dot la plus médiocre peut suffire, ne vaudra pas celle qui, par une addition considérable à votre fortune, compliquera votre vie de façon à vous ôter tout moyen d'être non seulement auteur, mais même homme ? [...] Si vous trouvez une dot, tant mieux selon vous. Moi, je dirais presque tant pis[1]. »

Ces sages considérations glissent sur Honoré sans le déranger dans son attente d'une épouse parfaite, qui l'aimerait pour son génie et qu'il aimerait pour sa grâce, son intelligence, sa modestie et sa fortune. Les nombreuses lettres d'admiratrices que lui apporte le courrier lui prouvent que les femmes sont sensibles à son art. Mais le seraient-elles à sa personne ? Parmi elles, il y a peut-être une jeune fille exceptionnelle, masquée par un bataillon de laides, de pauvres, de vieilles, de déséquilibrées, de coureuses d'aventures. Autant chercher une aiguille dans une botte de foin. Plusieurs de ces correspondantes inconnues seraient d'ailleurs de remarquables héroïnes de romans. Hélas ! si une héroïne de roman est très agréable à fréquenter pour un écrivain penché sur son manuscrit, quelle catastrophe dans la vie réelle ! Aux yeux de Balzac, le monde est peuplé de créatures sans visage, qu'il convoite et dont il se méfie tout ensemble. Où donc est celle qui lui est destinée ? Son cœur déborde et il ne sait à qui l'offrir. Partout des jupes et nulle part une âme. Une fois de plus, il regrette de n'avoir pas le physique de ses sentiments. Il a grossi ces derniers temps. Son ventre rebondi surplombe ses courtes jambes. Sa figure est massive, épanouie et de peau luisante. Pourtant, Lamartine, qui l'a vu chez Emile de Girardin, est fasciné par son aspect à la fois pesant et jovial, encombrant et léger. « Il était gros, épais, carré, beau-

1. Lettre du 5 janvier 1833.

coup de l'ampleur d'un Mirabeau, notera-t-il. Le trait dominant du visage, plus même que l'intelligence, était la bonté communicative. [...] Il lui aurait été impossible de n'être pas bon[1]. »

Cette bonté, que tout le monde se plaît à reconnaître, le désarme devant les pièges de la vie. Sa naïveté, qui le sert si bien lorsqu'il s'agit de raconter l'histoire de quelques personnages fictifs, lui ôte toute clairvoyance quand il doit affronter des êtres de chair et de sang. Roi de l'univers sur le papier, il est un enfant perdu dès qu'il lâche la plume. Zulma Carraud le sait bien, qui lui affirme : « Il faut supporter les conséquences de la supériorité[2]. » Une phrase dont il voudrait faire sa devise. Certes, il aimerait parfois déposer le fardeau du génie pour être heureux comme un homme qui n'a pas d'œuvre à construire avant de plier bagage pour l'éternité. Mais ce n'est pas pour satisfaire l'exigence d'un éditeur qu'il s'épuise à écrire, pense-t-il, c'est pour honorer un contrat qu'il a passé avec Dieu.

1. Lamartine, *Balzac et ses œuvres*.
2. Lettre déjà citée du 5 janvier 1833.

IV

ENTRÉE EN SCÈNE DE L'ÉTRANGÈRE

A force de recevoir des lettres d'admiratrices, Honoré aurait pu être blasé sur leur contenu. Mais il ne se lassait pas de respirer cet encens. L'une d'elles, postée à Odessa le 28 février 1832, dépassait toutes les autres dans la ferveur de l'éloge. Elle était signée « l'Etrangère ». Après s'être étendue sur les qualités des *Scènes de la vie privée,* la correspondante de Balzac lui reprochait d'avoir, dans *La Peau de chagrin,* évoqué des orgies qui déconsidéraient les femmes. Comme elle ne communiquait pas son adresse, il se contenta de faire paraître, le 4 avril, une annonce dans *La Gazette de France* : « M. de Balzac a reçu la lettre qui lui a été adressée le 28 février. Il regrette d'avoir été mis dans l'impossibilité de répondre ; et si ses vœux ne sont pas de nature à être publiés ici, il espère que son silence sera compris. » Des mois passent sans que l'Etrangère se manifeste. Sans doute n'a-t-elle pas lu l'annonce. Et soudain, le 7 novembre 1832, une lettre d'elle, boule-versante : « Votre âme a des siècles, Monsieur, sa conception philosophique semble appartenir à une étude longue et consommée par le temps ; cependant vous êtes jeune encore m'a-t-on assuré ; je voudrais vous connaître et crois n'en avoir pas besoin : un instinct d'âme me fait pressentir votre être ; je me le figure à ma manière et je dirais *le voilà*, si je vous voyais. Votre extérieur ne doit point faire pressentir votre brûlante imagination ; il faut vous animer, il faut que se réveille en vous le feu sacré du génie, qui alors vous fait paraître ce que vous êtes, et vous êtes ce que je sens : un homme supérieur dans la connaissance du cœur de l'homme. En lisant vos ouvrages, mon cœur a tressailli ; vous élevez la femme à sa juste dignité ; l'amour chez elle est une vertu céleste, une émanation divine. J'admire en vous cette admirable sensibilité d'âme qui vous l'a fait deviner. [...] L'union des anges doit être votre partage : vos âmes doivent avoir des félicités inconnues. L'Etrangère vous aime tous deux et veut être votre amie ; elle aussi sut aimer, mais, c'est tout. Oh ! vous me comprendrez ! [...] Pour vous je suis l'Etrangère et le serai toute ma vie ; vous ne me connaîtrez jamais. » Ayant formulé cette prophétie, elle avoue cependant qu'elle aimerait correspondre avec lui pour lui donner, de temps à autre, la température de son âme de feu : « J'admire votre talent, je rends hommage à votre âme, je voudrais être votre sœur. [...] Avec vous et pour vous seul être votre justice, votre morale, votre conscience. » Et, pour finir, cette indication pratique : « Un mot de vous dans *La Quotidienne*[1] me donnera l'assurance que vous avez reçu ma lettre et que je puis vous écrire sans crainte. Signez-le : A l'E-H.B. »

Le style élégant de cette missive, l'émotion quasi mystique de l'expéditrice, le mystère dont elle s'entoure, le mirage de la lointaine Russie où elle vit, sans doute, au milieu d'un luxe barbare, tout concourt

---

1. Seul journal français autorisé à pénétrer en Russie sous le règne de Nicolas Ier.

à dépayser Balzac et à lui monter la tête. Sans réfléchir plus avant, il obéit aux instructions de l'Etrangère et, le 9 décembre 1832, *La Quotidienne* publie l'annonce suivante : « M. de B. a reçu l'envoi qui lui a été fait ; il n'a pu qu'aujourd'hui en donner avis par la voie de ce journal, et regrette de ne pas savoir où adresser sa réponse. – A l'E-H. de B. »

Cette fois, le contact est bien établi. « J'ai reçu avec joie *La Quotidienne* où votre note était insérée, répond l'Etrangère. [...] Je ne puis, à mon grand regret, que vous écrire bien laconiquement et cependant j'ai bien des choses à vous dire... mais je ne suis pas toujours libre ! malheureusement je suis presque toujours dans l'esclavage. [...] Je ne voudrais pas cependant rester dans l'incertitude sur mes lettres et j'aviserai à vous indiquer par ma première un moyen certain de correspondre librement en comptant toutefois sur votre parole d'honneur de ne pas chercher à connaître la personne qui prendra vos lettres : je serais perdue si on savait que je vous écris et que je reçois de vos lettres[1]. » Peu après, le voile se lève, l'Etrangère révèle son identité. Avec un mélange de curiosité, d'attendrissement et de respect, Balzac apprend qu'elle est née comtesse Eveline Rzewuska, d'une noble famille polonaise ralliée à la Russie. Elle a épousé, en 1819, Wenceslas Hanski, maréchal de la noblesse de Volhynie, de vingt-deux ans son aîné. Celui-ci possède en Ukraine le château de Wierzchownia ; son domaine, de vingt et un mille hectares, est peuplé de trois mille trente-cinq serfs ; sa richesse est évaluée à plusieurs millions de roubles ; une nuée de domestiques s'agitent autour de ce couple de légende. Que les grandes fortunes fran-

---

1. Lettre du 8 janvier 1833. Les textes cités sont extraits des *Lettres à Madame Hanska*, publiées par Roger Pierrot.

çaises semblent donc secondaires en comparaison de ces fastes orientaux ! Là-bas, tout est vaste, les âmes et les terres, les comptes en banque et les passions. A côté d'Eveline, somptueuse Polonaise, la petite marquise de Castries fait pauvre figure. En écrivant à l'Etrangère qui lui clame son admiration, Balzac prend sa revanche sur la Française qui l'a éconduit. Mme Hanska rayonne à ses yeux de toutes les qualités. Elle avoue vingt-sept ans, ne fait pas mystère de sa prospérité et reconnaît être affublée d'un vieux mari qui n'est plus pour elle qu'une façon de père. Pour assurer le secret de sa correspondance, elle recommande à Honoré de lui écrire sous double enveloppe, au nom d'Henriette Borel, dite Lirette, la gouvernante suisse de sa fille Anna. Agée de quatre ans et demi, Anna est la seule enfant qui reste au monde des cinq que l'Etrangère a eus durant son mariage. Pieuse et sensuelle tout ensemble, Mme Hanska vit en famille dans un château immense, parmi le marbre, les glaces, les tableaux de maîtres, les orangers en caisses et trompe son isolement et son ennui en lisant des romans français. Balzac est son dieu. Elle l'idolâtre et se refuse à le rencontrer par peur d'être déçue. Ainsi adulé, il a l'impression de partir pour un nouveau voyage sans quitter son fauteuil. Il affirme à sa correspondante qu'il est, comme elle, un « exilé des cieux » et qu'une même religion de cœur les unit par-dessus les frontières. « Ces pauvres exilés, lui avait-il écrit dans sa première lettre, ont tous entre eux, dans la voix, dans les discours, dans les idées, un je ne sais quoi qui les distingue des autres, qui sert à les lier entre eux malgré les distances, les lieux et les langages. [...] Alors, si quelque étoile a jailli de votre bougie, si votre oreille vous a redit des murmures inconnus, si vous avez vu des figures dans le feu, si quelque chose a pétillé, a parlé près de vous, autour de vous, croyez que mon esprit errait sous vos lambris. Au milieu du combat que je livre, au milieu de mes durs travaux, de mes études sans fin, dans ce Paris agité où la politique et la littérature absorbent seize ou dix-huit heures sur les vingt-quatre, à moi, malheureux, et bien différent de l'auteur que chacun rêve, j'ai eu des heures charmantes que je vous devais. » Surtout, qu'elle ne lui tienne pas rigueur des passages qui la heurtent dans certains de ses livres : « Mettez, Madame, les choses qui vous choquent dans mes ouvrages sur le compte de cette nécessité qui nous force à frapper fortement un public blasé. Ayant entrepris, témérairement sans doute, de représenter l'ensemble de la littérature par l'ensemble de mes œuvres ; voulant construire un monument durable plus par la masse et par l'amas des matériaux que par la beauté de l'édifice, je suis obligé de tout aborder pour ne pas être accusé d'impuissance [1]. »

Bien qu'il ne sache presque rien encore de cette opulente châtelaine polonaise, il lui parle de ses écrits, de ses projets comme à une amie de toujours. A la fin de janvier 1833, il lui annonce qu'il retravaille *Louis Lambert*, « le plus triste de tous les avortons ». En revanche, *Le Médecin de campagne* est pour lui ni plus ni moins que « *L'Imitation de Jésus-Christ* poétisée ». Quant à *La Bataille*, ce sera un ouvrage viril et même fracassant : « Là, j'entreprends de vous initier à toutes les horreurs, à toutes les beautés d'un champ de bataille ; ma bataille, c'est Essling. Essling avec toutes ses conséquences. Il faut que, dans son fauteuil, un homme froid voie la campagne, les accidents de terrain, les masses d'hommes, les événements stratégiques, le Danube, les

1. Lettre de mai 1832.

ponts, admire les détails et l'ensemble de cette lutte, entende l'artillerie, s'intéresse à ces mouvements d'échiquier, voie tout, sente, dans chaque articulation de ce grand corps, Napoléon, que je ne montrerai pas, ou que je laisserai voir le soir traversant dans une barque le Danube. Pas une tête de femme, des canons, des chevaux, deux armées, des uniformes ; à la première page le canon gronde, il se tait à la dernière ; vous lirez à travers la fumée, et, le livre fermé, vous devez avoir tout vu intuitivement et vous rappeler la bataille comme si vous y aviez assisté. » Ce qui l'agace par-dessus tout, dit-il à Mme Hanska, c'est qu'en relisant les éditions de ses précédents ouvrages, il y relève encore des maladresses de style : « *La Peau [de chagrin]* réimprimée, je découvre encore une centaine de fautes. Ce sont des chagrins de poète. » On le critique, dans la presse, pour son écriture relâchée : « De tous côtés, l'on me crie que je ne sais pas écrire et cela est cruel quand je me le suis déjà dit et que je consacre le jour à mes nouveaux travaux et la nuit à perfectionner les anciens. » Il éprouve un tel plaisir à se déboutonner devant elle qu'il se résout difficilement à arrêter cette confidence : « Il faut vous dire adieu ! et quel adieu, cette lettre sera un mois peut-être en route, vous la tiendrez en vos mains, et je ne vous verrai peut-être jamais, vous que je caresse comme une illusion, qui êtes dans tous mes rêves comme une espérance et qui avez si gracieusement donné corps à mes rêveries. Vous ne savez pas ce que c'est que de peupler la solitude d'un poète d'une figure douce, dont les formes sont attrayantes par le vague même que leur prête l'indéfini[1]. »

De lettre en lettre, leur mutuelle passion s'amplifie.

1. Lettre de la fin janvier 1833.

Mme Hanska veut tout savoir de son amant de cœur. Elle questionne discrètement les Polonais qui l'ont rencontré ou ont entendu parler de lui à Paris. Certaines révélations la surprennent, l'inquiètent. Elle lui en fait part et il se défend. Ne va-t-on pas jusqu'à prétendre qu'il est porté sur l'alcool ? « Ce monsieur a été bien injuste – je ne bois que du café. Je n'ai jamais connu l'ivresse que par un cigare qu'Eugène Sue m'a fait fumer malgré moi. » A propos justement d'Eugène Sue, on a dit à Mme Hanska qu'Honoré se plaisait en la compagnie d'hommes débauchés comme l'auteur de *La Salamandre*. « Eugène Sue, répond-il, est un bon et aimable jeune homme, fanfaron de vice, désespéré de s'appeler Sue, faisant du luxe pour se faire grand seigneur, mais à cela près, quoiqu'un peu usé valant mieux que ses ouvrages. » Qu'elle ne croie surtout pas ceux qui racontent qu'il est dispersé et mondain. Ce fut vrai, ce ne l'est plus : « Il y a deux ans, chez deux ou trois amis, le soir, après minuit, je contais des histoires ; j'y ai renoncé ; j'allais passer pour un *amuseur* et je n'eusse plus eu de considération. » Les potins qu'on rapporte sur lui l'agacent : « Je ne puis faire un pas sans qu'on l'interprète mal. Quelle punition que la célébrité ! » Quant à la « grande déception dont tout Paris s'occupe » (son échec auprès de la marquise de Castries), elle a été somme toute bénéfique puisqu'elle lui a permis de rentrer dans « le silence et la solitude ». « Je vous ai déjà parlé [à mots couverts] de cette cruelle aventure et je n'ai pas le droit de vous la dire. Quoique séparé de cette personne par délicatesse, tout n'est pas dit. Je souffre par elle, mais je ne la juge pas. » Connaissant la médisance des gens du monde, il la supplie de ne pas s'indigner en public si elle l'entend critiquer par un quidam. Ce serait dévoiler l'intérêt qu'elle lui porte. « Pas d'imprudences inutiles. Mon Dieu, ne prononcez plus mon nom, laissez-moi déchirer, tout m'est indifférent sous ce rapport. » Ce qui compte pour lui, c'est d'avoir, en toute occasion, l'acquit de sa conscience et l'estime de l'Etrangère : « Je me nomme Honoré, je veux être fidèle à mon nom », lui affirme-t-il fièrement. Puis il la prie de lui décrire tous les détails de ses journées afin qu'il puisse la suivre d'heure en heure, lisant un livre, travaillant à sa tapisserie ou parlant à ses domestiques serfs, et il conclut : « Adieu, je vous ai confié les secrets de ma vie, c'est vous dire que vous avez mon âme[1]. »

Des semaines plus tard, redoutant toujours qu'elle ne soit affectée par quelque ragot, il se charge de lui prouver que, dans l'univers des lettres, aucune réputation n'est sans tache : Jules Janin, romancier et journaliste, est « l'amant public de la comédienne Mlle George qui le bat » ; Victor Hugo, qui a femme et enfants, est amoureux fou d'une actrice « infâme » nommée Juliette (Drouet), « qui lui a envoyé un mémoire de 7 000 francs de sa blanchisseuse. Voyez-vous un grand poète, car il est poète, travaillant pour payer la blanchisseuse de Mlle Juliette ? » ; le brillant dandy Scribe « est bien malade ; il s'est usé à écrire » ; George Sand s'est « déshonorée » en abandonnant Jules Sandeau pour se donner à un certain Gustave Planche, « un homme généralement méprisé mais qui l'a encensée dans *La Revue des Deux Mondes*. Plaignez Sandeau, un noble cœur, et oubliez Mme Dudevant [George Sand][2] ». Auprès de ces malheurs et de ces turpitudes, la vie de Balzac, telle qu'il la raconte, paraît toute de lumière, de labeur et de vertu. Ces longues lettres à

1. Lettre de la fin mars 1833.
2. Lettre du 29 mai 1833.

l'Etrangère le détournent, des heures durant, de sa besogne de romancier. Mais elles constituent pour lui une récréation salutaire et presque une prière à la divinité qui, de loin, veille sur son sort.

Son application à correspondre avec Mme Hanska est d'autant plus méritoire qu'en ce début de l'année 1833 il est accablé de commandes, de projets, de corrections en cours. L'insuccès de *Louis Lambert*, boudé par le public, éreinté par la critique, interdit à Balzac une nouvelle incursion dans le domaine de la littérature ésotérique. Il lui faut revenir sur terre. Comme *La Revue de Paris* lui réclame les nouvelles promises par contrat, il rédige en hâte *Ferragus, chef des Dévorants*, premier épisode d'une *Histoire des Treize* dont les péripéties, pense-t-il, ne pourront que chatouiller le goût des masses pour le mystère et les complots. Son père était franc-maçon. Lui-même a toujours été attiré par les rites des sociétés secrètes. Il voudrait comprendre les sentiments de ces hommes, en apparence ordinaires, liés par un serment de fraternité et qui s'entraident pour réussir, soit dans les affaires, soit dans le crime. C'est avec jubilation qu'il imagine les aventures de ces treize conjurés, unis pour pratiquer « une religion de plaisir et d'égoïsme ». Le chef des « Dévorants », Ferragus, est un personnage d'une énergie hors du commun, ancien forçat, à la fois mort civil et redresseur de torts, corsaire et protecteur. En lui, l'instinct de la domination s'allie à l'instinct paternel. Il adore sa fille et la comble de bienfaits tout en lui cachant son identité. Dévouement et violence, pureté et assassinats, lumière et ténèbres tiennent le lecteur en haleine de la première à la dernière page. Quiconque s'est plongé dans ce mélodrame en sort halluciné. La duchesse de Berry, prisonnière dans la citadelle de Blaye après sa tentative d'insurrection, demande à son médecin, le docteur Ménière, d'écrire à Balzac pour savoir, avant la publication en feuilleton du dernier épisode, quel sera le sort de l'infortunée et angélique héroïne. Quand le numéro de la revue est arrivé, la duchesse de Berry s'est jetée dessus avec avidité. « On a pleuré, on a gémi, rapporte le docteur Ménière à Balzac. Merci enchanteur, vous êtes la Providence des captifs et ceux qui souffrent, car s'ennuyer c'est souffrir, vous envoient des actions de grâces [1]. »

Flatté, Balzac répond : « Etre la Providence des captifs, mon cher Ménière, c'est ce qu'il y a de plus beau dans le monde, et j'attache plus de prix à causer à celles d'entre ces anges qu'on appelle des femmes, qui souffrent à quelque titre que ce soit, une consolation qu'à toutes les gloires possibles. [...] Jugez de ma joie si je pouvais dissiper quelques chagrins entre les murs d'une solitude [2]. » Et il annonce la publication, dans *L'Echo de la Jeune France*, revue légitimiste patronnée par le duc de Fitz-James, du deuxième épisode de *L'Histoire des Treize*, intitulé provisoirement *Ne touchez pas à la hache* et qui deviendra *La Duchesse de Langeais*.

Inspiré par sa mésaventure avec la marquise de Castries, l'auteur raconte la punition infligée par les Treize à une superbe créature, toute de beauté, de fierté et de rouerie, qui refuse de céder à l'amour d'un général, le marquis de Montriveau. Pendant sept mois, elle s'amuse à le tenir en laisse sans lui permettre de franchir les limites de la galanterie. Une nuit, à bout de souffrance, il fait enlever l'orgueilleuse duchesse

1. Lettre du 19 avril 1833.
2. Lettre du 26 avril 1833.

et médite de la marquer au fer rouge pour qu'elle ne puisse plus « abuser d'autres cœurs ». Or, elle ne tremble pas à l'idée de ce châtiment barbare. Bien mieux, elle le réclame comme une preuve d'amour exceptionnelle et déclare à Montriveau, stupéfait : « Quand tu auras ainsi désigné une femme pour tienne, quand tu auras une âme serve qui portera ton chiffre rouge, eh bien, tu ne pourras jamais l'abandonner, tu seras à jamais à moi. » Les yeux dessillés, elle reconnaît la vanité de la société patricienne où elle a vécu jusque-là et décide de devenir religieuse. Avec la complicité des Treize, Montriveau veut arracher la jeune femme au couvent où elle s'est retirée. Il arrive trop tard. Elle est morte. Au terme d'une périlleuse escalade des murs du Carmel, il n'emportera que son cadavre. Un de ses complices dans l'aventure marmonne, dépité : « C'était une femme, maintenant elle n'est plus rien. » « Oui, dit Montriveau, car ce n'est plus qu'un poème. »

Ecrit dans un élan de rancune, ce roman où Balzac dénonce à la fois la coquetterie de certaines femmes et l'égoïsme du milieu aristocratique l'a ébranlé nerveusement. Il se soutient en buvant à haute dose du café très noir, qui le garde éveillé toute la nuit. Les contrats qu'il a imprudemment signés à droite et à gauche l'obligent à puiser dans ses dernières réserves d'énergie. Son principal réconfort, c'est l'amitié. Mais, bizarrement, cette amitié est toujours féminine et toujours plus ou moins teintée d'amour. Pas d'hommes dans son entourage immédiat, pas de compagnons fraternels, pas de confidents sur qui il pourrait s'appuyer. L'auteur de *L'Histoire des Treize* est totalement privé de complices masculins. Les secours de l'affection, du dévouement, il les trouve auprès de Mme de Berny, la Dilecta, qui a été pour lui plus qu'une maîtresse, une mère, de Zulma Carraud, dont la rude franchise l'a si souvent revigoré, de sa sœur Laure, qui le comprend à demi-mot depuis leur enfance, de la duchesse d'Abrantès, qui s'offense parce qu'il la délaisse, de l'Etrangère maintenant, dont il partage les extases épistolaires. Une constellation de doux visages l'entoure et des voix suaves lui recommandent de ménager ses forces, de prendre l'air, de boire moins de café. Zulma Carraud lui reproche d'ignorer la chance qu'il a eue en réunissant autour de lui d'aussi fidèles et délicates admiratrices : « Mon Dieu, que vous êtes ingrat ! Je vous entends toujours vous plaindre d'être veuf de toute affection de femme, vous dont les plus belles, les plus riches années ont été embellies par la plus noble, la plus désintéressée des femmes [Mme de Berny]. Jetez les yeux autour de vous et trouvez trois hommes aussi favorisés que vous. » S'il veut se marier, elle lui conseille de chercher une fiancée ailleurs que dans l'univers de la richesse et de l'ostentation. S'il prétend réussir comme littérateur, « pour consolider une renommée qui s'affermit chaque jour, mais qui n'est pourtant pas de la gloire », qu'il se méfie du ménage Emile de Girardin : « Lui est un spéculateur, et cette sorte de gens sacrifierait son enfant. Elle est sèche. J'en ai eu la preuve. [...] Si vous pouvez faire sans lui, faites, sinon agissez avec réserve. » Et elle ajoute, pour qu'il la comprenne bien : « Si vous étiez toujours avec des gens simples et de bon sens comme nous, que vous y gagneriez en bonheur, dût le coloris de vos écritures en être un peu moins vif. » Elle lui propose même de le présenter à une « belle cousine », qui, à son avis, ferait l'affaire. « C'est une statue à animer, une éducation toute provinciale, une belle fortune, mais peut-être l'obligation de demeurer en province au moins neuf mois. Si vous ne voulez que de l'argent, c'est cela. Pour le feu sacré, y est-il ou non ? C'est une question non encore résolue[1]. »

Or, Balzac n'a que faire de la « belle cousine ». Il a l'Etrangère à aimer et une besogne gigantesque à abattre. « Je suis enfoncé dans un travail exorbitant, répond-il à Zulma Carraud. Ma vie est changée mécaniquement. Je me couche à six heures du soir ou sept heures comme les poules ; l'on me réveille à une heure du matin et je travaille jusqu'à huit heures ; à huit heures, je dors encore une heure et demie ; puis je prends quelque chose de peu substantiel, une tasse de café pur, et je m'attelle à mon fiacre jusqu'à quatre heures ; je reçois, je prends un bain ou je sors et, après dîner, je me couche. Il faut mener cette vie pendant quelques mois pour ne pas me laisser déborder par mes obligations. Le profit vient lentement, les dettes sont inexorables et fixes. Maintenant, il y a pour moi certitude de grande fortune ; il faut encore l'attendre et travailler pendant trois ans ; il faut refaire, recorriger, mettre tout à l'état monumental ; travail ingrat, non compté, sans profit immédiat. [...] Le travail et les pensées de l'existence chiffrée ont tout absorbé ; je travaille trop et suis trop tourmenté pour me livrer à des chagrins qui dorment et font leur trou dans le cœur. Je me déshabituerai peut-être de mes idées sur la femme et j'aurai passé sans en avoir reçu les choses que je lui demandais[2]. » Comme le docteur Nacquart insiste pour qu'il prenne un peu de repos, il cède à la prière de Zulma Carraud et va passer trois semaines, entre avril et mai, à la poudrerie d'Angoulême.

Dès son retour, il se heurte à la colère des éditeurs

1. Lettre du 1ᵉʳ mars 1833.
2. Lettre du 10 mars 1833.

Gosselin et Mame qui l'accusent d'avoir trahi ses engagements en donnant à une jeune revue, *L'Europe littéraire*, une *Théorie de la démarche*, texte tout ensemble médical et philosophique, et de préparer, pour cette même publication, un nouveau roman : *Eugénie Grandet*. Estimant qu'il s'agit là d'une infidélité frisant l'escroquerie, Mame a assigné Balzac au tribunal de commerce. Indigné par le procédé, Balzac se rend, en tempête, chez l'imprimeur et saccage la composition du *Médecin de campagne*. Cet acte irréfléchi le condamne d'avance devant les juges. Affolé par les proportions que risque de prendre l'incident, il demande à la duchesse d'Abrantès, dont les *Mémoires* sont précisément édités par Mame, d'intervenir pour arranger l'affaire. Elle accepte ce rôle d'intermédiaire amicale et affirme à Balzac qu'elle l'a défendu « comme une sœur défendrait un frère chéri ». Qu'il vienne donc la voir au plus tôt, afin de renouer avec la tradition de leurs longs bavardages politico-littéraires. Mais il décline son invitation et lui reproche même d'avoir vanté à Mame les mérites du *Médecin de campagne* que l'abominable exploiteur doit publier dans les prochains jours. « Vous me rendez un triste service en parlant de mon œuvre à cet ignoble bourreau qui porte le nom de Mame, qui a du sang et des faillites dans la figure et qui peut ajouter aux larmes de ceux qu'il a ruinés les chagrins d'un homme pauvre et travailleur. Il ne pouvait pas me ruiner, je n'avais rien ; il a tenté de me salir, il m'a tourmenté. Si je ne vais pas chez vous, c'est pour ne pas rencontrer ce gibier de bagne. La marque est abolie pour les forçats, mais la plume marquera pour toujours d'un sceau d'infamie ce scorpion humain[1]. » Or, le « scorpion humain » obtient gain de

1. Lettre de la fin août 1833.

cause, le 27 août 1833, devant les deux arbitres nommés par le tribunal. Ceux-ci jugent que Balzac a fait preuve de mauvaise volonté en mettant huit mois à écrire *Le Médecin de campagne* et lui accordent quatre mois pour livrer au plaignant un nouveau roman, *Les Trois Cardinaux*. Faute de quoi, il devra verser trois mille huit cents francs d'indemnité à l'éditeur. Moyennant le règlement de cette somme, il recouvrera la libre disposition de ses droits.

Après cette décision inique, Balzac n'espère plus qu'en un large succès du *Médecin de campagne*, seul capable de le soulager de sa fureur. Le roman sort en librairie le 3 septembre 1833. L'auteur est si fier de sa nouvelle production qu'il écrit à Zulma Carraud. « Vous lirez ce magnifique ouvrage, vous verrez jusqu'où j'ai été. Ma foi, je crois pouvoir mourir en paix, j'ai fait pour mon pays une grande chose. Ce livre vaut, à mon sens, plus que des lois et des batailles gagnées. C'est l'Évangile en action[1]. » Le docteur Bénassis, médecin illustre et maire du village montagnard de Voreppe, reçoit la visite d'un militaire, le commandant Genestas, et l'entraîne dans sa tournée des chaumières, dont tous les habitants le considèrent comme un sauveur. Venu s'installer jadis, pour des raisons indéterminées, dans ce coin perdu des Alpes, Bénassis non seulement a réussi à en soigner la population misérable, mais encore s'est appliqué à faire reconstruire les maisons en ruine, irriguer les terres ingrates, tracer des routes, développer les cultures, éduquer les enfants. Grâce à lui, le bourg est passé, en dix ans, de cent trente-sept foyers à mille neuf cents. Cependant, grand défenseur du progrès industriel, moral et social, Bénassis

1. Lettre du 2 septembre 1833.

s'interdit toute action politique. A travers lui, Balzac veut démontrer qu'il est possible d'élever le niveau de vie des petites gens, de leur inculquer le goût du travail et, par conséquent, du bonheur. Les lois doivent être faites *pour eux*, mais ce serait une erreur que de les laisser faire *par eux*. Des hommes supérieurs gouverneront donc à leur place, sans jamais perdre de vue les idées de justice et de charité. Hostile au suffrage universel et au nivellement par le bas, Balzac l'est aussi à la domination d'une caste. Ce qu'il préconise par le biais de cet apologue, c'est le règne de l'intelligence, de la compréhension, de la tolérance entre la bourgeoisie éclairée et la plèbe qui cherche à améliorer sa condition. Son héros parvient à tirer un village de son apathie en parlant à chacun, qu'il soit paysan illettré, adolescent tuberculeux, orphelin retardé, grognard chargé de souvenirs ou mendiante névrosée, le langage qui lui est propre. L'important est de les amener à prendre conscience de leur dignité d'êtres humains, de leur enseigner les vertus de la coopération entre tous. S'il y avait un peu plus de Bénassis en ce monde, la France serait sauvée. A la suite de ce médecin des corps et des âmes, le lecteur pénètre dans de nombreux intérieurs, dans de nombreuses existences. Il participe à des visites aux malades, à une veillée rustique, au récit d'un grognard qui « raconte » l'empereur sur un ton simple et savoureux. Enfin, Genestas apprend le motif qui a déterminé Bénassis à se retirer de la société urbaine pour se livrer à ce sacerdoce campagnard. Dans une première version, tout imprégnée du ressentiment de Balzac envers Mme de Castries, Bénassis s'était exilé pour oublier la cruauté d'une coquette ; dans la seconde version – retenue pour l'édition en volume –, il rachète, dans la solitude et la bienfaisance, les dissipations de sa jeunesse parisienne. Peu d'action dans ce roman, mais un assemblage de tableaux et de thèmes où voisinent la description de la journée d'un médecin de montagne, la peinture d'un bourg qui se développe et prospère sous l'influence d'un homme de bonne volonté, un écho naïf de la légende napoléonienne, un hymne à la nature, à la famille et à la religion...

Malgré les qualités de cette œuvre composite, les lecteurs se montrent réservés et les chroniqueurs acerbes. Presque tous les critiques reprochent à l'auteur de n'avoir pas donné au public un vrai roman, mais de s'être employé à confectionner un salmigondis d'utopie politique, d'économie rurale, d'administration communale, de médecine pratique et d'idéologie religieuse. Balzac, qui se figurait avoir doté son pays d'un nouvel Evangile, tombe de haut. Néanmoins, il présente le livre à l'Académie française pour le prix Montyon, destiné à couronner un ouvrage utile aux mœurs. Hélas ! *Le Médecin de campagne* ne retient pas l'attention de ces messieurs du quai de Conti. Le montant du prix est de huit mille francs. Un apport qui aurait été bien utile à Balzac par ces temps de pénurie ! Il enrage mais feint l'indifférence.

Une telle avanie après tant d'espoir ! Il n'a plus qu'une hâte : fuir Paris où tout le monde, croit-il, le déteste. « C'est à qui me donnera son coup de poignard ! » écrit-il à Mme Hanska. Cependant, il ne perd jamais tout à fait confiance en son étoile : « Ce qui attristait et colérait lord Byron me fait rire. Je veux gouverner le monde intellectuel en Europe, et encore deux ans de patience et de travaux, et je marcherai sur toutes les têtes de ceux qui voudraient me lier les mains, retarder mon vol[1]. » Justement, Mme Hanska a convaincu son

1. Lettre du 13 septembre 1833.

vieux mari de l'emmener en Suisse, à Neuchâtel, ville dont la gouvernante, Henriette Borel, est originaire. L'Etrangère y est installée en famille, parmi de nombreux domestiques, à la maison Andrié. Elle invite Honoré à venir la rejoindre en cachette. Il habitera à proximité. Des rencontres seront possibles. Il exulte. Oui, il ira ! Sous un autre nom pour n'être pas reconnu. Ce subterfuge ajoutera du piquant à l'aventure. Déjà, il lui a demandé la permission de raccourcir son prénom (Eveline) et de l'appeler Eve : « Laissez-moi abréger votre nom, il vous dira mieux ainsi que vous êtes tout le sexe pour moi, la seule femme qu'il y ait dans le monde, vous le remplissez à vous seule comme la première femme pour le premier homme. » Et, en gage d'amour, il lui envoie une mèche de ses cheveux : « Ils sont encore noirs. [...] Je les laisse croître et tout le monde me demande pourquoi. Pourquoi ? Je voudrais qu'il y en eût assez pour que vous en eussiez des chaînes et des bracelets. [...] Ange chéri, que de fois j'ai dit : – Oh ! si j'étais aimé par une femme de vingt-sept ans, que je serais heureux, je pourrais l'aimer toute ma vie sans craindre les séparations que l'âge prononce. » En conclusion, ces quelques mots : « Votre lac, je le vois. Et parfois mon intuition est si forte que je suis sûr qu'en vous voyant réellement je dirai : c'est *elle*. *Elle*, mon amour, c'est toi. Adieu. A bientôt [1]. »

Pour justifier ce voyage inopiné sans éveiller les soupçons de son entourage, il prend prétexte d'une idée commerciale qui vient de germer dans son cerveau toujours sous pression : la création d'une entreprise de vente par abonnement, une sorte de « club du livre ». On publierait ces ouvrages pour un prix modique et la

1. Lettre du 9 septembre 1833.

distribution en serait assurée aux abonnés par les cabinets de lecture, les cercles et les sociétés. Ce genre d'article exigeant un papier léger, solide et bon marché, spécialement fabriqué à Besançon, il est normal que Balzac se rende dans cette ville. De là, il fera un saut en Suisse et rencontrera enfin l'inaccessible Etrangère.

Parti de Paris le dimanche 22 septembre par la malle-poste de six heures du soir, il débarque à Besançon le 24, quarante heures plus tard, y est accueilli par son ami Charles de Bernard, fait quelques visites sans conséquence pour son affaire et prend une autre voiture, le soir même, à destination de Neuchâtel. Il y arrive le 25 septembre et descend à l'hôtel du Faucon. Aussitôt, il recherche la maison Andrié, rue du Faubourg, sur la colline du Crêt. Dix ans plus tard, il se souviendra avec précision du moment où il a vu pour la première fois l'Etrangère : « Ah ! vous ne savez pas encore ce qui s'est passé en moi, au fond de cette cour, dont les moindres cailloux sont gravés dans ma mémoire, ainsi que ses longues planches, ses remises, j'ai vu un visage à la fenêtre ! Je n'ai plus senti mon corps et, quand je vous ai parlé, j'étais hébété. Cet hébétement, ce torrent qui, dans son impétuosité, retarde son cours pour bondir avec plus de force, a duré deux jours. – Que doit-elle penser de moi ? fut une phrase de fou que j'ai redite avec terreur[1]. »

Entre-temps, il a envoyé à Mme Hanska, toujours sous enveloppe au nom d'Henriette Borel, une courte lettre lui indiquant qu'il serait « à la promenade du Faubourg, de une heure à quatre ». « J'y resterai tout ce temps-là à voir le lac que je ne connais pas. Je puis

1. Lettre du 29 février 1844.

rester ici tout le temps que vous y serez. Écrivez-moi un petit mot pour me dire si je puis vous écrire en toute sécurité ici poste restante. Car j'ai peur de vous causer le moindre déplaisir et donnez-moi, par grâce, exactement votre nom. Mille tendresses[1]. »

La rencontre a lieu. Mme Hanska se trouve en présence d'un petit homme rondouillard, aux cheveux longs, aux dents ébréchées et à l'œil de feu. Mais la déception ne dure que le temps d'un regard. Dès qu'il lui parle, elle reconnaît l'homme des lettres enflammées et la voici conquise pour la seconde fois. Quant à lui, il fond d'admiration devant cette femme aux formes épanouies, dont la bouche sensuelle semble faite pour le baiser et qui s'exprime en français à la perfection, avec un léger accent évoquant les steppes de l'Ukraine. Elle porte ce jour-là une robe violette, la couleur préférée d'Honoré. Coïncidence ou signe du ciel ? Malheureusement, le mari est là. Présentations. Mondanités. Derrière les propos conventionnels s'agite, de part et d'autre, une passion difficilement contenue. Balzac a jugé l'Étrangère en tout point conforme à son goût. Il écrira à sa sœur : « Je suis heureux, très heureux en pensée, en tout bien tout honneur encore. Hélas ! un damné mari ne nous a pas quittés pendant cinq jours d'une seconde. Il allait de la jupe de sa femme à mon gilet. Neuchâtel est une petite ville où une femme, une illustre étrangère, ne peut pas faire un pas sans être vue. J'étais comme dans un four. La contrainte ne me va pas. L'essentiel est que nous avons vingt-sept ans, que nous sommes belle par admiration, que nous possédons les plus beaux cheveux noirs du monde, la peau suave et délicieusement

1. Lettre du 26 septembre 1833.

fine des brunes, que nous avons une petite main d'amour, un cœur de vingt-sept ans, naïf, une vraie Madame de Lignolle[1], imprudente au point de se jeter à mon cou devant tant de monde ; je ne te parle pas des richesses colossales, qu'est-ce que cela devant un chef-d'œuvre de beauté, que je ne puis comparer qu'à la princesse Bellejoyeuse[2] en infiniment mieux. Un œil traînant qui, lorsqu'il se met ensemble, devient d'une splendeur voluptueuse. J'ai été enivré d'amour. » Ils ont fait une excursion au val de Travers et se sont arrangés pour envoyer le mari s'occuper du déjeuner. « Mais nous étions en vue, poursuit Balzac. Et alors, à l'ombre d'un grand chêne, s'est donné le furtif baiser premier de l'amour. Puis, comme notre mari s'achemine vers la soixantaine, j'ai juré d'attendre et *elle* de me réserver sa main, son cœur[3]. »

L'âge et la mauvaise santé de Wenceslas Hanski autorisent Balzac à rêver d'un mariage avec celle qui peut-être, par chance, sera bientôt veuve et disponible. Alors, à lui les bonheurs de l'alcôve, avec en prime le château, les serfs, les blés de l'Ukraine ! Les deux amoureux échangent des serments à voix basse, accomplissent un pèlerinage, sur les pas de Jean-Jacques Rousseau, à l'île Saint-Pierre, au milieu du lac de Bienne, et conviennent qu'Honoré ira rejoindre les Hanski à Genève, où ils comptent se rendre à la fin de l'année. Cette promesse de retrouvailles adoucit la tristesse de la séparation. Le léger baiser qu'ils ont osé

1. Héroïne des *Amours du chevalier de Faublas*, roman de Jean-Baptiste Louvet de Couvray.
2. Princesse Cristina de Belgiojoso, femme de lettres exilée à Paris, dont Balzac vient de faire la connaissance chez le peintre Gérard.
3. Lettre du 12 octobre 1833.

lors de la promenade n'est qu'un préliminaire délicieux à d'autres plaisirs. A Genève, Balzac espère trouver un moyen discret et sûr de posséder cette femme qui est devenue l'incarnation de son avenir. Il lui sait gré d'être exactement telle qu'il l'a souhaitée. En la voyant après l'avoir imaginée, il n'a pas perdu au change. C'est un miracle ! Avant de partir, il donne à Anna, la fille d'Eve, une médaille au dos de laquelle il a fait graver : *Adoremus in aeternum*. A Balzac, Eve offrira, un peu plus tard, son portrait en miniature, monté dans un médaillon.

Ayant quitté Neuchâtel pour Besançon, Balzac y rencontre à nouveau Charles de Bernard, qui l'invite à déjeuner avec le bibliothécaire de la ville, Charles Weiss. Celui-ci note dans son *Journal,* en date du 2 octobre : « M. de Balzac est un homme de trente-quatre ans, taille moyenne, il a de l'embonpoint, la face large et blanche, presque carrée, des cheveux noirs et dans toute sa personne quelque chose de coquet mais de bon goût. Il parle bien, sans prétention et sans suite. » Et, deux jours après : « En politique, M. de Balzac se dit légitimiste et parle comme un libéral. J'en conclus qu'il ne sait pas trop lui-même ce qu'il pense[1]. »

Enfin Balzac remonte en diligence, cette fois à destination de Paris. Il fait le voyage sur l'impériale, « en compagnie de cinq Suisses du canton de Vaud qui [l']ont traité corporellement comme un animal qu'on mène au marché et qui ont singulièrement aidé les paquets à [le] contusionner ». A peine remis de ses fatigues, il doit affronter les affaires compliquées qu'il a laissées dans la capitale : « J'ai trouvé ici tout au-delà de mes espérances, *en mal*. Les gens qui me doivent et

1. Cf. Roger Pierrot, *op. cit.*

234

qui m'avaient donné leur parole de payer ne l'ont point fait, mais ma mère, que je sais gênée, a été d'un dévouement sublime. Mais, ma chère fleur d'amour, il faut que je répare la folie de mon voyage. [...] Donc, maintenant, il faut travailler et jour et nuit [1]. »

Son acharnement est vite récompensé. Mme Charles Béchet, fille de l'éditeur Béchet et veuve de Pierre-Adam Charlot, dit Charles Béchet, qui a repris la maison, lui offre d'acheter, pour une édition collective, douze volumes d'*Etudes de mœurs*, qui comprendraient une réimpression des *Scènes de la vie privée*, plus des *Scènes de la vie de province* et des *Scènes de la vie parisienne*, pour la somme globale – et considérable ! – de vingt-sept mille francs. « Me voici en train de conclure un traité qui va retentir dans notre monde d'envie, de jalousie, de sottise et faire jaunir encore la bile jaune de ceux qui ont l'audace de vouloir marcher dans mon ombre, écrit-il à Mme Hanska. [...] Voilà de quoi faire rugir tous les fainéants, les aboyeurs, les gens de lettres. Me voilà moi, sauf ce que je dois à ma mère, libéré de mes dettes et libre dans sept mois d'aller où je voudrai. Si notre grande affaire a réussi, je serai riche et je pourrai faire ce que je veux faire pour ma mère et avoir un oreiller, un morceau de pain et un mouchoir blanc pour mes vieux jours [2]. » Le contrat est conclu en un tournemain. Balzac triomphe : « Ils en crèveront tous de jalousie [3]. »

Entre-temps, il a renoncé à son projet de vente par correspondance. Trop onéreux, trop hasardeux. Il doit maintenant, à la requête de Mme Béchet, livrer

1. Lettre à Mme Hanska du 6 octobre 1833.
2. Lettre du 18 octobre 1833.
3. Lettre du 20 octobre 1833.

un texte de quatre-vingts pages environ pour compléter le tome II des *Scènes de la vie de province*. Il écrit, en une nuit, une longue nouvelle : *L'Illustre Gaudissart*. Bien qu'il n'accorde aucune importance à ce récit des exploits d'un commis voyageur parisien écumant la province, le personnage s'impose aux lecteurs par sa verve et son entregent, jusqu'à devenir un type représentatif de sa profession. Gaudissart, qui commence par vendre des colifichets, finit par émettre des idées générales et par placer des actions de chemin de fer. Assez curieusement, cette joyeuse pochade est dédiée à Mme de Castries. Il a pourtant adressé à la marquise une lettre pleine de rancœur pour lui reprocher de l'avoir éconduit après l'avoir encouragé. Elle a été bouleversée par ces griefs, au point de lui envoyer, le 21 octobre 1833, une émouvante protestation d'innocence : « Quelle horrible lettre vous m'écrivez ! On ne revoit jamais la femme qui la mérite ! On ne revoit jamais l'homme qui l'a pensée ; vous m'avez fait mal, faut-il donc que je m'excuse ? [...] Comme vous brisez un cœur déjà brisé. Un cœur qui vous donnait tout ce qu'[il] a encore d'affectueux, un cœur épuisé de douleurs, qui vous a crié merci. [...] Adieu, si je vous ai fait mal, vous vous vengez cruellement. »

Balzac sera sensible à cette plainte et reviendra envers Mme de Castries à une amitié distante, traversée d'orages. Il en discute d'ailleurs librement avec Mme Hanska, laquelle s'est renseignée auprès d'amies polonaises. « Froide, oui, lui concède-t-il en parlant de la marquise. Sans cœur, oui, du moins je le crois. Elle sera toujours sacrée pour moi, mais il y avait, dans la jaserie de tes Polonaises, juste assez de vrai pour faire passer la médisance. Mon amour idolâtré, plus de doute, jamais, entends-tu ? Je n'aime que toi et ne puis aimer que toi [1]. »

Ce serment est probablement sincère, mais, alors même qu'il le confie au papier, il a une liaison secrète avec une charmante jeune femme, Marie-Louise-Françoise Daminois, « une gentille personne, la plus naïve créature qui soit tombée comme une fleur du ciel, qui vient chez moi en cachette, n'exige ni correspondance ni soins et qui me dit : – Aime-moi un an ! Je t'aimerai toute ma vie [2] ». La « naïve créature », qui a vingt-quatre ans et est mariée depuis quatre ans à Guy Du Fresnay, attend un enfant de Balzac [3]. Il en est tout faraud et décide de lui dédier le roman qu'il est en train d'écrire : *Eugénie Grandet*. Naturellement, il donne à l'héroïne de l'œuvre en cours quelques traits de sa maîtresse clandestine. Sous une enveloppe « grande et forte », elle rayonne d'une angélique douceur. Quant au personnage central, le père Grandet, ancien tonnelier devenu, à la suite de spéculations juteuses, le richissime maire de Saumur, il prend, sous la plume de l'auteur, un relief hallucinant. Son appétit de l'argent, son avarice, ses combinaisons financières, son opportunisme politique, son goût de la domination l'opposent à la sainteté résignée de sa femme, à la candide générosité de sa fille qu'il adore tout en la torturant. Celle-ci est une héritière convoitée. Des luttes d'intérêt s'engagent entre ses divers prétendants. Le père a deux trésors : Eugénie, dont il méconnaît les tourments intimes, et l'or, qu'il amasse avec un insa-

1. Lettre du 20 octobre 1833.
2. Lettre déjà citée à sa sœur Laure Surville, du 12 octobre 1833.
3. L'enfant, Marie-Caroline Du Fresnay, naîtra le 4 juin 1834 et mourra fort âgée, à Nice, en 1930.

tiable plaisir. Mais, plus il thésaurise, plus il devient ladre. Toute dépense lui paraît excessive. Sa maison est celle d'un gagne-petit. Le bois de chauffage manque dans la cheminée, les morceaux de sucre sont chichement mesurés, les repas sont réduits au strict minimum, le soir on ne s'éclaire pas à la bougie mais à la chandelle. Et la vie s'écoule ainsi, monotone et médiocre, sauf pour Grandet, qui jouit le jour à l'idée de ses bénéfices et tremble la nuit qu'on ne vienne le voler. Sur le point de mourir, il exige qu'Eugénie étale devant lui, sur la table, des centaines de louis bien brillants. « Ça me réchauffe ! » dit-il. Elle héritera de dix-sept millions de francs. « A trente ans, elle ne connaissait encore aucune des félicités de la vie », écrit Balzac. Un parti se présente, attiré par la fortune de la vieille fille, M. le président de Bonfons. Elle l'épouse par dépit amoureux. Peu après, la voici veuve avec huit cent mille livres de rente. Malgré ses revenus considérables, elle végétera parcimonieusement. Indifférente à la séduction de l'argent, il semble qu'elle tente de racheter par quelques gestes de charité la sordide avarice de son père.

A ceux qui, comme Zulma Carraud et Laure Surville, estiment qu'il y a de l'exagération dans la cupidité maladive de Grandet, Balzac répond que la vie offre maints exemples où la déviation de l'instinct de possession est bien plus frappante que chez son héros. En vérité, tout son roman n'est que l'histoire de la destruction d'une famille par un individu en proie à une idée fixe. La passion du gain a transformé cet homme en une machine à calculer ses profits et à broyer ses proches.

D'un livre à l'autre, Balzac se rend compte que ses récits, en apparence fort dissemblables, font en réalité partie d'une vaste structure, qu'il ne peut définir encore mais qui leur assure une signification seconde. Ils ont, pris isolément, leur valeur propre, mais bénéficient d'un éclairage nouveau si l'on considère qu'ils dépendent d'un ensemble architectural. D'emblée, il éprouve le besoin d'évoquer avec précision le milieu où se meuvent ses personnages, les villes, les quartiers, les maisons qu'ils habitent, les métiers qu'ils exercent, afin d'embrasser d'un seul regard les différents aspects de la condition humaine. A mesure qu'il y réfléchit, les tableaux s'assemblent, s'expliquent mutuellement, s'organisent aux dimensions d'une fresque. Il devine qu'il est au bord d'une révélation sur lui-même et sur son œuvre, et ne sait trop comment l'interpréter. « Vous avez été bien peu touchée de ma pauvre E. Grandet, qui peint si bien la vie de province, écrit il à Zulma Carraud. Mais une œuvre qui doit contenir toutes les figures et toutes les positions sociales ne pourra, je crois, être comprise que quand elle sera terminée. C'est quelque chose que vingt volumes in-8° qui se réduiront en dix volumes un jour, pour être à la portée de toutes les bourses [1]. »

La majorité des critiques le méprisent, jugeant qu'il écrit trop et trop vite. Ils préfèrent les ruisselets aux torrents. Pour eux, il est un polygraphe populaire, mais sûrement pas un grand écrivain. Ils lui reprochent son enflure, l'invraisemblance de ses intrigues. Sa littérature, disent-ils, lui ressemble. Grasse et vulgaire, elle manque de mesure, elle offense le goût. Sainte-Beuve le premier fait la grimace. Balzac en souffre, mais il persévère. Il ne peut changer de style, pas plus qu'il ne pourrait changer de peau. Tantôt, comme dans Louis Lambert, il évoque un penseur qui cherche le sens de la création et on en veut à l'auteur parce qu'il nage

1. Lettre du 30 janvier 1834.

dans l'abstraction la plus haute, tantôt, comme dans *Eugénie Grandet*, il peint la réalité quotidienne et on lui en veut parce que sa vision est trop terre à terre. Comment faire pour contenter à la fois un vaste public, le petit cercle des journalistes dispensateurs de blâmes et de lauriers, et les éditeurs qui détiennent l'argent dont tout artiste a besoin ? Le plus sage est d'écrire pour soi. Mais alors, il faut une indépendance matérielle, que seul peut procurer un riche mariage. Balzac a beau tourner le problème dans tous les sens, invariablement il en revient au mirage de Mme Hanska devenue veuve enfin pour la plus grande félicité de la littérature française.

V

TENTATION DE LA CHAIR
ET TENTATION DE L'ABSOLU

Travail, Argent, Amour, ces trois concepts sont, pour Balzac, étroitement liés. Selon lui, il n'y a pas d'argent sans travail et pas d'amour sans argent. Il envie les grands seigneurs qui voyagent à leur guise en ignorant la dépense. Lui, pour aller rejoindre son « ange » à Genève, il doit régler ses affaires à Paris, économiser de quoi payer la diligence, l'hôtel et quelques menus plaisirs. Même quand elle n'est pas vénale, une femme coûte cher à l'homme qui la désire. Malgré son contrat extraordinaire avec la veuve Béchet, il n'a pas un liard devant lui. « Depuis mon enfance, je n'ai pas encore possédé deux sous que je puisse regarder comme ma propriété, écrit-il à Mme Hanska. J'ai toujours triomphé jusqu'aujourd'hui. Or, il faut que je coure à travers le monde d'argent pour me faire ma somme. Je perds mon temps et je bats le pavé. » Dans un élan de générosité, Mme Hanska lui a offert de l'aider. Mais le chiffre qu'elle a avancé est dérisoire. Elle ne dispose pas d'une fortune personnelle : tout est à son mari. Emu, Honoré la remercie pour son aumône, qu'il refuse catégoriquement : « Ange chérie, sois mille fois bénie pour ta goutte d'eau. [...] Elle est tout pour moi et elle n'est rien. Tu vois ce que c'est qu'un millier de francs, quand il en faut dix mille par mois. [...] J'ai versé sur ta lettre deux larmes de joie, de reconnaissance, d'attendrissement voluptueux, qui, pour toi, pour moi, valent les richesses du monde entier. [...] Laissons ce triste argent[1]. »

Cependant, tout en plaignant Balzac pour son labeur de galérien de la plume, Mme Hanska le soupçonne d'être retenu à Paris par des femmes qui le flattent pour mieux l'accaparer. Cette jalousie le divertit et l'indigne tout ensemble. De qui se méfie-t-elle ? De Mme de Castries ? – elle a cessé d'exister pour lui. De Mme de Berny ? – c'est une vieille dame malade, digne de respect et de compassion. De Zulma Carraud ? – peut-on redouter le charme d'une créature contrefaite et à l'âme virile ? De Mme d'Abrantès ? – il la fuit obstinément. De Mme Récamier ? « Il y a des relations de politesse dues aux femmes d'un certain rang que l'on a connues, mais une visite chez Mme Récamier n'est pas je pense *des relations*, quand on va la voir tous les trimestres[2]. » « Je ne vais nulle part, a-t-il affirmé par ailleurs, je ne vois personne. Il n'y a plus que toi[3]. » Il prétend même souffrir le martyre de sa longue chasteté. Manifestement, quand il écrit à l'Etrangère, il oublie Marie-Louise-Françoise Daminois, épouse Du Fresnay, cette « fleur du ciel » qui vient rue Cassini à sa demande et attend un enfant de lui. En conscience, il n'a pas l'impression de tromper Mme Hanska en couchant avec une autre. Sa petite maîtresse parisienne n'est qu'une passade. C'est à Genève que se prépare pour lui l'apothéose de l'amour. Il s'en délecte

1. Lettre du 29 octobre 1833.
2. Lettre du 6 novembre 1833.
3. Lettre du 24 octobre 1833.

par avance, tout en songeant aux travaux qu'il effectuera là-bas entre deux caresses de celle qu'il nomme déjà son « épouse ». Dans ses lettres, les allusions à la chair, au parfum, aux baisers de l'absente alternent avec des projets de romans.

Le dimanche 17 novembre 1833, il se rend chez le sculpteur Théophile Bra, cousin de Marceline Desbordes-Valmore, et tombe en arrêt devant une statue représentant la Vierge et l'Enfant. Juste à côté se trouve celle d'un couple d'anges en prière. Ces deux œuvres, assemblées par hasard, forment à ses yeux un groupe symbolique. Debout au milieu de l'atelier, il est frappé d'une illumination. « J'y ai vu, écrira-t-il à Mme Hanska, le plus beau chef-d'œuvre qui existe. [...] C'est *Marie, tenant le Christ enfant adoré par deux anges*. [...] Là, j'ai conçu le plus beau livre, un petit volume dont *Louis Lambert* serait la préface, une œuvre intitulée *Séraphîta*. *Séraphîta* serait les deux natures en un seul être, comme *Fragoletta* [1], mais avec cette différence que je suppose cette créature un ange arrivé à sa dernière transformation et brisant son enveloppe pour monter aux cieux. Il est aimé par un homme et par une femme auxquels il dit, en s'envolant aux cieux, qu'ils ont aimé l'un et l'autre l'amour qui les liait, en le voyant en lui, ange tout pur ; et il leur révèle leur passion, leur laisse l'amour en échappant à nos misères terrestres. Si je le puis, j'écrirai ce bel ouvrage à Genève, près de toi. Mais la conception de cette tonitruante *Séraphîta* m'a lassé, voilà qu'elle me fouette depuis deux jours. [...] Hier mon fauteuil, mon compagnon de veilles, s'est cassé. C'est le second fauteuil que j'ai eu tué sous moi depuis le commencement de la bataille que je livre [2]. »

1. Ouvrage d'Henri de Latouche.
2. Lettre du 20 novembre 1833.

Balzac ne se contente pas d'admirer l'œuvre de Théophile Bra : il est aussi très impressionné par l'artiste. Il sait par Marceline Desbordes-Valmore que Théophile Bra est un esprit bizarre, qu'il a épousé successivement deux somnambules, qu'il vit dans un univers où le surnaturel est pain quotidien, qu'il est un grand lecteur de Swedenborg et qu'il croit au frôlement des ailes des anges sur le front des humains. Rentré chez lui, il se sent si proche des conceptions occultes de Bra qu'il s'inspire de son groupe en plâtre pour imaginer tout un roman. Est-ce pour se reposer de la réalité mesquine d'*Eugénie Grandet* qu'il se lance dans une nouvelle aventure ésotérique ? Il s'agit de créer deux personnages exceptionnels, Wilfrid, alter ego de l'auteur, et Minna, celui d'Eveline Hanska. Tous deux sont dominés par un être double, Séraphîtus-Séraphîta, dont les attributs à la fois féminins et masculins assurent la supériorité sur tous les mortels. L'androgyne, qui suscite l'amour concurrent de l'homme et de la femme, est arrivé à la phase ultime de son évolution spirituelle. A mi-chemin entre le naturel et le divin, il est la solution de toutes les antinomies. Il préfigure l'unité de la matière et de l'âme. Par sa seule présence, il libère les couples qui croient en lui de toutes leurs attaches charnelles. Son ascension finale dans les cieux témoigne de la perfectibilité de la condition humaine. Grâce à son exemple radieux, les deux héros, Wilfrid et Minna, deviendront à leur tour des anges.

En traitant ce sujet métaphysique, Balzac entend fournir, cette fois encore, une explication totale du monde. Mais quel cadre donner à l'idéologie pour en faire un roman ? Il y faut du pittoresque, de la pureté, du froid, des espaces immenses. La Norvège s'impose. Il ne connaît pas ce pays. Peu importe, il se renseignera dans les livres. Le décor sera blanc et imputrescible comme l'âme des héros. Il les voit déjà, au début de l'histoire, glissant sur des skis rudimentaires dans un univers de neige. Reste l'étude du surnaturel. Balzac y est, depuis longtemps, à l'aise. Il a approfondi avec passion les théories de Swedenborg, de Saint-Martin et de Mesmer... Il recherche lui-même, pour se soigner, les conseils d'une somnambule. La topographie de l'au-delà lui est aussi familière que les abords de la rue Cassini. Il sera dans *Séraphîta* comme un poisson dans l'eau. Et ce n'est pas Mme Hanska qui le détournera de ce projet mystico-romanesque. Elle aussi est, par tradition familiale, encline aux prémonitions, aux visions, aux pâmoisons de toutes sortes. Ses nombreuses lectures alimentent un cerveau qui ne demande qu'à s'affranchir de la réalité. Plus il réfléchit à l'avenir, plus Balzac se persuade qu'en emportant le manuscrit de *Séraphîta* à Genève il s'abreuvera à la vraie source de son inspiration. Possédé par l'idée du roman, il est doublement impatient de retrouver celle à qui il compte dédier cette œuvre initiatique.

Cependant, il doit prendre des précautions dans sa correspondance. A côté des lettres clandestines qu'il adresse à Mme Hanska par l'intermédiaire d'Henriette Borel, il s'impose de rédiger des « lettres patentes » qui flattent la vanité du mari sans éveiller ses soupçons. N'est-il pas devenu l'ami attitré de la famille ? Ce rôle se traduit par quelques acrobaties épistolaires. Les déclarations éperdues des missives destinées à Eveline seule font place, dans les missives protocolaires, à des phrases anodines, à des plaisanteries de bon garçon. Il annonce l'envoi d'un modeste bijou dans lequel il a fait sertir des cailloux ramassés par Anna, de petits pots de cotignac (confiture de coings) pour Mme Hanska elle-même, qui en est friande, d'un autographe de Rossini, musicien préféré de M. Hanski. Ce genre d'épître est

écrit, comme il se doit, dans un style courtois et badin.
« Madame, je ne crois pas que la Maison de Hanski
refuse les légers souvenirs que conserve la Maison de
Balzac d'une gracieuse et toute joyeuse hospitalité. [...]
J'espère être le 23 [courant] à Genève, mais hélas ! il
faut pour cela que j'aie achevé quatre volumes. [...]
Donnez, Madame, l'expression la plus gracieuse à mes
sentiments et à mes souvenirs en les présentant à M. de
Hanski ; baisez au front Mlle Anna en mon nom et
daignez agréer mes respectueux hommages [1]. » Dans
une lettre expédiée le même jour, mais passant cette
fois par les mains d'Henriette Borel, il écrit avec plus
de liberté à sa « minette chérie » : « Trouve ici mille
baisers et des caresses de flamme. Je voudrais te serrer
dans mon âme. »

A Genève, Mme Hanska lit la « lettre patente » à son
mari d'un air aussi réservé que possible et, restée seule,
presse la lettre « non patente » contre son sein, comme
pour lui communiquer sa chaleur. Incapable de cacher
tout à fait ses sentiments, elle se confiera, à demi-mot,
à son frère aîné, Henri Rzewuski, romancier qu'Honoré surnomme « le Walter Scott polonais » : « Nous
avons fait en Suisse une connaissance dont nous sommes charmés, c'est celle de M. de Balzac, l'auteur de
La Peau de chagrin et de tant d'ouvrages délicieux.
Cette connaissance est devenue une véritable liaison et
j'espère qu'elle durera toute notre vie. Balzac vous rappelle beaucoup, mon cher Henri ; il est gai, rieur, aimable, comme vous ; il a même dans l'extérieur quelque
chose de vous et, tous les deux, vous ressemblez à
Napoléon. [...] Balzac est un véritable enfant. S'il vous
aime, il vous le dira avec la candide franchise de cet
âge où l'on n'a pas encore appris que la parole doit

1. Lettre du 13 novembre 1833.

déguiser la pensée. S'il ne vous aime pas, il ne vous le dira peut-être pas, mais il prendra un livre, non pour le lire, mais pour se dérober la vue d'un être désagréable. Enfin, en le voyant, on ne conçoit pas comment à tant de science et de supériorité on peut joindre tant de fraîcheur, de grâce, de naïveté enfantine dans l'esprit et les sentiments [1]. »

Tandis que Mme Hanska, à Genève, déverse ainsi le trop-plein de son cœur auprès de son frère Henri, Balzac, à Paris, met les bouchées doubles, travaille à en vaciller de fatigue, traite hâtivement avec des libraires et amasse, sou par sou, l'argent du voyage. Pour effacer avec éclat l'humiliation que Mme de Castries lui a infligée, l'année précédente, en Suisse, il voudrait retourner à l'hôtel de la Couronne, dans la « sombre chambre » où il a souffert à cause d'elle. Mais Mme Hanska lui retient une « chambre claire » à l'auberge de l'Arc, sur la route de Savoie, aux Eaux-Vives, en un lieu entouré d'arbres et tout proche de la maison Mirabaud où sont descendus les Hanski, leur fille Anna, Mlle Henriette Borel, deux domestiques, l'un allemand, l'autre russe, et une femme de chambre neuchâteloise, Suzanne, dite Suzette. Dès l'arrivée de Balzac, le jour de Noël, Suzette lui apporte, de la part de sa maîtresse, un petit paquet contenant une bague-cachet et un billet tendre lui demandant s'il l'aime toujours. Il lui répond aussitôt : « Dans un instant, je te dirai plus en un regard qu'en mille pages. Si je t'aime ? mais je suis près de toi. J'aurais voulu que cela fût encore mille fois plus difficile et que j'eusse plus souffert. Mais enfin voici un bon mois, deux peut-être, de conquis. Non pas une, mais des millions de caresses. Je suis si heureux que je ne peux pas plus écrire que toi. A tantôt. Oui, ma

1. Lettre du 10 décembre 1833.

chambre est très bien. Et la bague est comme toi, mon amour, elle est délicieuse, exquise [1]. »

Dès ce moment, des rapports quotidiens d'une franche cordialité s'établissent entre Balzac et le ménage Hanski. Honoré ne souffre nullement de berner à longueur de journée le mari qui l'a pris en amitié. La crédulité de ce grand seigneur polonais l'arrange et l'amuse. De la maison Mirabaud à l'auberge de l'Arc, on se fait de menus cadeaux, on échange des lettres. Ce sont tantôt des billets clandestins tout enfiévrés de désir, tantôt des messages conventionnels et souriants, destinés à calmer les éventuelles inquiétudes de l'époux. Balzac plaisante la « chère comtesse » sur sa façon de prononcer certains mots français : elle s'obstine à dire *tiyeuille* pour tilleul. Afin de n'être pas en reste, elle s'adresse à lui en l'appelant *Marquis* (allusion au prétendu marquisat d'Entragues) ; il lui répond en la gratifiant du titre de *Maréchale* (Hanski est maréchal de la noblesse de Volhynie) ou de *Majesté* : « Très chère souveraine, Majesté sacrée, sublime reine de Paulowska et lieux circonvoisins, autocrate des cœurs, rose de l'Occident, Etoile du Nord, etc., etc., etc., etc., etc., fée des *tiyeuilles* ! [...] Je dépose mes hommages aux pieds de Votre Majesté et la supplie de croire à la probité de son humble moujik – Honoreski [2]. »

Les deux amoureux organisent des pèlerinages littéraires, avec ou sans le mari, allant à Coppet, à Ferney, à la villa Diodati, sur le coteau de Cologny. Partout, Honoré surprend Eve et la divertit. Elle lui trouve tellement de charme dans le regard et la conversation qu'elle est jalouse de toutes les femmes qui l'approchent à Genève, en particulier de sa cousine, la com-

1. Lettre du 25 décembre 1833.
2. Lettre de janvier 1834.

tesse Potocka, à qui elle a eu la faiblesse de le présenter. Sitôt qu'il voit une jeune personne tant soit peu séduisante, il fait la roue. Mme Hanska s'en offense et il rit de cette rigueur possessive. En vérité, leurs amours platoniques exaspèrent ses sens et le conduisent au bord de la folie. Elle, cependant, craint de tout gâcher en cédant. Il proteste : « Mon Dieu, comment te dire que je suis ivre de la plus faible senteur de toi, que, je t'aurais possédée mille fois, tu m'en verrais plus ivre encore, parce qu'il y aurait espérance et souvenirs, là où il n'y a encore qu'espérance. [...] Je voudrais que tu fusses moi un instant pour savoir comme tu es aimée[1]. »

Le ménage Hanski mène à Genève une vie très mondaine. Le vaste salon de la maison Mirabaud reçoit une société cosmopolite et bigarrée, où le prince Charles-Louis-Napoléon Bonaparte (le futur Napoléon III) côtoie un jeune compositeur hongrois, Franz Liszt, et sa maîtresse, Marie d'Agoult. Celle-ci, dit-on, a abandonné mari et enfants pour le suivre. De quoi faire rêver Balzac. Eve aura-t-elle le même courage ? Il n'ose l'espérer.

Acharné à la fois dans ses songeries amoureuses et dans ses besognes d'écrivain, il rédige *Séraphîta*, questionne le naturaliste genevois Pyrame de Candolle sur la flore de Scandinavie, retouche des *Contes drolatiques* et ne cesse de penser à l'instant béni où Eve lui appartiendra tout entière. Après une dernière entrevue avec lui, Pyrame de Candolle écrira à Mme de Circourt : « Nous avons eu ici, quelque temps, le romantique et drolatique Balzac. Il est venu quelquefois chez moi et nous a amusés par son imagination vive et pas mal déréglée. Il prétend qu'il fait un livre de haute philo-

1. Autre lettre de janvier 1834.

sophie qui tiendra le milieu entre Swedenborg et St-Simon, ce qui ne l'empêche pas d'être un peu carliste. D'ailleurs, le meilleur homme du monde en société[1]. »

Enfin, le 18 janvier 1834, un grand pas semble franchi dans la conquête de Mme Hanska. Sans doute n'est-ce pas encore la possession intégrale, mais sûrement les ultimes défenses qui tombent une à une. Des gestes de plus en plus précis permettent d'augurer une conclusion prochaine. Ivre de bonheur, Balzac écrit à Eve, le 19 janvier : « Mon ange aimé, je suis à peu près fou de toi, comme on est fou ; je ne puis pas accorder deux idées que tu ne viennes te mettre entre elles. Je ne peux plus que penser à toi. Malgré moi, mon imagination me reporte près de toi. Je te tiens, je te serre, je te baise, je te caresse ; et mille caresses, les plus amoureuses, s'emparent de moi. [...] Je te vois comme hier, belle, admirablement belle. Hier, pendant toute la soirée, je me disais : Elle est à moi ! Oh ! les anges ne sont pas si heureux en Paradis que je l'étais hier. »

Ce bel élan est interrompu, aussitôt après, par une violente scène de jalousie de Mme Hanska, qui reproche à Balzac de s'être montré trop aimable lors d'une soirée, le 23 janvier, avec sa cousine, l'intrigante comtesse Potocka. Abasourdi, Balzac se défend de son mieux : « Qu'ai-je donc fait pour que la soirée d'hier se termine ainsi ? Ma chère Eve bien-aimée, oublieras-tu toujours que tu es ma dernière croyance en la vie ? [...] Pardon, mon amour, pour ce que tu nommes mes coquetteries. Pardonne à un Parisien une simple causerie parisienne : mais ce que tu voudras sera fait. Je n'irai plus chez personne. [...] Périsse mille fois le monde de Genève plutôt que de te voir une tristesse pour un quart d'heure de conversation. Il eût été ridi-

1. Lettre du 15 février 1834.

cule (pour les autres) que je ne m'occupasse que de toi. J'ai dû te respecter, et, pour pouvoir te parler autant, il a bien fallu que je causasse avec Mme P[otocka][1]. »

Ayant expédié ce billet par Suzette, il en écrit immédiatement un autre, plus pressant encore : « Oh ! tu ne sais pas ce que c'est que trois années de chasteté qui s'élancent à tout moment au cœur et le font bondir, à la tête et la font palpiter[2]. Si je n'étais pas sobre et si je ne travaillais pas, cette pureté me rendrait fou. Moi seul suis dans le secret des terribles émotions que me donnent les émanations de ta chère personne, c'est un délire inouï et qui tour à tour glace ma nature par la toute-puissance du désir et me fait brûler. [...] En toute chose, ange, je te suis soumis comme à Dieu. Prends ma vie, demande-moi de mourir, ordonne-moi tout excepté de ne pas t'aimer, de ne pas te désirer, de ne pas te posséder[3]. »

Il a pris froid. Il grelotte de fièvre. Et il craint une brouille avec sa bien-aimée. Pour renouer leurs relations, il demande au ménage Hanski de lui faire porter du sirop d'orgeat, car sa maladie lui cause, dit-il, « une soif dévorante » Eve le prend en pitié et oublie ses griefs de la veille. Plutôt que d'envoyer Suzette avec un flacon de sirop à l'auberge de l'Arc, elle se rend avec son mari au chevet du malade. Dès le lendemain de cette visite d'amitié, qui a lieu le 25 janvier, elle revient seule. Balzac est presque rétabli. Quelques heures de repos l'ont requinqué et il redouble d'impatience. Eve est attendrie, repentante. Elle regrette de s'être empor-

---

1. Lettre du 24 janvier 1834.
2. Ces vertueuses déclarations sont évidemment incompatibles avec la liaison parisienne qu'il a révélée à sa sœur dans sa lettre du 12 octobre précédent.
3. Autre lettre du 24 janvier 1834.

tée contre lui pour si peu. Après ce léger nuage, une réconciliation s'impose. Comprenant qu'il est pardonné, Balzac renouvelle ses assauts. Elle ne résiste plus. Succédant à la communion des âmes, c'est la fête des corps. Ce dimanche 26 janvier, Balzac le qualifiera de « jour inoubliable », de « moisson dorée ». Le 27, guéri de son rhume et riche d'une passion partagée, il fait éclater, dans une courte lettre, tous les pétards de la victoire : « J'ai dormi comme un loir, je vais comme un charme, je vous aime comme un fou, j'espère que vous vous portez bien et je vous envoie mille tendresses. »

Il est émerveillé qu'une femme si proche de lui par la pensée, par la sensibilité, par le goût le soit aussi par la chair. Cette conjonction entre le pur amour et l'amour physique tient du miracle. Sans doute ont-ils été créés l'un pour l'autre de toute éternité. Dans ces conditions, il est injuste, inadmissible qu'ils soient séparés par la présence d'un mari. Certes, Wenceslas Hanski est le meilleur des hommes, mais il a le tort d'exister. S'il disparaissait, leur bonheur à tous deux serait complet. Ils se livrent à des calculs sacrilèges. Même si M. Hanski ne devait mourir que dans douze ans, elle aurait alors quarante ans. Elle prétend qu'elle serait trop vieille. Il lui fait remarquer que, quand il a aimé la Dilecta, elle allait sur ses quarante-cinq ans et il n'en avait que vingt-deux. « Que parles-tu de tes quarante ans ! lui a-t-il écrit. Crois-tu qu'à soixante-quatre ans un homme trahisse trente années d'affection ? Et, pour moi, ces trente années ne me semblent rien relativement à la puissance de mon amour pour toi. Tu seras toujours belle pour moi[1]. » Quand ils sont dans les bras l'un de l'autre, ils se voient déjà mari et femme. L'important,

1. Lettre déjà citée du 24 janvier 1834 (page 251, note 3).

c'est de bien utiliser le temps pendant lequel ils seront encore encombrés de Wenceslas, lequel, bien que peu gênant, constitue un obstacle. Avant de repartir pour Paris, le 8 février 1834, Balzac promet de rejoindre les Hanski, plus tard, en Italie ou à Vienne. Peut-être, par la suite, Eve s'arrangera-t-elle pour qu'Honoré soit invité à Wierzchownia et qu'il passe quelques mois en Ukraine. Alors, ce sera le couronnement de leur longue patience.

Le voyage de retour est pénible. Un froid polaire. La neige est si abondante que les passagers doivent descendre de la patache et faire une partie de la route à pied, en trébuchant dans les ornières. En arrivant à Paris, Balzac dresse le bilan de son séjour à Genève : *La Duchesse de Langeais* révisée, *Séraphîta* largement entamée, un morceau du *Cabinet des Antiques* mené à bien, des *Contes drolatiques* lestement « torchés », une moisson de renseignements sur la Norvège, grâce à Pyrame de Candolle, et, par-dessus tout, le souvenir d'une maîtresse adorable. Il ne cesse de repasser en mémoire les aspects intimes de cette possession, certaines robes de la bien-aimée, l'expression pâmée de son visage dans le plaisir, sa voix lui chuchotant cent tendresses à l'oreille. Comme elle feint de nouveau un accès de jalousie à la pensée des Parisiennes effrontées qui l'entourent, il la rassure : « Eve chérie, minette, femme, sœur, famille, jour, tout. Je vis seul avec délices. J'ai dit un adieu sincère au monde, à tout. Mon Dieu, pardonne-moi ce que tu nommes mes coquetteries, je me mets à tes genoux chéris, potelés, aimés, baisés, caressés, je frôle ma tête contre toi. Je demande pardon. Je serai solitaire, travailleur. Je ne me promènerai qu'avec Madame de B[erny]. [...] Ah ! chérie, je t'adore, vois-tu, je n'ai pas d'autre vie, ni d'autre avenir[1]. » Ce genre de lettre, d'une ardeur débridée, alterne avec les « lettres patentes » destinées au couple. Il faut que Balzac soigne sa réputation d'ami irréprochable de la famille. Aussi prend-il avec sollicitude des nouvelles de M. Hanski, de la petite Anna, de Mlle Henriette Borel. Tous lui sont chers, puisqu'ils gravitent autour de l'élue de son cœur. Afin de la garder en bonne santé, il lui conseille de suivre un régime : ni café au lait, ni thé, manger des « viandes noires » rôties, se servir d'eau froide pour la toilette, marcher quelques kilomètres par jour...

A Paris, autour de lui, l'atmosphère est à l'inquiétude. Les personnes qu'il aime ne lui procurent que des soucis. Atteinte d'une maladie de cœur, Mme de Berny a vieilli de vingt ans en un mois. Zulma Carraud est très affectée par la mort de son père. Devenue propriétaire du château de Frapesle, elle invite Balzac à venir se reposer chez elle. Mais elle attend un second enfant et sa grossesse est préoccupante. Dans la famille d'Honoré, règne une morosité justifiée, pour une fois, par les événements. « Ces pauvres têtes sont détraquées, écrit-il à Mme Hanska. Il faut que j'aie du courage, des idées, de l'énergie, de *l'économie* pour tout le monde[2]. » En effet, Mme Balzac s'est ruinée en spéculations hasardeuses ; entre Laure Surville et son mari, sottement jaloux, les disputes sont fréquentes ; il a entrepris des travaux trop importants et trop nombreux qui lui dérangent la cervelle ; s'il ne s'en sort pas financièrement, il faudra que son beau-frère lui donne un coup de main. Or, Honoré est à court d'argent et ne peut fournir plus de besogne ni vendre plus de manuscrits qu'il ne le fait. La situation est sans issue.

1. Lettre du 11 mars 1834.
2. Lettre du 15 février 1834.

Malgré ces tracas et cette pénurie, il doit montrer bonne figure dans le monde. La comtesse Potocka lui a recommandé d'aller présenter ses hommages à la comtesse Apponyi, femme de l'ambassadeur d'Autriche. C'est une relation utile s'il veut se rendre à Vienne auprès des Hanski. Les Apponyi accueillent le Tout-Paris et entretiennent d'étroites relations avec toutes les cours européennes. Balzac va, le 18 février, à l'ambassade, mais n'est pas reçu, la comtesse étant « à sa toilette » ; cependant, on lui fixe un autre jour de visite : le 23. Il obéit à l'invitation, brille de tous ses feux devant une assemblée élégante et devient bientôt un hôte assidu de l'ambassadeur et de son épouse. Au vrai, le choix de ses fréquentations est très éclectique. S'il se plaît dans la compagnie de la haute société internationale, il recherche également des rencontres moins recommandables. Ainsi déjeune-t-il chez Appert avec l'ancien malfaiteur Vidocq, évadé plusieurs fois du bagne et converti en policier, et avec les bourreaux Sanson, père et fils. Il est aussi curieux d'apprendre des détails sur leur vie obscure que de glaner les ragots croustillants des salons.

Entre-temps, il a pris un abonnement à l'Opéra pour trois soirées par semaine. La musique calme ses nerfs. Pour les réceptions à l'ambassade et les soirées théâtrales, il se fait confectionner, chez le tailleur Buisson, un habit bleu à boutons d'or ciselé, un pantalon de casimir noir, un gilet de satin noir. En août 1834, bien que désargenté, il s'offre en plus une canne au pommeau orné de turquoises. Les armes des Balzac d'Entragues y sont gravées ostensiblement. Cette canne superbe déclenche les sarcasmes des journalistes. Balzac le supporte mal. Il a le sang chaud. Un jour, il se dispute avec Emile de Girardin et songe à le provoquer en duel. Les témoins arrangent l'affaire. Mais les amies polonaises de Mme Hanska ne tardent pas à l'informer des excentricités parisiennes de Balzac. Elle s'inquiète de constater que, derechef, il montre « un cœur français ». Que ne peut-il rester tout à elle, ne lâchant ses manuscrits que pour lui écrire des lettres ? Pourquoi correspond-il avec la comtesse Potocka, cette tricoteuse de cancans ? Il s'explique : « Ne sois pas jalouse de la lettre de Mme Potocka ; il faut que cette femme soit *pour nous*. Je l'ai flattée et je souhaite qu'elle te croie dédaignée. » Et, comme elle persiste à s'imaginer qu'il se lassera d'elle au fur et à mesure qu'elle vieillira, il ajoute, pensant toujours à leur futur mariage : « Bébête, dans dix ans, tu auras trente-sept ans et moi quarante-cinq et, à cet âge, on peut s'aimer, s'épouser, s'adorer toute une vie. Allons, mon noble compagnon, ma chère Eve, jamais de doutes, vous me l'avez promis. Aimez avec confiance : *Séraphîta*, c'est nous deux. Déployons donc nos ailes par un seul et même mouvement, aimons-nous de la même manière[1]. » Alors qu'elle lui reproche obstinément de se disperser, il n'a jamais abattu, de jour comme de nuit, autant de travail entre deux sorties.

Au début du mois d'avril, il est si épuisé que le docteur Nacquart redoute une inflammation cérébrale et ordonne le repos absolu. Sérieusement inquiet pour sa santé, et par conséquent pour son œuvre, Balzac se rend à Frapesle, où il compte passer quelques jours auprès de Zulma Carraud. Mais, au lieu d'écarter ses manuscrits, il travaille à *César Birotteau*, à *La Fleur des Pois* (titre définitif : *Le Contrat de mariage*) et à *Séraphîta*. Ce dernier roman, aux lignes flottantes, se révèle difficile à mettre sur pied. N'est-ce pas une gageure, quand on est sur terre, que de construire une intrigue

1. Lettre du 22 février 1834.

dont l'essentiel se déroule en dehors de cette terre ? Ne s'agit-il pas, en l'occurrence, d'une vengeance des puissances célestes qui refusent de laisser dévoiler leur mystère par un mortel, fût-il écrivain ? Pour se dégourdir les jambes et l'esprit, il se promène de temps à autre dans le jardin, à petits pas, avec Zulma, que sa grossesse rend à demi impotente. Il lui parle intarissablement de son amour pour Eve. Il écoute aussi les histoires cocasses que lui raconte le commandant Carraud sur certains habitants de la région d'Issoudun. Comme d'habitude, il engrange tout, pour servir de matériau à de nouveaux livres. Le monde entier n'est pour lui que prétexte à littérature. Quelles que soient les péripéties de son existence personnelle, il ne perd jamais de vue le monument qu'il a l'ambition de léguer aux générations futures.

Le 20 avril, rentré à Paris, il se rend au Conservatoire pour entendre la *Cinquième Symphonie* de Beethoven et découvre une complicité magique entre lui et le grand compositeur allemand. « Ah ! que je vous ai regrettée, écrit-il à Mme Hanska dans une lettre patente. J'étais seul dans une salle ! Moi seul !... C'est une souffrance sans expression. Il existe en moi un besoin d'expansion que le travail trompe, mais que la première émotion fait jaillir par des larmes. [...] Je ne suis jaloux que des morts illustres : Beethoven, Michel-Ange, Raphaël, le Poussin, Milton, enfin tout ce qui a été grand, noble et solitaire m'émeut. Tout n'est pas dit de moi encore, je n'en suis qu'aux petits détails d'une grande œuvre. Quand on a entrepris ce que j'ai à faire, ah ! Madame, permettez-moi de me confier à votre cœur, il est impossible de tomber dans les petites et basses intrigues de ce monde et les sentiments doivent être aussi grands que les œuvres veulent être grandes. Mon ambition est plus forte même du côté des sentiments que celle dont je suis animé pour une gloire qui ne reluit, après tout, que sur des tombes[1]. »

Il imagine son Eve à Milan, à Florence, à Rome et enrage d'être obligé de s'occuper d'affaires sordides à Paris, au lieu de courir avec elle les musées, les monuments, les rues, les sentiers et les chambres d'hôtel. Un nouveau souci le dérange à présent dans son travail et dans son rêve. Son frère Henry, l'enfant gâté, adoré par sa mère et incapable du moindre effort, est revenu de l'île Maurice, où il a épousé une veuve mûrissante affublée d'un fils. Ayant ruiné sa femme, Henry débarque à Paris avec elle et son rejeton de huit ans, Ange Dupont. Il n'a pas un sou vaillant et traîne derrière lui cinquante mille francs de dettes. Mme Balzac mère fond de pitié. Mis au courant de la situation, Honoré se refuse à aider (avec quel argent ?) ce garçon veule et dépensier dont l'épouse est bête à manger du foin. « Fallait-il faire cinq mille lieues pour trouver une femme comme cela ? » écrit-il à Eve[2]. Eugène Surville, sollicité à son tour, embauche ce consternant beau-frère sur un chantier qu'il dirige pour la construction d'un pont aux Andelys. Très vite, Henry se révèle si inefficace et incompétent que Surville doit se séparer de lui. Sa femme, Marie-Françoise, est enceinte ; elle attrape « le fléau » (le choléra), mais elle en réchappe et accouchera d'un petit Honoré le 20 février 1835. Balzac sera le parrain de l'enfant. En attendant, il résiste de son mieux aux demandes de subsides de son frère. Tout ce qu'il pourra faire pour Henry, c'est d'offrir un superbe berceau au bébé. Quant à Madame mère, elle se résignera à vendre sa maison de la rue Montorgueil pour secourir le jeune ménage dans la

1. Lettre du 10 mai 1834.
2. Lettre du 20 juin 1834.

gêne. Il ne lui restera plus pour vivre que la rente qui lui est due par Honoré, laquelle, d'ailleurs, n'est que très irrégulièrement servie.

Pourtant, Balzac persiste à croire qu'un jour prochain il sera en mesure, grâce à ses gains littéraires, de remettre toute la famille à flot. Non content de son contrat avec Mme veuve Béchet pour les *Etudes de mœurs*, il écoute les propositions d'un certain Edmond Werdet, ancien « commis dirigeant » de la maison Béchet, qui se fait fort de s'installer à son compte et de devenir « l'unique éditeur de Balzac ». Vêtu d'une ample robe blanche serrée à la taille par une chaîne d'or de Venise, à laquelle est suspendue une paire de ciseaux en or, chaussé de pantoufles en maroquin rouge brodées d'or, Balzac reçoit avec superbe ce personnage bavard et brouillon, dont l'enthousiasme lui paraît suspect [1]. Mais, lors d'une seconde visite, il se laisse séduire et Werdet entreprend de rééditer *Le Médecin de campagne*. Ce n'est qu'un début. Pour que Werdet puisse assurer la publication de l'œuvre complète de *son* auteur, celui-ci doit participer au rachat de ses droits à Gosselin, à Levavasseur, à Mme Béchet. A force d'emprunts et de discussions, il parvient à se dégager en partie de ses précédents contrats. « L'affaire Gosselin est signée, écrit-il à Mme Hanska. Je suis quitte aujourd'hui de ce cauchemar de bêtise. L'illustre Werdet, qui ressemble un peu à l'*illustre Gaudissart*, m'achète une première édition des *Etudes philosophiques* (25 volumes in-12 comme *Le Médecin de campagne*) en cinq livraisons, de chacune cinq volumes, pour paraître de mois en mois – août, septembre, octobre, novembre et décembre. Vous voyez que, pour expédier ceci et Mme Béchet à qui je dois encore trois livraisons,

1. Cf. André Maurois, *op. cit.*

259

il faudra avoir le Vésuve dans la cervelle, un torse de bronze, de bonnes plumes, de l'encre à souhait, pas le plus léger *blue devils*. [...] Je ne vous parle pas de cette bagatelle que l'on nomme *santé*, de cette autre bagatelle que l'on appelle du *talent*. [...] Pour tout ce beau travail, M. Werdet me donne quinze mille francs et ce que je puis attraper de gloriole par-dessus le marché [1]. »

A l'époque où il écrit cette lettre, Balzac s'est attaqué à une nouvelle « étude philosophique » : *La Recherche de l'absolu*. Le thème en est, une fois de plus, l'obsession intellectuelle destructrice de l'entourage familial. Depuis 1832, il songeait à transposer dans un roman le personnage de Bernard Palissy, émailleur et savant du XVIe siècle, qui, hanté par son projet, a brûlé jusqu'à ses meubles pour réussir ses expériences. Possesseur d'une belle fortune, le héros flamand de Balzac, Balthazar Claës, se consacre à la chimie et tente, à cinquante ans, de découvrir « l'absolu », l'élément unique qui se retrouve sous mille aspects différents dans les choses de la nature. Pour décomposer l'azote, qui doit lui donner la clé du mystère, il s'enferme dans son atelier, s'entoure de livres, néglige sa femme et ses enfants, dilapide tout son héritage. Ayant vendu ses derniers biens, dispersé sa galerie de tableaux, ruiné sa famille, il est sur le point de renoncer à sa folie, mais il craint que d'autres savants ne lui volent la « grande idée » et il galope sur sa chimère jusqu'à l'usure de son cerveau. Il veut être le premier à énoncer le principe de « l'absolu chimique ». Cette quête de la vérité finale, de l'explication universelle, l'annihile comme si Dieu se refusait à être espionné dans sa création. Pour animer cette démence scientifique, Balzac s'impose de lire Berzelius, Ampère, François Arago,

1. Lettre du 15 juillet 1834.

Geoffroy Saint-Hilaire. Le temps d'un mirage, il est à la fois chimiste et écrivain. Il a conscience que la construction de ses romans le dévore comme la recherche de l'élément absolu dévore Balthazar Claës. Lui aussi est un monstre, puisqu'il poursuit la gloire au lieu de poursuivre le bonheur. C'est à lui-même que s'adresse Joséphine Claës, mourante, lorsqu'elle dit à son mari : « Tu ne trouveras rien que la honte pour toi, la misère pour tes enfants. Déjà on te nomme par dérision Claës-l'alchimiste ; plus tard ce sera Claës-le-fou. [...] Tu nous devais ta protection, elle nous a failli près de sept années. La science est ta vie. Un grand homme ne peut avoir ni femme, ni enfants. Allez seul dans vos voies de misère ! Vos vertus ne sont pas celles des gens vulgaires, vous appartenez au monde, vous ne sauriez appartenir ni à une femme ni à une famille. Vous dessèchez la terre à l'entour de vous comme font de grands arbres. » Ayant perdu la raison à force de traquer l'impossible, Balthazar Claës est prêt à se suicider. Pourchassé par des gamins qui se moquent de lui et de son valet de chambre en les traitant de « sorciers, vieux sorciers », il mourra d'une attaque d'apoplexie. Au moment du dernier hoquet, un hurlement s'échappe de ses lèvres : « *Eurêka*, j'ai trouvé ! »

Ce roman, d'une admirable et inquiétante vigueur, pose le problème des aspirations illusoires vers la vérité au détriment des humbles plaisirs de la vie. Comme Balthazar Claës, Balzac est tellement absorbé par son travail qu'il voudrait avoir dix têtes, dix mains pour produire davantage. Il lui arrive d'envier les écrivains qui, tel Alexandre Dumas, emploient des collaborateurs anonymes pour rédiger leurs livres. Il songe aussi aux peintres célèbres qui confient à des élèves le soin d'exécuter certaines parties de leurs tableaux. Il pourrait y avoir ainsi des romans de Balzac et des romans de l'« école » de Balzac. Cela rapporterait gros. Mais il ne saurait se résigner à cette mystification commerciale. Sa fierté lui défend de lancer sous son nom un ouvrage qui ne serait pas entièrement sorti de son cerveau. Cependant, ayant recueilli rue Cassini le malheureux Jules Sandeau, que George Sand a cyniquement répudié et qui crie misère, il envisage de l'utiliser comme nègre et de lui faire écrire, en collaboration avec Etienne Arago, des pièces de théâtre dans le goût du public, sous le pseudonyme collectif de San-Drago. Les trois compères se partageraient les bénéfices des représentations. Mais le projet en reste là.

Tout en rêvant à ces combinaisons douteuses, Balzac continue à se battre contre les pièges de *La Recherche de l'absolu*. « Ce roman, écrit-il à Mme Hanska, reculera certes les bornes de ma réputation, mais ce sont des victoires qui coûtent trop cher. Encore une, et je suis malade sérieusement. *Séraphîta* me coûte aussi bien des cheveux ; il faut de ces exaltations qui n'arrivent qu'aux dépens de la vie [1]. » Et encore : « Ma vie, c'est quinze heures de travail, des épreuves, des soucis d'auteur, de phrases à polir, mais il y a une lueur lointaine, un espoir qui m'éclaire. Enfin la France commence à se remuer pour moi ! La gloire viendra trop tard : j'aime mieux le bonheur. Je ne veux être quelque chose de grand que pour augmenter les jouissances de la personne aimée [2]. » Sa concentration de pensée est telle qu'il en éprouve parfois des vertiges : « J'ai eu hier une inflammation au cerveau par suite de mes trop grands travaux ; mais, par le plus grand des hasards, j'étais chez ma mère qui a une fiole de *baume tranquille* et qui m'en a baigné le front. J'ai horriblement souffert

1. Lettre du 1er juillet 1834.
2. Lettre du 11 août 1834.

pendant neuf ou dix heures. [...] J'ai encore dix jours de travaux sur *La Recherche de l'absolu* qui a failli m'emporter comme *Louis Lambert*, il y a deux ans [1]. » En effet, le 26 août, il peut annoncer à Mme Hanska qu'il vient de terminer son roman : « Fasse le ciel que ce livre soit bon et beau. [...] Tout y est pur. L'amour conjugal y est une passion sublime. L'amour des jeunes filles y est frais. C'est le foyer près de la source. » Mais il avoue qu'il est « trop las de travail, trop épuisé par les fatigues de la conception ». L'obligeant docteur Nacquart, ne sachant plus quel médicament prescrire, ordonne, cette fois encore, à son malade de se retirer à la campagne. Balzac part pour Saché, où les Margonne sont toujours heureux de le recevoir.

La Recherche de l'absolu, à sa publication par Mme Béchet, déçoit les lecteurs habituels de Balzac. Encore une affaire initiatique, alors que la grande masse réclame des histoires d'amour ! « *L'Absolu*, dix fois grand, selon moi, comme *Eugénie Grandet*, va rester sans succès », constate l'auteur avec amertume, à l'intention de Mme Hanska [2]. Mais c'est un autre souci qui lui ôte le sommeil. Par malchance, M. Hanski, bien que peu méfiant de nature, a intercepté deux lettres « non patentes » d'Honoré à son Eve. Pour sauver la mise, Mme Hanska s'est prétendue offensée par la liberté de ton de ces missives. Du coup, Balzac a recours à un subterfuge enfantin pour se justifier. Il écrit au mari afin de lui expliquer que, contrairement aux apparences, ni lui ni Mme Hanska ne sont coupables. Un jour, celle-ci lui a confié en riant – car elle est la gaieté même ! – qu'elle désirait savoir comment on tourne une lettre d'amour. Obéissant à ce vœu candide,

1. Lettre du 20 août 1834.
2. Lettre du 18 septembre 1834.

il a griffonné deux lettres qui ne sont que des pastiches, des trompe-l'œil : celles de Montauran à Marie de Verneuil dans *Les Chouans*. Sans doute a-t-elle oublié qu'il avait promis de le faire pour la divertir et s'est-elle indignée en croyant à un manque d'égards de sa part. Il s'agit donc d'un absurde malentendu. En conséquence, elle et lui doivent être lavés de tout soupçon : « Je serais pour le reste de mes jours l'homme le plus malheureux du monde si cet enfantillage nuisait en rien à Mme de Hanska, écrit-il au mari. Dites-lui, de ma part, Monsieur, combien je suis profondément humilié [...] de lui avoir causé le plus léger chagrin. [...] Elle est si bonne, si complètement innocente, qu'elle me pardonnera peut-être ce que je ne me pardonnerai jamais. Me voilà redevenu bien vraiment un moujik [1]. » M. Hanski est-il dupe de ces maladroites excuses ? En tout cas, il préfère, pour sa tranquillité personnelle, feindre d'être convaincu. Quelle que soit la conduite de sa femme, il ferme les yeux, à condition que le monde, autour de lui, en fasse autant. Blanchie ou non, Eve garde son rang dans la société. L'honneur conjugal est sauf.

Bientôt rassuré sur la suite de sa liaison avec l'Etrangère, Balzac peut reprendre ses travaux avec le soulagement d'avoir franchi un obstacle inattendu et périlleux. A Saché, il a commencé un nouveau roman, *Le Père Goriot*, qui avance à pas de géant. Peu après avoir envoyé sa lettre d'apaisement à M. Hanski, il écrit à sa mère : « J'estime qu'il me faut dix jours pleins, à compter d'aujourd'hui dimanche, pour achever *Le Père Goriot* et *Séraphîta*. [...] Si je puis donner un coup d'épaule à *César Birotteau* pour pousser aux deux tiers, je le ferai. [...] Tu recevras par une boîte qui partira

1. Lettre du 16 septembre 1834.

vers jeudi (2 octobre je crois) le manuscrit du *Père Goriot*. Songe que c'est précieux, unique, et prie Madame Everat [1] de le serrer dans sa commode plutôt que de me perdre cela [...], car c'est une œuvre plus belle encore qu'*Eugénie Grandet*, du moins j'en suis plus *content* [2]. »

1. Femme de l'imprimeur Adolphe Everat.
2. Lettre du 28 septembre 1834.

VI

UN PROJET MONUMENTAL

Il y a, dans l'existence tumultueuse de Balzac, un mouvement de ressort, qui va du repliement à la détente, avec retour immédiat au repliement. Tantôt il ne pense qu'à son œuvre, tantôt il perd son temps en visites, en spectacles, en soupers, en soirées mondaines. Sa vitalité l'empêche de se contenter d'une seule activité, d'une seule femme, d'un seul livre à la fois. Il traite royalement ses amis pour le plaisir de les épater et de s'épater lui-même. Jules Sandeau se souvient d'un dîner offert, le 1er novembre 1834, par Balzac aux cinq « tigres » de la « loge infernale » de l'Opéra. Parmi les convives figurent Charles Nodier et Rossini, avec sa maîtresse Olympe. Le repas est exquis : truite saumonée, poulet, glaces, vins de grand cru. L'orfèvre Lecointe a fourni cinq plats d'argent, trois douzaines de couverts, une truelle à poisson qui est un bijou de collection. Après usage, ces objets somptueux finiront au mont-de-piété. Ce besoin de luxe correspond, chez Balzac, à la nécessité de démontrer sa réussite. Il aime s'entourer de bibelots précieux, d'étoffes soyeuses, de meubles rares pour se prouver qu'il n'a pas écrit en vain, que ses rêves ont pris corps et que, si la critique le harcèle, il a le public pour lui.

Tout en travaillant au *Père Goriot* et à *Séraphîta*, il a commencé un autre roman, *La Fille aux yeux d'or*, qui est encore un épisode de *L'Histoire des Treize*. Cette fois, le héros est un jeune homme d'une beauté saisissante, le comte Henri de Marsay, fils naturel de Lord Dudley. Toutes les femmes, en le voyant, perdent la tête. Mais lui demeure froid devant les séductions du sexe. Jusqu'au jour où il rencontre une créature encore plus belle que lui, la « fille aux yeux d'or », Paquita Valdès. Immédiatement, ses sens frémissent et s'enflamment. Or, Paquita est gardée par un mulâtre à la solde de la marquise de San-Réal, demi-sœur d'Henri de Marsay. Les deux femmes forment un couple contre nature. Bravant tous les obstacles, le jeune homme arrive à rejoindre Paquita dans son boudoir blanc et en fait sa maîtresse. Elle doit reconnaître qu'elle est amoureuse à la fois d'Henri de Marsay et de la marquise de San-Réal, qui la séquestre. Incapable de supporter le partage, le héros décide de se venger, grâce à la complicité des Treize, de ce qu'il considère comme une trahison. Mais, parvenu à la porte du boudoir, accompagné de Ferragus, le chef des Dévorants, il constate que quelqu'un les a devancés. Ayant appris l'infidélité de la fille aux yeux d'or, la marquise de San-Réal, folle de jalousie, l'a frappée à coups de poignard. Le frère et la demi-sœur se retrouvent devant le corps ensanglanté de Paquita, qui murmure en expirant : « Trop tard, mon bien-aimé ! » La marquise partira pour le couvent de Los Dolores, en Espagne, et Henri de Marsay retournera à son existence mondaine, avec le regret d'avoir été frustré d'un crime d'amour.

Cette histoire rocambolesque, pleine de luxure et de violence, choquera nombre de lectrices, parmi lesquelles Mme Hanska et Zulma Carraud. En vérité, il a fallu un certain courage à Balzac pour évoquer ici des amours lesbiennes. Le thème des relations « contre nature » l'obsède depuis longtemps. Il avoue volontiers que ses désirs sont androgynes. Il a parfois l'impression de comprendre les femmes mieux que quiconque, parce qu'il est de la même essence qu'elles. Une telle dualité de tempérament ne peut que servir un romancier appelé à décrire des personnages de l'un et l'autre sexe. Balzac a entendu parler des relations ambiguës de George Sand et de Marie Dorval. Ce couple a matérialisé à ses yeux, un moment, les secrètes délices de l'inversion. Il a noté dans son album de projets littéraires : « Une femme aimant une autre femme et tout ce qu'elle fait pour la préserver du maître [1]. » Puisqu'il a juré d'explorer tous les recoins du cœur humain, il doit, pense-t-il, aborder au passage certains aspects de l'homosexualité. Même dans *Le Père Goriot*, il ne pourra s'abstenir de souligner l'attirance équivoque qu'éprouve le terrible Vautrin pour son « protégé », le jeune Rastignac.

Avec ce nouveau roman, Balzac découvre tout à coup le sens général de l'œuvre qu'il tente d'élever pierre par pierre. « Saluez-moi, car je suis tout bonnement en train de devenir un génie ! » a-t-il déclaré, l'année précédente, aux Surville. Cette idée, il l'a mûrie pendant un an et, le 26 octobre 1834, il peut exposer, dans une longue lettre à Mme Hanska, le plan du monument colossal dont il poursuit la construction : « Je crois qu'en 1838 les trois parties de cette œuvre gigantesque seront, sinon parachevées, du moins superposées et qu'on pourra juger de la masse. *Les Etudes de mœurs* représenteront tous les effets sociaux

1. « Pensées, sujets, fragments », dans *Œuvres complètes*, tome XXVIII (Club de l'Honnête Homme) ; cf. André Maurois, *op. cit.*

sans que ni une situation de la vie, ni une physionomie, ni un caractère d'homme ou de femme, ni une manière de vivre, ni une profession, ni une zone sociale, ni un pays français, ni quoi que ce soit de l'enfance, de la vieillesse, de l'âge mûr, de la politique, de la justice, de la guerre, ait été oublié. Cela posé, l'histoire du cœur humain, tracée fil à fil, l'histoire sociale, faite dans toutes ses parties, voilà la base. [...] Alors, les secondes assises sont les *Etudes philosophiques*, car, après les effets viendront les *causes*. [...] Dans les *Etudes philosophiques*, je dirai pourquoi les sentiments, sur quoi la vie ; quelle est la partie, quelles sont les conditions au-delà desquelles ni la société ni l'homme n'existent ; et, après l'avoir parcourue (la société) pour la décrire, je la parcourrai pour la juger. [...] Puis, après les *effets* et les *causes*, viendront les *Etudes analytiques*, dont fait partie *La Physiologie du mariage*, car après les *effets* et les *causes* doivent se rechercher les *principes*. Les *mœurs* sont le *spectacle*, les *causes* sont les *coulisses* et les *machines*. Les *principes*, c'est l'auteur. Mais, à mesure que l'œuvre gagne en spirale les hauteurs de la pensée, elle se resserre et se condense. S'il faut vingt-quatre volumes pour les *Etudes de mœurs*, il n'en faudra que quinze pour les *Etudes philosophiques* ; il n'en faut que neuf pour les *Etudes analytiques*. Ainsi, l'homme, la société, l'humanité seront décrits, jugés, analysés sans répétition, et dans une œuvre qui sera comme les *Mille et Une Nuits* de l'Occident. Quand tout sera fini, ma *Madeleine*[1] grattée, mon fronton sculpté, mes planches débarrassées, mes derniers coups de peigne donnés, j'aurai eu raison ou j'aurai eu tort. Mais, après avoir fait la poésie, la

1. L'église de la Madeleine, à Paris, commencée en 1764, ne sera achevée qu'en 1842.

démonstration de tout un système, j'en ferai la science dans l'*Essai sur les Forces humaines*. Et, sur les bases de ce palais, moi, *enfant et rieur*, j'aurai tracé l'immense fresque des *Cent Contes drolatiques*. Croyez-vous, Madame, que j'aie beaucoup de temps à perdre aux pieds d'une Parisienne ? Non, il fallait choisir. Hé bien, je vous ai aujourd'hui découvert ma seule maîtresse ; je lui ai ôté ses voiles ; voilà l'œuvre, voilà le gouffre, voilà le cratère, voilà la matière, voilà la femme, voilà celle qui me prend mes nuits, mes jours, qui donne du prix à cette lettre, prise sur les heures de l'étude, mais prise avec délices. »

Ainsi, dès ce mois d'octobre 1834, Balzac entrevoit la somme écrasante de son œuvre, en trace les lignes maîtresses et en distribue les volumes avec sûreté. On croirait qu'il veut épuiser à lui seul les ressources romanesques du monde. Son ambition est de tout dire, une fois pour toutes, sur la société de son temps et de tous les temps. Après lui, les écrivains ne pourront plus que répéter la chanson. Il leur aura coupé l'herbe sous le pied. Il sera à jamais l'unique romancier de France. Certes, il n'a pas encore choisi le titre qu'il donnera à cet ensemble architectural. Celui d'*Etudes sociales* est un peu plat pour un cycle qui doit être « les *Mille et Une Nuits* de l'Occident ». Mais il ne doute pas de trouver mieux en cours de route. Afin de préparer le public au phénomène littéraire qu'il compte lui offrir, il charge un jeune auteur, Félix Davin, dont il a fait la connaissance par Berthoud, de rédiger deux longues préfaces pour les *Etudes de mœurs* et les *Etudes philosophiques*. Dans son introduction, Félix Davin précise : « Notre tâche se borne à montrer les attaches par lesquelles cette première partie [les *Etudes de mœurs*], si vaste dans son ensemble, si variée dans ses accidents, se soude aux deux autres dont elle est la base. » En réalité, ces explications de bâtisseur professionnel n'intéressent guère les lecteurs. Ce qu'ils recherchent, ce n'est pas la structure générale d'un édifice non encore achevé, mais l'émotion que leur procure tel ou tel roman qui en est un des éléments essentiels. Et, à cet égard, *Le Père Goriot* comble les vœux du public.

Dans l'album où Balzac consigne en quelques mots la substance de ses projets, on lit : « Un brave homme – pension bourgeoise – 600 francs de rente – s'étant dépouillé pour ses filles qui, toutes deux, ont 50 000 francs de rente – mourant comme un chien[1]. » Avant même d'avoir terminé son ouvrage, il annonce à Mme Hanska : « *Le Père Goriot* est une belle œuvre, mais monstrueusement triste. Il fallait bien pour être complet montrer un *égout moral* de Paris et cela fait l'effet d'une plaie dégoûtante[2]. » Et, c'est vrai, la richesse en personnages, en caractères, en intrigues du roman dépasse tout ce qu'il a conçu jusqu'à ce jour. Au centre de cet enchevêtrement d'histoires convergentes, trône Goriot, le père humilié, ruiné, renié par ses deux filles, Anastasie de Restaud et Delphine de Nucingen, toutes deux brillamment mariées et qu'il adore jusqu'à l'oubli de lui-même. Cette paternité est son unique raison de vivre. Elle lui tient lieu, sur ses vieux jours, de passion charnelle et presque de religion. Dédaigné par ses gendres, il se contente d'apercevoir parfois les deux jeunes femmes, de loin, dans leur superbe équipage, sur les Champs-Elysées. Malgré leur indifférence, il veille sur leur bonheur, s'inquiète de leurs soucis et se fait le complice de leurs écarts de conduite. « Ma vie à moi est dans mes deux filles, dit-il.

1. « Pensées, sujets, fragments », dans *Œuvres complètes*, t. XXVIII.
2. Lettre du 22 novembre 1834.

Si elles s'amusent, si elles sont heureuses, bravement mises, si elles marchent sur des tapis, qu'importe de quel drap je sois vêtu et comment est l'endroit où je couche ? Je n'ai point froid si elles ont chaud, je ne m'ennuie jamais si elles rient, je n'ai de chagrins que les leurs. »

A côté du « bonhomme », se dresse le redoutable Vautrin, qui pourrait bien s'appeler Ferragus ou Vidocq. Ancien forçat, il habite, lui aussi, la paisible pension Vauquer, dont les clients et les rites sont décrits par l'auteur avec une verve magistrale. Cynique, entreprenant, doué d'un pouvoir presque surnaturel, ce hors-la-loi professe qu'un malfaiteur qui a réussi est assuré du respect de tous ses concitoyens dans une société corrompue. Il prend sous sa protection le jeune Eugène de Rastignac, qui, arrivé depuis peu de sa Gascogne natale, est épouvanté par la pourriture et l'hypocrisie de Paris. Les femmes au visage le plus radieux n'y sont que des monstres d'égoïsme et de duplicité. Les unes bafouent leur père, les autres trompent leur mari, d'autres encore s'abaissent lamentablement à cause d'un amant qui les néglige. Partout règnent la cruauté, les calculs d'intérêt, l'argent, les manœuvres louches. « Il n'y a pas de principes, dit Vautrin à Rastignac qu'il catéchise, il n'y a que des événements ; il n'y a pas de lois, il n'y a que des circonstances : l'homme supérieur épouse les événements et les circonstances pour les conduire. » Et aussi : « Il faut vous manger les uns les autres, comme des araignées dans un pot, attendu qu'il n'y a pas cinquante mille bonnes places. » Rastignac est à la fois d'une pureté quasi enfantine et d'une féroce ambition. En le peignant, Balzac se peint lui-même à l'âge de ses premières expériences sentimentales et mondaines. D'ailleurs, le personnage a deux sœurs, comme l'auteur, et l'aînée se prénomme précisément Laure. Mais Honoré n'a pas eu de Vautrin pour le piloter à ses débuts. Il a dû découvrir par lui-même la dureté du monde. Aujourd'hui, il est blindé. Il peut dire son fait à cette humanité où les vices grouillent comme les vers sur un cadavre. Ainsi se côtoient, dans *Le Père Goriot*, le mythe de la paternité sublime, celui de la lutte sans merci des « arrivistes » et celui d'une ville vouée au profit, au plaisir et au mensonge. Au terme de plusieurs drames psychologiques, dont les péripéties se heurtent savamment, Rastignac assiste à l'agonie de Goriot, à son enterrement et, après s'être recueilli sur la tombe de cette victime des cœurs secs, s'écrie, comme le jeune Balzac défiant Paris des hauteurs du Père-Lachaise : « A nous deux maintenant ! » Enfin, pour mieux dominer la cité maudite et affirmer son appartenance au clan des conquérants insensibles, Rastignac va dîner chez Mme de Nucingen, la propre fille du mort, qui, pas plus que sa sœur, Mme de Restaud, ne s'est rendue au cimetière.

Afin d'animer ces personnages au relief puissant, Balzac, selon son habitude, a eu recours à ses souvenirs. Goriot, ancien fabricant de pâtes, doit beaucoup à son propriétaire de la rue Cassini, Marest, négociant en farine ; la pension Vauquer, creuset de l'histoire, dont l'enseigne précise : « Pension bourgeoise des deux sexes et autres », porte le nom d'un habitant de Tours et rappelle par son atmosphère plusieurs établissements du même genre que l'auteur a eu l'occasion de fréquenter ; l'abominable « maman Vauquer », qui régente la maison, prononce *tiyeuille* pour tilleul, comme Mme Hanska ; Vautrin, c'est Vidocq ; Rastignac présente une copie conforme d'Honoré à ses débuts ; et les femmes du livre ont toutes quelques traits de celles qui ont compté dans sa vie. Mais ces détails authentiques, transformés par la bouillonnante imagination balzacienne, ont donné naissance à des figures originales qui font concurrence à la réalité. Enfin, ce roman offre une innovation capitale : le retour des personnages d'un livre à l'autre. Ce qui n'était au commencement de l'entreprise qu'une coïncidence, voire une négligence, devient un système. Des chemins de traverse relient entre eux les différents volumes de la série. Désormais, il y aura un univers fictif où circuleront les mêmes médecins, les mêmes policiers, les mêmes financiers, les mêmes usuriers, les mêmes hommes de loi, les mêmes femmes à la mode. Le lecteur les saluera au passage comme de vieilles connaissances. Elles lui procureront l'illusion d'entrer de plain-pied dans un monde aussi vrai que celui où il est habitué à vivre. Il y aura d'un côté l'humanité créée par Dieu, de l'autre celle créée par Balzac. Et, pour peu que le public ait un grain de fantaisie, il préférera la seconde à la première. En tout cas, Balzac se sent plus proche du cosmos tiré de son cerveau que de celui où s'agitent ses contemporains. Il ne lui paraîtrait pas surprenant de rencontrer Vautrin ou Rastignac au coin d'une rue, Mme de Nucingen dans un salon. Evidemment, pour étendre cette théorie des « retours » à l'ensemble de l'œuvre, il faudra remanier certains textes anciens, remplacer un nom par un autre, ajuster quelques dates. Ainsi s'affirmera cette impression d'unité foncière, qui incitera les foules à considérer chaque roman comme faisant partie d'un tout sans égal dans la littérature.

Dès à présent, Balzac sait que *Le Père Goriot* constitue la clé de voûte de cette cathédrale élevée à la gloire de la condition humaine. Mais le travail de rédaction, de révision, d'agencement le tue. Il croit parfois combattre avec sa plume contre l'« hydre » à sept têtes. « Ne vous étonnez que d'une chose, écrit-il à la duchesse d'Abrantès : de ne pas avoir déjà appris ma mort[1]. » A Zulma Carraud, qui vient de mettre au monde un fils et souhaite, elle aussi, la visite de l'insaisissable écrivain, il réitère sa plainte : « Jamais le torrent qui m'emporte n'a été plus rapide ; jamais une œuvre plus majestueusement terrible n'a commandé le cerveau humain. Je vais, je vais au travail comme le joueur au jeu ; je ne dors plus que cinq heures ; j'en travaille dix-huit, j'arriverai tué. Mais votre souvenir me rafraîchit quelquefois[2]. » De son côté, la marquise de Castries, dans l'espoir de renouer avec lui des relations de tendre amitié, l'a fait inviter par son oncle, le duc de Fitz-James, au château de Quévillon. Il lui répond par une lettre de refus, dans laquelle il l'appelle cérémonieusement « Madame ». Elle s'en offense : « Je ne viens pas vous redemander l'affection tant promise. Non, si vous ne l'avez plus au cœur, ne l'ayez plus aux lèvres. [...] Mon ami, on rompt avec une maîtresse, mais avec une amie, une amie qui veut jouir de tous vos bonheurs et partager vos chagrins, une amie de trois ans avec qui on a pensé, une amie si triste et si malade ! Eh ! mon Dieu, je n'ai plus que des jours, pourquoi y jeter un chagrin de plus et un douloureux ? Ce Madame m'a fait mal ! [...] J'ai peut-être été maussade, mais je souffre tant ! Vous que je connais bon, ne seriez-vous dur que pour moi ? Eh bien, je ne puis le croire, car moi je suis la même. [...] Votre silence me dira que tout est fini. Tout est fini, oh non, n'est-ce pas ? Vous m'aimez encore, je suis votre amie, votre Marie[3]. Adieu, ne fai-

1. Lettre d'octobre 1834.
2. Lettre du 25 décembre 1834.
3. Balzac a donné ce prénom à la duchesse d'Abrantès, puis à la marquise de Castries.

tes pas attendre ce mot qui me fera battre le cœur[1]. »
Ce « mot », Balzac tarde à l'envoyer, bien qu'il soit intimement flatté qu'une femme qui a naguère repoussé
ses avances s'abaisse aujourd'hui à mendier son amitié.
Sans doute est-ce son prodigieux succès d'écrivain qui
a gâché leurs rapports. Elle le lui laisse entendre dans
une autre lettre et, cette fois, il lui répond avec un
regain de sollicitude et de vanité : « Oui, vous me
connaissez bien peu si vous croyez qu'il existe des succès qui puissent ou m'enivrer ou me faire oublier ce
que j'aime. Pour moi, le succès n'est rien, car le succès
vient du monde ; le bonheur est tout et ne vient que
d'une seule personne, aussi est-elle plus que le
monde[2]. »

Au début de 1835, Balzac, recru de fatigue, se réfugie
à la Bouleaunière, auprès de Mme de Berny, qui n'est
plus que le fantôme d'elle-même. La maladie l'a préma-
turément diminuée. Cette décrépitude le désole comme
si, en contemplant ce qui reste de sa Dilecta, il disait
définitivement adieu à sa jeunesse. « Elle est atteinte
d'un anévrisme au cœur, écrit-il à Mme Hanska. Cette
vie si précieuse est perdue ; à tout moment la mort peut
m'enlever un ange qui a veillé sur moi pendant quatorze
ans, une fleur de solitude aussi, que jamais le monde
n'a touchée et qui était mon étoile. Mes travaux ne vont
pas sans pleurs. Les soins qu'elle réclame jettent aussi
de l'incertitude sur le temps dont je pourrais disposer,
quoiqu'elle-même se joigne au médecin pour me
conseiller de fortes distractions. Elle pousse l'amitié
jusqu'à me cacher ses souffrances. Elle veut être bien
portante pour moi. [...] Perdre cette noble et grande
partie de ma vie et vous savoir si loin, c'est à se jeter

1. Lettre du 29 octobre 1834.
2. Lettre du 16 janvier 1835.

dans la Seine [1]. » Si Balzac parle avec une telle émotion de Mme de Berny à Mme Hanska, c'est parce qu'il sait pertinemment que la seule femme dont son Eve ne soit pas jalouse demeure la pauvre et inoffensive Dilecta.

Revenu rue Cassini, l'âme lourde, il est ragaillardi par le succès du *Père Goriot*, dont la publication vient de commencer dans *La Revue de Paris*. Terminé le 26 janvier, le roman enthousiasme les lecteurs dès les premiers chapitres. « *Le Père Goriot* est un étourdissant succès, écrit-il à Mme Hanska. Les plus acharnés ennemis ont plié le genou. J'ai triomphé de tout, des amis comme des envieux [2]. » Et, deux semaines plus tard, à la même : « Je puis vous le dire, cette œuvre a été faite en quarante jours, je n'ai pas dormi dans ces quarante jours quatre-vingts heures. Mais il faut que je triomphe. [...] D'ailleurs, *Le Père Goriot* fait fureur, il n'y a jamais eu tant d'empressement à vouloir lire un livre, les marchands l'affichent d'avance. Il est vrai que cela est grandiose [3]. » Il envoie à son Eve le manuscrit relié par Spachmann, avec cette dédicace : « *A Madame E. de H. Tout ce que font les moujiks appartient à leurs maîtres. – H. de Balzac*. Mais je vous supplie de croire que je ne vous devrais pas ceci en vertu des lois qui régissent vos pauvres esclaves que je l'apporterais encore à vos pieds, amené par la plus sincère des affections. – 26 janvier 1835. L'habitant de l'hôtel de l'Arc à Genève. » Sous la date, ces mots rayés mais lisibles : « Le jour inoubliable ! » En effet, le 26 janvier est le jour anniversaire de la conquête amoureuse de l'auteur, l'année précédente.

La première édition du *Père Goriot*, en deux volumes

1. Lettre du 4 janvier 1835.
2. Lettre du 26 janvier 1835.
3. Lettre du 10 février 1835.

in-octavo, est mise en vente par Werdet, associé au relieur Spachmann, le 2 mars 1835. L'engouement des lecteurs se confirme. Mais la critique montre les dents. On accuse Balzac de présenter une caricature hideuse de la société parisienne et de ne s'intéresser qu'aux femmes sans cœur, adultères de surcroît. Piqué au vif, il répond par une préface humoristique : « Si quelques-unes des personnes qui reprochent à l'auteur son goût littéraire pour les pécheresses lui faisaient un crime d'avoir lancé dans la circulation *livresque* une mauvaise femme de plus en la personne de Mme de Nucingen, il supplie ses jolis censeurs en jupons de lui passer encore cette pauvre petite faute. En retour de leur indulgence, il s'engage formellement à leur faire, après quelque temps employé à chercher son modèle, une femme vertueuse par goût. » Et, pour mieux se justifier, il précise que, dans ses œuvres déjà publiées, apparaissent trente-huit femmes sans tache contre vingt-deux plus ou moins « viles ». Mais cette mise au point ne désarme pas la presse. Une coalition de journalistes se forme contre lui, dont certains sont exaspérés par son luxe outrancier et sa vantardise, d'autres par l'abondance de sa production. Dès le mois de décembre 1834, le journal *La Mode* donne le ton : « M. Balzac est *l'inévitable* de la librairie ; de la librairie, entendons-nous bien, car *librairie* et *littérature* ne sont pas des mots synonymes. [...] M. Balzac, qui partage avec M. Paul de Kock l'honneur de voir son nom en lettres de quatre pouces de haut sur les vitres de tous les cabinets de lecture de Paris, de la banlieue et de la province [...], M. Balzac nous promet, dans des catalogues d'éditeurs, de quoi alimenter pendant dix ans l'appétit des plus robustes consommateurs d'ouvrages modernes. Dieu nous soit en aide[1] ! »

1. Cf. André Maurois, *op. cit.*

Agacé par ces aboiements de roquets contre son œuvre et sa personne, Balzac regrette de n'avoir pas à ses côtés un Ferragus qui, avec sa bande de Dévorants, ferait taire la meute. Il rêve depuis longtemps d'une association secrète dont les membres s'épauleraient pour accéder plus rapidement à la fortune et à la gloire. Plus tard, il fondera, avec Théophile Gautier et quelques autres écrivains, parmi lesquels Léon Gozlan et Alphonse Karr, une sorte de club fraternel : le « Cheval rouge », pour permettre aux « initiés » d'enlever les « positions clés » de l'édition, de la presse, de la politique et du théâtre. Mais cette tentative de mainmise sur tous les leviers de commande du pouvoir est presque aussitôt abandonnée, Balzac ayant constaté une trop grande divergence d'idées entre ses équipiers et lui-même. Il se contente d'héberger, rue Cassini, l'inconsolable Jules Sandeau et de le charger d'écrire, sous sa direction, un drame sur la Grande Mademoiselle, cousine germaine de Louis XIV, et sur ses démêlés avec Lauzun. Mais « le petit Jules » se révèle tellement paresseux et inattentif que Balzac finit par se lasser de lui. En le voyant vivre dans son ombre, l'esprit vide et le cœur mou, remettant toujours les efforts au lendemain, il comprend que George Sand l'ait abandonné. De son côté, Jules Sandeau est excédé par l'énergie et l'entêtement de ce Sisyphe qui s'obstine à rouler devant lui le rocher de son œuvre. Un jour de mars 1836, il déménagera sans crier gare, laissant derrière lui le loyer impayé et quelques dettes. « C'est un homme à la mer, comme on dit sur un vaisseau perdu sur l'Océan et battu par la tempête », écrira Balzac à Mme Hanska [1].

Or, entre-temps, lui-même a déménagé de la rue Cassini pour s'installer en secret dans une « cellule inabor-

1. Lettre du 20 mars 1836.

dable », 13, rue des Batailles, à Chaillot. Le motif de ce brusque changement de domicile ? La peur des créanciers qui l'assiègent pour lui soutirer les quelques louis qu'il a pu obtenir d'un éditeur. En outre, le conseil de discipline de la garde nationale l'a condamné, le 27 janvier, puis le 10 mars, à plusieurs jours de prison pour n'avoir pas répondu à des convocations lui enjoignant de monter la garde. Il rit de bon cœur à l'idée que le plus grand romancier du siècle ait été traité par l'autorité militaire comme un vulgaire citoyen. Mais il ne veut plus s'exposer à de pareils tracas.

Afin de brouiller les pistes, il a loué l'appartement de la rue des Batailles au nom d'une Mme veuve Durand qui n'existe que dans son imagination. Le loyer se monte à cent soixante-quinze francs par trimestre. L'endroit est à peu près désert. Pour pénétrer dans la maison, à la façade délabrée, il faut donner le mot de passe. Une formule qui change souvent, par mesure de précaution : « La saison des pommes est arrivée... » « J'apporte des dentelles de Belgique... » Le visiteur traverse un rez-de-chaussée et un premier étage inhabités, puis, au second, à l'extrémité d'un couloir obscur, pousse une porte. Il s'attend à découvrir un taudis et tombe dans un palais oriental, dont les fenêtres ouvrent sur l'immensité de Paris. Le panorama s'étale de l'Etoile, sur la rive droite, au Panthéon, sur la rive gauche. Nul souci d'économie dans le changement d'adresse de Balzac. Il a dépensé sans compter pour faire aménager, par le tapissier Moreau, un boudoir-cabinet de travail semblable à celui de Paquita, la « fille aux yeux d'or ». Un large divan, drapé de cachemire blanc à bouffettes de soie noire et ponceau, est le centre d'attraction de ce haut lieu de la volupté. Les murs disparaissent sous des voiles de mousseline dont la transparence révèle une tenture ponceau. Du plafond, pend un lustre de vermeil mat. La corniche est dorée. Tout est soyeux, rutilant, vaporeux... Qui Honoré, ce solitaire, espère-t-il attirer dans ce paradis sur mesure ? Mme Hanska est inaccessible. Alors, de nouveau, il songe à la marquise de Castries. Maintenant qu'elle est venue à résipiscence, il ne lui déplairait pas de renouer avcc elle des relations d'amitié amoureuse. « Mon Dieu, lui écrit-il, comment pouvez-vous rêver que je suis rue Cassini ? Je suis à quelques pas de vous [1]. Je n'aime pas votre tristesse, je vous gronderais beaucoup si vous étiez là. Je vous poserais sur un grand divan où vous seriez comme une fée au milieu de son palais et je vous dirais qu'il faut aimer dans cette vie pour vivre. Et vous n'aimez pas. Une affection vive est le pain de l'âme. » Et il lui annonce qu'il travaille à un nouveau roman, *Le Lys dans la vallée*. Délicate attention : l'héroïne, comme elle, portera le prénom d'Henriette. « Ce sera à fondre en larmes, je me surprends à pleurer, dit-il encore. [...] Un soir, vous me verrez arriver avec *Le Lys* et, si vous pleurez, vous ne m'en voudrez pas [2]. » Peu après, l'invitation à un rabibochage devient plus pressante : « Une heure de distraction féminine me ferait peut-être un grand bien. [...] Pourquoi ne viendriez-vous pas à l'heure où je me lève vous poser comme un oiseau sur ce divan, une heure ? Qui dans le monde saurait cela ? Nous deux. Entre onze heures et une heure, vous auriez un moment de vie poétique et mystérieuse, mais vous vous vieillissez trop à

1. La rue des Batailles, sur l'emplacement de l'actuelle avenue d'Iéna, était évidemment plus proche de l'hôtel de Castellane, rue de Grenelle, domicile de Mme de Castries, que la rue Cassini.
2. Lettre du 10 mars 1835.

plaisir pour que je croie à ces belles choses de jeunesse [1]. »

En attendant cette visite improbable, il reçoit celle du prince Alfred Schönburg, envoyé extraordinaire de l'empereur d'Autriche, venu faire part à Louis-Philippe de l'avènement au trône de Ferdinand Ier. Le prince est porteur d'une lettre de Mme Hanska. Il s'est informé à droite, à gauche, et a fini par obtenir la nouvelle adresse de l'écrivain. Il le trouve vêtu de son froc monacal, le ventre ceint d'une corde, le cheveu long et le sourire jovial. Balzac accueille fort courtoisement ce messager exceptionnel et lui remet, à l'intention de Mme Hanska, le manuscrit de *La Fille aux yeux d'or*.

Bien entendu, il rendra compte à son Eve de cette entrevue protocolaire. Comme d'habitude, dans sa correspondance avec elle, il se plaint de ses obligations d'écrivain qui le rongent vivant. Tout en rédigeant ou en corrigeant divers romans, il s'acharne à terminer *Séraphîta*, dont *La Revue de Paris* a déjà commencé la publication. « On peut faire *Goriot* tous les jours ; on ne fait *Séraphîta* qu'une fois dans sa vie [2] », prétend-il pour se donner du courage. Et, peu après : « Depuis environ vingt jours, j'ai travaillé constamment douze heures à *Séraphîta*. Le monde ignore ces immenses travaux ; il ne voit et ne doit voir que le résultat. Mais il a fallu dévorer tout le mysticisme pour le formuler. *Séraphîta* est une œuvre dévorante pour ceux qui croient. [...]. Ce qui m'a horriblement coûté ces derniers jours, c'est la réimpression de *Louis Lambert* que j'ai essayé de faire arriver à un point de perfection qui me laisse tranquille sur cette œuvre. [...] C'est une nouvelle formule pour l'humanité qui est le lien qui relie

1. Lettre de la fin mars 1835.
2. Lettre du 11 mars 1835.

Louis Lambert à *Séraphîta*[1] ». Dans la même lettre, il annonce avec fierté à Mme Hanska que le sculpteur Jean-Pierre Dantan, spécialiste de la caricature des hommes célèbres, a fait de lui deux statuettes comiques en plâtre patiné, qu'elles sont fort en vogue dans le public et qu'il va les lui envoyer pour la divertir. « Le sujet principal de la charge, précise-t-il, est cette fameuse canne à ébullition de turquoises, à pomme d'or ciselé qui a plus de succès en France que toutes mes œuvres. Quant à moi, il m'a *chargé* sur ma grosseur. J'ai l'air de Louis XVIII. » Il affirme que, d'après les voyageurs revenus d'Italie, on ne parle que de cette canne à Naples et à Rome. A Paris même, tous les dandys en sont jaloux[2] : « Si l'on vous disait dans vos voyages que j'ai une canne-fée qui lance des chevaux, fait éclore des palais, crache des diamants, ne vous en étonnez pas et riez avec moi. » C'est avec un contentement puéril qu'il assiste à la naissance de sa légende. De personnage réel, il devient personnage de roman. Que souhaiter de mieux pour un écrivain dit « populaire » ? Et il conclut sa longue lettre : « Allons, adieu. Il est deux heures du matin. Voici une heure et demie volée à *Séraphîta*. Elle gronde, elle m'appelle, il faut la finir, car *La Revue de Paris* gronde aussi ; elle est en avance avec moi de 1 900 francs, et *Séraphîta* comble à peine ce compte. Adieu, vous imaginez bien que je pense à vous en achevant l'œuvre qui est à vous. Il est temps qu'elle paraisse ; la littérature d'ici a décidé que je n'achèverais jamais cette œuvre-là, que c'était impossible. »

Il se hâte d'autant plus de boucler ce roman récal-

1. Lettre du 30 mars 1835.
2. Soutenant la légende, Delphine de Girardin écrira *La Canne de M. de Balzac*.

citrant que Mme Hanska, qui se trouve maintenant à Vienne avec sa famille, est sur le point de repartir pour la Russie. Or, il veut absolument lui remettre en main propre le manuscrit de *Séraphîta*. Toutefois, son impatience à en finir avec cette « œuvre dévorante » pour voler vers l'Etrangère s'accorde fort bien, chez lui, avec l'intérêt qu'il porte à une nouvelle venue, la belle comtesse Guidoboni-Visconti. Dès qu'il a un moment de loisir, il se précipite pour la rencontrer, à Versailles ou à Meudon. Ces escapades galantes l'émoustillent et il s'en explique avec sa confidente habituelle, Zulma Carraud : « Il y a en moi plusieurs hommes : le financier, l'artiste luttant contre les journaux et le public, puis l'artiste luttant avec ses travaux et ses sujets. Enfin, il y a l'homme de passion qui s'étale sur un tapis aux pieds d'une fleur, qui en admire les couleurs et en aspire les parfums. Ici, vous direz : – Ce coquin d'Honoré ! Non, non, je ne mérite pas cette épithète ; vous me trouveriez bien beau de me refuser à toutes les joies qui se présentent et de m'enfermer pour continuer l'œuvre ! » Au passage, il promet à sa correspondante d'aller la voir bientôt. Mais, en attendant, il est trop pris par *Séraphîta* d'une part et la comtesse de l'autre : « Depuis quelques jours, je suis tombé sous la domination d'une personne fort envahissante et je ne sais comment m'y soustraire car je suis comme les pauvres filles, sans force contre ce qui me plaît [1]. »

A la longue cependant, la Polonaise l'emporte sur l'Italo-Anglaise. Balzac se reconnaît moralement et sentimentalement tenu de rejoindre son Eve avant qu'elle ne s'éloigne de nouveau, et pour longtemps peut-être. « Je ne veux pas que vous alliez vous replonger dans vos déserts sans que j'aie serré votre main,

1. Lettre du 17 avril 1835.

lui écrit-il le 3 mai 1835. Je ne veux remettre à personne le manuscrit de *Séraphîta*. Je vous l'apporterai moi-même. » Il a déjà pris son passeport. Pourtant, il hésite encore à quitter sa table de travail. Vaut-il mieux écrire un roman ou aimer une femme ? Il se décide pour la femme. Elle est jalouse. Elle le dit dans ses lettres. Il faut qu'il la voie pour calmer ses soupçons. Son plan est établi : à Vienne, il déposera le manuscrit de *Séraphîta* aux pieds de Mme Hanska, il terminera *Le Lys dans la vallée*, il louera une voiture pour se rendre sur les champs de bataille de Wagram et d'Essling (visite nécessaire à la rédaction de ses *Scènes de la vie militaire*) et il goûtera auprès de sa bien-aimée les délices d'une passion que la séparation aura portée à son paroxysme. Fort de ces projets érotico-littéraires, il supplie les Hanski de retarder leur absurde départ pour l'Ukraine. S'ils accèdent à la prière d'un malheureux qui se languit loin d'eux, il ira passer quatre jours à Vienne. « Je suis joyeux comme un enfant de cette escapade, leur dit-il dans la même lettre. Quitter mon bagne et voir du pays. Allons, à bientôt ! » Et il annonce qu'il se munira de sa fameuse canne pour essayer sur eux son pouvoir magique.

VII

LE LYS DANS LA VALLÉE

Balzac a toujours attaché une grande importance aux signes extérieurs de la prospérité. C'est même quand il est le plus démuni qu'il veut paraître le plus fastueux. Pour son voyage à Vienne, il demande une avance à Werdet. Celui-ci, étant à court d'argent, s'adresse au baron James de Rothschild qui prête une somme jugée suffisante. Aussitôt, Balzac redresse la tête et, incapable de se restreindre, loue une « calèche-poste-chaise » chez Panhard, dit Prieur, carrossier, pour quatre cents francs. Comme un personnage de son envergure ne peut se déplacer sans domestique, il sera accompagné de son valet de chambre, Auguste.

Après un passage à Strasbourg et à Karlsruhe, il s'arrête, sur l'invitation du prince Alfred Schönburg, au château de Wenheim, près de Heidelberg. Le prince le présente à l'ex-Lady Ellenborough, femme d'une grande beauté et de mœurs très libres, qui a été, dit-on, la maîtresse du prince Félix Schwarzenberg, puis la favorite de Louis Ier, roi de Bavière, lequel lui a fait épouser un noble bavarois, Karl Heribert von Venningen. Elle serait actuellement du dernier bien avec Alfred Schönburg. En la regardant, en l'écoutant, Balzac songe à Lady Dudley, Arabelle, personnage du *Lys dans la vallée,* dont elle lui paraît avoir toutes les qualités et tous les défauts. A travers elle, il se flatte de déceler le caractère dominant des Anglaises. Le soir, dans le parc du château, assis sur un banc, pendant que le prince Schönburg bavarde galamment avec elle, il note au crayon les « pensées » de Louis Lambert qu'il voudrait ajouter dans une nouvelle édition du roman. Ainsi, dans sa tête qui ne se repose jamais, se mêlent les préoccupations du livre en cours avec celles des livres anciens qu'il a hâte de remanier. A croire que son œuvre n'est pas terminée, qu'elle bouge encore, qu'elle ne finira qu'avec lui. En quittant Wenheim, il a la double satisfaction d'avoir avancé dans la conception du *Lys dans la vallée* et d'avoir approfondi le sujet de *Louis Lambert* par des considérations métaphysiques (au vrai bien inutiles !).

Après sept jours de voyage, par Stuttgart, Munich, Linz et Schönbrunn, il fait son entrée à Vienne. Les Hanski ont loué pour lui une chambre à l'hôtel *Zur goldenen Birne (A la Poire d'Or)*, dans la Landstrasse, non loin du Prater. Eux-mêmes sont logés tout près, à la *Walterisches Haus.* Il arrive le cœur débordant de toutes sortes d'espoirs. La déception est immédiate. En dix-huit mois de séparation, sa chère Eve s'est refroidie à son égard. Les racontars des amies polonaises de Paris ont terni à ses yeux l'image qu'elle se faisait de lui, écrivain génial, solitaire et fidèle. En outre, les obligations de la vie mondaine, à Vienne, les empêchent de s'isoler. Quelques baisers entre deux portes ne peuvent contenter un amant longtemps sevré de caresses. Il se plaint de l'indifférence qu'elle lui témoigne et elle répond par une lettre acerbe, lui reprochant sa tenue plus originale qu'élégante, qui risque de déplaire dans la haute société. Il se vexe et lui adresse en retour ce billet laconique : « Si je ne suis pas sale, je suis décidément bête, car je ne comprends rien à ce que vous me faites l'honneur de me dire. » Un autre mot de sa main est intitulé : « Billet d'un homme sale et sans soins. »

Ce brusque dédain est compensé pour Balzac par l'engouement du public viennois. Les invitations les plus flatteuses se succèdent et il en est à la fois émerveillé et excédé. S'il ne veut pas renoncer à écrire, il doit limiter les sorties. « Pour trouver mes douze heures de travail, annonce-t-il à Mme Hanska, je dois me coucher à neuf heures, afin de pouvoir me lever à trois heures du matin, et cette règle, toute monastique, à laquelle je me suis astreint, domine tout. J'ai fait fléchir pour vous la rigueur de mon observance en me donnant trois heures de plus qu'à Paris où je me couche à six heures du soir, mais c'est tout ce que je puis faire [1]. » Et encore : « Je voulais aller voir le Prater au matin, dans sa solitude. Si vous vouliez, ce serait bien gracieux, car, ne me mettant que demain au *Lys dans la vallée*, il faudra travailler d'abord quatorze heures pour regagner le temps perdu. Et je me suis juré de faire cette œuvre à Vienne, ou, sinon, de me jeter dans le Danube [2]. »

Pourtant, il y a des moments heureux dans ces réceptions et ces visites qu'il prétend éviter dans la mesure du possible. Ainsi se rend-il, le 20 mai, muni de la recommandation de Mme de Castries, auprès du grand-père paternel de son fils, le prince Clément de Metternich, chancelier d'Autriche. Il est reçu avec bonhomie. La princesse Mélanie, troisième femme du chancelier, note dans son journal : « Ce matin, Clément a vu Balzac. Il a commencé la conversation en ces

1. Lettre du 17 mai 1835.
2. Lettre postérieure au 20 mai 1835.

termes : – Monsieur, je n'ai lu aucun de vos ouvrages, mais je vous connais et il est clair que vous êtes fou ou que vous vous égayez aux dépens des autres fous et que vous voulez les guérir au moyen d'une folie encore plus grande. Balzac répondit que Clément avait deviné juste, que cela était son but et qu'il l'atteindrait. Clément a été enchanté de la manière dont il voit et juge les choses. » Cinq jours plus tard, nouvelle remarque de la princesse Mélanie : « Balzac me fait l'effet d'un homme simple et bon, exception faite de son costume qui est fantastique. Il est petit et corpulent, mais ses yeux et sa physionomie annoncent beaucoup d'esprit. [...] Nous avons causé politique. Il se dit royaliste enragé ; moi, je me suis montrée tout à fait comme je suis. »

Avec un général, le prince Frédéric Schwarzenberg, il visite le champ de bataille de Wagram. Il compte s'en servir pour certaines descriptions des *Scènes de la vie militaire*, tout en se demandant s'il les fera un jour. Il voit aussi le baron Joseph von Hammer-Purgstall, orientaliste et conseiller aulique, qui lui fournit un texte calligraphié en caractères arabes, destiné à remplacer, dans une future édition de *La Peau de chagrin*, l'inscription en caractères latins des éditions précédentes. Evidemment, l'inscription devrait être en sanscrit, mais, Hammer-Purgstall ignorant cette langue, Balzac déclare se contenter de l'arabe. De toute façon, les lecteurs n'y verront que du feu ! L'orientaliste lui remet également un cachet-talisman, monté en bague et orné d'une sentence sibylline. Ce cachet mystérieux, c'est le « Bédouck ». « Un jour, dit Hammer-Purgstall, vous connaîtrez l'importance du petit cadeau que je vous fais. » D'après lui – et Balzac en est aussitôt persuadé –, ce bijou vient du Prophète, a été volé au Grand Mogol par un Anglais et possède un pouvoir magique qui se communique à tous ses propriétaires. Balzac raffole des amulettes. Il estime qu'il n'en aura jamais assez pour l'aider dans sa carrière aventureuse.

Ici, tout le monde l'admire sans réserve. Que n'en est-il de même en France ! Peut-être, grâce au Bédouck, la chance finira-t-elle par lui sourire en littérature comme en amour ? Astolphe de Custine, qui lui aussi se trouve de passage à Vienne, est frappé par le succès international de l'écrivain. « J'ai beaucoup vu Balzac chez M. de Metternich, écrira-t-il à Sophie Gay, le 21 août 1835. Il m'avait paru réussir. Le prince me dit un jour : – Que pensez-vous de lui ? – Je pense que c'est un homme plein d'imagination. C'est plus qu'un auteur, c'est la littérature. – Je le crois bon homme. Telle fut sa réponse. » Dans la même lettre, Astolphe de Custine raconte que Balzac l'a présenté à Mme Hanska, « une Polonaise, bel esprit des solitudes de l'Ukraine, la femme la plus savante des bords du Don ». Justement, Mme Hanska pose chez le célèbre miniaturiste Moritz Michael Daffinger, qui fait d'elle un portrait délicat, mais avec sur les lèvres une inquiétante expression de dureté. Balzac en exige aussitôt une copie. De toutes ses forces, il lutte contre la désillusion de ces retrouvailles viennoises. D'ailleurs, les Hanski doivent regagner bientôt leur domaine ukrainien et Balzac ne peut plus se passer de Paris, de la France, malgré l'ingratitude de sa patrie. Peu avant de quitter Vienne, il écrit encore à sa bien-aimée : « Mon Eve adorée, je n'ai jamais été si heureux, je n'ai jamais tant souffert. [...] Hier encore, tu étais à rendre fou. Si je ne savais pas que nous sommes liés à jamais, je mourrais de chagrin ; aussi ne m'abandonne jamais, car ce serait un assassinat. [...] Ces obstacles attisent une telle ardeur que je fais bien, crois-moi, de hâter mon départ[1]. »

Une dernière difficulté à vaincre : Balzac a dépensé tout son argent. Il n'a plus de quoi payer ni l'hôtel ni le voyage. Un tour de passe-passe (est-ce l'influence du Bédouck ?) et l'affaire est résolue. Il tire une lettre de change sur Werdet et les Rothschild de Vienne l'escomptent par complaisance. Quant à Werdet, il n'aura qu'à considérer cette somme comme une avance sur *Le Lys*. Cette épineuse question étant réglée, Balzac établit la balance de son séjour à Vienne. Triomphe auprès du public cosmopolite de la ville : toutes les portes se sont ouvertes devant lui, les plus jolies femmes ont loué ses livres avec des airs pâmés, un étudiant, à la sortie d'un concert, lui a baisé la main. Déception, en revanche, du côté de Mme Hanska : toujours aussi belle, mais de plus en plus susceptible, soupçonneuse et distante. Au total, un résultat mitigé.

Enfin, il se décide à partir. Mais la voiture louée à Paris, chez Panhard, a été endommagée par les cahots de la route. Elle est hors d'usage. Il faut la laisser chez un carrossier. M. Hanski promet de payer les réparations. A regret, Balzac monte dans la diligence. Selon son habitude, il voyage sur l'impériale, pour jouir du paysage. Le soleil et l'air vif lui tannent la peau. Le dimanche 7 juin 1835, de Munich, il écrit à Mme Hanska pour se plaindre d'avoir subi des retards à cause de « trois mauvais postillons qu'aucune puissance humaine n'a su faire aller et qui chacun m'ont perdu trois heures ». Il arrive à Paris le 11 juin, à deux heures du matin, « horriblement fatigué, brun comme un nègre ». Le lendemain, il régularise avec Werdet l'affaire de la lettre de change, d'un montant de mille

1. Lettre de juin 1835.

cinq cents francs, qu'il a escomptée auprès des Rothschild de Vienne.

Immédiatement après, c'est l'engrenage des soucis financiers, littéraires et familiaux. Il énumère, à l'intention de Mme Hanska, ces chagrins « qui font tomber ou blanchir [ses] cheveux ». « Mon frère, incapable de tout point, réduit à la plus profonde détresse, parlait de se brûler la cervelle au lieu de chercher à prendre un bon parti. Ma sœur est dans un état qui a empiré, sa maladie a fait des progrès épouvantables. Tout cela tuait ma mère. [...] J'avais ma crise financière à dominer. Les calomnies continuelles des journaux qui me disaient en fuite, à Sainte-Pélagie, qui entassaient les lazzis ont trouvé créance dans la partie stupide de Paris et cette croyance a paralysé les ressources que j'avais dans le crédit. » Comme Eve n'a pas encore donné de ses nouvelles, il a consulté une somnambule. Celle-ci a été formelle : « Elle m'a dit que vous écriviez à Paris [...] pour avoir des renseignements sur moi. Mais elle voyait cela si confusément qu'elle ne me précisait rien. Elle vous a trouvé le cœur plus gros que vous ne devez l'avoir, et m'a bien vivement recommandé de vous dire d'éviter les sensations pénibles, de vivre dans le calme, mais il n'y a point de danger. Votre cœur est, comme votre front, un organe largement développé. J'ai été bien attendri quand elle m'a dit, avec cette solennelle expression des somnambules : ce sont des personnes qui vous sont bien attachées, qui vous aiment bien véritablement[1]. » En écrivant cette lettre, il retrouve avec mélancolie ses pensées de soupirant prosterné devant une idole, d'autant plus chère qu'elle est hors de portée. Et, pour désarmer la jalousie maladive d'Eve,

1. Lettre des 28 juin et 1er juillet 1835.

il l'assure que ses jours et ses nuits sont consacrés au travail : « Ces débats d'un homme avec sa pensée, l'encre et le papier n'ont rien de bien poétique. C'est le silence. C'est obscur. Lassitude, efforts, tension, des maux de tête, des ennuis, tout cela se passe entre les quatre murs de ce boudoir blanc et rose que vous connaissez par la description de *La Fille aux yeux d'or*[1]. »

Dans sa bonbonnière, il achève en une nuit une nouvelle hallucinante, *La Messe de l'athée*, et, en trois jours, *L'Interdiction* : « Je travaille maintenant vingt heures par jour. Y résisterai-je ? Je ne sais. [...] Des nuits embrasées succèdent à des nuits embrasées, des jours de méditation à des jours de méditation ; de l'exécution à la conception, de la conception à l'exécution. Peu d'argent en comparaison de ce qu'il m'en faut. [...] Si chacun de mes livres était payé comme ceux de Walter Scott, je m'en tirerais. » Chemin faisant, il rassure Mme Hanska sur ses rapports avec Mme de Castries : « Je suis avec Mme de Castries dans des termes convenables de politesse, et comme vous pourriez souhaiter vous-même que je fusse. N'établissez aucune comparaison entre l'affection que vous inspirez et celle que vous accordez. » Eve n'est plus à Vienne maintenant, mais chez elle, en Ukraine. La distance ayant augmenté, la passion de Balzac s'en est trouvée naturellement renforcée. Comme si, plus la femme s'éloignait, plus son souvenir devenait proche, obsédant, exigeant. En terminant sa lettre, il exprime l'espoir d'aller la rejoindre dans son étrange pays : « Il faudra donc traverser l'Europe pour venir vous montrer un visage vieilli mais un cœur toujours déplorablement jeune, qui

1. Lettre du 17 juillet 1835.

bat à tout propos, à une ligne mal écrite, à une adresse, à un parfum, comme si je n'avais pas trente-six ans [1]. »

Ces longs épanchements épistolaires sont, pour Balzac, une respiration de l'âme entre deux plongées dans la besogne harassante de l'écrivain. Comme d'habitude, la lecture des épreuves constitue, à ses yeux, une seconde rédaction de l'ouvrage. Sur les pages imprimées, les ratures, les remords, les rajouts s'abattent en grêle printanière. Il lui arrive d'exiger six, dix copies successives pour parvenir à un résultat qui le satisfasse. Encore corrigera-t-il son texte pour les éditions suivantes. Parallèlement à cette toilette de sa prose d'autrefois, il s'acharne à développer, chapitre après chapitre, le roman en cours. Il s'est juré que *Le Lys dans la vallée* serait un chef-d'œuvre impérissable. A la fin de juillet 1835, il fait un séjour à la Bouleaunière, chez Mme de Berny, puis un autre à Frapesle, chez les Carraud. Dans cette dernière retraite, son travail est entrecoupé par de courtes promenades avec Zulma, toujours aussi franche et intransigeante, et par des conversations avec le commandant Carraud, lequel se dit très préoccupé de la trajectoire de la comète qui se rapproche de la terre. Il s'entretient longuement aussi avec un certain commandant Périolas, véritable encyclopédie des batailles de l'Empire. Mais l'essentiel de ses jours et de ses nuits est consacré à l'histoire éminemment romanesque de ses héros, Henriette de Mortsauf et Félix de Vandenesse. Leur amour platonique a les dimensions d'un culte. Par grandeur d'âme, ils se refusent les bas plaisirs du corps. Afin de mieux préserver ce trésor de chasteté, Félix de Vandenesse, tout en adorant la femme en qui il voit une sainte, se lie avec une belle Anglaise, Lady Dudley (amalgame de Mme Guidoboni-

1. Lettre du 11 août 1835.

Visconti, de Lady Ellenborough et de Mme de Castries), qui comble ses désirs mais laisse son cœur en repos. Au seuil de la mort, la sublime Mme de Mortsauf regrette de n'avoir pas cédé à l'appel de la chair. Ne s'est-elle pas privée d'un vrai bonheur, certes commun, mais irremplaçable, en s'acharnant à poursuivre une noble et stérile passion ? Plus âgée que Félix, elle a été pour lui une fausse mère, avisée et douce, et il a été pour elle un faux fils, à la fois empressé et respectueux. Par excès de sentiment, ils sont passés tous deux à côté de la vie réelle pour s'exalter dans l'illusion.

Tandis que se prolongent leurs extases, la France traverse des alternatives d'espoir et d'angoisse. Le récit commence au moment de la chute de Napoléon, se développe sous la Restauration, rebondit pendant l'épopée des Cent-Jours, Félix de Vandenesse étant installé en province comme envoyé du « roi de Gand », et se dénoue lors du retour du monarque sur le trône. Le décor, c'est la Touraine, la vallée de l'Indre, dont Balzac chante les beautés avec émotion. En hommage à ses amis Carraud, il donne le nom de Frapesle à la propriété d'un des personnages du roman. La douceur élégante du paysage répond à la douceur élégante du caractère de l'héroïne. En toute chose, elle discerne le doigt de Dieu. Et pourtant, le sens profond de l'œuvre demeure la condamnation des déviations de l'angélisme. La pensée « pratique » de Mme de Mortsauf apparaît dans la lettre d'apprentissage qu'elle adresse à Félix de Vandenesse pour le prévenir des pièges qui l'attendent lors de sa conquête du monde. C'est le vademecum d'une âme pieuse à l'usage d'un jeune arriviste. « J'ai ressenti les plaisirs permis de l'affection maternelle en m'occupant de vous durant quelques nuits, lui écrit-elle. N'êtes-vous pas un homme-enfant de qui l'âme doit être réconfortée par quelques préceptes ? »

Faisant appel à ce qui lui reste de réalisme, elle l'adjure de garder une haute idée de sa vocation spirituelle, tout en poursuivant une réussite temporelle : « La droiture, l'honneur, la loyauté, la politesse sont les instruments les plus sûrs et les plus prompts de votre fortune. [...] Cultivez les femmes influentes. Les femmes influentes sont les vieilles femmes, elles vous apprendront les alliances, les secrets de toutes les familles, et les chemins de traverse qui peuvent vous mener rapidement au but. Elles seront à vous de tout cœur. La protection est leur dernier amour. [...] Fuyez les jeunes femmes. [...] La femme de cinquante ans fera tout pour vous et la femme de vingt ans rien. [...] Je veux vous voir grandissant parmi les hommes, sans qu'un seul de vos succès me fasse plisser le front ; je veux que vous mettiez promptement votre fortune à la hauteur de votre nom et pouvoir me dire que j'ai contribué mieux que par le désir à votre grandeur. Cette secrète coopération est le seul plaisir que je puisse me permettre. »

Ne croirait-on pas lire une lettre de Mme de Berny au jeune Balzac sur la manière de se pousser dans la société parisienne ? Une seule différence – et elle est de taille ! –, Mme de Mortsauf refuse de céder aux sollicitations amoureuses de Félix, alors que Mme de Berny s'est donnée à Honoré sans le moindre remords. Ainsi, dans son héroïne, l'auteur n'a évoqué que l'aspect maternel de la Dilecta. Mme de Berny est plus complète. Elle est même double. Elle a la pureté d'âme de Mme de Mortsauf et la sensualité de Lady Dudley. La Dilecta se jette sur le roman et le lit avec enthousiasme. Rien ne la touche plus que ce genre de récit où les grands événements sont un serrement de mains, un échange de regards, où la tension dramatique a le rythme assourdi d'un cœur qui défaille.

Comme toujours, Balzac est fier de sa dernière production. Comme toujours, elle est, à son avis, la meilleure de toutes : « Je ne crois pas avoir fait une plus belle œuvre comme peinture intérieure », annonce-t-il à Mme Hanska[1]. Et encore : « Si *Le Lys* n'est pas un bréviaire femelle, je ne suis rien. La vertu y est sublime et point ennuyeuse. Faire du dramatique avec la vertu, rester chaud, se servir de la langue et du style de Massillon, tenez, c'est un problème qui, résolu dans le premier article, coûte déjà trois cents heures de correction, quatre cents francs à *La Revue*, et à moi un peu de mal au foie. » Il ajoute fièrement : « Il y a encore quarante jours de travaux. Sainte-Beuve a travaillé quatre ans à *Volupté*. Vous comparerez[2]. » Au vrai, il y a de nombreuses similitudes entre ces deux romans qui célèbrent les velléités amoureuses et les enivrements de la pureté. Mais celui de Sainte-Beuve, antérieur à celui de Balzac, n'a ni l'ampleur ni la force du second. Bien entendu, les deux auteurs se détestent. Sainte-Beuve tient Balzac pour un pisseur de copie et Balzac reproche à Sainte-Beuve d'être un faux jeton qui profite de sa notoriété pour barrer la route aux jeunes talents.

Derechef, la presse se montre méprisante envers cet ouvrage d'un écrivain trop fécond. Pour certains, il est le vil fournisseur des cabinets de lecture, d'autres l'accusent d'étirer ses récits à seule fin d'en augmenter le nombre de pages, d'autres encore n'admettent pas qu'au moment de mourir son héroïne, Mme de Mortsauf, regrette d'avoir résisté au désir de son amant de cœur. « Oui, tous les journaux ont été hostiles au *Lys*, écrira Balzac à Mme Hanska, le 13 juillet 1836. Tous l'ont honni, ont craché dessus. [...] *La Gazette de France*

1. Lettre du 24 août 1835.
2. Lettre de la fin octobre 1835.

l'a abîmé *parce que je n'allais pas à la messe* ; *La Quotidienne* par vengeance particulière du rédacteur, enfin tous pour une raison quelconque. Au lieu d'en vendre deux mille comme je l'espérais pour Werdet, nous ne sommes qu'à mille trois cents. Ainsi, les intérêts matériels sont en souffrance. Il y a des ignares qui ne comprennent pas la beauté de la mort de Mme de Mortsauf, et qui n'y voient pas la lutte de la matière et de l'esprit qui est le fond du christianisme. Ils ne voient que les imprécations de la chair trompée, de la nature physique blessée, et ne veulent pas rendre justice à la placidité sublime de l'âme quand la comtesse est confessée et qu'elle meurt en sainte. » Troublée, elle aussi, par la scène des derniers instants de l'héroïne, Mme de Berny écrit à Balzac : « Je puis mourir : je suis sûre que vous avez sur le front la couronne que je voulais y voir. *Le Lys* est un sublime ouvrage, sans tache ni faute. Seulement, la mort de Mme de Mortsauf n'a pas besoin de ces horribles regrets : ils nuisent à la belle lettre qu'elle écrit[1]. » Sensible à la remarque de celle qui lui a inspiré certaines réflexions de Mme de Mortsauf, il effacera de la seconde édition les cent lignes incriminées. « Je n'en ai pas regretté une seule, dira-t-il à Mme Hanska, et chaque fois que ma plume a passé sur l'une d'elles jamais cœur d'homme ne fut plus fortement ému. »

Plus il pressent que Mme de Berny approche de sa fin, plus il pense à elle avec désespoir et gratitude. Pendant son dernier séjour à la Bouleaunière, il s'est ému du chagrin de la Dilecta qui, épuisée par sa maladie de cœur, doit encore faire face aux malheurs qui frappent sa famille. Après avoir perdu quatre enfants

1. Appréciation citée par Balzac dans sa lettre à Mme Hanska du 15 janvier 1837.

et assisté au naufrage de sa fille Laure-Alexandrine, atteinte de folie hystérique, elle se prépare à voir mourir son fils Armand-Marie, tuberculeux sans rémission. Quand il succombe enfin, après des mois de torture, elle s'enferme dans la solitude et la méditation. Accablée par ses deuils, elle ne veut plus avoir aucun contact avec le monde ; elle supplie Balzac de ne plus lui rendre visite et même de ne plus lui écrire. Dès cette époque, il a confié à sa mère : « Je suis ivre de douleur. Madame de Berny se meurt. Il est impossible d'en douter ! Il n'y a que moi et Dieu qui sachions quel est mon désespoir. Et il faut travailler, travailler en pleurant[1]. »

Si seulement ses créanciers, ses éditeurs, les journaux le laissaient en paix sur son tas de cendres ! Mais ils redoublent d'exigence et de méchanceté. La palme de la malveillance revient à Mme veuve Béchet, jadis si aimable. Sous prétexte qu'il ne lui a pas encore remis les romans qu'elle a eu la légèreté de payer d'avance, elle monte sur ses grands chevaux et menace de suspendre les règlements en cours tant qu'elle n'aura pas reçu d'autres manuscrits. Réitérant ses promesses, il lui annonce bravement la prochaine livraison du *Cabinet des Antiques* et des *Illusions perdues*. Confiante, elle accepte de lui verser encore cinq mille francs. Mais il a ainsi touché, à cinq cents francs près, tout ce qui lui est dû sur l'ensemble des *Etudes de mœurs*, alors qu'il lui reste deux volumes à composer pour tenir ses engagements. Werdet, lui aussi, a déjà réglé la totalité de ce qui était convenu pour *Le Lys dans la vallée*. Afin de subvenir à ses besoins les plus pressants, Balzac emprunte à tour de bras, au docteur Nacquart, à Auguste Borget, à l'obligeante Mme Delannoy, au petit

1. Lettre du début de janvier 1835.

père Dablin. Maigre récolte. Entre-temps, le propriétaire de l'appartement de la rue Cassini (Balzac a préféré garder ce pied-à-terre, bien qu'il se soit installé rue des Batailles) réclame deux termes échus. Voici Honoré pris à la gorge. Soudain, il a un éclair de génie. Pourquoi ne ferait-il pas réimprimer ses romans de jeunesse sous le nom d'Horace de Saint-Aubin ? Bon, les échotiers professionnels ne tarderont pas à claironner que ces minables élucubrations sont dues à l'auteur du *Père Goriot*. Et après ? Il les écrasera de son dédain et empochera dix mille francs. Il pourra également rééditer, à ses frais, le « Troisième Dixain » des *Contes drolatiques* et le revendre plus cher à Werdet, qui sera trop content d'ajouter un titre à son catalogue. Enfin, quand Mme veuve Béchet aura épuisé son stock d'*Etudes de mœurs*, il reprendra ses droits et placera le tout chez un autre éditeur.

Malgré ces projets réconfortants, il doit reconnaître, en décembre 1835, que son passif s'élève à cent cinq mille francs. Une somme énorme ! Comble de malchance : l'affreux Buloz, qui a commencé à publier *Séraphîta* dans *La Revue de Paris*, refuse de continuer, de nombreux lecteurs s'étant plaints de ne rien comprendre à cette histoire abracadabrante. Heureusement, Werdet vient à la rescousse et édite, réunis sous le titre : *Le Livre mystique*, les romans *Séraphîta* et *Louis Lambert*, celui-ci ayant été revu et augmenté pour la circonstance. L'accueil du public est tiède. « *Le Livre mystique* est peu goûté ici ; la vente de la deuxième édition ne va pas », avoue Balzac à Mme Hanska. Mais il se rattrape aussitôt : « A l'étranger, tout est bien différent ; il fait des passions. Je viens de recevoir une très gracieuse lettre d'une princesse Angelina Radziwill qui envie votre dédicace et me dit que c'est toute une vie de femme que d'avoir inspiré ce livre. J'ai été bien content pour vous [1]. » Quant à Mme de Berny, blottie dans sa retraite, elle n'a pas ménagé ses critiques au sujet de *Séraphîta*. Balzac a salué sa franchise, preuve d'une amitié sans défaut : « Elle seule pouvait avoir le courage de me dire que l'ange parlait trop en grisette ; ce qui a paru joli quand la fin n'était pas connue a paru mesquin, et je vois maintenant qu'il faut *synthétiser* la femme comme j'ai fait pour le reste de l'œuvre. Malheureusement, il me faudra six mois pour refaire cette partie et, pendant ce temps-là, les âmes nobles me reprocheront toutes cette faute qui leur sautera aux yeux [2]. » Interrogée sur sa réaction personnelle à la lecture de *Séraphîta*, Mme Hanska, qui en a reçu le manuscrit relié dans le drap gris d'une robe qu'elle portait à Genève, évite bizarrement de se prononcer. Elle finit par avouer à Balzac qu'elle partage l'opinion de sa « tante », Rosalie Rzewuska [3], laquelle a été choquée par le peu de conformité du livre avec les dogmes chrétiens. Balzac bondit sous l'insulte : « Il est étrange que l'on n'ait pas vu que *Séraphîta* est *tout foi*. La foi affirme et tout est dit pour elle. [...] Aucun auteur sacré n'a plus énergiquement prouvé *Dieu*. » Quant à Rosalie Rzewuska, c'est une chipie. Elle ne sait qu'inventer pour desservir l'écrivain auprès d'Eve. « Votre tante me fait l'effet d'un pauvre chrétien qui, survenant au moment où Michel-Ange vient de dessiner une nudité dans la chapelle Sixtine, demande pourquoi les papes laissent représenter de semblables horreurs dans Saint-Pierre. Elle juge une œuvre d'une portée au moins égale en littérature, sans se mettre à distance, et sans en attendre la fin ; elle juge l'artiste sans le connaître

1. Lettre du 23 avril 1836.
2. Lettre du 18 janvier 1836.
3. En réalité, c'est sa cousine.

et sur les discours des niais. Tout cela me fait peu de peine pour moi, beaucoup pour elle si vous l'aimez. Mais que vous vous laissiez influencer par de telles erreurs, voilà qui est fait pour me chagriner et m'inquiéter beaucoup, car je ne vis que par mes amitiés. [...] Séraphîta est comme une fleur du globe, tout ce qui l'a nourrie la regrette. *Le chemin pour aller à Dieu* est une religion bien plus élevée que celle de Bossuet ; c'est la religion de sainte Thérèse et de Fénelon, de Swedenborg, de Jakob Böhme et de M. Saint-Martin [1]. »

Ce que Balzac défend ici, c'est tout ensemble son livre, qu'il persiste à juger excellent, et sa conception très libre de la religion. A la foi catholique traditionnelle, il oppose une foi qui se développe hors de toute Eglise, une croyance instinctive en Dieu, en la puissance des hôtes célestes, en la prééminence de l'esprit sur la chair. Il a exposé cent fois ses théories à Mme Hanska. Connaissant son élévation spirituelle, il s'étonne qu'elle puisse prêter l'oreille aux ragots de la « tante Rosalie », laquelle accuse le « Français volage » de fréquenter les salles de jeux, de faire la cour aux femmes et de se livrer à des débauches nocturnes. L'abominable cancanière prétend même avoir « des preuves ». Ah ! qu'il est impatient d'aller retrouver sa maîtresse au fin fond de l'Ukraine pour se justifier définitivement de vive voix ! En dépit du délabrement de ses finances, il ne doute pas de leur prochaine rencontre dans ce pays qu'il aime déjà sans le connaître, puisque c'est celui où elle respire : « Allons, encore adieu. Portez-vous bien, soignez-vous, que je ne vous trouve pas malade quand vous me verrez arriver à Wierzchownia ; car, si mes affaires voulaient s'arranger, vous

1. Lettre de la fin juin 1836.

me verriez peut-être en septembre ou octobre. » Cette lettre étant susceptible d'être montrée au mari, il évite d'y faire allusion à ses désirs refoulés et ajoute simplement : « Mille et mille gracieusetés encore. Je confie tout ce que j'ai pensé à ce petit papier qui sera malheureusement très discret[1]. »

1. *Ibid.*

VIII

LES TRIBULATIONS
D'UN DIRECTEUR DE REVUE

Balzac n'est jamais à court d'idées, qu'il s'agisse de concevoir un roman ou de se lancer dans une affaire. Il invente avec autant d'ingéniosité des intrigues aux rebondissements multiples que des combinaisons financières acrobatiques. A Mme Hanska, qui lui reprochera d'être si mal avisé quand il défend ses intérêts matériels alors qu'il se montre si fin psychologue quand il évoque les tourments de ses personnages, il répondra pertinemment : « Pour ne pas être trompé dans la vie, dans les amitiés, dans les affaires, dans les relations de toute espèce, chère comtesse recluse et solitaire, il faut ne faire que cela, il faut être purement et simplement financier, homme du monde, homme d'affaires ; certes, je vois bien que l'on me trompe et que l'on va me tromper, que tel homme me trahit ou me trahira, ou s'en ira après m'avoir emporté quelque chose de ma laine ; mais au moment où je le pressens, le prévois ou le sais, il faut aller se battre ailleurs. Je le vois quand je suis emporté par la nécessité d'une œuvre ou du moment, par un travail qui serait perdu si je ne l'achevais. J'achève souvent une chaumière à la lueur d'une de mes maisons qui brûle[1]. » Ainsi, il reconnaît que l'imagination dont il témoigne dans ses livres lui joue souvent des tours dans la vie. Si certains de ses héros excellent dans le maniement de l'argent, lui accumule les bévues. Mais il ne renonce pas pour autant à mener de front une carrière d'écrivain et une carrière d'industriel ou de commerçant aventureux.

Le 12 décembre 1835, il a perdu dans un incendie une grande partie des exemplaires de l'édition du « Troisième Dixain » des *Contes drolatiques*, entreposés 14, rue du Pot-de-Fer. Ces volumes étant sa propriété personnelle, il comptait sur leur vente pour se renflouer. Encore un espoir qui part en fumée. Pour comble de contrariété, voici qu'il découvre que François Buloz, son ennemi intime, a communiqué les épreuves *non corrigées* du *Lys dans la vallée* à la maison Bellizard de Saint-Pétersbourg, qui imprime l'ouvrage tel quel, sans autorisation de l'auteur, dans son recueil de *La Revue étrangère*. Colère de Balzac, qui, en représailles, refuse la suite du roman à *La Revue de Paris*, dont Buloz est l'un des « propriétaires », le directeur officiel en étant Achille Brindeau. Or, la « marchandise » a déjà été payée. Balzac est donc dans son tort. Mais Buloz l'est également, puisqu'il a livré à l'éditeur de Saint-Pétersbourg un texte qui n'a pas reçu le « bon à tirer » de l'écrivain. Il s'ensuit un procès de Balzac contre Buloz et un procès de Buloz contre Balzac. La justice tranchera, en observant des délais raisonnables. Pour l'instant, comme Buloz est tout-puissant dans la presse, les critiques qui lui sont inféodés attaquent Balzac dans des échos venimeux. Afin de leur répondre comme ils le méritent, Balzac aurait besoin d'une tribune. Il se trouve qu'une revue en perdition est à vendre : *La*

1. Lettre du 20 janvier 1838.

Chronique de Paris, médiocre feuille légitimiste, dont les abonnés se comptent sur les doigts d'une main. Elle appartient à un journaliste, William Duckett, et est imprimée par Maximilien de Béthune et Henri Plon. Balzac n'hésite pas : avoir un journal à lui, choisir les sujets des articles, s'entourer de grandes signatures – son rêve !

Le 24 décembre 1835, il fonde une société pour l'exploitation de *La Chronique de Paris*, publication bihebdomadaire, paraissant le dimanche et le jeudi. Un huitième des parts revient à Duckett, un huitième à Béthune et six huitièmes à Balzac. L'avantage de cette tractation, c'est que, *La Chronique* étant à ramasser dans le ruisseau, l'acquéreur n'aura à débourser que cent vingt francs pour entrer dans la société. Certes, il est prévu un fonds de roulement de quarante-cinq mille francs, que Balzac serait bien en peine d'approvisionner, mais il compte sur le succès des premiers numéros de la nouvelle formule pour remplir les caisses. Son optimisme est en acier trempé. Il s'apprête déjà à accueillir dans la revue Victor Hugo, Théophile Gautier, Alphonse Karr, le critique Gustave Planche, bref, tous les vrais écrivains de France. Averti de ce « mauvais coup » porté à sa suprématie, Buloz écume de rage et écrit, le 29 décembre 1835, à George Sand : « Je me brouille avec Balzac, qui s'en va travailler à une gazette obscure qui vous a maltraitée bien des fois : *La Chronique de Paris* ; je vous assure que je ne regrette pas Balzac, je n'ai jamais pu m'entendre avec lui et estime peu sa manière qui est cependant fort goûtée du public. » Il ajoute : « J'oubliais de vous dire la merveilleuse, l'étonnante, l'effroyable nouvelle que voici : c'est l'alliance de Planche, de Hugo et de Balzac !!! pour faire, dit-on, le journal que je vous ai nommé. Planche nous doit deux mille six cents francs, il ne veut pas travailler, j'ai refusé de continuer le métier de dupe, et il a embrassé Balzac qu'il aimait tant, vous savez, et il a adoré le postérieur d'Hugo qu'il vénérait tant ! Oh ! admirable alliance ! Quels hommes faits pour s'entendre et s'aimer, n'en riez-vous pas ? et comme cette coalition est redoutable pour moi ! Dans trois mois, Planche viendra à merci, Balzac aura rempli sa mission providentielle et Hugo aura fait un enfant à Juliette [Drouet] ! Tremblez pour moi ! »

Afin d'attirer quelques bons chevaux dans son écurie, Balzac commence par charger Jules Sandeau de lui amener le jeune Théophile Gautier, qui vient de publier *Mademoiselle de Maupin* et dont il apprécie le talent. C'est avec un respect de néophyte que Gautier se rend rue Cassini, où Balzac s'est réinstallé provisoirement. Tout près de la maison habitée par l'auteur de *La Recherche de l'Absolu*, il remarque, sur le mur d'un jardin, un écriteau : *L'Absolu, marchand de briques.* N'est-ce pas cette enseigne bizarre qui a inspiré le livre ? se demande-t-il. En franchissant le seuil de l'immeuble, il a la gorge serrée et les mollets mous. Balzac lui apparaît, massif et cordial, dans un froc de cachemire blanc à capuce, le ventre souligné par une cordelière. « Son froc rejeté en arrière laissait à découvert son col d'athlète ou de taureau, rond comme un tronçon de colonne, sans muscles apparents et d'une blancheur satinée qui contrastait avec le ton plus coloré de la face », racontera Théophile Gautier[1]. Il notera aussi « les lèvres épaisses, sinueuses, faciles au rire », le nez « carré du bout, partagé en deux lobes », les cheveux « abondants, longs, durs et noirs », le front « beau, vaste, noble, sensiblement plus blanc que le reste du masque », les yeux enfin, d'un noir profond,

1. Dans son *Portrait de Balzac*.

aux riches reflets d'or, « des yeux à faire baisser la prunelle aux aigles, à lire à travers les murs et les poitrines, à foudroyer une bête fauve furieuse, des yeux de souverain, de voyant, de dompteur ». Ayant mis son visiteur à l'aise par quelques paroles de bienvenue, Balzac obtient de lui la promesse de nombreux articles et le retient à déjeuner. La chère est délectable. On mange copieusement et gaiement, en causant de littérature. Le maître de maison semble préoccupé de son style et regrette de ne pas en avoir un qui se remarque. « Il est vrai, observe Gautier, qu'alors on lui refusait généralement cette qualité. [...] Balzac, malgré la vogue dont il commençait à jouir dans le public, n'était donc pas admis parmi les dieux du romantisme, et il le savait. Tout en dévorant ses livres, on ne s'arrêtait pas à leur sérieux et, même pour ses admirateurs, il resta longtemps le plus fécond de nos romanciers et pas autre chose [1]. » En se retirant, Théophile Gautier est conquis par la simplicité, la rondeur et la verve de ce personnage extravagant, déguisé en moine, qui paraît avoir un égal appétit pour la vie et pour l'écriture. Balzac, de son côté, est enchanté de sa recrue. Gautier tiendra parole et donnera des articles à *La Chronique de Paris*. Alphonse Karr et Charles de Bernard feront de même. Hugo, lui, ne se compromettra pas avec cette feuille à la destinée incertaine. Cependant, Balzac entrevoit pour elle des lendemains de consécration et de profit. Il ne doute plus qu'en s'appuyant sur sa revue il pourra enfin se lancer dans la politique et intervenir dans la conduite du pays. Déjà il rêve de rémunérations royales pour les collaborateurs de *La Chronique de Paris* et, pour lui-même, d'un traitement de directeur qui le mettra définitivement à l'abri du besoin.

1. *Ibid.*

En attendant, il faut trouver des capitaux pour assurer le démarrage. Il emprunte quinze mille francs à la toujours généreuse Mme Delannoy et sollicite son beau-frère Surville, qui est sur le point de réaliser un grandiose projet de canal, opération grâce à laquelle il deviendrait un commanditaire appréciable. « Dis à mon bon Surville que le premier pas est ainsi fait vers le pouvoir [1] », annonce Balzac à sa sœur Laure. Sur quoi il engage comme secrétaires deux jeunes gens sans le sou mais bien nés : les comtes Auguste de Belloy et Ferdinand de Grammont. « Je vais avoir deux secrétaires, deux jeunes gens qui épousent les espérances de ma vie politique », écrit-il fièrement, dès le 19 décembre 1835, à Mme Hanska. Et, comme elle s'est étonnée qu'il ne cite pas Jules Sandeau parmi ses équipiers, il explique : « Sandeau est exclu. Mais Sandeau n'est pas, comme ces messieurs, légitimiste ; il ne partage pas mes opinions. Tout est dit ; j'ai tout fait pour le convertir aux doctrines du pouvoir absolu, il est niais comme un propagandiste. Vous voyez qu'il s'ouvre une seconde mine, une seconde cause de travaux. Vous voyez que le *Bédouck* n'est pas un talisman sans force chez moi. Mais il faut beaucoup d'argent et encore plus de talent. Je ne sais où prendre de l'argent. » Cette pénurie ne l'empêche pas de réunir chez lui, chaque samedi, les rédacteurs de la revue pour un dîner fin. Entre deux coups de fourchette, entre deux rasades de vin, on construit le prochain numéro, on échange les potins du milieu littéraire, on égratigne quelques confrères hostiles, on félicite les amis pour leurs dernières œuvres et surtout on raconte de grasses plaisanteries. Balzac est friand de jeux de mots, de calembours, d'anecdotes. Son rire est communicatif. En le

1. Lettre du 14 décembre 1835.

quittant, les autres vont dormir. Lui, après leur départ, se met à travailler. Toute la nuit, assis à sa table, dans son vêtement monacal, il écrit à la lueur d'un flambeau à sept bougies que coiffe un abat-jour vert. C'est une lutte sans merci contre les idées, contre les mots. Il en sort à l'aube, victorieux, mais brisé. « Lorsque le foyer éteint refroidissait l'atmosphère de la chambre, racontera encore Théophile Gautier, sa tête fumait et de son corps s'exhalait un brouillard visible comme du corps des chevaux en temps d'hiver. »

À cette époque, la production de Balzac est stupéfiante d'abondance et de diversité. Il donnera à *La Chronique de Paris* de nombreuses nouvelles, dont *La Messe de l'athée*, *L'Interdiction*, *Facino Cane*, *Le Cabinet des Antiques*, *Les Martyrs ignorés*, *Ecce Homo*, et une pluie d'articles politiques, raillant Thiers et Guizot, qui ne sont pour lui que des « girouettes ». En ce qui concerne les « affaires étrangères », ses vues sont courageuses et souvent prophétiques. Ainsi, il prédit une guerre entre la Russie et l'Angleterre pour la suprématie en Méditerranée (elle aura lieu en 1854-1855 autour de la Crimée) ; il critique l'alliance « monstrueuse » de la France et de l'Empire britannique, lui préférant une alliance franco-russe ; il annonce la domination de la Prusse sur l'Allemagne unifiée (ce qui se produira en 1868 et 1871) ; il déplore le manque de plan de la diplomatie française : « Ce système, Mazarin et Richelieu l'eussent promptement dessiné. » Enfin, par esprit de revanche, il insère dans sa feuille une « Histoire du procès auquel a donné lieu *Le Lys dans la vallée* ». Ce procès, Balzac l'a gagné, après plusieurs ajournements, contre Buloz. Les juges ont donné raison au créateur contre l'exploitant. Balzac triomphe. Sa grande idée maintenant, c'est de faire reconnaître le principe de la propriété littéraire. Est-il admissible qu'à l'étranger, en Belgique notamment, des éditeurs sans scrupule dépouillent les auteurs français en réimprimant leurs livres sans les en avertir et sans leur payer la moindre redevance ? Pour lui, les produits de la plume sont comme les produits de la terre pour un fermier. Il vend le fruit de son cerveau comme le cultivateur vend la récolte de son champ. Il a droit à la même protection, quel que soit le pays où la marchandise est livrée. Conception nouvelle, dont ses confrères s'inspireront pour fonder plus tard la Société des gens de lettres.

Malgré des sommaires brillants, *La Chronique de Paris* bat de l'aile. Les lecteurs hésitent ; les abonnés sont rares. Au bout de six mois, on en a enregistré moins de trois cents, alors qu'on en espérait deux mille. Dans l'équipe des rédacteurs, Balzac est le seul, peut-être, à croire mordicus à la réussite. Le 27 mars 1836, il envoie encore à Mme Hanska un bulletin de victoire : « Nous faisons de l'opposition et nous prêchons un pouvoir autocratique. [...] N'est-ce pas quelque chose de grandiose que cette entreprise ? Aussi, depuis trois mois que je la dirige, gagne-t-elle chaque jour en considération et en autorité. »

Le lendemain du jour où il écrit cette lettre, il tente de séduire un commanditaire en lui offrant chez lui un dîner succulent, préparé par les célèbres traiteurs Chevet et Véfour, lesquels fournissent aussi le maître d'hôtel. Au menu : filet d'esturgeon, jambon rôti, pluviers au gratin, asperges et beignets d'ananas. Il justifie ces extra auprès de sa correspondante : « Vous savez que l'on ne prête, que l'on n'a de confiance qu'aux riches ; tout, chez moi, respire l'opulence, l'aisance, la richesse de l'artiste heureux. Si, à dîner, j'ai une argenterie d'emprunt, adieu l'affaire. [...] Je ne puis demander de l'argent à *personne dans Paris,* car on me croit riche et le prestige tomberait, tout s'évanouirait.

L'affaire de *La Chronique* a été due au crédit dont je jouis. [...] Hier, un de mes amis disait avec raison : – Quand on fera votre statue, il faudra la faire en bronze pour mieux peindre l'homme. »

Sans être de bronze, Balzac s'efforce de ne pas trop chanceler à chaque coup qu'il reçoit. Le somptueux dîner sur lequel il comptait pour attirer un nouveau bailleur de fonds n'a donné aucun résultat. Par ailleurs, la gestion de *La Chronique de Paris* et la rédaction des articles qu'il lui destine lui laissent peu de temps pour satisfaire les exigences des éditeurs, et notamment celles de Mme Béchet. La jolie veuve est sur le point de se remarier avec un certain Jean-Brice Jacquillat, propriétaire terrien, et de quitter la librairie. Mais, avant d'appareiller vers le bonheur conjugal, elle veut clarifier ses affaires avec Balzac. Par excès de gentillesse, elle l'a réglé d'avance. Elle exige aujourd'hui les textes correspondant aux sommes précédemment versées, soit l'équivalent de deux volumes. Et elle menace l'auteur d'un procès. Un de plus. Tout s'en mêle. Duckett, découragé, met en vente ses actions de *La Chronique* et ne trouve pour les acheter que Balzac et Werdet, qui le paient en billets à ordre. Les collaborateurs rechignent à fournir de la copie, par crainte de n'être pas rétribués. Les deux jeunes secrétaires renoncent à leur tour. C'est un sauve-qui-peut général. Isolé, dégrisé, Balzac s'épuise en démarches désespérées auprès de ses amis, moins démunis que lui, au premier rang desquels le brave docteur Nacquart. Le médecin lui prête quelques sous mais s'inquiète pour sa santé. Il redoute que la raison de son patient ne résiste pas aux épreuves et aux travaux de toutes sortes qui l'assaillent.

Depuis peu, Balzac avait délaissé la rue des Batailles, où loge désormais un des fils de ses amis Schönburg, de passage à Paris, et avait réintégré l'appartement de la rue Cassini, dont il avait prudemment conservé l'usage. Il croit que, si la garde nationale l'a écroué par deux fois l'année précédente sur décision du conseil de discipline, son statut de journaliste lui assure maintenant une totale impunité. Or, voici que cette absurde institution militaro-bourgeoise s'avise de le tourmenter de nouveau pour manquement au service. Le 27 avril 1836 au matin, un commissaire de police, accompagné de deux agents, se présente rue Cassini pour l'arrêter. C'est, affirme Balzac, « un ignare dentiste », cumulant « son affreuse profession » avec les fonctions de sergent-major, qui a pris l'initiative de le fourrer, pour huit jours, à l'« hôtel des Haricots », autrement dit l'hôtel Bazancourt, rue des Fossés-Saint-Germain, la prison de la garde nationale. Il échoue d'abord dans une salle commune bourrée d'ouvriers qui parlent fort, jurent gras et n'ont aucune considération pour sa personne. Puis, grâce à un peu d'argent avancé par Werdet, il obtient d'être enfermé dans une cellule particulière, meublée d'un lit, d'une table, d'une chaise et d'une bergère assez confortable. Il peut même se faire livrer ses repas de l'extérieur. Les traiteurs Chevet et Véfour ne demandent pas mieux que de l'avoir comme client. Pour passer le temps, il corrige les épreuves du *Lys dans la vallée*. Des collaborateurs de *La Chronique de Paris* lui rendent visite et lui rapportent les cancans qu'ils ont glanés en ville. Un dîner réunit autour du prisonnier Jules Sandeau, Emile Regnault, Gustave Planche, Alphonse Karr. Le cachot retentit de rires et de tintements de vaisselle. Une admiratrice anonyme, qui signe Louise, lui envoie des roses. « Vos fleurs embaument ma prison, lui écrit-il. C'est vous dire combien elles me font plaisir. » Il est libéré le 4 mai, après huit jours de détention. Sa fastueuse captivité lui a coûté cinq cent soixante-quinze francs.

A sa sortie, il apprend la complète déconfiture de *La Chronique*. Pour la première fois, il a peur : non de la disparition de la revue – il la prévoyait depuis longtemps –, mais de la défaillance de son cerveau surmené. Il n'a plus envie d'inventer, de raconter, de planer sur des nuées. N'est-il pas temps, pour lui, d'envisager une autre carrière, une autre vie ? « Il s'est fait, depuis trois jours, un grand changement en moi, écrit-il le 16 mai à Mme Hanska. L'ambition a disparu. Je ne veux plus entrer aux affaires par la députation et le journalisme. Ainsi, mes efforts vont tendre à me débarrasser de *La Chronique*. Cette détermination est venue à l'aspect de deux séances de la Chambre des députés. La sottise des orateurs, la niaiserie des débats, le peu de chances qu'il y a de triompher d'une semblable et d'une si misérable médiocrité me font renoncer à m'y mêler autrement qu'en qualité de ministre. Ainsi, d'ici à deux ans, je vais tâcher de m'ouvrir à coups de canon la porte de l'Académie, car les académiciens peuvent devenir pairs et je tâcherai de faire une assez grande fortune pour arriver à la Chambre haute et entrer dans le pouvoir par le pouvoir même. [...] Je suis tellement encombré d'affaires arriérées, de soins, de démarches, que je vous écris avec une espèce d'ivresse de tête qui ne me permet point la logique. »

Le voici reparti vers un autre mirage. Ce qui le réconforte, c'est que le bruit fait autour du procès gagné contre Buloz a aidé au lancement du *Lys dans la vallée*. En quelques jours, Werdet en a vendu mille huit cents exemplaires sur un tirage de deux mille. Hélas ! le 12 juin, nouvelle tuile : Mme Béchet ne veut plus attendre. Elle fait signifier par huissier à Balzac d'avoir à livrer, dans les vingt-quatre heures, les deux volumes qui, d'après le contrat, doivent compléter l'ensemble des *Etudes de mœurs*. L'obligation est assortie d'une astreinte de cinquante francs par jour de retard. Il obtiendra un sursis : vingt jours. C'est l'épée dans les reins ! se désole Balzac. Mais, en même temps, il se dit qu'il s'agit là, peut-être, du stimulant dont il a besoin pour se remettre à un roman. Evidemment, ce n'est pas à Paris qu'il pourra mener à bien cette course contre la montre. Ce qu'il lui faut, c'est le calme, la campagne, l'amitié de quelques êtres chers : vive Saché et les Margonne ! Avec quel soulagement il quittera cette *Chronique* qui lui écrase les épaules ! Aussitôt, il avertit Mme Hanska : « Vous allez être encore quelque temps sans nouvelles de moi, car je vais probablement aller m'enfuir dans la vallée de l'Indre, y écrire en une vingtaine de jours les deux volumes de cette femme [Mme Béchet] et me débarrasser d'elle, et, dans une pareille entreprise, il ne faut ni distraction ni pensée autre que celle des ouvrages que l'on écrit. Oui, dussé-je y crever, il faut en finir avec les obligations. [...] Me voici recommençant une lutte horrible, celle des intérêts et des livres à faire. Eteindre le dernier de mes traités en satisfaisant Mme Béchet, et faire un beau livre, et j'ai vingt jours. Et cela se fera. *Les Héritiers Boisrouge* et *Illusions perdues* auront été écrits en vingt jours [1]. »

Les Héritiers Boisrouge resteront à l'état de projet. Mais la première partie des *Illusions perdues* sera bouclée en trois semaines, dans une extraordinaire débauche d'imagination créatrice. Elle représente à elle seule les deux volumes dus à Mme Béchet. Ils sont le prix de la délivrance. Quant à la seconde partie, Balzac promet, dans sa préface, qu'il l'achèvera à sa guise, le

1. Lettre du 12 juin 1836.

moment venu, afin de compléter la « toile ». Dans cette première partie des *Illusions perdues*, qu'il intitulera *Les Deux Poètes*, l'auteur revient à ses thèmes de prédilection : la province quiète, traditionnelle, et la fascination qu'exerce la capitale sur certains esprits à l'étroit dans l'atmosphère confinée d'une petite ville ; les amours d'un très jeune poète d'Angoulême, Lucien Chardon, qui se fait appeler Lucien de Rubempré, et d'une aristocrate aux prétentions intellectuelles, de quinze ans son aînée, Mme Anaïs de Bargeton, laquelle, le tenant pour un écrivain d'avenir, se compromet avec lui et l'emmène à Paris dans l'espoir de le lancer ; enfin, le dévouement aveugle de la sœur de Lucien, Eve, et de son futur mari, David Séchard. Au vrai, avant même d'être arrivé à cette étape, Balzac sait qu'il écrira une suite tragique, *Un grand homme de province à Paris*, dans laquelle il évoquera le combat farouche, les ambitions déçues et la déchéance de son héros. Ce héros, le beau Lucien de Rubempré, c'est lui-même sous un aspect plus séduisant, mais aussi Jules Sandeau dont le caractère faible et ondoyant l'a souvent inspiré ; les sentiments de Mme de Bargeton envers *son* poète rappellent étrangement ceux de Mme de Berny envers Balzac, mais également ceux de George Sand envers Jules Sandeau ; David Séchard doit beaucoup à l'expérience que l'auteur a retirée de ses déboires d'imprimeur ; et, pour l'analyse des rapports entre les différentes castes de la population d'Angoulême, la ville haute et la ville basse, la noblesse orgueilleuse et la bourgeoisie commerçante, c'est Zulma Carraud qui lui sert de guide. Les échecs qu'il a connus à Paris l'aident, dit-il, à conférer au récit une coloration désenchantée. « Heureusement que le livre que j'ai à faire *(Illusions perdues)* est assez dans ce ton, écrit-il à Mme Hanska, tout ce que j'y pourrai mettre d'amère tristesse y fera merveille. C'est une de ces *nouvelles* qui sera bien comprise, elle est à hauteur d'appui. Je suis en ce moment dans cette petite chambre de Saché où j'ai tant travaillé ! Je revois les beaux arbres que j'ai tant vus en cherchant mes idées. Je ne suis pas plus avancé en 1836 qu'en 1829 ; je dois et je travaille toujours. J'ai toujours en moi la même vie jeune, le cœur toujours aussi enfant[1]. » L'aisance avec laquelle *Les Illusions perdues* se concrétisent sous sa plume le console, sur le moment, des tracas qu'il subit dans son existence d'homme. Quand il est avec Lucien de Rubempré ou Anaïs de Bargeton, il oublie que c'est pour payer sa dette à Mme Béchet qu'il raconte leur aventure. Le plaisir fou de créer remplace provisoirement celui de vivre. Joies et peines ne sont plus les siennes propres, mais celles de ses personnages. Un remue-ménage insolite lui tourne la tête. Quand il quitte la chambre, il a des allures de somnambule.

Le 26 juin, la journée est torride. Balzac sort pour se promener dans le parc avec M. et Mme de Margonne. Soudain, il a un éblouissement et s'effondre au pied d'un arbre. Un coup de sang. Ses idées s'embrouillent. Il éprouve de la difficulté à parler. Son cerveau n'est-il pas sur le point de le lâcher ? Pourra-t-il encore écrire, achever *Les Illusions* ? La panique s'empare de lui. Par chance, le lendemain, il retrouve toutes ses facultés et ne souffre plus que de légers bourdonnements d'oreilles. *Les Illusions perdues* reprennent leur cours. Talonné par les exigences de Mme Béchet, devenue entre-temps Mme Jacquillat, il ne s'accorde aucun répit. A la duchesse d'Abrantès qui se plaint de son silence, il répond : « Les gens qui sont sur le champ de bataille, vous le savez, ne sont pas libres de causer ni

1. Lettre de la fin juin 1836.

de faire savoir à leurs amis s'ils sont en vie ou morts. Moi, je suis mort de travail [1]. » Ayant décidé que Lucien de Rubempré serait poète, il voudrait citer quelques-uns de ses vers dans le roman. Or, il se sent incapable d'en composer lui-même. A court d'inspiration, il appelle au secours son ami Emile Regnault, gérant de *La Chronique de Paris* : « Dites donc à ce bon de Bernard que j'aurais besoin pour *Illusions perdues* d'un petit poème bien ronflant, dans la manière de Lord Byron, c'est censé [être] la plus belle œuvre d'un poète de province, en stances ou en alexandrins, en strophes mêlées comme il voudrait ; il serait bien gentil de me le faire car je n'en ai pas le temps. Il me faudrait aussi quelque chose dans le genre de *Beppo* et de *Namouna* ou de *Mardoche* de Musset, mais une seule pièce de cent vers. L'autre, il faudrait deux chants [2]. » Charles de Bernard s'exécute, mais Balzac, mécontent du résultat, préférera se servir d'un très ancien poème de son cru, dédié en 1824 à la fille adultérine de Mme de Berny, Julie Campi, dite « Fleur de Bengale ».

Il s'adresse également à Zulma Carraud pour qu'elle le renseigne d'urgence sur la topographie d'Angoulême. Elle lui répond avec célérité et précision : « La porte par laquelle nous entrions à Angoulême, et qui fait presque face à la cathédrale, est la porte Saint-Pierre ; la rue qui débouche de ce côté sur la place du Mûrier est la rue de Beaulieu, qui, de l'autre côté, arrive à la belle promenade qui porte ce nom [3]. » Le pouvoir d'évocation de Balzac est tel que ces quelques lignes, jointes à des souvenirs épars, lui suffisent pour ressusciter une ville avec ses maisons, son ciel, ses

1. Lettre du mois de juin 1836.
2. Lettre du 27 juin 1836.
3. Lettre du 28 juin 1836.

odeurs et ses visages. Il n'a pas besoin d'être sur les lieux pour vivre dans les lieux. C'est à la fois de la voyance et de l'ubiquité.

Le 4 juillet, il est de retour dans la capitale, au chevet de *La Chronique de Paris* agonisante. Peu de lecteurs, point d'abonnés. A ce stade de la déréliction, il ne reste aucun espoir. Il faut, coûte que coûte, arrêter la publication. La liquidation de l'affaire se solde, pour Balzac, par un passif de dix-huit mille deux cent dix-sept francs. A cette somme, s'ajoutent vingt-quatre mille francs dus à Mme Delannoy et cinq mille francs au petit père Dablin. Etourdi par la cruauté de ces chiffres, Balzac ne sait s'il doit se désoler de n'avoir plus d'organe de presse à sa disposition ou se réjouir parce qu'il rapporte de Saché un nouveau roman. Certes, ce roman lui a déjà été réglé, à peu de chose près. Mais ce qui compte après tout, pour l'écrivain, ce n'est pas tant le bénéfice matériel d'une œuvre que la satisfaction intime, irremplaçable de l'avoir conduite à bon port, contre vents et marées. Les recettes s'oublient avec le temps qui passe, la conscience du travail heureusement accompli ne s'oublie jamais. A cet égard, Balzac est sûr d'avoir gagné la partie. Les « illusions perdues » du héros seront, pour l'auteur, une magnifique et durable réalité.

IX

LA CONTESSA

De lettre en lettre, Balzac s'efforce de persuader Mme Hanska de son inaltérable fidélité : à le lire, son existence est entièrement absorbée par le travail, il refuse toutes les occasions de se distraire, les rares femmes dont il se soucie encore sont de vieilles amies inoffensives. Ce pieux mensonge, destiné à calmer la jalousie de l'absente, il finit par y croire lui-même, le temps de l'exprimer. Mais, dès qu'il a cacheté l'enveloppe, ses habituelles tentations le reprennent. A son avis, il ne commet aucune indélicatesse envers son Eve, puisque, même quand il la trompe, il ne cesse de l'aimer. Il y a des chastetés de l'âme plus respectables que la chasteté du corps. Depuis quelque temps, il subit le charme d'une créature belle et brillante, qu'il a rencontrée naguère aux réceptions de l'ambassade d'Autriche : la comtesse Guidoboni-Visconti, née Frances Sarah Lovell, anglaise d'origine et italienne par son mariage. Un savoureux mélange de sangs. Elle a trente ans, un teint de lait, des cheveux blond cendré, la démarche onduleuse, un regard hardi et prometteur. Tout en elle respire le goût de l'aventure et la science des caresses. Quand elle fixe les yeux sur vous, on dirait qu'elle se donne. On chuchote qu'elle a eu plusieurs amants, dont le dernier en date serait le comte Lionel de Bonneval, et que son mari s'accommode de ses frasques, car il ne s'intéresse qu'à la musique et aux préparations de pharmacie. Pourvu qu'elle ne le dérange pas quand il déchiffre une partition ou mixtionne des substances chimiques dans une éprouvette, il est content. Ainsi, dans cet étrange couple, c'est l'Italien, descendant d'une illustre famille milanaise, qui représente la douceur, la tolérance, l'effacement et c'est l'Anglaise, fille d'un archidiacre anglican, qui incarne l'audace et la sensualité. Balzac trouve cette « Contessa » affriolante et spirituelle en diable. Or, le jour où il lui est présenté, il est habillé de façon si excentrique qu'elle en est choquée : gilet blanc à boutons de corail, frac vert à boutons d'or et, aux doigts, une collection de grosses bagues. Elle admire le romancier, mais l'homme lui paraît un rien ridicule dans son accoutrement et sa forfanterie.

Lors des rencontres suivantes, elle oublie le vêtement pour mieux entendre la parole de ce personnage passionnant et passionné. Elle l'invite chez elle, à Paris, avenue de Neuilly [1]. Très vite, leur intimité se resserre. Afin de devenir un familier des Visconti, Balzac loue, pour moitié avec eux, une loge au théâtre des Italiens. Il leur rend visite également à Versailles, où ils occupent un pavillon pendant la saison d'été. La Contessa ne cache plus ses sentiments envers l'écrivain prestigieux qui la convoite. Leurs amis communs s'aperçoivent du manège et ne s'en étonnent pas : un soupirant de plus pour la belle Sarah, quoi de plus naturel ! Une jeune fille proche des Visconti, Sophie Koslowska, écrit à son père, diplomate russe : « Tu me demandes qu'est-ce que c'est que cette [...] passion de M. de Bal-

1. Partie devenue plus tard l'avenue des Champs-Elysées.

zac pour Madame Visconti ? Ce n'est autre chose que, comme Madame Visconti est remplie d'esprit, d'imagination et d'idées fraîches et neuves, M. de Balzac, qui est aussi un homme supérieur, goûte la conversation de Madame Visconti, et, comme il a beaucoup écrit et écrit encore, il lui emprunte souvent de ces idées originales qui sont si fréquentes chez elle, et leur conversation est toujours excessivement intéressante et amusante. Voilà la belle passion expliquée. M. de Balzac ne peut pas être appelé un bel homme, parce qu'il est petit, gras, rond, trapu ; de larges épaules bien carrées, une grosse tête, un nez comme de la gomme élastique, carré au bout, une très jolie bouche, mais presque sans dents, les cheveux noir de jais, raides et mêlés de blanc. Mais il y a, dans ses yeux bruns, un feu, une expression si forte que, sans le vouloir, vous êtes obligé de convenir qu'il y a peu de têtes aussi belles. Il est bon, bon à mâcher pour ceux qu'il aime, terrible pour ceux qu'il n'aime pas et sans pitié pour les grands ridicules. [...] Il a une volonté et un courage de fer ; il s'oublie lui-même pour ses amis. [...] Il joint à la grandeur et à la noblesse du lion la douceur d'un enfant [1]. »

Ne dirait-on pas la lettre d'une amoureuse ? Ce sentiment de la petite Sophie Koslowska, la Contessa le partage en tout point depuis qu'elle a appris à mieux connaître Balzac. Elle apprécie sa vitalité et sa verve, ne s'ennuie jamais en sa compagnie, l'appelle affectueusement « Bally » et songe qu'elle devrait peut-être se laisser aller jusqu'à lui accorder les « ultimes faveurs ». Lui, de son côté, se félicite d'avoir conquis l'estime d'une femme de haute naissance, savoure auprès d'elle le plaisir d'une amitié voluptueuse, espère une défaillance de la coquette et, en attendant, se

1. Cf. Roger Pierrot, *op. cit.*

contente de l'observer pour donner certains traits de son caractère au personnage de Lady Arabelle Dudley, du *Lys dans la vallée*. Comme des échos de ce « flirt » risquent de parvenir à l'ombrageuse Mme Hanska, il se hâte de lui confirmer qu'elle est toujours « la seule », que Mme Visconti, dont elle a entendu parler, ne représente pour lui qu'une relation mondaine, qu'il la voit très rarement et qu'il est tout sauf un « Don Juan ». Mais Mme Hanska, nullement convaincue, continue à le faire espionner par ses amies polonaises de Paris.

En vérité, Mme Guidoboni-Visconti, bien qu'elle accepte les hommages de Balzac, hésite encore à se donner. Les mauvaises langues la mettent en garde contre les extravagances de l'écrivain. Elle trouve qu'il s'habille mal, qu'il rit trop fort. Mais il a de si beaux yeux ! Par moments, quand il la regarde, elle a l'impression d'être la proie d'un magnétiseur. Enfin, lasse de dire non, elle cède. Ni elle ni lui ne sont déçus. Balzac exulte à l'idée de posséder une créature si différente de son Eve. L'Anglaise a une santé, une tolérance, une allégresse naturelles qui tranchent avec le caractère soupçonneux et inquiet de la Polonaise. Contrairement à la seconde, la première admet que son amant ait d'autres aventures. Un écrivain n'a-t-il pas besoin de connaître de nombreuses femmes pour en parler avec compétence dans ses livres ? A plusieurs reprises, Balzac loue une calèche chez le carrossier Panhard afin d'accompagner la Contessa à Boulogne, où elle s'embarque pour l'Angleterre. Quand elle rentre en France, après un bref séjour dans son pays natal, il va la chercher au débarcadère. Fidèle à sa prédilection pour les prénoms à usage réservé, il l'appelle, dans l'intimité, Sarah, alors que tout le monde la nomme Fanny, diminutif de son premier prénom, Frances. Devenu l'amant attitré de Sarah, accepté par le mari, à l'aise auprès d'elle dans les salons comme dans l'alcôve, il n'a qu'une crainte : la jalousie de Mme Hanska. Il ne voudrait pas perdre celle-ci à cause de celle-là.

Du reste, à la même époque, tout en couchant avec Sarah, tout en jurant un amour indéfectible à Eve, il entretient une correspondance suivie avec une inconnue, qu'il ne rencontrera jamais et qui signe : Louise. Elle lui adresse chez son éditeur des lettres d'admiration échevelée. Et il lui répond, page pour page, avec effusion. Il a toujours apprécié ce jeu de colin-maillard entre homme et femme. Il ne souhaite même pas qu'elle se démasque. Trop souvent, quand une lectrice anonyme a levé le secret, il a été déçu. Le souvenir de ses déboires avec la marquise de Castries lui dicte une conduite circonspecte : « Je conserve une défiance fort injurieuse pour vous et ne veux qu'en aucune manière vous souleviez, pour la dissiper, le voile sous lequel vous vous cachez : plusieurs fois ma crédulité d'enfant a été mise à l'épreuve et vous avez dû remarquer que la défiance est, chez les animaux, en raison directe avec leur faiblesse. [...] Sachez que tout ce que vous présumez chez moi de bon est meilleur encore ; que la poésie exprimée est au-dessous de la poésie pensée ; que mon dévouement est sans bornes ; que ma sensibilité est féminine et que je n'ai de l'homme que l'énergie ; mais ce que je puis avoir de bon est étouffé sous les apparences de l'homme toujours en travail [1]. »

Les lettres se font de plus en plus chaleureuses. On échange de menus cadeaux. Mais toujours pas de rendez-vous. S'il se confesse à Louise dans sa correspondance, Balzac reste fidèle à sa manière : celle des compartiments étanches. D'un côté, Mme Hanska ; de

1. Lettre de la fin février 1836.

l'autre, la Contessa. Chacune de ces deux femmes a un rôle dans sa vie : la première lui est nécessaire pour le rêve, la seconde pour le lit. Louise, elle, est en surplus. C'est un exercice de style. Un essai de plume.

En 1836, la comtesse Guidoboni-Visconti met au monde un fils. Est-il d'Honoré ? Aucune importance ! L'un des prénoms donnés à l'enfant est Lionel. C'est celui du précédent amant de la Contessa, le comte de Bonneval. De quoi égarer les soupçons. A peine remise de ses couches, elle reprend ses relations passionnées avec Balzac, sous l'œil indifférent, et peut-être complice, du père légal. Peu après, celui-ci, Emilio Guidoboni-Visconti, apprend le décès de sa mère. La succession se révélant compliquée, il devrait se rendre à Turin pour défendre ses intérêts face aux autres héritiers. Mais il n'a nulle envie de se déplacer. La musique, les préparations chimiques et l'horreur des discussions avec les hommes de loi le retiennent à Paris. Alors, la Contessa a une idée audacieuse : puisque son amant actuel a été autrefois clerc d'avoué, pourquoi son mari ne le chargerait-il pas de partir pour l'Italie et d'y soutenir sa cause ? Bien entendu, le négociateur toucherait une juste commission pour son office. Ravi de cette solution, le comte Emilio la soumet en personne à Balzac, qui se déclare tout disposé à rendre le service qu'on lui demande. Au vrai, ce qui le séduit, c'est autant la perspective du voyage que celle de la rétribution dont il bénéficiera. Le 16 juillet 1836, le comte et la comtesse Guidoboni-Visconti, par un acte passé devant notaire, désignent le sieur Honoré de Balzac comme mandataire pour régler au mieux, à Turin, une affaire d'héritage contesté.

Investi de cette mission de confiance, Balzac s'avise subitement qu'il serait plus agréable de ne pas se lancer seul dans l'aventure italienne. Mais qui choisir comme compagnon de route ? Quelques mois auparavant, Jules Sandeau l'a présenté à une jeune femme fort délurée, et même un peu détraquée, qui a abandonné son mari, greffier au tribunal de Limoges, pour venir à Paris tenter sa chance dans le maquis de la littérature. Elle a trente-trois ans, une apparence aimable, se nomme Caroline Marbouty et a publié, dans *La Chronique*, un pâle roman autobiographique sous le nom de C. Marcel. Ses amis l'appellent « la Muse de Limoges ». Mais elle hait cette ville, en méprise les habitants et pose volontiers à la femme supérieure, égarée dans un milieu indigne de ses mérites. Après avoir trompé son mari à plusieurs reprises, et notamment avec l'illustre médecin Guillaume Dupuytren, de passage à Limoges, elle a décidé, en accord avec sa famille, de « monter » à Paris pour y faire donner une meilleure instruction à ses filles. En réalité, elle rêve de découvrir dans la capitale un homme hors du commun, un artiste de préférence, qui tomberait amoureux d'elle et favoriserait sa carrière d'écrivain. Elle songe d'abord à Sainte-Beuve, mais, rebutée par son aspect chétif, se rabat sur Balzac, dont elle admire le talent et surestime l'influence dans la presse. Invitée rue Cassini, elle l'amuse par son aplomb, son bagou et sa naïveté provinciale. Justement, il cherche quelqu'un pour l'accompagner à Turin. Pourquoi pas elle ? Il lui propose le marché. Elle saute sur l'occasion. D'ailleurs, elle dispose de cinq cents francs : ce sera sa contribution aux frais. Afin d'éviter le scandale, Balzac exige qu'elle s'habille en homme et se fasse passer pour son secrétaire. Là aussi, elle est d'accord. De tout temps, elle a aimé se travestir. George Sand, qu'elle vénère comme championne des droits de la femme, lui a donné le goût de la liberté de manières et du déguisement. Balzac commande au tailleur Buisson, toujours prêt à lui faire crédit, les vêtements masculins destinés à Caroline. Le 26 juillet, jour du départ, elle se présente rue Cassini habillée en femme, monte se changer et redescend transformée en garçon. Avec sa redingote pincée à la taille, son chapeau haut de forme et la cravache dont elle se fouette le jarret, elle a l'air d'un adolescent équivoque, d'une sorte de page. Balzac la complimente sur sa jolie tournure. La calèche, louée chez Panhard comme l'année précédente (deux cents francs pour un mois), attend dans la cour. Jules Sandeau, qui est venu pour les adieux, contemple d'un œil mélancolique ce faux couple qui semble partir en voyage de noces.

Le trajet dure cinq jours. On passe par Lyon, Chambéry, la Grande Chartreuse, Modane, le Mont-Cenis, Suse et on arrive à Turin dans la matinée du 31 juillet. En ville, le duo descend à l'hôtel de l'Europe, piazza Castello. L'androgyne « Marcel » a droit à une chambre trop somptueuse pour un simple secrétaire, avec un lit monté sur estrade, alors que son « patron », le « signor Balzac », se contente d'une chambre modeste, tout à côté. Entre les deux, une porte communicante. Mais ni l'un ni l'autre ne s'avisent de l'ouvrir. On respecte les convenances. Caroline, alias Marcel, explique sa situation dans une lettre à sa mère : « Je me suis réservé *le droit de liberté*. Je n'ai accepté que l'amitié pure et simple, comme lien. Le reste sera caprice, s'il me plaît. Je m'estime d'autant plus heureuse de l'espèce d'amour que j'inspire qu'il est, plus que jamais, rare à notre époque. L'artiste seul le comprend encore un peu ; le reste de la nation ne s'en doute pas. [...] Balzac est très bon, égal et loyal comme les grands caractères, mais plus occupé d'*avenir* et d'*ambition* que d'amour et de femmes. Pour lui, l'amour est nécessaire comme jeu physique. Hors de là, toute sa vie est au travail.

Cette condition me plaira-t-elle toujours ? Et surtout satisfera-t-elle mes besoins d'amour ? Je crains que non. » Ailleurs, elle se plaint à sa mère d'être quelque peu malade : « Mes tristes infirmités sont revenues plus que jamais ; je les cache tant que je puis, mais elles m'ont beaucoup fatiguée en route. J'en souffrais depuis un mois à Paris, et il me faut ma hardiesse ordinaire pour avoir osé braver cette indigne indisposition qui pouvait, par la fatigue du voyage, devenir sérieuse[1]. » Est-ce cette « indigne indisposition » qui la retient de coucher avec son voisin de chambre ? Toujours est-il que leurs rapports, durant ce séjour à Turin, restent ceux d'une camaraderie galante.

Grâce aux lettres de recommandation du comte Apponyi, ambassadeur d'Autriche à Paris, et du marquis de Brignole-Sale, ambassadeur de Sardaigne, l'accueil de la haute société italienne est des plus aimables. Le déguisement du secrétaire de Balzac intrigue les Turinois mais ne les trompe pas sur le véritable sexe de Marcel. Certains prennent ce jeune homme imberbe pour George Sand ; on traite le couple avec honneur et amusement. Balzac fait la connaissance du comte Sclopis de Salerano, futur ministre de la Justice, du jeune marquis Félix Carron de Saint-Thomas, héritier d'une ancienne famille savoyarde, de l'abbé Costanzo Gazzera, éminent archéologue, de la marquise Juliette Falletti di Barolo, qui a recueilli jadis Silvio Pellico à sa sortie du cachot et l'a nommé son bibliothécaire, de la comtesse Fanny Sanseverino-Vimercati, née Porcia, et de son mari le comte Faustino, descendant des princes de Salerne, bref, de tout le gratin de l'Italie.

Mais ces mondanités enrubannées ne le détournent

1. Les deux lettres sont citées par André Maurois dans son *Prométhée*.

pas de sa mission. Le comte Sclopis l'ayant mis en rapport avec l'avocat Luigi Colla, il confie à ce dernier le soin de débrouiller l'affaire compliquée de l'héritage. Dès l'abord, il se rend compte que le maître du barreau qu'on lui a recommandé est de première force et qu'il obtiendra gain de cause, quels que soient les pièges de la procédure. Le voici délivré de ses derniers scrupules. Mandaté par la Contessa et son mari, il pourra rentrer à Paris la tête haute. Somme toute, cette randonnée aura été des plus divertissantes. Luigi Colla n'est pas seulement un savant juriste : il se passionne pour la botanique et fait visiter à l'écrivain et à son aimable secrétaire les serres où il cultive des plantes rares. Du reste, il a très vite percé la véritable identité de Marcel. Avant de prendre congé de ses amis italiens, Balzac envoie à Luigi Colla un billet pour expliquer son brusque départ : « Il faut que Marcel reprenne son diadème de femme et quitte sa cravache d'étudiant[1]. » De son côté, le comte Sclopis de Salerano écrit à Balzac : « Je vous prie de ne point m'oublier auprès de votre charmant compagnon de voyage ; notre sexe n'oserait sérieusement le revendiquer, de crainte de le perdre dans l'autre ; dites-lui qu'il nous éclaircisse le mystère[2]. »

Le 12 août, le couple quitte Turin pour regagner Paris. Cette fois, Balzac choisit un itinéraire qui passe par le Simplon, la vallée de Sion et Genève. Dans cette ville, il se rend en pèlerinage, flanqué d'une « autre femme », sur les lieux sacrés de ses amours avec Mme Hanska. Cependant, il craint que, dans cette patrie des « caquetages », des gens mal intentionnés ne critiquent la présence à ses côtés d'un secrétaire aux

1. Cf. André Maurois, *op. cit.*
2. Lettre du 9 août 1836.

hanches larges et à la poitrine avantageuse. Il est temps de mettre fin à cette innocente récréation. Pour remercier Caroline de l'avoir suivi dans son escapade au-delà des Alpes, il se contentera de lui dédier, six ans plus tard, une nouvelle, *La Grenadière*, en ces termes : « A Caroline, à la poésie du voyage – le voyageur reconnaissant. »

Le 22 août 1836, Balzac est de retour à Paris et, avant même d'avoir défait ses bagages, se dépêche de répondre à Mme Hanska qui, bien évidemment, a été mise au courant de son voyage par ses informatrices habituelles. La version qu'il lui donne de son équipée avec « Marcel » est d'une prudente hypocrisie. « J'ai saisi le prétexte d'aller à Turin pour rendre service à une personne avec qui je me trouve en loge aux Italiens, un M. Visconti, qui avait un procès et ne pouvait y aller. En vingt jours, j'ai été là par le Mont-Cenis et suis revenu par le Simplon, ayant pour compagnon de voyage une amie de Mme Carraud et de Jules Sandeau. [...] Vous devinez qu'à Genève j'ai revu le Pré-Lévêque et la maison Mirabaud. Hélas ! il n'est pas défendu à ceux qui souffrent d'aller respirer un air embaumé. Vous seule et vos souvenirs pouvaient rafraîchir un cœur en deuil. [...] Me voilà revenu, gardant une blessure dont la cicatrice se verra toujours, mais que vous seule avez pansée sans le savoir. » La lettre signée, cachetée, il se sent soulagé, comme un enfant pris en faute qui a enfin trouvé la bonne excuse pour n'être pas grondé.

Quant à ses sentiments envers Caroline Marbouty, il les analysera, un peu plus tard, dans une lettre au marquis Carron de Saint-Thomas : « Je n'ai vu Marcel qu'une seule fois depuis mon retour. Plaisanterie à part, *caro*, Marcel est une pauvre charmante créature, condamnée à vivre dans l'enceinte froide d'un ménage, une honnête, une vertueuse femme, que vous ne reverrez jamais, et qui n'a pas résisté à une occasion *unique* de briser sa cage pendant un mois. Alors, comme elle a beaucoup de gaieté dans l'esprit et qu'une femme qui se sort des *rails* de la vertu devient très mauvais sujet, elle s'est amusée en véritable écolier. Elle n'est point George Sand, à qui je vous présenterai quelque jour ; mais elle a été ravie d'être prise pour elle, afin d'assurer son *incognito*. Elle s'est fiée à moi pour son escapade, parce qu'elle me sait pris de la tête aux pieds par une passion si exclusive que je ne sais pas s'il y a des femmes au monde, hormis la *cara*, et elle m'a affiché précisément pour éviter tout hommage. Je ne la reverrai pas trois fois dans ma vie. Personne ne sait son voyage, et une indiscrétion la perdrait [1]. »

Dans cette aventure extravagante, Balzac se demande lequel des deux a été le plus fou : Caroline ou lui ? Jamais il ne consentira à croire qu'il a déjà trente-sept ans et que la démarche d'un homme mûr dans la vie ne peut se comparer à celle d'un personnage de roman.

---

1. Lettre du 6 novembre 1836.

X

LE GRAND DEUIL

En dépouillant le courrier qui s'est accumulé à Paris durant son voyage en Italie, Balzac tombe sur une lettre postée à Nemours, le 27 juillet 1836. Il était parti depuis la veille avec « Marcel » lorsqu'elle lui a été envoyée. Signée d'Alexandre de Berny, elle l'attend depuis plus de trois semaines. Il la lit et défaille de chagrin : « Voici une lettre de deuil, cher Honoré : après dix jours de souffrances nerveuses très aiguës, d'étouffements et d'hydropisie, notre mère a succombé ce matin, à neuf heures. Sa vie était bien remplie, à cette bonne mère, elle est sans doute bien calme à présent. Demain, à dix heures, elle sera déposée en terre, à côté de son cher Armand, dans le cimetière de Grez. » Balzac se rend compte avec horreur que, pendant l'agonie de cette femme qu'il a tant aimée, il roulait gaiement en voiture avec une autre, costumée en homme. Son désespoir se double de remords. Il a beau se répéter, à sa décharge, qu'après la mort de son fils Armand, en novembre 1835, Mme de Berny avait souhaité ne plus recevoir de visites, qu'elle était depuis longtemps malade, que les médecins l'avaient condamnée, qu'en la laissant en paix dans sa retraite il n'avait fait qu'obéir à ses ordres, il maudit la malencontreuse idée qu'il a eue de se lancer sur les routes alors qu'en retardant son départ il aurait pu l'assister dans ses derniers instants. Peu après, il apprendra que *Le Lys dans la vallée* était le livre de chevet de la malheureuse, qu'elle relisait sans se lasser les pages ayant trait à la mort de Mme de Mortsauf dont il était lui-même le plus satisfait, qu'elle comptait l'appeler auprès d'elle pour qu'il la consolât dans son glissement vers l'autre monde, qu'elle avait prié Alexandre d'aller le chercher à Paris, qu'elle s'était recoiffée devant son miroir à main afin de l'accueillir dignement, puis que, se jugeant incapable d'attendre plus longtemps son retour, elle avait convoqué un prêtre et reçu les saints sacrements. Mais, avant de fermer les yeux à jamais, elle avait exigé qu'Alexandre brûlât les lettres de Balzac, ficelées avec de la laine en un gros paquet. Il avait obéi. Le lendemain, quinze années de ferveur n'étaient plus qu'un tas de cendres.

Tout est effacé sur terre. Et cependant, dans la tête de Balzac, tout demeure. Trop cruellement blessé pour se contenir, il écrit à Mme Hanska : « Madame de Berny est morte. Je ne vous en dirai pas davantage sur ce point. Ma douleur n'est pas d'un jour, elle réagira sur toute ma vie. Depuis un an, je ne l'avais pas vue, et je ne l'ai pas vue non plus à ses derniers moments [1]. » Mais c'est à la mystérieuse Louise qu'il confesse le plus sincèrement sa peine : « La personne que j'ai perdue était plus qu'une mère, plus qu'une amie, plus que toute créature peut être pour une autre. Elle ne s'explique que par la divinité. Elle m'avait soutenu de parole, d'action, de dévouement, pendant les grands orages. Si je vis, c'est par elle, elle était tout pour moi ; quoique, depuis deux ans, la maladie, le temps nous eussent

1. Lettre déjà citée du 22 août 1836.

séparés, nous étions visibles à distance, l'un pour l'autre. Elle réagissait sur moi, elle était un soleil moral. Madame de Mortsauf du *Lys* est une pâle expression des moindres qualités de cette personne ; il y a un lointain reflet d'elle, car j'ai horreur de prostituer mes propres émotions au public, et jamais rien de ce qui m'arrive ne sera connu. Eh bien, au milieu de ces nouveaux revers qui m'accablaient, la mort de cette femme est venue [1]. »

A son désarroi s'ajoutent des soucis de famille. Son frère Henry, toujours aussi incapable et dépensier, a fini de ruiner leur mère et elle appelle Honoré au secours. Les Surville également sont aux abois et ne savent si le grandiose projet de canal ne se heurtera pas au refus de l'Administration. Plus que jamais, Balzac a besoin d'une femme compatissante auprès de qui s'épancher. Il se demande si Mme Hanska ne pourrait pas assumer ce rôle où la Dilecta se montrait si affectueuse et si habile : « Je vous fais son héritière, lui propose-t-il, vous qui avez toutes ses noblesses, vous qui auriez écrit cette lettre de Mme de Mortsauf qui n'est qu'un souffle imparfait de ses inspirations constantes et qui l'auriez au moins parachevée. [...] Seulement, *cara*, n'aggravez point mes chagrins par des doutes déshonorants ; croyez qu'à un homme, si pesamment chargé d'ailleurs, la calomnie est légère et que maintenant il me faut tout laisser dire sur moi sans m'en inquiéter. Dans vos dernières lettres, vous savez, vous avez cru des choses inconciliables avec ce que vous savez de moi. Je ne m'explique pas votre pente à croire d'absurdes calomnies. » Et, pour bien prouver à sa correspondante qu'il souhaite voir la Dilecta se réincarner en elle, il ose ajouter : « Je ne crois pas commettre de

1. Lettre des environs du 26 août 1836.

sacrilège en vous cachetant votre lettre avec le cachet qui me servait pour Mme de Berny. [...] J'ai fait vœu de porter cette bague à mon doigt[1]. » Sans doute la méfiante Mme Hanska n'apprécie-t-elle que médiocrement cette assimilation à une morte trop aimée. Elle fera mine cependant de s'intéresser aux tracas de l'homme et du romancier. Et il l'en remerciera avec effusion : « Oh ! *cara*, continuez-moi ces sages et si purs conseils, si désintéressés. Si vous saviez avec quelle religion je crois à ce que dit l'amitié vraie[2] ! »

Au fond, il regrette les remarques, parfois sévères, de la Dilecta sur ses manuscrits, sur ses épreuves : elle n'hésitait pas à signaler en marge une phrase boiteuse, une digression mal venue. Qui le fera maintenant ? Zulma Carraud s'obstine certes à le blâmer pour ses dépenses, pour son attachement aux biens de ce monde, pour sa prodigalité et sa dispersion. Elle se fâche parce qu'il mène une vie indigne de son talent. Mais ses réactions sont d'une brusquerie blessante : « Dans quelle aberration vous ont jeté ces nuages d'encens que l'on a amoncelés autour de vous pour vous aveugler et vous perdre. [...] Est-ce écrire que le faire le couteau sous la gorge et pouvez-vous parfaire une œuvre que vous avez à peine le temps d'écrire ? Vous êtes ruiné, dites-vous. Mais, cher Honoré, à votre début dans la carrière, qu'aviez-vous ? Des dettes ; aujourd'hui, des dettes aussi ; mais combien le chiffre en est différent ! Et pourtant, que n'avez-vous pas gagné depuis ces huit ans, et croyez-vous qu'il fallût de semblables sommes à un homme de pensée pour vivre ? Ses jouissances devaient-elles être si matériel-

1. Lettre déjà citée du 22 août 1836.
2. Lettre du 10 février 1837.

les ? Honoré, quelle vie vous avez faussée et quel talent vous avez arrêté dans son essor[1] ! »

La Dilecta disait la même chose jadis, mais elle savait allier la douceur à la fermeté. Quant à Mme Hanska, autre confidente, elle habite trop loin pour qu'il puisse compter sur son secours dans les moments difficiles. Lorsqu'une lettre lui parvient de Wierzchownia, les événements qui l'ont inspirée sont déjà dépassés. Et puis, elle interprète tout à la lumière de sa jalousie. Cette suspicion permanente gauchit son jugement. Elle ignore l'indulgence, la tolérance. Et Balzac en a tellement besoin ! Cependant, il continue à la tenir au courant de ses travaux et de ses peines : « Pour savoir jusqu'où va mon courage, il faut vous dire que *Le Secret des Ruggieri* a été écrit en une seule nuit. Pensez à ceci quand vous le lirez. *La Vieille Fille* a été écrite en trois nuits. *La Perle brisée*, qui termine enfin *L'Enfant maudit*, a été écrite en une seule nuit. C'est mon Brienne, mon Champaubert, mon Montmirail, c'est ma campagne de France[2]. » Et, trois semaines plus tard : « J'ai travaillé trente nuits sans me coucher et j'ai fait *La Perle brisée* (pour *La Chronique* et qui a paru), *La Vieille Fille* (pour *La Presse* et qui paraît demain). J'ai fait *Le Secret des Ruggieri* pour Werdet. » Pour conclure, il cite sa réponse à Rossini qui s'étonnait de sa fécondité : « Moi, je n'ai que le cercueil en perspective pour me reposer, mais le travail est un beau suaire. »

En revenant de Turin, il a analysé sa situation dans le monde du journalisme : les deux revues de Buloz (*La Revue des Deux Mondes* et *La Revue de Paris*) lui sont fermées depuis le procès qu'il a gagné ; *La Chronique*,

1. Lettre du 9 octobre 1836.
2. Lettre du 1er octobre 1836.

à qui il continue de donner des articles, est dans un état pitoyable. Il faut trouver un autre débouché pour sa prose. Or, précisément, deux nouveaux quotidiens sont en train de s'imposer brillamment et se font concurrence : *La Presse*, lancée par Emile de Girardin, et *Le Siècle*, lancé par Armand Dutacq. Sachant l'attrait du public pour les œuvres de Balzac, Emile de Girardin se résigne à oublier leur brouille et à solliciter sa collaboration : « Vous savez, mon cher Balzac, que notre rupture n'a pas un moment détruit en moi l'ancienne affection que nous nous portions. [...] Je vous suis, mon cher Balzac, sincèrement attaché, je crois vous l'avoir déjà prouvé et, si j'ai eu tort à votre égard, je ne demande pas mieux que d'en convenir. Tout à vous quand même [1]. »

Balzac accepte avec empressement la main tendue. Il offre à *La Presse* sa *Vieille Fille* à peine éclose, dont la parution va constituer un événement journalistique. C'est, en effet, le premier roman publié en feuilleton dans un quotidien français, jour après jour, par tranches successives. Ainsi le lecteur, tenu en haleine, suit de numéro en numéro les aventures des personnages et les annonceurs, alléchés par l'opération, multiplient les réclames dans la gazette. Après son passage dans *La Presse* en douze livraisons, du 23 octobre au 4 novembre 1836, *La Vieille Fille* sortira très honorablement en volume dans les librairies. Et le public, qui l'aura goûtée dans sa présentation fragmentée, aura à cœur de la relire d'une traite sous son aspect définitif. Excellente formule qui fera la fortune, entre autres, d'Alexandre Dumas et d'Eugène Sue après avoir été inaugurée par Balzac. Au vrai, ce qui plaît à Balzac dans ce procédé, c'est que le découpage en livraisons

1. Lettre du même jour.

régulières dans un journal lui permet de fournir sa copie au fur et à mesure de la publication. Désormais, la plupart de ses romans commenceront leur carrière dans un quotidien.

C'est avec un entrain diabolique qu'il a détaillé l'histoire de cette « vieille fille », Mlle Rose Cormon, riche bourgeoise d'Alençon, qui, à quarante-deux ans, souffre de sa virginité prolongée, souhaiterait avoir des enfants, s'agite la nuit dans son lit, contemple avec mélancolie dans la glace son visage ingrat, son corps massif et sa trop opulente poitrine. Attirés par sa fortune, des prétendants se présentent. L'un, le chevalier de Valois, est un grand seigneur aux goûts libertins ; l'autre, Du Bousquier, jadis fournisseur des vivres aux armées, a fière allure avec ses larges épaules et malgré son faux toupet sur le crâne. C'est assurément un mâle capable de donner à Mlle Cormon la progéniture dont elle rêve. Elle l'épouse donc et découvre, à son grand regret, qu'il est impuissant. Or, elle a dédaigné un troisième prétendant, âgé de vingt-trois ans, Athanase Granson, lequel aime sincèrement cette femme qui pourrait être sa mère et trouve même de la beauté à ses formes plantureuses. Ici encore reparaît l'obsession du jeune Balzac épris de la mûrissante et compréhensive Dilecta. Désespéré, Athanase se suicide en se jetant dans la Sarthe et Rose, devenue Mme Du Bousquier, mais restée vieille fille dans l'âme, se console en menant auprès de son mari triomphant une vie grise, niaise et « purement animale ».

Balzac écrit *La Vieille Fille* dans la fièvre de l'improvisation en même temps qu'il rédige d'autres nouvelles (*L'Enfant maudit*, *Le Secret des Ruggieri*), des chroniques et des plans d'ouvrages à venir. Harcelé par Emile de Girardin, qui craint toujours une rupture dans les livraisons à l'imprimeur, il informe Mme Hanska : « Je suis comme le vieux colonel autrichien qui parlait de son cheval gris et de son cheval noir à Marie-Antoinette ; je suis tantôt sur l'un, tantôt sur l'autre, six heures sur *Les Ruggieri*, six heures sur *L'Enfant maudit*, six heures sur *La Vieille Fille*. De temps en temps, je me lève, je contemple cet océan de maisons que ma fenêtre domine depuis l'Ecole militaire jusqu'à la barrière du Trône, depuis le Panthéon jusqu'à l'Etoile [1] et, après avoir humé l'air, je me remets au travail [2]. » S'il est pleinement satisfait de sa *Vieille Fille*, la crudité, l'amertume, l'ironie du récit rebutent certains lecteurs de *La Presse*. Des abonnés écrivent à la direction du journal pour protester contre « des détails trop libres ». Laure de Surville est également déconcertée par l'audace de son frère. Mme Hanska se réfugie dans une sage réserve. Elle n'a décidément pas le même sens critique que Mme de Berny. Les journalistes, à leur habitude, raillent l'auteur pour ses prétentions philosophiques, ses opinions politiques et la longueur de ses descriptions. Comme Balzac projette de fournir à *La Presse* deux autres « études de femmes », *La Torpille* et *La Femme supérieure*, le gérant de la gazette lui écrit, le 17 novembre 1836 : « Il nous vient de si nombreuses réclamations contre le choix du sujet et la liberté de certaines descriptions que le gérant de *La Presse* demande à l'auteur de *La Vieille Fille* de choisir un autre sujet que celui de *La Torpille* [il s'agirait, dans *La Torpille*, du rachat d'une prostituée par l'amour], un sujet qui, par la description qu'il comportera, soit de nature à être lu par tout le monde et fasse même opposition au premier sujet traité. »

1. La rue des Batailles était située sur la colline de Chaillot, assez peu bâtie à l'époque.
2. Lettre déjà citée du 1er octobre 1836.

Balzac promet de mettre de l'eau dans son vin. Il est prêt à toutes les concessions – du moins en paroles – pour sortir de ses embarras financiers. Ayant de nouveau quitté la rue Cassini pour la rue des Batailles, il a fait aménager, dans une mansarde de la maison, au troisième étage, un cabinet de travail à son idée. Cette autre retraite, « blanche et coquette comme une grisette de seize ans », est meublée d'un bureau noir et rouge et d'un divan semi-circulaire, agrémenté de douze oreillers blancs. Il espère que cette couche pour divinité de l'Olympe recevra bientôt la visite d'une « dame de haute volée ». Cette confidence, il la fait à l'écrivain Antoine Fontaney, venu le voir poser, pour un portrait, dans l'atelier du peintre Louis Boulanger. Balzac est là, enveloppé dans un froc blanc, le ventre rebondi, les bras croisés sur la poitrine, devant l'artiste qui couvre sa toile à prestes coups de pinceau. Fontaney précise dans son *Journal* : « Il n'a plus voulu d'autre costume depuis qu'il a visité les Chartreux. – Il ne fait blanchir une robe qu'une fois. – Il ne se tache jamais d'encre. – Il a le travail très propre. »

La « dame de haute volée » pour qui Balzac a fait confectionner le divan aux douze oreillers immaculés ne tarde pas à inaugurer l'installation. C'est Sarah Guidoboni-Visconti. Séduite par l'empressement de son hôte, elle reviendra souvent. Pourvu que Mme Hanska n'ait pas vent de cette aventure ! Son affreuse tante Rosalie est à l'affût de toutes les indiscrétions le concernant. Afin de conjurer le péril, il commande, aux frais de M. Hanski, une copie du tableau de Boulanger le représentant en moine-écrivain. Il lui semble que, quand elle aura sous les yeux ce portrait évoquant une vie quasi conventuelle, Eve ne pourra plus croire à ses infidélités. « Je suis abattu mais non sans courage, lui écrit-il en lui dédiant la toile. Ce que Boulanger a su peindre et ce dont je suis content, c'est la persistance à la Coligny, à la Pierre le Grand qui est la base de mon caractère – l'intrépide foi dans l'avenir[1]. » Et, afin de réagir contre le deuil, contre les dettes, contre les incessants rappels d'Emile de Girardin qui réclame sa copie, il s'achète, pour six cents francs, une canne dont il n'a nul besoin. Après quoi, il va « taper » le docteur Nacquart pour finir sa semaine.

Sa situation financière et juridique se complique encore au début de l'année 1837. Avec sa légèreté coutumière, il a avalisé les billets de Werdet à Duckett pour le rachat des parts de *La Chronique*. Werdet ayant été déclaré en faillite, Duckett se retourne contre Balzac et, arguant du fait que l'écrivain a exploité jadis une imprimerie et une fonderie et qu'il est par conséquent soumis au régime des commerçants, le menace d'arrestation et d'emprisonnement pour dettes. Balzac est atterré par cette perspective. De plus, il souffre de la grippe et doit, malgré la fièvre et les maux de tête, corriger la première partie des *Illusions perdues*. Il lui faut fuir. Mais pour aller où ? Duckett a déjà fait saisir le tilbury dont Honoré tirait une telle vanité. Un huissier se présente rue des Batailles. Le concierge, dûment chapitré, affirme qu'il ne connaît pas M. Balzac et qu'il n'y a ici qu'une Mme Durand, du reste absente. Alors, l'huissier veut forcer l'entrée. Le concierge parle de porter plainte pour violation de domicile. L'huissier se retire, furieux, en promettant de poursuivre ses investigations.

A bout d'expédients, Balzac songe à demander un passeport pour la Russie et à se réfugier chez les Hanski. Mais les Guidoboni-Visconti proposent une solution plus facile. Leur affaire de succession se traîne

1. Lettre déjà citée du 1er octobre 1836.

toujours devant les tribunaux italiens. Elle se plaide maintenant à Milan. A nouveau, le comte et la comtesse suggèrent à Balzac de se rendre sur place, à leurs frais, muni de leur procuration. En cas de réussite, il touchera un pourcentage raisonnable sur la somme récupérée. Trop heureux de se soustraire, pour un temps, aux rigueurs de la justice, Balzac accepte. Pourtant, cette fois, il décide de voyager seul. Ayant fait son plein de mondanités, il monte en diligence le 14 février 1837, traverse la France, passe le Simplon, arrive à Milan le 19 et descend à l'hôtel *La Bella Venezia*, piazza San Fedele, non loin de la Scala. La chambre coûte deux francs par jour et on peut y dîner pour trois francs, ce qui est correct.

Comme à Turin, les nombreuses lettres d'introduction dont il s'est muni lui valent un brillant accueil, que ce soit auprès de la société milanaise ou auprès des autorités autrichiennes d'occupation. Ici, il n'y a pas de créanciers, pas d'huissiers, pas de journalistes ricaneurs, mais une profusion de jolies femmes qui idolâtrent l'écrivain français. Pour n'être pas en retard sur les Parisiens, on parle, dans les salons, de sa canne au pommeau incrusté de pierres précieuses, de sa robe de chambre blanche, de ses romans qu'il écrit la nuit, quand le reste des mortels se repose. Parmi toutes ces nouvelles connaissances si bien disposées à son égard, il distingue la très jeune et très séduisante comtesse Clara Maffei, qui reçoit chez elle les gens illustres de la politique, des arts et des lettres. En voyant arriver Balzac, elle s'agenouille et soupire : « J'adore le génie ! » Balzac ne juge pas cet hommage excessif. Avec la *cara contessina*, si menue et si élégante qu'il en a l'eau à la bouche, il visite infatigablement palais, églises et musées. Mais il se lie également avec le prince Alfonso Serafino di Porcia et sa maîtresse, la comtesse

342

Eugénie Bolognini, qui affichent en public une dignité véritablement conjugale. Le prince met une voiture à sa disposition et l'invite dans sa loge aux spectacles de la Scala. Tant de gentillesse fait regretter à Balzac de n'être pas né en Italie. Les femmes les plus huppées lui demandent de signer leur album. Dans celui de Clara Maffei, il écrit : « A vingt-trois ans, tout est avenir ! » Dans la presse locale, les échotiers sont unanimes à louer sa bonhomie et sa verve. Un pickpocket lui ayant volé sa montre en or lors d'une bousculade sur la piazza San Fedele, la police se met aussitôt en branle et l'objet lui est restitué le soir même. Gloire aux *carabinieri* de Milan ! Par ailleurs, il se rend auprès de la célébrité littéraire du pays, l'illustrissime Alessandro Manzoni. Mais l'entrevue est glaciale, car Balzac n'a pas lu *Les Fiancés* et ne peut parler à l'écrivain de son chef-d'œuvre. Un journaliste, Cesare Cantu, qui a assisté à la rencontre, décrira ainsi « le Français » : « Grand corps, grand nez, vaste front, cou de taureau entouré d'une espèce de ruban qui figurait une cravate, œil de dompteur de fauves, épaisse chevelure abritée par un grand chapeau mou, tête puissante remplie d'idées extraordinaires, avide d'argent, perdu de dettes, plein de lui-même, il voulait paraître excentrique en tout pour faire parler de lui[1]. »

Malheureusement, Balzac doit aussi, à Milan, s'occuper de l'affaire Guidoboni-Visconti. Trois personnes se disputent l'héritage, qui est médiocre : soixante-treize mille sept cent soixante lires. Ce n'est pas une raison pour jeter le manche après la cognée. Fort de son mandat, Balzac défend les intérêts de ses amis et finit par transiger pour une petite somme, sur laquelle on prélèvera les frais du voyage et la commission. Mais, pour

1. Cf. Roger Pierrot, *op. cit.*

343

que cette convention soit entérinée, il faut obtenir l'accord du gendre de la défunte, également père de l'héritier mineur, le baron Galvagna. Or, celui-ci habite Venise. Plutôt que de régler l'affaire par correspondance, Balzac fait le déplacement.

Parti le 13 mars, c'est sous une pluie battante qu'il découvre la vieille Cité des Doges. Il loge à l'*Albergo Reale* (futur hôtel Danieli), dans un appartement princier, ce qui ne l'empêche pas de trouver la ville sinistre et inquiétante. « Si vous me permettez d'être sincère, écrit-il à Clara Maffei, et si vous voulez ne montrer ma lettre à personne, je vous avouerai que, sans fatuité ni dédain, je n'ai pas reçu de Venise l'impression que j'en attendais. [...] La pluie mettait sur Venise un manteau gris qui pouvait être poétique pour cette pauvre ville qui craque de tous côtés et qui s'enfonce d'heure en heure dans la tombe, mais il était très peu agréable pour un Parisien qui jouit, les deux tiers de l'année, de cette mante de brouillards et de cette tunique de pluie. » Toujours galant, il ajoute : « Je donnerais Venise pour une bonne soirée, pour une heure de plaisir, pour un quart d'heure passé au coin de votre feu, car l'imagination peut construire des milliers de Venise, et l'on ne fait ni une jolie femme, ni un plaisir, ni une passion [1]. » Même les gondoles le déçoivent, mais uniquement parce qu'il aimerait s'y prélasser en douce compagnie et qu'il est seul au bord du canal : « J'avoue que je suis désespéré de ne pas avoir eu la dame de mes pensées à y promener, car ce doit être un bien grand plaisir que de courir en gondole, de pouvoir causer, rire, en se trouvant ainsi bercé par les eaux [2]. » La « dame de ses pensées », en l'occurrence,

1. Lettre du 14 mars 1837.
2. Lettre du 19 mars 1837.

n'est ni Mme Hanska, ni Mme Guidoboni-Visconti, ni la discrète Louise. Non, pour l'instant, seule Clara Maffei occupe son esprit, sans pourtant qu'il espère d'elle autre chose que des mines et des mots. Est-ce sa faute s'il aime tant aimer ? Un joli visage, un regard tendre, un geste gracieux et il s'enflamme. Mais comme le soleil est revenu, Venise resplendit : « J'ai tout à fait changé d'opinion sur la belle Venise que je trouve tout à fait digne de son nom [1] », annonce Balzac.

Ragaillardi par le beau temps, il obtient que le baron Galvagna accepte la transaction projetée. Affaire conclue, il repart pour Milan. Une semaine après, il décide de rentrer en France par Gênes. Depuis longtemps, il souhaitait visiter la Riviera italienne. Or, Gênes redoute les atteintes d'une épidémie de choléra. Dès son arrivée dans la ville, Balzac est contraint de passer huit jours de quarantaine dans un hôpital, « indigne de servir de prison à des brigands ». Il y fait la connaissance d'un négociant génois, Giuseppe Pezzi, qui lui parle d'antiques mines de plomb argentifère en Sardaigne, aujourd'hui abandonnées, mais dont l'exploitation pourrait se révéler fructueuse. Immédiatement, un déclic se produit dans le cerveau de Balzac. N'est-ce pas la solution de tous ses déboires financiers ? De l'argent à la pelle ! Exactement ce qu'il lui faut ! Il se promet, à son retour en France, d'interroger le commandant Carraud qui, en tant qu'ancien polytechnicien, doit être en mesure de l'éclairer sur la valeur de ces informations. Evidemment, il serait sage d'aller se renseigner sur le terrain, auprès des autochtones. Pourtant, libéré de la quarantaine, ce n'est pas pour la Sardaigne qu'il s'embarque sur un « pyroscaphe », mais pour Livourne. Puis il se rend à Florence.

1. *Ibid.*

Là, en touriste consciencieux, il fait la tournée de tous les lieux remarquables, suffoque d'admiration devant la statue du tombeau de Laurent de Médicis par Michel-Ange, se pâme devant les tableaux de Raphaël et regrette d'avoir été obligé de voir les Offices en courant. « Je m'aperçois qu'il faut rester des mois à Florence, tandis que je n'ai que des heures », écrit-il à Mme Hanska[1]. Et, par une innocente duperie, il s'efforce de la persuader que, s'il est allé en Italie, c'est uniquement pour mieux connaître ce pays qu'elle lui a dit aimer. De Florence, il bondit à Bologne afin de saluer Rossini, qui s'est installé dans cette ville avec Olympe Pélissier. Ensuite, il retourne à Milan et prend congé de ses nombreux amis, dont la ravissante Clara Maffei. Là, le consul général, le baron Etienne Denois, délivre un passeport à « M. de Balzac, Honoré, propriétaire ». Signalement : « Taille 1 m 68, cheveux noirs, yeux noirs, front haut, nez épaté, visage plein. » Balzac franchit le col du Saint-Gothard, enseveli sous la neige, par un froid de moins vingt-cinq degrés : « Les ponts jetés sur les torrents ne se voyaient pas plus que les torrents eux-mêmes. J'ai failli périr plusieurs fois malgré onze guides[2]. »

Le 3 mai il est à Paris, après deux mois et demi d'absence. Il y retrouve ses manuscrits, ses dettes et ses projets. Parmi ceux-ci, deux idées de pièces : *La Première Demoiselle* et *Le Mariage de Prudhomme*. Mais il renonce provisoirement à l'expérience théâtrale, jugeant que, dans le roman, il a les coudées plus franches. L'essentiel est de faire rentrer de l'argent par n'importe quel moyen. Soit, il a touché la commission promise par les Guidoboni-Visconti sur leur part

1. Lettre du 11 avril 1837.
2. Lettre à Mme Hanska du 11 mai 1837.

d'héritage : c'est peu de chose en comparaison du gouffre de son passif. Et sa mère se plaint amèrement d'être négligée, alors que tout le monde, autour d'elle, parle des largesses de l'écrivain le plus aimé des Français. En septembre 1834, il s'est imprudemment engagé à lui verser, à partir du 1er avril 1835, deux cents francs tous les trois mois pour payer son loyer et une domestique. En avril 1837, il lui doit deux années de subvention non réglées. « Honoré, lui écrit-elle, depuis deux ans ma vie a été un cauchemar perpétuel, mes charges ont été énormes. [...] Je suis enfin arrivée au moment où il faut que je te dise : mon fils, du pain ! Depuis plusieurs semaines, je mange celui que m'offre mon bon gendre [Surville], mais, Honoré, cela ne peut durer ainsi, du moment que tu trouves les moyens de faire (pour des étrangers) des voyages longs et onéreux, de toutes les manières, en argent et en réputation. [...] Mon fils, puisque tu as pu faire face à des amis Sandeau, des maîtresses, des montures de canne, des bagues, de l'argenterie, des ameublements, ta mère peut alors, sans aucune indiscrétion, réclamer ta promesse ; elle a attendu pour le faire jusqu'au dernier moment, mais il est arrivé. [...] Si tu savais ce que j'ai souffert qu'on n'ait pas vu une seule fois mon fils me visiter à Chantilly ! Ho ! mon Dieu, pourquoi ne m'avez-vous pas laissé de fortune [1] ? »

De leur côté, les Surville vivent au jour le jour, dans l'espoir constamment déçu de voir aboutir quelque projet de grands travaux publics. Laure se lamente d'avoir deux filles à marier, une mère ruinée à soutenir, un frère, Honoré, génial mais prodigue, un autre frère, Henry, nul et calamiteux, et de n'apercevoir aucune éclaircie dans le ciel de son ménage. Enfin, la

1. Lettre d'avril 1837.

famille persuade Henry de retourner à l'île Maurice où il aura, croit-on, plus de chances de décrocher un emploi. Encore, à Paimbœuf, au moment de s'embarquer, prétend-il n'avoir pas de quoi payer l'auberge. D'urgence, les Surville lui envoient un dernier viatique et il disparaît de leur horizon. Parlant de Laure, qui était venue le voir subrepticement, Honoré écrivait à Mme Hanska : « Les affaires de son mari vont lentement et sa vie aussi, à elle, s'écoule dans l'ombre ; et ses belles forces s'épuisent dans une lutte inconnue, sans gloire. Quel diamant dans la boue ! Le plus beau diamant que je sache en France. Pour sa fête, nous avons échangé nos pleurs ! Et, la pauvre petite, elle tenait sa montre à la main : elle n'avait que vingt minutes. Son mari est jaloux de moi. Venir voir son frère en partie fine[1] ! »

Tout le monde est malheureux autour de Balzac et lui-même, s'il n'avait pas son œuvre à construire, se jetterait volontiers dans la Seine. Mais la table, l'encrier, la plume, le papier le rappellent à l'ordre. Ils sont les symboles de la discipline, les garants de la survie. Il leur doit d'exister encore. A la lettre de récriminations maternelles, il réplique brièvement : « Ma bonne mère, je suis comme sur un champ de bataille, et la lutte est acharnée. Je ne puis pas répondre une longue lettre à la tienne ; mais j'ai bien pensé, bien ruminé ce qu'il y a de meilleur à faire. Je pense que tu dois venir d'abord à Paris causer avec moi durant une heure, afin de nous entendre. Il m'est plus facile de causer que d'écrire, et je crois que tout peut concorder à ce que ta position exige. Viens donc, partout où tu voudras venir ; ici, rue des Batailles, comme à la rue Cassini, tu auras la chambre d'un fils à qui la moindre

1. Lettre déjà citée du 1er octobre 1836.

348

de tes paroles remue en ce moment les entrailles. Viens le plus tôt possible. Je te serre contre mon cœur et voudrais être plus vieux d'un an, car ne t'inquiète pas de moi, il y a la plus grande sécurité pour mon avenir [1]. » En somme, une fois de plus, au lieu de bon argent frais, Balzac offre à sa mère des promesses. Qu'elle s'en contente pendant un an encore ! dit-il. Après, il partagera avec elle les richesses qu'il aura acquises par ses romans ou par tout autre moyen. Pour l'heure, avec soixante mille francs de dettes sur le dos, le plus urgent est d'échapper aux huissiers. Ils connaissent ses deux domiciles. Il lui faut un asile inviolable. Alors qu'il ne sait plus où se cacher, les Guidoboni-Visconti lui proposent de s'installer incognito dans leur maison des Champs-Elysées.

Bouleversé de reconnaissance, Balzac emménage chez sa maîtresse et se remet aussitôt au travail. Il doit achever *La Femme supérieure*, dont *La Presse* attend la livraison avec impatience, et donner au *Figaro*, dirigé par Alphonse Karr, *César Birotteau*. En outre, il a sur sa table le manuscrit de *Gambara*, qui a été reconstitué, durant son absence, par Auguste de Belloy, après l'incendie de l'imprimerie Everat. Cette nouvelle mouture ne le satisfait pas. Il s'impose de la remanier de fond en comble. Pendant cette révision, à *Gambara* s'ajoute le récit jumeau de *Massimilla Doni*. Ce dernier roman se déroule à Venise, dans une atmosphère imprégnée de musique et d'amour. Etant d'une « ignorance hybride » en matière de musique, Balzac a sollicité les conseils du compositeur allemand Jacques Strunz. Le thème, c'est le balancement de l'homme pris entre deux femmes : celle qu'il aime, et devant laquelle il est impuissant, et celle qu'il n'aime pas, mais qu'il

1. Lettre de mai 1837.

désire. Obsédé par l'art, le héros perd ses moyens. L'imagination, chez lui, tue l'appétit charnel. Pour éviter ce fiasco, la fière et pure Massimilla Doni accepte de prendre la place d'une courtisane et, par ce subterfuge, d'amener son amoureux à triompher de son inhibition. L'intrigue, assez scabreuse dans ses intentions, permet à Balzac d'étudier les ressorts de l'attirance sexuelle tout en évoquant les splendeurs fragiles de l'Italie, avec ses nobles désargentés, ses palais fatigués, sa population qui souffre de l'occupation autrichienne et, en contrepoint, la royauté intemporelle de la musique.

Outre *Massimilla Doni*, il rédige en quatre jours *La Femme supérieure* (intitulée par la suite *Les Employés*), histoire d'une épouse ambitieuse, Célestine Rabourdin, qui pousse son mari, Xavier, modeste fonctionnaire, à se hisser dans la hiérarchie, à devenir quelqu'un. Ainsi aiguillonné, Xavier Rabourdin se met à avoir des idées sur la façon de diriger le pays. Et ces idées sont celles de Balzac : réduction du nombre des ministères et du personnel, suppression de l'octroi, nouveau mode d'évaluation des revenus pour l'assiette de l'impôt, abolition des taxes diverses qui étranglent le commerce. Le récit, qui au départ devait être l'analyse d'un drame conjugal, se révèle, dans ses développements, comme une condamnation de la bureaucratie. Les innombrables rouages administratifs découragent les gouvernants d'imposer leurs décisions initiales. Du temps de Napoléon, il n'y avait pas de hiatus entre ordonner et faire. Aujourd'hui, la France crève sous la paperasse. Les chefs d'Etat sont ligotés par une armée d'irresponsables. L'intelligence, l'autorité sont étouffées par la force d'inertie des subalternes. Et c'est Balzac, menacé de prison pour dettes et caché dans la maison des Guidoboni-Visconti, qui le proclame à la face du monde !

Cette diatribe contre l'Administration est mal accueillie dans la presse légitimiste. *La Quotidienne* crie au scandale : « Il y a dans les ouvrages de M. de Balzac des professions de foi, des manières de juger les choses sociales qui formeraient un étrange code si elles entraient dans notre législation. » Des abonnés protestent. Les uns trouvent que Balzac s'en prend ouvertement au régime, les autres que ses prêches politiques sont ennuyeux. Il n'en continue pas moins à se battre pour affirmer ses convictions et pour apurer ses comptes. Chaque matin, en se recouchant, il calcule le nombre de pages qu'il a noircies dans la nuit.

Pendant qu'il s'évertue ainsi à honorer ses contrats avec les journaux et les éditeurs, William Duckett ne désarme pas. Les « gardes du commerce », chargés d'emprisonner les débiteurs indélicats, ont découvert, à force d'investigations, sa nouvelle adresse, au 54 de l'avenue des Champs-Elysées. Les Guidoboni-Visconti ont donné la consigne à leurs domestiques : répondre à tout visiteur que M. de Balzac n'habite pas chez eux. Mais, au début de juillet, un garde du commerce, déguisé en employé des Messageries, se rend à leur domicile et déclare qu'il apporte à M. de Balzac un colis d'une valeur de six mille francs. Il doit, dit-il, le remettre en main propre au destinataire contre une simple signature. Que faire ? Le domestique va en référer à l'intéressé, qui, intrigué, sort de sa retraite et se présente au messager comme étant « un ami de Balzac ». Mais il s'embrouille dans ses explications et, pour recevoir le paquet qui lui est destiné, finit par décliner son identité. Aussitôt, le garde le saisit par un pan de sa robe de chambre et lui annonce qu'il a à son encontre un jugement de prise de corps de trois mille francs et qu'il l'arrêtera s'il n'est pas payé séance tenante. Pas question de s'échapper. La maison est cernée par la police. Balzac se voit déjà derrière les barreaux. Là-dessus, la charitable Sarah intervient. Bien que le ménage Guidoboni-Visconti soit lui-même dans une gêne relative, elle règle la dette au garde du commerce, qui se retire satisfait. Honteux de s'être laissé coiffer comme un novice, Balzac écrit, le 8 juillet, à Mme Hanska : « La faillite de Werdet m'a tué ; je l'avais fort imprudemment garanti, et l'on me poursuit. Il a fallu me cacher et lutter ; les gens chargés d'emprisonner les débiteurs m'ont trouvé grâce à la trahison, et j'ai eu la douleur de compromettre les personnes qui m'avaient généreusement donné asile. Il a fallu, pour ne pas aller en prison, trouver dans l'instant l'argent de la dette de Werdet, et par conséquent m'en grever vis-à-vis de ceux qui me l'ont prêté. »

Mme Hanska est, bien entendu, affligée par cette nouvelle mésaventure d'Honoré et l'accuse d'inconséquence. Alors, il se dresse sur ses ergots. Comment peut-elle lui reprocher ses dettes accumulées, son goût du luxe, ses voyages, alors que la terre entière se ligue contre lui pour l'empêcher de vivre honnêtement de sa plume : « Faut-il, pour la cinquième ou sixième fois, vous expliquer le mécanisme de ma misère et comment elle n'a fait que croître et embellir ? » lui répond-il. Et il énumère à son intention tous ses mécomptes avec les éditeurs, avec les directeurs de journaux, avec les usuriers ; il rappelle le mauvais coup que lui a porté Werdet, l'échec imprévisible de *La Chronique de Paris* ; il adjure Eve d'admirer un homme qui, « portant le faix d'une dette pareille », écrit d'une main et se bat de l'autre, « *ne commettant jamais de lâcheté* ». « Au milieu de cet enfer d'intérêts contrariés, de jours nombreux sans pain, d'amis qui vous trahissent, de jaloux qui veulent vous nuire, il faut, dit-il, sans cesse écrire, penser, travailler, avoir des idées drolatiques quand on pleure, écrire des amours quand le cœur saigne par une plaie profonde et que l'espérance est à peine à l'horizon, et que l'espérance se fait grondeuse et demande à un preux chevalier, qui revient de la bataille, où et pourquoi il a été blessé [...]. *Cara*, ne condamnez pas, au milieu de cette longue tourmente, le pauvre lutteur qui cherche un coin pour s'y asseoir et reprendre haleine [...], ne me blâmez pas d'avoir dépensé quelques misérables billets de mille francs à venir à Neuchâtel, à Genève, à Vienne, et deux fois en Italie (vous ne comprenez pas l'Italie ; ici, vous devenez bête et je vous dirai pourquoi). Ne me blâmez pas de rêver encore à venir passer un ou deux mois près de vous, car si je n'avais pas eu de haltes, je serais mort[1]. »

Non seulement il est découragé, à fond de cale, mais il se sent malade. Des quintes de toux secouent sa solide carcasse. Le docteur Nacquart a décelé des râles dans ses poumons ; il l'envoie à Saché, auprès des Margonne, pour une cure de repos. Au lieu de se croiser les bras comme on le lui recommande, Balzac retrousse les manches et s'attelle à la besogne pour achever *César Birotteau*, qu'il ne peut abandonner à mi-chemin, et écrire *La Maison Nucingen*, dont l'idée lui met des fourmis dans la tête.

Ayant goûté au calme de la campagne, il appréhende, comme de coutume, de retrouver Paris, les stupides obligations de la garde nationale, la meute des créanciers et celle, presque aussi féroce, des journalistes. Bizarrement, tout en détestant cette cité immense, grouillante et sale, il ne peut se passer de ses boulevards et de ses ruelles, de ses théâtres et de ses cloaques, de ses femmes parfumées et de ses odeurs de suie, de bitume et de crottin de cheval. L'idéal serait

1. Lettre du 19 juillet 1837.

de se cacher quelque part dans la cambrousse et de revenir de temps à autre dans la capitale pour le plaisir. Pourquoi ne pas acheter aux environs une maison à la fois modeste et confortable, afin d'y travailler loin du bruit et des fâcheux ? Mais avec quel argent ? Question superflue : au besoin, il vendra ses œuvres complètes à un éditeur entreprenant ou il fera jouer quelque comédie qu'il aura ficelée en une nuit. Et puis, il y a ce trésor de scories argentifères en Sardaigne qu'il faudrait songer à exploiter. Bref, la situation n'est, pense-t-il, délicate qu'en apparence. Etant donné toutes les possibilités dont il dispose, il a le droit, et même le devoir, de s'offrir le discret pavillon de ses rêves.

En prospectant les alentours de Paris, il a découvert un village à sa convenance, noyé dans la verdure, à une heure et demie en « coucou » du centre de la capitale : Ville-d'Avray. Pour commencer, il y loue un appartement au nom de Surville (prudence oblige !), puis, le 16 septembre 1837, il achète à un tisserand nommé Varlet un terrain et une bicoque au lieu-dit Jardy, pour un prix de quatre mille cinq cents francs. Le lendemain, il fait l'acquisition d'un terrain voisin. D'autres parcelles suivront. Le total se montera à six mille neuf cent cinquante francs pour une superficie de deux mille six cents mètres carrés. Dans son esprit, Surville va assurer la construction d'une maison à cet endroit et la bicoque du tisserand, une fois retapée, servira de villa aux Guidoboni-Visconti, qui ont accepté de financer toute l'opération. Il les remboursera au fur et à mesure de ses gains de romancier. Cette obligation d'amitié le stimulera dans son travail.

Pour officialiser son départ de Paris, il déclare avoir transporté son domicile (il en a trois : rue Cassini, rue des Batailles, plus un autre pied-à-terre rue de Provence) à Ville-d'Avray, arrondissement de Versailles, canton de Sèvres, Seine-et-Oise. Le 10 octobre 1837, il annonce à Mme Hanska : « J'ai acheté ici un petit terrain d'une quarantaine de perches [1], sur lequel mon beau-frère va me faire bâtir une maisonnette où je vais dès lors demeurer jusqu'à ce que ma fortune se fasse, et où je resterai toujours si je reste gueux. Quand elle sera bâtie et que j'y serai [...], je vous en aviserai et vous pourrez alors m'écrire sous mon nom en mettant le nom de mon pauvre hermitage, qui est *Les Jardies*, celui de la pièce de terre sur laquelle je me pose comme un ver sur sa feuille de laitue. » Ainsi, au moment de se retirer à la campagne pour fuir la garde nationale, les huissiers et les journalistes quinteux, il ne sait pas encore s'il s'agit d'une installation définitive ou d'un moyen de se reposer, de loin en loin, entre deux plongées dans Paris. Exil définitif ou brèves vacances ? Ce sont ses romans, ses lecteurs qui décideront. De toute façon, il a confiance : avec les innombrables sujets qui foisonnent dans sa tête, ce ne sera plus une maisonnette à Ville-d'Avray qu'il pourra se payer bientôt, mais un palais à Venise, à Vienne, à Versailles...

1. Ancienne mesure agraire.

XI

LES MINES ARGENTIFÈRES
DE SARDAIGNE

Avant de faire faillite, Werdet a cédé à un groupe-
ment de libraires, pour soixante-trois mille francs, le
droit de publier les œuvres à venir de Balzac. En 1836,
Le Figaro, qui vient de renouveler sa formule, achète
au consortium l'*Histoire de la grandeur et de la décadence de César Birotteau* pour la donner gratuitement
à ses abonnés, comme prime, en deux volumes in-
octavo. L'auteur toucherait vingt mille francs à la
condition de livrer la copie dans un délai impérativement fixé. Le 14 novembre 1837, Balzac, à la fois ravi
de l'aubaine et terrifié par le surcroît de travail qui
l'attend, écrit à Mme Hanska : « On offre vingt mille
francs de *César Birotteau* s'il est prêt pour le 10 décembre ; j'ai un volume et demi à faire et la misère m'a
fait promettre. Il faut travailler pendant vingt-cinq
nuits et vingt-cinq jours [...]. Il n'y a pas une minute à
perdre. Adieu, je serai ces vingt-cinq jours sans pouvoir
vous écrire. »

Le 20 décembre, il pousse un soupir de soulagement : « Je viens de terminer en vingt-deux jours,
comme je l'avais promis et comme je vous l'écrivais

brusquement en terminant ma dernière lettre, *César Birotteau*. J'ai fait en même temps *La Maison Nucingen* pour *La Presse* ; c'est assez vous dire que je suis abattu, dans un état d'anéantissement inexprimable. » Par la suite, Balzac s'est livré, pour *César Birotteau*, à une harassante besogne de correction sur épreuves. Elles ont été revues et modifiées sept fois, au grand désespoir des typographes, dans un va-et-vient incessant entre l'imprimerie et le bureau de l'écrivain. Balzac s'emploie à les éplucher phrase par phrase, mot par mot, les pieds plongés dans un bain de moutarde pour éviter la congestion cérébrale.

Le résultat est un roman d'une vérité poignante sur l'évolution du commerce parisien et les dangers de la spéculation. César Birotteau, petit parfumeur de quartier, créateur d'une « huile céphalique » pour la repousse des cheveux, se lance dans le haut négoce, puis, grisé par le succès, se frotte au milieu des affaires, subit le vertige de l'argent facile, signe des traites de complaisance, se fie à un caissier qui le vole, à son notaire qui le gruge, à son banquier qui le lâche au moment où il est sur le point de sombrer. Le principal défaut de César Birotteau, comme celui de son frère, le curé de Tours, c'est son incurable crédulité, sa désarmante candeur. Il croit avoir trouvé un allié en Adolphe Keller, alors que celui-ci est un requin de la finance, prêt à le dévorer. A travers son héros, précipité dans la ruine et le déshonneur, Balzac attaque les banquiers, les usuriers, toute cette faune de rapaces qui ne songent qu'à s'emplir les poches au détriment des honnêtes gens. La première partie du livre peint l'ascension de Birotteau dans l'opulence et la notoriété, la seconde évoque son désespoir de débiteur pourchassé, sa chute et sa rédemption.

A *César Birotteau* répond *La Maison Nucingen*. Balzac y analyse les manœuvres cyniques d'un banquier qui profite de la jobardise et de l'inexpérience de ses clients, inquiète ses débiteurs, rachète leurs créances à bas prix et se frotte les mains en construisant sa fortune sur les débris de celle des autres. D'un côté, l'innocence, la sottise, la bonne foi bernée ; de l'autre, la cruauté et la ruse. Balzac comprend et aime les César Birotteau et dénonce la calamité sociale que présentent les Nucingen. Comment se fait-il donc qu'en connaissant si bien les dangers du monde des affaires il se laisse si facilement entraîner à y tenter sa chance ? Son intuition, qui le sert merveilleusement dans ses romans, le quitte dès qu'il s'aventure dans la vie. Quand il tient la plume, il est l'égal d'un roi de la finance ; quand il la pose, il n'est plus qu'un mouton prêt à livrer sa laine aux ciseaux du tondeur.

César Birotteau est plutôt mal accueilli par la presse. *Le Charivari* titre son article : « Histoire de la grandeur et de la décadence d'Honoré de Balzac. » Divers journaux parlent de « délayage », regrettent l'abondance des « détails », notent que « la farce serait belle si elle était moins longue ». Ecœuré, Balzac écrit, le 1er janvier 1838, à Zulma Carraud : « Salut à 1838, quoi qu'elle nous apporte ! Quelque peine qu'il y ait dans les plis de sa robe, qu'importe ? Il y a un remède à tout, ce remède, c'est la mort, et je ne la crains pas. » Pour se reposer de ses travaux et oublier les quolibets des journalistes, il se retire à Frapesle. Il lui semble qu'une malédiction pèse sur ses épaules ; les critiques professionnels ne lui pardonneront donc jamais sa fécondité torrentueuse, son inépuisable invention. Quoi qu'il écrive, il ne sera pas à leurs yeux l'égal d'un Chateaubriand ou d'un Hugo. Certains lui préfèrent même

Eugène Sue comme romancier « populaire ». Dans ces conditions, pourquoi s'échiner à produire ? S'il raconte des histoires, c'est, après tout, uniquement pour gagner de quoi vivre. Or, voici qu'une occasion s'offre à lui de s'enrichir sans rien faire : les mines argentifères de Sardaigne. Il suffirait d'acheter la concession. Le commandant Carraud, qu'il consulte à ce sujet, ne juge pas l'idée absurde. Un voyage s'impose. Pour financer sa nouvelle expédition en Italie, Balzac a recours à de petits prêteurs : le docteur Nacquart, le tailleur Buisson, une cousine...

Sur le point de partir, comme il se trouve à Frapesle, tout près de Nohant, il décide d'aller saluer George Sand. Après l'avoir condamnée pour la dureté avec laquelle elle a « renvoyé » Jules Sandeau, il a fini par comprendre ses sentiments envers cet amant minable et par souhaiter renouer avec elle des relations de génie à génie. Il lui fait part de son désir de la rencontrer et elle l'invite aussitôt, dans un bel élan de sympathie confraternelle. Le 24 février, à sept heures et demie du soir, il est auprès d'elle. « J'ai trouvé le camarade George Sand dans sa robe de chambre, fumant un cigare après le dîner, au coin de son feu, dans une immense chambre solitaire, écrira-t-il à Mme Hanska. Elle avait de jolies pantoufles jaunes ornées d'effilés, des bas coquets et un pantalon rouge. Voilà pour le moral ; au physique, elle avait doublé son menton comme un chanoine ; elle n'a pas un seul cheveu blanc, malgré ses effroyables malheurs ; son teint bistre n'a pas varié, ses beaux yeux sont tout aussi éclatants ; elle a l'air tout aussi bête quand elle pense, car, comme je le lui ai dit après l'avoir étudiée, toute sa physionomie est dans l'œil. Elle est à Nohant depuis un an, fort triste et travaillant énormément. Elle mène à peu près ma vie. Elle se couche à six heures du matin et se lève à midi ; moi, je me couche à six heures du soir et me lève à minuit ; mais, naturellement, je me suis conformé à ses habitudes et nous avons, pendant trois jours, bavardé depuis cinq heures du soir, après le dîner, jusqu'à cinq heures du matin, en sorte que je l'ai plus connue, et réciproquement, dans ces trois causeries, que pendant les quatre années précédentes où elle venait chez moi, quand elle aimait Jules [Sandeau] et que quand elle a été liée avec Musset ; elle me rencontrait ou j'allais chez elle, de loin en loin [1]. »

Durant ces soirées, Balzac et George Sand parlent intarissablement des amours libres, du mariage, de la nécessité pour les femmes de secouer l'esclavage auquel la loi et la coutume instaurées par les hommes les soumettent depuis des siècles. Devant son interlocutrice aux allures agressivement masculines, il est à la fois émerveillé et indisposé : « C'est un homme et d'autant plus un homme qu'elle veut l'être, qu'elle est sortie du rôle de femme et qu'elle n'est pas femme ; la femme attire et elle repousse, et, comme je suis très homme, si elle me fait cet effet-là, elle doit le produire sur les hommes qui me sont similaires ; elle sera toujours malheureuse [2]. »

En tout cas, il lui sait gré de l'avoir incité à fumer un houka avec du « latakié ». Le houka est une sorte de narguilé, composé d'un réservoir plein d'eau qui supporte un godet où se brûle le tabac mêlé à des aromates ; la fumée, traversant l'eau, est aspirée par un long tuyau en cuir souple. « C'est devenu tout à coup un besoin pour moi, affirme Balzac. Cette transition me permettra de quitter le café, de varier les excitants

1. Lettre du 2 mars 1838.
2. *Ibid.*

dont j'ai besoin pour le travail. » Et il demande ingénument à Mme Hanska si elle ne pourrait pas se procurer un houka à Moscou, où, paraît-il, on en trouve de fort convenables. « Je suis très enfant, vous le savez. S'il est possible que les ornements du *houka* soient des turquoises, cela me fera d'autant plus de plaisir que j'y compte faire adapter, au bout du tuyau, la pomme de ma canne, que l'on m'a empêché de porter par la célébrité qu'on lui a donnée[1]. » Encore un objet de luxe, ce houka ! Mais si utile pour la rêverie ! Le prix importe peu. Il paiera ce qu'il faut. Comment ? On verra le moment venu. En échange, il a promis à Mme Hanska, qui a la faiblesse de collectionner les autographes et en voudrait deux de la célèbre romancière, quelques lignes signées George Sand et d'autres signées Aurore Dudevant.

Après six jours de bavardage et de fumerie avec son hôtesse en pantalon, il la quitte, pressé de découvrir le trésor qui l'attend en Sardaigne. Il est tellement persuadé de la réussite qu'il a jugé superflu de se faire expédier des échantillons du minerai pour vérifier sa teneur en argent. Il ne sait même pas exactement où se trouvent les mines abandonnées qu'il va ramener à la vie. Il ignore à quel organisme il devra s'adresser pour obtenir un permis d'exploitation. De surcroît, il baragouine à peine trois mots d'italien et n'a aucune connaissance géologique. Ces considérations lui paraissent accessoires. Les grandes idées sont des leviers qui suffisent à déplacer des montagnes. Sans volonté, pas de victoire : Napoléon n'aurait jamais conquis un pouce de terrain s'il n'avait pas eu confiance en son étoile.

Le 15 mars 1838, il prend la diligence pour Mar-

1. *Ibid.*

seille. De là, il écrit le 20 mars à Zulma Carraud : « Je pars demain pour Toulon et vendredi je serai à Ajaccio. D'Ajaccio, je verrai à passer en Sardaigne. [...] Si j'échoue dans ce que j'entreprends, je me jetterai à corps perdu dans le théâtre. [...] J'ai voyagé cinq nuits et quatre jours sur une impériale, buvant pour dix sous de lait par jour et je vous écris d'un hôtel, à Marseille, où la chambre coûte quinze sous et le dîner trente. [...] Je ne crains pas l'aller, mais le retour si j'échoue ! Il faudra passer bien des nuits pour rétablir l'équilibre et maintenir la position. » Et, le même jour, à sa mère : « Je n'ai dépensé que dix francs sur la route, et je suis dans un hôtel qui fait frémir ; enfin, avec des bains, on s'en tire. »

A Ajaccio, il doit subir une quarantaine de cinq jours, parce que de nombreux cas de choléra se sont déclarés à Marseille. Il se console en songeant qu'il se trouve sur la terre de Napoléon et profite de son séjour pour visiter la maison natale de l'Empereur. La sauvagerie corse le stupéfie. Il a l'impression d'être à mille lieues de la France, et presque dans un autre temps : « La civilisation y est comme au Groënland [...]. Il n'y a ici ni cabinet de lecture, ni filles, ni théâtres populaires, ni société, ni journaux, ni aucune des impuretés qui annoncent la civilisation. Les femmes n'aiment pas les étrangers, les hommes se promènent toute la journée en fumant, c'est une paresse incroyable ; il y a huit mille âmes, beaucoup de misère, une ignorance excessive des choses actuelles ; j'y jouis d'un incognito complet ; on ne sait pas ce que c'est que la littérature ni la vie [1]. »

Enfin, des pêcheurs de corail, en route pour l'Afrique, l'emmènent jusqu'en Sardaigne dans une embar-

1. Lettre à Mme Hanska des 26 et 27 mars 1838.

cation rudimentaire. Le voyage dure cinq jours, pendant lesquels il doit se nourrir de poissons pêchés en cours de navigation et « que l'on fait bouillir pour une exécrable soupe ». Il couche sur le pont et se laisse philosophiquement « dévorer par les puces ». La découverte de la Sardaigne l'étonne encore plus que celle de la Corse : « Un royaume entier désert, de vrais sauvages, aucune culture, des savanes de palmiers sauvages, de cystes ; partout les chèvres qui broutent tous les bourgeons et tiennent tous les végétaux à hauteur de ceinture[1]. » Ni routes, ni voitures, ni auberges. Balzac se déplace vaille que vaille à cheval (il n'a pas enfourché une monture depuis quatre ans), suit des sentiers caillouteux, traverse des torrents. « Hommes et femmes vont nus, avec un lambeau de toile, un haillon troué pour couvrir les parties sexuelles. [...] Aucune habitation n'a de cheminée ; on fait le feu au milieu du logis qui est tapissé de suie. Les femmes passent leur journée à moudre et à pétrir le pain, les hommes gardent les chèvres et les troupeaux, et tout est en friche dans le pays le plus fertile du monde[2]. »

Mais quelle incommodité Balzac ne supporterait-il pas pour s'emparer du trésor d'Argentiera ? Quand il parvient sur les lieux, la déception est foudroyante. Il apprend que le Génois Giuseppe Pezzi, qui lui a indiqué l'existence des mines, a déjà fait analyser les scories, qu'elles se sont révélées argentifères, qu'il a passé un accord avec une maison de Marseille pour monter l'entreprise et qu'il a obtenu des autorités un décret royal permettant la réouverture de l'exploitation. Balzac a donc vu juste, mais il est arrivé trop tard. La faute en est à *César Birotteau*, qui l'a retenu en France.

1. Lettre à Mme Hanska du 8 avril 1838.
2. Lettre à Mme Hanska du 17 avril 1838.

Mais peut-il le regretter ? Ne vaut-il pas mieux avoir écrit un grand livre plutôt que d'empocher beaucoup d'argent ? Déçu, berné, rompu, il écrit à Mme Hanska, tel un garnement pris en faute par sa gouvernante : « Ne me grondez pas trop quand vous me répondrez à cette lettre de voyage, car il faut consoler les vaincus. J'ai bien souvent pensé à vous durant ce voyage aventureux, et j'ai imaginé que vous ne diriez qu'une seule fois : *Que diable allait-il faire dans cette galère* [1] ? »

Il regagne la péninsule par Gênes et échoue, sans un liard, à Milan, où le banquier des Guidoboni-Visconti le tire d'embarras une fois de plus. Le prince Porcia met à sa disposition une petite chambre afin de lui éviter la promiscuité et le bruit de l'auberge. Pour rattraper le temps perdu, Balzac y travaille au début de *La Torpille*, dont l'histoire se développera dans *Splendeurs et Misères des courtisanes*. *La Torpille* conte les aventures d'une fille de maison close, la belle Esther Gobseck, surnommée « la Torpille » parce qu'elle engourdit dans les délices tous les hommes qui l'approchent. Mais, ayant rencontré le jeune Lucien de Rubempré des *Illusions perdues*, elle tombe éperdument amoureuse de lui et rompt avec son métier dégradant. Tous deux vivent une passion exaltante, jusqu'au jour où Esther, reconnue par d'anciens clients, se voit perdue de réputation. Après une tentative de suicide, elle est sauvée par un prêtre qui la confesse, la réconforte et la fait entrer dans une pension religieuse où elle pourra se recueillir et se régénérer.

Tandis que l'auteur s'attendrit sur les malheurs de son héroïne, Milan se prépare à couronner l'empereur d'Autriche, Ferdinand Ier, roi de Lombardie. Toute la ville est sens dessus dessous. Mais Balzac demeure

1. Lettre du 22 avril 1838.

étranger à ces réjouissances. Sa désillusion sarde est aggravée par une nostalgie bien française. Le brouillard, la pluie de Paris lui manquent. « La France et son ciel gris la plupart du temps me serrent le cœur sous ce beau ciel pur de Milan, avoue-t-il à Mme Hanska. Le *duomo* paré de ses dentelles me soulève l'âme d'indifférence, les Alpes ne me disent rien, cet air lâche et doux me brise, je vais et viens sans âme, sans vie, sans pouvoir dire ce que j'ai, et si je restais ainsi deux semaines je serais mort. Expliquer cela est impossible. Le pain que je mange me paraît sans sel, la viande ne me nourrit pas, l'eau me désaltère à peine, l'air me dissout, je regarde la plus belle femme comme si c'était un monstre et je n'éprouve même pas cette sensation vulgaire que donne la vue d'une fleur [1]. »

Depuis quelque temps déjà, il était tourmenté par le besoin de fuir l'Italie : « Il me faut, disait-il à Mme Hanska, ce Paris insulteur et ses imprimeries, douze heures de travail hébétant par jour, j'ai des dettes [...] [2]. » De plus, il est entré, ce 20 mai, dans sa quarantième année. Constatation qui le frappe de stupeur. Il se sent à la fois si vieux par l'expérience et si jeune par le cœur !

Enfin, le 6 juin 1838, il quitte Milan pour rentrer en France par le Mont-Cenis. Lors de son précédent retour d'Italie, en 1836, il avait appris la mort de Laure de Berny. Cette fois, c'est un autre deuil qui l'attend : Mme d'Abrantès est décédée le 7 juin, dans la misère. Ce jour-là, il franchissait les Alpes. Il n'a pas revu l'orgueilleuse duchesse depuis longtemps. Après avoir été son amant, puis le correcteur de ses manuscrits, il constate qu'il n'a plus pour elle qu'une raisonnable ten-

1. Lettre du 23 mai 1838.
2. Lettre du 20 mai 1838.

dresse. Elle s'est plainte à lui, deux ou trois mois auparavant, de son indifférence : « Je voudrais bien savoir
enfin si nous sommes amis ou si nous ne sommes plus
que des gens tout près de devenir ennemis, car il n'y
a guère de milieu[1]. » Aujourd'hui, il se découvre vaguement coupable de n'avoir même pas pu assister à son
enterrement, alors que Chateaubriand, Hugo, Dumas,
Mme Récamier ont suivi le convoi funèbre. Il écrira à
Mme Hanska : « Les journaux vous auront dit la fin
déplorable de la pauvre duchesse d'Abrantès. Elle a fini
comme a fini l'Empire[2]. » Certes, dans son idée, il n'y
a aucune commune mesure entre le dévouement d'une
Laure de Berny, qui lui a consacré un amour exceptionnel, et les sentiments intéressés de Laure d'Abrantès, qui a vu en lui, avant tout, un auteur célèbre, dont
les conseils pouvaient lui être utiles dans sa carrière.
Il n'en demeure pas moins que c'est encore une de ses
anciennes maîtresses qui disparaît. Ces corps qu'il a
tenus chauds et pantelants dans ses bras ne sont désormais que poussière.

Accablé de tristesse, il se dit qu'il est de plus en plus
seul dans la vie et que ses jours, à lui aussi, sont sans
doute comptés. Or, il a besoin, à ses côtés, d'une présence féminine. Zulma Carraud n'est qu'une amie et
l'absence de Mme Hanska en fait un mythe, un prétexte
à rêves éveillés. Si seulement cette noble Polonaise voulait quitter son mari et le suivre, lui, dans une course
folle à travers l'Europe, au mépris du qu'en-dira-t-on !
« Je vieillis, lui écrira-t-il, je sens le besoin de compagnie et, tous les jours, je regrette l'adorée créature qui
dort dans un cimetière de village, auprès de Fontainebleau [Mme de Berny]. Ma sœur qui m'aime tant ne

1. Lettre de mars 1838.
2. Lettre du 8 août 1838.

pourra jamais me recevoir chez elle : il y a là une jalousie féroce qui barre tout. Ma mère et moi nous ne nous convenons point réciproquement. Il va falloir s'appuyer sur le travail, à moins que je n'aie une famille d'amis auprès de moi ; c'est ce à quoi je voudrais arriver. Un bon et heureux mariage, hélas ! j'en désespère, quoi que nul mieux que moi ne fût façonné à la vie domestique. [...] Ma vie sera manquée, et je le sens amèrement. Il n'y a pas de gloire qui tienne, il faut se résigner [...]. La nature m'a fait pour l'amour unique. Je ne comprends rien hors cela. Je suis un Don Quichotte inconnu. » Et, selon son habitude, il revient avec fougue sur les reproches qu'elle lui assène invariablement dans sa correspondance : « *Cara*, je voudrais que vous m'expliquassiez ce qui me mérite une phrase ainsi conçue : *La légèreté naturelle de votre caractère*, qui s'adresse à moi dans votre dernière lettre. En quoi suis-je léger ? Est-ce parce que depuis douze ans je poursuis sans relâche une immense œuvre littéraire ? Est-ce parce que depuis six ans je n'ai qu'une affection dans le cœur ? Est-ce parce que depuis douze ans je travaille nuit et jour à acquitter une dette énorme, que ma mère m'a mise sur le corps par le plus insensé calcul ? Est-ce parce que, malgré tant de misère, je ne me suis ni asphyxié, ni brûlé la cervelle, ni jeté à l'eau ? Est-ce parce que je travaille sans cesse, et cherche à abréger, par d'ingénieuses tentatives qui manquent, le temps de mes travaux forcés ? Expliquez-vous ! Est-ce parce que je fuis toute société, tout commerce pour me livrer à ma passion, à mon travail, à mon acquittement ? Serait-ce parce que je fais douze volumes au lieu de dix ? Serait-ce parce qu'ils ne paraissent pas avec régularité ? Serait-ce parce que je vous écris avec acharnement et constance, en vous envoyant toujours un autographe avec une incroyable légèreté ? Serait-ce parce que je vais à la campagne au lieu d'être à Paris, afin d'avoir plus de temps et de dépenser moins d'argent ? [...] Serait-ce parce que j'ai, malgré tant de malheurs, conservé quelque gaieté et que je fais des campagnes en Chine ou en Sardaigne ? [...] Légèreté de caractère ! Certes, vous faites ce qu'aurait fait un bon bourgeois, qui, voyant Napoléon se tourner à droite, à gauche et de tous côtés pour examiner son champ de bataille, aurait dit : *Cet homme ne peut pas rester en place, il n'a pas d'idée fixe...* Faites-moi le plaisir d'aller regarder, là où vous l'avez mis, le portrait de votre pauvre moujik ; voyez l'espace qui est entre les deux épaules, le thorax et le front, et dites-vous : Voilà l'homme le plus constant, le moins léger et le plus solide ! Telle est la pénitence [1]. »

Cette longue lettre a été postée à Sèvres. A peine rentré en France, Balzac s'est réinstallé aux Jardies. En son absence, les maçons de l'entrepreneur Hubert ont travaillé vite et bien. Sur la colline, se dresse maintenant un chalet aux volets verts, avec trois chambres superposées, une par étage. Les pièces sont à peine meublées. Sur les murs, Balzac a écrit au charbon : « Ici, un revêtement en marbre de Paros. – Ici, un plafond peint par Delacroix. – Ici, une tapisserie d'Aubusson. – Ici, des portes façon Trianon [2]. » Magie des mots. N'est-on pas, aux Jardies, dans la patrie de l'illusion ? Des fenêtres, on découvre une vue superbe, avec Paris en contrebas et les coteaux de Meudon enveloppés de brume. Dans un an – c'est promis ! –, le chemin de fer reliera Versailles à la capitale, de sorte que, pour dix sous et en dix minutes, on passera de la paix bucolique

1. Lettre du 15 novembre 1838.
2. Léon Gozlan, *Balzac en pantoufles.*

de Ville-d'Avray au cœur de l'agitation citadine. Autour de la nouvelle maison, le sol est si glaiseux, si pentu qu'aucun arbre ne peut y prendre racine. Pour empêcher les glissements du terrain, il faut le soutenir par des contreforts de pierre. Lorsqu'il visite son jardin, Balzac a toujours en main des cailloux qu'il coince sous ses chaussures pour ne pas déraper. Il est tellement satisfait de son « domaine » qu'il envisage déjà d'y développer des cultures exotiques. Pourquoi ne pas construire une serre afin d'y planter cent mille pieds d'ananas ? Les ananas se paient vingt francs à Paris ; il céderait les siens pour cinq francs, soit cinq cent mille francs par récolte. Déduction faite des frais de châssis, de chauffage, d'entretien, chiffrés à cent mille francs, il lui resterait quatre cent mille francs de bénéfice net. De quoi effacer la déception des mines argentifères de Sardaigne ! « Le beau, raconte Théophile Gautier, est que nous cherchâmes ensemble, sur le boulevard Montmartre, une boutique pour la vente des ananas encore en germe. La boutique devait être peinte en noir et rechampie de filets d'or, et porter sur son enseigne, en lettres énormes : ANANAS DES JARDIES. » Et Gautier ajoute : « Pour Balzac, les cent mille ananas hérissaient déjà leurs aigrettes de feuilles dentelées au-dessus de leurs gros cônes d'or quadrillés sous d'immenses voûtes de cristal ; il les voyait ; il se dilatait à la haute température de la serre ; il en aspirait le parfum tropical de ses narines passionnément ouvertes ; et quand, rentré chez lui, il regardait, accoudé à la fenêtre, la neige descendre silencieusement sur les pentes décharnées, à peine se détrompait-il de son illusion[1]. »

Le mirifique projet d'ananas des Jardies ira rejoin-

1. Théophile Gautier, *op. cit.*

dre les autres rêves, aussi prometteurs et aussi stériles. Par un étrange acharnement du sort, dès que Balzac veut gagner de l'argent autrement qu'avec sa plume, il doit y renoncer. Mais, cette fois, il entend changer de spécialité tout en restant dans la sphère de l'écriture. Déçu par les gains encore insuffisants de ses romans, il va tâter du théâtre. Certes, il est moins à l'aise dans le dialogue que dans l'analyse des sentiments et les descriptions, mais des pièces à succès rapportent gros et peuvent se bâcler en quelques heures. Pour les rédiger en un temps record, il n'hésitera pas à engager des « nègres ». Il leur fournira le canevas et ils broderont dessus. Vingt esquisses de drames dorment dans ses cartons. Celle qui lui semble la plus originale, et dont George Sand a d'ailleurs approuvé le prétexte, est *La Première Demoiselle*. A la réflexion, il lui donnera pour titre *L'Ecole des ménages* et en modifiera le dessin pour la pousser au noir. De comédie bourgeoise, elle tournera au mélodrame. Pour y travailler, Balzac convoque aux Jardies un jeune écrivain bohème, Charles Lassailly, que Ludovic Halévy définissait ainsi : « Un grand corps commandé par un grand nez. En avant marche ! Le nez partait, l'imbécile suivait[1]. »

En recevant Lassailly chez lui, Balzac le prévient : « Il ne faut pas vous attendre à vivre chez moi une existence ordinaire ; aux Jardies, on ne vit que la nuit ; le jour, on dort, excepté moi qui ai des affaires et qui dors peu. » A une heure du matin, Lassailly est réveillé en sursaut par un domestique en livrée qui lui dit : « Monsieur vous prie de vous lever. » Conduit dans la salle à manger, il s'attable devant un repas composé de côtelettes et d'oseille. Pendant qu'il sirote une tasse de café très fort, Balzac entre d'un pas majestueux,

1. *Carnets*, t. I ; cf. André Maurois, *op. cit.*

enveloppé dans sa robe de chambre monacale, et ordonne : « Commençons ! » Puis, l'ayant amené dans une autre pièce, il dit encore : « Ecrivez : *L'Ecole des ménages.* » Jusqu'à sept heures du matin, déambulant de long en large, il dicte au jeune homme abasourdi des ébauches de scènes, des bribes de dialogues. A sept heures, il se retire. Le domestique revient et annonce : « Monsieur vous prie de vous recoucher. » On le fait lever de nouveau à midi : une fois de plus, côtelettes, oseille, café, travail. Quelques jours plus tard, Lassailly, à bout de forces et à court d'idées, s'enfuit, épouvanté[1]. Il écrit à Balzac pour s'excuser : « Je suis obligé de renoncer au travail que vous aviez bien voulu me confier avec une extrême obligeance. J'ai passé la nuit sans rien trouver qui fût digne d'être écrit pour remplir les conditions dramatiques de votre plan. Je n'osais vous le dire moi-même, mais il est inutile que je mange plus longtemps votre pain[2]. » Peu après, Balzac commente ainsi, à l'intention de Mme Hanska, cette mesure pour rien : « J'ai pris pour poser mes idées et me les écrire un pauvre homme de lettres nommé Lassailly, qui n'a pas écrit deux lignes bonnes à conserver ; je n'ai jamais vu de pareille incapacité, mais il m'a été utile à faire un premier germe sur lequel j'ai travaillé ; néanmoins, j'aurais voulu quelqu'un qui eût plus d'intelligence et d'esprit[3]. »

Le 25 février 1839, Balzac lit *L'Ecole des ménages* au directeur du théâtre de la Renaissance. Refus sans appel. Ulcéré, il renouvelle l'expérience devant des acteurs du Français et dans des salons. Chez Mme de

1. Récit de Gérard de Nerval, dans *La Presse* du 7 octobre 1850 ; cf. Roger Pierrot, *op. cit.*
2. Lettre de janvier 1839.
3. Lettre du 12 février 1839.

Saint-Clair, c'est en présence de trois ambassadeurs ; chez le marquis de Custine, il y a dans l'assistance, entre autres, Théophile Gautier et Stendhal. On le complimente, mais les éloges sonnent faux à ses oreilles. Il décide d'en rester là. « J'ai froidement mis ma pièce dans mes cartons », annonce-t-il à Mme Hanska[1]. Pourtant, il n'est qu'à demi découragé. Le théâtre continue de le tenter comme un moyen commode et honnête d'obtenir un maximum de profit pour un minimum de travail. Si le roman est, à son sens, une entreprise grave qui engage l'écrivain tout entier, l'art du spectacle ne lui apparaît que comme un divertissement commercial, une récréation avantageuse, où le saltimbanque autant que l'homme d'affaires trouvent leur compte. En attendant de se lancer de nouveau à l'assaut des scènes parisiennes, il retourne à son enfer habituel de conteur d'histoires.

Pour égayer la solitude studieuse des Jardies, il y invite parfois quelques familiers, parmi lesquels Laurent-Jan tient la première place. C'est un drôle de citoyen. De son vrai nom Jean Laurent, dessinateur et écrivain, il est caustique, capricieux, emporté et dévoué, avec des sautes d'humeur. Maurice Regard le décrit ainsi : « Visage tout asymétrique. Bancroche avec cela, il marchait en sautillant sur une canne. Maigre à faire rougir les clous de leur embonpoint, il avait un nez d'oiseau de proie[2]. » Il a envers Balzac une adoration bourrue, le tutoie carrément, l'appelle par plaisanterie « mon enfant », « mon chéri » ou « bien-aimé » et se charge pour lui des commissions les plus délicates. A ses côtés, un autre adulateur empressé,

1. Lettre du 13 mars 1839.
2. *Balzac et Laurent-Jan*, dans *L'Année balzacienne*, 1960 ; cf. André Maurois, *op. cit.*

Léon Gozlan, le futur auteur de *Balzac en pantoufles*, fait figure de sage. En leur compagnie, Balzac se détend, rit de bon cœur, oublie ses créanciers et ses duchesses. Mais l'usine à écrire ne chôme pas. Aux Jardies, il achève *Le Cabinet des Antiques* qui doit servir de « clôture » à *La Vieille Fille*. Ici encore, il s'agit de la destruction d'un provincial par le climat parisien. Le jeune comte Victurnien d'Esgrignon aborde la capitale pour s'y tailler une situation enviable, mais il échoue dans un milieu de noceurs, se laisse corrompre, commet des faux sous l'influence néfaste de sa maîtresse, Diane de Maufrigneuse, et risque ainsi les galères. Dans ce roman, le malheureux Victurnien d'Esgrignon est, selon l'aveu même de Balzac, la contrepartie de Rastignac, autre « homme de province », mais hardi, astucieux et qui fait flèche de tout bois. Quant à la belle Diane de Maufrigneuse, en habit d'homme et cravache au poing, elle rappelle étrangement Caroline Marbouty qui accompagna Balzac à Turin. Comme Caroline Marbouty visitant les serres de l'avocat Luigi Colla, Diane de Maufrigneuse va admirer les plantations d'un vieux juge cultivant les fleurs rares. Ainsi, aucun incident de la vie de l'auteur n'est inutile à son œuvre. Écrire pour lui, c'est autant inventer que grappiller dans ses souvenirs.

Puis voici que, sans prendre le temps de souffler, il s'attelle à la deuxième partie des *Illusions perdues : Un grand homme de province à Paris*. C'est, dit-il, « le féroce baptême » d'un provincial qui s'est mis en tête de conquérir la haute société de la capitale. Toute la jeunesse de Balzac est inscrite en filigrane dans cette œuvre admirable : son arrivisme forcené, ses illusions cruellement balayées, les rivalités sordides entre journalistes besogneux, la méchanceté, l'outrecuidance et l'égoïsme des nantis. Mais il y a aussi, dans ce sombre tableau de la ville, une grande tendresse de l'auteur pour ses héros, Lucien de Rubempré et Coralie. Il exalte l'amour de Coralie quand elle accueille Lucien fin soûl et lui soutient le front, le nettoie, le couche, reste assise auprès de lui, le veillant comme un enfant malade. De même, à la mort de Coralie, Lucien est à son chevet, désespéré et impuissant à la sauver. On lui a commandé, pour des cabarets, quelques joyeuses chansons à boire et il doit les écrire, coûte que coûte, à la lueur des cierges qui entourent le cadavre. Ces couplets grivois paieront les pompes funèbres. Tout Balzac est dans cette opposition entre le chagrin et la dérision, entre les misères de la condition humaine et les élans de l'âme. Les ressorts de ses livres sont invariablement l'amour, l'argent, l'ambition et la recherche de l'absolu.

Mais déjà d'autres histoires le sollicitent : *Le Curé de village, Qui terre a guerre a, Une fille d'Eve, Béatrix...* Dans ce dernier récit, il évoque, de façon poignante, le destin de quelques couples d'exception qui ont voulu braver la société afin de vivre librement et qui, honnis à cause du scandale qu'ils représentent, finissent dans l'opprobre et la faillite d'un amour hors du commun. George Sand a raconté à Balzac les péripéties de la liaison entre Liszt et Marie d'Agoult. Ces brèves confidences ont suffi à électriser l'écrivain. Le germe est là. L'imagination fera le reste. « Non, je n'étais pas heureux en faisant *Béatrix*, avouera Balzac à Mme Hanska. Oui, Sarah est Mme de Visconti, oui, Mlle des Touches est George Sand, oui, Béatrix est trop bien Mme d'Agoult. [...] Sauf quelques variantes *l'histoire est vraie*[1]. »

1. Lettre de février 1840.

Ce besoin d'écrire plusieurs œuvres à la fois, Balzac le justifie par la nécessité de satisfaire les goûts très divers des journaux et des éditeurs à qui il compte vendre sa « production ». Ainsi, selon leurs exigences du moment, peut-il leur proposer un roman long ou un roman court, un roman à coloration sentimentale ou un roman à l'intrigue violente. C'est dans la mesure où il aura un grand choix de « marchandises » en magasin qu'il trouvera toujours preneur. Pour qu'un commerce marche, il faut éviter les ruptures de stock. Le miracle est que cette obligation mercantile conduise à la création de tant de beauté. On dirait même que le fait de mener de front l'élaboration de trois ou quatre sujets fouette l'imagination de Balzac. Il s'amuse à courir de l'un à l'autre, en pestant contre la difficulté de la tâche. Pareil à un jongleur, il lance et rattrape alternativement toutes les boules qui entrecroisent leurs trajectoires au-dessus de sa tête.

Le calme des Jardies favorise cette débauche d'activité. Cependant, Balzac devine qu'il ne pourra pas conserver longtemps son refuge. En 1839, il doit de l'argent à l'entrepreneur, aux amis, à la portière de la rue des Batailles, au jardinier Brouette qu'il a fait venir de Villeparisis et jusqu'au garde champêtre de Ville-d'Avray, à qui il n'a pas hésité à emprunter six cents francs. Un jour, Léon Gozlan surprend Honoré blotti dans son jardin et n'osant aller se promener dans les bois, par crainte de rencontrer le plus humble de ses créanciers : le garde champêtre. Cette pénurie, qui annonce la ruine, pousse Balzac à revenir au théâtre. Plus que jamais, il y voit la panacée. D'abord, il songe à tirer un drame, *Vautrin*, de ses romans. Il fait part de son projet à Charles-Jean Harel, directeur de la Porte-Saint-Martin, et celui-ci est séduit par le personnage principal, pris dans *Le Père Goriot,* qui pourrait fournir un rôle sur mesure au très populaire Frédérick Lemaître. Evidemment, la pièce n'est pas encore écrite. Elle le sera en un rien de temps, promet Balzac. Tout est déjà prévu dans son esprit. Il dispose d'un pied-à-terre à Paris, chez son tailleur Buisson, 104, rue de Richelieu : une mansarde joliment aménagée, aux murs tapissés de percale carmélite et au plancher recouvert d'un tapis bleu et blanc. Il y convoque Théophile Gautier, Belloy, Ourliac, Lassailly, Laurent-Jan et leur expose son programme : il doit lire le lendemain à Harel un drame en cinq actes et compte sur ses amis pour l'aider à le rédiger en une nuit ; chacun ferait un acte à sa convenance, on réunirait l'ensemble et le tour serait joué. Interloqué, Gautier balbutie : « D'ici à demain, c'est impossible ! » « Un acte de drame n'a pas plus de quatre ou cinq cents lignes, rétorque Balzac. On peut faire cinq cents lignes de dialogue dans la journée et dans la nuit ! » « Contez-moi le sujet, demande Gautier, indiquez-moi le plan, dessinez-moi en quelques mots les personnages, et je vais me mettre à l'œuvre. » « Ah ! s'écrie Balzac, accablé par la timidité de ses collaborateurs, s'il vous faut conter le sujet nous n'aurons jamais fini[1] ! »

En fait, ce sont Balzac et Laurent-Jan qui, en un tournemain, gribouillent le drame. Le 16 janvier 1840, une copie manuscrite est déposée à la censure. Le 23 janvier, la commission de censure refuse son accord, sous prétexte que le héros, Vautrin, rappelle trop le brigand Robert Macaire et attire ainsi l'intérêt des spectateurs sur « un personnage qui ne recule devant aucun crime ». Une seconde version est encore rejetée pour les mêmes raisons. Mais une intervention

1. Récit de Théophile Gautier, *op. cit.*

d'Auguste Cavé, directeur des Beaux-Arts et des Théâtres, finit par adoucir les censeurs et, en dépit de quelques réticences de Charles de Rémusat, nouveau ministre de l'Intérieur, l'interdiction est levée.

La représentation inaugurale a lieu le 14 mars 1840, devant un public brillant, mais truffé de journalistes hostiles. Les trois premiers actes déçoivent l'assistance par leur lenteur bavarde. Certains spectateurs songent déjà à quitter leur fauteuil. Au quatrième acte, l'apparition de Frédérick Lemaître en général mexicain, portant un toupet sur le crâne à la manière de Louis-Philippe et jouant son texte en grosse farce, provoque l'hilarité. Mais comment savoir s'il s'agit d'une franche gaieté ou d'une moquerie contre le roi ? On proteste dans la salle. Le duc d'Orléans sort de sa loge. On racontera que, rentré au palais, il a réveillé son père et lui a dit : « On fait votre charge en plein théâtre ! Le souffrirez-vous ? » En son absence, le cinquième acte, qui voudrait être pathétique, tombe à plat. La cause est entendue. *Vautrin* est un four. A la fin du spectacle, Frédérick Lemaître, déçu, furieux, refuse de venir saluer. Le lendemain, la pièce est interdite. Balzac a l'impression d'avoir reçu un crachat en pleine figure. Il est pris d'un « accès de fièvre ». En vain Harel essaie-t-il de faire annuler la décision. Le 18 mars, Victor Hugo accompagne Balzac au ministère de l'Intérieur et tente de plaider la cause de son confrère devant Charles de Rémusat. Celui-ci, aimable mais toujours réticent, se réfugie derrière la nécessité de défendre l'ordre public, qui risque d'être perturbé par les représentations de la pièce. « En tout, la conduite de Hugo a été celle d'un véritable ami, courageux, dévoué, écrit Balzac à Mme Hanska. Frédérick a été sublime. Mais l'affaire de la ressemblance avec Louis-Philippe était peut-être une chose montée contre Harel, le directeur de la Porte-Saint-Martin, dont il [Frédérick Lemaître] voulait la chute pour avoir sa direction. Ceci est encore un mystère pour moi. Quoi qu'il en soit, le malheur est arrivé. Ma situation est plus pénible qu'elle n'a jamais été[1]. »

Après cette démarche infructueuse au ministère de l'Intérieur, Balzac, malade, se réfugie chez les Surville, 28, rue du Faubourg-Poissonnière. Il y trouve un ménage désuni par de fréquentes querelles. Laure, vieillie et fatiguée, supporte mal les reproches de son mari, qui, lui-même, est à bout de nerfs parce que ses projets de travaux n'aboutissent pas et qu'il n'a guère de quoi faire bouillir la marmite. La misère de ses proches s'ajoutant à la sienne, Balzac désespère de pouvoir un jour sortir la tête hors de l'eau. Il est en train de couler. Et on dirait que c'est le poids de ses œuvres qui l'entraîne vers le fond. Au lieu de lui valoir la gratitude de tous ses compatriotes, elles ne lui rapportent que des dettes et des soucis. Quelques lettres d'admiratrices ne suffisent pas à contrebalancer l'effet destructeur des billets à ordre et des articles haineux. Au comble du désarroi, il écrit à Mme Hanska, le 3 juillet 1840 : « Je suis au bout de ma résignation. Je crois que je quitterai la France et que j'irai porter mes os au Brésil dans une entreprise folle et que je choisis à cause de sa folie. Je ne veux plus supporter l'existence que je mène. Assez de travaux inutiles. Je vais brûler toutes mes lettres, tous mes papiers, ne laisser que mes meubles, les Jardies, et je partirai après avoir confié les petites choses auxquelles je tiens à l'amitié de ma sœur. Elle sera le dragon le plus fidèle de ces trésors. Je donnerai ma procuration à quelqu'un, je laisserai mes

1. Lettre de mars 1840.

œuvres à exploiter et j'irai chercher la fortune qui me manque : ou je reviendrai riche, ou personne ne pourra savoir ce que je serai devenu. » Et il précise : « C'est un projet excessivement arrêté, qui sera mis à exécution cet hiver, avec ténacité, sans rémission. »

Alors qu'il médite de s'expatrier, il est élu, le 16 août, président de la toute jeune Société des gens de lettres. Mince consolation, face aux menaces de toutes sortes qui assombrissent son horizon. L'année précédente, apprenant qu'un siège était vacant à l'Académie française, il a eu, sur un coup de tête, l'idée de poser sa candidature. Pas une seconde il n'a songé que les académiciens pouvaient être effrayés par sa réputation d'écrivain extravagant et de débiteur insolvable. C'est seulement lorsqu'il a su que Victor Hugo briguait le même fauteuil qu'il a résolu de se désister. « Je viens d'apprendre que Monsieur Victor Hugo se portait candidat pour succéder à feu Monsieur Michaud, écrit-il au secrétaire perpétuel par intérim, M. Pierre-Antoine Lebrun. J'ai l'honneur de vous prier dès lors de regarder la lettre par laquelle je vous annonçais ma candidature comme non avenue ; je renonce à me présenter en concurrence avec lui[1]. » L'Académie n'a d'ailleurs pas élu Victor Hugo lors de la mémorable séance de vote du 20 février 1840. Avec un fatal aveuglement, elle lui a préféré le physiologiste Pierre Flourens. Balzac est convaincu que son tour à lui viendra tôt ou tard. Il est impossible que la France s'obstine à le reléguer au second rang. En fait, ce n'est pas son talent qui est en cause dans cet ostracisme de l'élite à son égard ; c'est sa personne, la générosité excessive de son sang, l'excentricité de ses manières, sa joviale ostentation, sa claironnante vantardise, sa fécondité aussi que les

1. Lettre du 2 décembre 1839.

pisse-vinaigre lui reprochent. Il est trop voyant, sa plume est trop grasse ; il se déboutonne trop largement aux yeux d'une société guindée et hypocrite. Certains se moquent de lui tout en l'admirant et en le jalousant. Et il souffre dans son amour-propre, sans pouvoir ni vouloir devenir un écrivain « honorable » selon les règles de la bienséance littéraire.

XII

LA RUE BASSE

On pourrait croire que l'empire du monde imaginaire sur le cerveau de Balzac le rend imperméable aux incidents de l'existence réelle quand ils ne le concernent pas directement. Or, il n'en est rien. Tout en vivant les aventures de cinquante personnages fictifs, il s'intéresse passionnément à ceux qu'il côtoie ou dont il entend parler. Peut-être a-t-il le secret espoir de les transformer un jour en héros de romans ? Le monde est pour lui un immense vivier où il puise les anges et les monstres qui animeront ses livres. Ainsi, dès 1838, a-t-il été intrigué par le récit d'un double meurtre. Dans la nuit du 1ᵉʳ au 2 novembre de cette année, sur le pont d'Andert, près de Belley, un notaire, Sébastien Peytel, ancien critique de théâtre dans le journal *Le Voleur*, a tué sa femme d'une balle de pistolet. Peytel nie les faits. Selon lui, c'est son domestique, Louis Rey, qui a tiré le coup. Rendu fou de rage devant ce crime insensé, Peytel se serait élancé à la poursuite du misérable et lui aurait fracassé le crâne avec un marteau de mineur. Cette version n'a pas convaincu les juges. Le domestique était, croit-on savoir, l'amant de Mme Peytel, une jeune et jolie créole aux mœurs légères. Les ayant surpris tous les deux sur le pont d'Andert, Peytel, égaré par la jalousie, les aurait massacrés l'un après l'autre. Mais un doute subsiste. Et si Peytel disait vrai ? Si sa seule faute était d'avoir châtié un assassin ? Balzac est troublé. De ses différentes rencontres avec l'accusé, dans les bureaux du journal, il a gardé le souvenir d'un homme raisonnable, bien que vif dans ses propos. Le dessinateur Gavarni, ami de Balzac, est, lui aussi, persuadé de la part d'innocence du notaire. Tous deux veulent l'arracher à la mort. Ils entreprennent le voyage de Bourg-en-Bresse et rendent visite à Peytel dans sa cellule de condamné, d'où il continue d'affirmer qu'il n'a fait qu'abattre le vrai coupable. Emu par ses protestations, Balzac écrit un long plaidoyer en sa faveur : *Lettre sur le procès de Peytel, notaire à Belley*. Il tente de démontrer que la thèse selon laquelle Peytel aurait supprimé sa femme pour hériter de sa fortune est absurde. Mais ses efforts ne font qu'agacer les magistrats et indigner l'opinion publique. Certains reprochent même à Balzac de chercher à se faire valoir en prenant la défense d'un prétendu « martyr » comme Voltaire au moment de l'affaire Calas. Une complainte comique du journaliste Roger de Beauvoir se récite dans les salles de rédaction :

Il faut éviter, hélas !
Balzac cherchant son Calas[1] !

A l'audience, Balzac a du reste fait mauvaise impression par sa tenue extravagante et son verbe haut. Ce qui a aggravé le cas de Peytel, c'est que, par dignité conjugale, il s'est refusé à confirmer que sa femme était la maîtresse de son domestique. Cet aveu eût transformé l'assassinat par intérêt en crime passionnel et lui eût valu les circonstances atténuantes. Peytel est

1. Cf. André Maurois, *op. cit.*

exécuté le 28 octobre 1839. Consterné, Balzac écrit à Mme Hanska : « Vous avez bien deviné l'affaire de ce pauvre garçon : il y a des fatalités dans la vie. Oh ! les circonstances étaient plus qu'atténuantes, mais impossibles à prouver. Il y a des noblesses que les hommes ne voudront jamais croire. Enfin, c'est fini. Je vous ferai lire quelque jour ce qu'il m'a écrit avant d'aller à l'échafaud ; je puis apporter cela aux pieds de Dieu, et bien des fautes me seront remises. Il a été martyr de son honneur ; ce qu'on applaudit dans Calderon, Shakespeare et Lope de Vega, on l'a guillotiné à Bourg[1]. »

Cette affaire s'est traduite, pour Balzac, par une perte excessive de temps et d'argent. Les démarches, le voyage, l'impression de la *Lettre sur le procès* lui ont coûté dix mille francs au bas mot, sans compter le préjudice subi par un retard imprévu dans le travail. Or, il est submergé par les dettes, grandes ou petites, sournoises ou amicales, urgentes ou élastiques. En juin 1840, il a contre lui deux cent soixante-deux mille francs de créances. La plus redoutable est celle du sieur Pierre Henri Foullon, qui lui a avancé cinq mille francs sur les droits de *Vautrin*, avec des intérêts usuraires, et qui, le sachant incapable de payer, le menace de saisie. D'abord, il veut s'emparer du mobilier des Jardies. Mais, en l'absence de Balzac, caché ailleurs, le jardinier Louis Brouette affirme à l'huissier que tout dans le pavillon loué aux Guidoboni-Visconti leur appartient ; quant à la maison de Balzac, elle ne contient que des objets sans valeur et des livres dépareillés. Furieux, le tenace Foullon fait opérer une saisie *immobilière* sur les deux bâtiments. Cette fois, il n'y a pas d'échappatoire. Traqué dans son gîte, Balzac songe à déménager. Mais pour aller où ? La rue des Batailles

1. Lettre de février 1840.

n'est plus sûre ; les meubles entreposés dans la mansarde du tailleur Buisson ont été enlevés et vendus à
la requête de Foullon. Ce qu'il en reste, Balzac l'a fait
transporter à une nouvelle adresse : 19, rue Basse, à
Passy. Le propriétaire est un boucher nommé Etienne-
Désiré Grandemain. Le loyer, de six cent cinquante
francs, est au nom d'une demoiselle Philiberte-Louise
Breugniot, ou Brugnol. Malgré l'agrément de ce petit
logis de banlieue, Balzac continue de s'accrocher aux
Jardies. Cependant, au-dessus de sa tête, le ciel se couvre. Sa mère se plaint, avec une insistance dramatique,
d'être délaissée par un fils ingrat. « Je n'ai pas été te
voir dernièrement, lui écrit-elle le 22 octobre 1840,
dans la crainte où je suis toujours de te déranger, je
dirai aussi de te *troubler*. [...] Depuis sept mois, je suis
chez mon gendre Surville qui ne me doit rien. J'y suis
une charge pesant sur beaucoup d'autres charges légitimes. Il est temps que cet état de choses cesse. Dis-moi
si tu pourras me donner un acompte et quel il sera.
[...] Je n'ai plus à qui m'adresser ! C'est donc à toi à
me dire ce que je dois faire et sur quoi je dois compter. » A l'idée que sa mère pourrait vouloir habiter chez
lui, Balzac se hérisse. Si elle s'installe à ses côtés, il
devra dire adieu à sa tranquillité, à ses habitudes, à
son travail. Elle est un ouragan qui emportera tous les
papiers, tous les rêves. D'ailleurs, il n'a pas de domicile
fixe. « Je suis à peu près errant comme un chien sans
maître, lui répond-il. [...] Je suis accablé chaque jour
de désastres qui vont croissant [1]. »

Si encore quelque amour nouveau venait réchauffer
sa vie ! Mais avec les Guidoboni-Visconti les relations
se sont espacées, refroidies. La Contessa commence à
se lasser des désordres où se débat son amant. Il tra-

1. Lettre du 28 octobre 1840.

vaille trop, il a tous les huissiers de France à ses trousses, il ne parle plus que de ses soucis d'écriture, d'argent et de famille. De son côté, il ne trouve plus le même plaisir pétillant à la compagnie de la jeune femme. Aurait-il perdu le goût d'aimer ? Ses lettres à Mme Hanska se font plus rares, moins nécessaires. Il se surprend à les écrire par devoir, par habitude, alors que naguère elles étaient le merveilleux exutoire de sa passion. Heureusement, une autre admiratrice inconnue a fait son apparition dans sa vie. Elle s'est présentée, dans sa première lettre, comme une lectrice fascinée par un grand homme inaccessible ; elle lui envoie humblement une tapisserie brodée de fleurs. Il l'en remercie avec empressement : « Je suis de ceux qui ne peuvent que vous admirer d'une manière absolue, quand même je ne serais pas l'objet de ce que vous appelez *la tournure romanesque de votre esprit*. [...] Je vous prie de trouver ici mes remerciements et l'expression de ma reconnaissance pour toutes vos délicatesses [1]. » Une correspondance s'engage, à visage couvert, comme jadis avec Mme Hanska ou avec Louise. Compliments, confidences, dérobades, mensonges de coquetterie. L'inconnue révèle qu'elle se nomme Hélène-Marie-Félicité de Valette. Il n'en faut pas plus pour que Balzac décide de l'appeler Marie dans ses lettres, prénom qu'il affectionne et qu'il a réservé jadis à d'autres élues de son cœur, notamment à la duchesse d'Abrantès et à la marquise de Castries. Fille d'un lieutenant de vaisseau de Rochefort, Hélène de Valette a épousé, à dix-sept ans, un notaire de Vannes, est devenue veuve à dix-neuf ans et vit tantôt en Bretagne, son pays de prédilection, tantôt à Paris. En fait, elle a eu

1. Lettre du 3 juillet 1839.

entre-temps plusieurs « protecteurs », dont elle se garde bien de parler à Balzac.

A la fin de 1839, elle a obtenu de lui l'autorisation de lui rendre visite aux Jardies. Quand elle s'y présente, toute frétillante de curiosité, il est absent et la porte de la maison est close. Elle se contentera de visiter les alentours. Mais elle est si émue par l'atmosphère « intellectuelle » qui règne sur cette demeure qu'elle ne peut s'empêcher d'emporter en souvenir un objet sans valeur pris dans le jardin. Elle s'en excuse dans une lettre de confusion et de tendre respect : « Vous n'avez été bon qu'à demi, Monsieur. Vous m'avez bien permis d'aller jusqu'au seuil de votre sanctuaire, mais j'en ai trouvé l'entrée fermée. Je dois cependant vous remercier de m'avoir accordé la moitié de ma demande et surtout vous prier de m'excuser : j'ai senti toute l'inconvenance du *vol* que je me suis permis de faire chez vous ; mais j'étais folle, folle jusqu'aux larmes de joie, de bonheur de me trouver ainsi dans ces lieux que vous vous êtes plu à créer et que vous affectionnez ; pardonnez-moi donc, comme on pardonne aux insensés. Pour mettre ma conscience en repos, permettez-moi de vous rapporter en échange une écritoire qui appartenait à Mme de Lamoignon, héritage qui m'est resté de la veuve près de laquelle j'ai passé mon enfance et qui fut ma noble bienfaitrice. » Elle annonce, par ailleurs, qu'elle est sur le point de quitter sa chère Bretagne. « Pourtant, dit-elle, le seul bonheur que j'y ai eu me venait de vous[1]. » Tant de simplicité et tant d'exaltation procurent à Balzac une seconde jeunesse. Il ne peut plus se contenter de lettres. Il lui faut un visage, un regard, une voix. Au début de 1840, il rencontre sa nouvelle « Marie », tombe sous le charme et

1. Lettre du 15 novembre 1839.

lui conte ses malheurs. Elle le comprend, elle le console et, sans trop de manières, devient sa maîtresse. Comme elle offre en plus de l'aider à traverser une mauvaise passe, il lui emprunte dix mille francs. Et, en attendant de pouvoir la rembourser, il lui fait don des épreuves de *Béatrix* enrichies de corrections manuscrites : « Ma chère Marie, voici les épreuves et les travaux de *Béatrix*, ce livre auquel vous m'avez fait porter une affection que je n'ai jamais eue pour un livre et qui a été l'anneau par lequel nous avons fait amitié. Je ne donne jamais ces choses qu'à ceux qui m'aiment, car voilà les preuves de mes longs travaux et de cette patience dont je vous parlais ; c'est sur ces terribles papiers que se passent mes nuits. Et, parmi tous ceux à qui j'en ai offert, je ne sache pas de cœur plus pur ni plus noble que le vôtre. [...] Je vous envoie mille tendresses. [...] *Addio cara*[1]. » Tout au plaisir d'avoir séduit une jeune Bretonne de trente-trois ans, il ne veut pas qu'il y ait entre eux de questions d'argent. Aussi, dès le début de leur liaison, s'empresse-t-il de la rassurer sur sa solvabilité. Il prépare une nouvelle pièce, *Mercadet*, qui, contrairement à *Vautrin*, sera à coup sûr un triomphe : « En octobre, je paierai ce qui est hypothéqué sur le théâtre. J'ai repris courage. Je ne déserte pas [...]. Je vous écris ceci à la hâte, pour vous rassurer, cher trésor. Merci de votre lettre, chère chérie[2]. »

Malheureusement, avant même l'épreuve de la représentation de *Mercadet*, une autre épreuve, sentimentale celle-là, est imposée à Balzac. Alors qu'il se figure être l'amant d'une créature idéale, au cœur ardent et au passé sans tache, il apprend par un certain Edmond Cador, qui n'est autre que le journaliste Roger

1. Lettre de la fin mars 1840.
2. Lettre du 19 juillet 1840.

de Beauvoir, qu'Hélène de Valette s'appelle en réalité Mme veuve Goujeon, qu'un bâtard lui est né hors mariage, qu'elle est richement entretenue, que sa vie n'a été qu'une cascade d'aventures et que, parmi ceux qui ont bénéficié de ses faveurs, l'auteur de ces révélations est le dernier en date. L'angélique Hélène est donc une mythomane, folle de son corps et prête à toutes les compromissions. Elle passe actuellement l'été en Bretagne. Peut-être seule. Peut-être avec un homme. Refusant de croire qu'il a été si profondément mystifié, Balzac écrit à sa « Marie » pour lui demander des explications. Elle est prise de panique et proteste à plusieurs reprises : « Depuis votre lettre, ma vie n'a été qu'un cauchemar et, quand je vous ai répondu, je ne savais pas ce que je faisais. Je ne tenais qu'à une chose, c'était de vous assurer que je n'avais jamais aimé M. Cador. Maintenant vous me demandez des détails et la vérité sur tout ce que cet homme vous a dit. Je vais tâcher de vous raconter tout cela, mais, mon Dieu, il faut que vous croyiez mes paroles car je vais vous parler comme à Dieu. » Là-dessus, elle fait allusion à quelques propos galants de Cador, à une lettre qu'elle lui a écrite, à une visite insolente du journaliste chez elle, à sa résistance d'honnête femme face à la poursuite des assiduités : « *Je n'ai point appartenu à cet homme.* [...] Il m'amusait et je l'ai souffert par crainte et par coquetterie. [...] Mais, je vous le répète, je lui ai donné des armes contre moi. Il peut dire et il l'a déjà fait que je lui ai appartenu. Cela est faux, on le croira pourtant. [...] M. Cador est plein de vanité. [...] Il serait enchanté d'une aventure où il pût se trouver accolé de nom à un homme comme vous. Je ne le veux pas absolument. Je subirai les chances de ma coupable légèreté, mais vous, cher bien-aimé, il faut que vous restiez neutre. [...] S'il réussit à compromettre mon avenir, je rentrerai dans la solitude, dont je n'ai voulu sortir que pour vous ; il y a ici, dans la presqu'île de Rhuis, un couvent dans les ruines mêmes de Saint-Gildas. J'y ai une amie que j'irai retrouver ; ce projet me sourit depuis six ans. Il ne faudrait qu'un nouveau malheur pour m'y décider[1]. » La malveillance d'un traître, l'innocence bafouée, une réputation salie, la retraite dans un couvent, Balzac pourrait se croire dans un de ses romans. D'emblée, il est disposé à tout comprendre et à tout pardonner. A l'occasion d'une autre lettre, elle persiste dans la fabulation et le lyrisme : « J'aurais dû vous comprendre et avoir plus de confiance. Nous causerons puisque vous avez la bonté de prendre intérêt à ma position. [...] Je suis libre pendant dix mois de l'année, j'habite seule. J'ai préféré la médiocre mansarde de l'artiste dans la rue de Castiglione avec ma liberté plutôt que le partage d'un opulent appartement où j'aurais été enchaînée. [...] J'ai affaire au plus honnête homme de la terre, il m'a fait d'immenses sacrifices de fortune et de position. [...] Je ne consentirais pour rien au monde à lui donner le moindre chagrin ; aussi j'ai tremblé que cet exécrable Edmond Cador ne me compromît. [...] Je voulais vous taire tout ceci et n'être pour vous qu'une vision, toujours la fille sauvage de la sauvage Bretagne. [...] Mais ce M. Cador est venu vous dire mon nom, vous parler de mon enfant et vous avez désiré que je vous fisse des confidences. Maintenant vous savez de moi le bien et le mal. [...] Je serai à Paris le 15 [août]. [...] Ecrivez-moi toujours par la poste, c'est tout à fait sans danger. Vos excès de travail me donnent une grande inquiétude. Il est impossible que votre santé n'en souffre pas. [...] Honoré, quelle que chose qui arrive dans votre vie, dans la mienne, si

1. Lettre du 29 juillet 1840.

vous avez besoin du dévouement aveugle d'une femme, vous pouvez compter sur moi. *Addio* [1]. »

Ces justifications éplorées achèvent de calmer Balzac. Que sa « Marie » ait un riche protecteur ne le gêne pas outre mesure. Mme Hanska a bien un mari qui encombre sa vie tout en lui assurant dignité et confort. Et Mme Guidoboni-Visconti aussi. Quant aux inexactitudes, aux exagérations qu'il décèle dans la confession d'Hélène de Valette, ne sont-elles pas le propre des jolies femmes qui finissent par croire ce qu'elles inventent ? Lui-même ne dissimule-t-il pas souvent la vérité à l'Etrangère ? Et pourtant il l'aime de tout cœur. Il faut savoir subir un peu de comédie chez l'être qu'on désire pour préserver la poésie de l'union. Fort de cette idée, il passe l'éponge sur les impostures de son ondoyante compagne et part avec elle pour un voyage en Bretagne, où ils visiteront Guérande, Le Croisic et Batz. Au retour, il se sent anormalement fatigué. Mais est-ce sa randonnée qui l'a épuisé ou la fréquentation quotidienne d'Hélène de Valette ? En cours de route, elle a perdu pour lui tout attrait. La rupture est imminente. Elle se fera sans douleur.

Cet intermède a évidemment éloigné Balzac de ses amis. Zulma Carraud se plaint de ne plus recevoir de ses nouvelles. Il lui répond qu'il a touché le fond de la détresse et qu'il voudrait en finir avec les tribulations d'un célibataire.

« Je ne veux plus avoir de cœur. Aussi pensé-je très sérieusement au mariage. Si vous vous rencontrez vous-même [*sic*], jeune fille de vingt-deux ans, riche de deux cent mille francs ou même de cent mille, pourvu que la dot puisse s'appliquer à mes affaires, vous songerez à moi. Je veux une femme qui puisse être ce que

1. Lettre d'août 1840.

les événements de ma vie voudront qu'elle soit : femme d'ambassadeur ou femme de ménage aux Jardies, mais ne parlez pas de ceci : c'est un secret. Ce doit être une fille ambitieuse et spirituelle[1]. » Zulma Carraud lui répond du tac au tac : « Je ne connais aucune jeune fille dans les conditions que vous demandez et, en vérité, en connaîtrais-je, cette parole : *Je ne veux plus avoir de cœur, aussi pensé-je au mariage*, m'arrêterait [...]. Permettez donc que je n'entre pour rien dans une affaire qui fera peut-être le tourment de votre vie[2]. »

En attendant la fiancée idéale, Balzac travaille avec frénésie au *Curé de village* qui doit être, selon lui, « l'application du repentir catholique à la civilisation ». La pure et douce Véronique, ayant épousé Pierre Graslin, le plus gros banquier de Limoges, monstrueux de visage et despotique de caractère, éprouve un tendre sentiment envers un ouvrier porcelainier, Jean-François Tascheron. Cet amour pousse Tascheron à commettre un meurtre non prémédité. Arrêté et condamné à mort, il n'avoue ni ne contredit sa culpabilité et feint la confusion mentale pour ne pas compromettre Véronique. Mais il finit par se confesser à l'abbé Bonnet, un saint homme, et se présente à l'échafaud en chrétien, comme le notaire Peytel que Balzac a naguère tenté de défendre. Devenue veuve deux ans après le drame, Véronique se retire dans le domaine de Montégnac et, hantée par le remords, se consacre à l'aménagement de cette terre inculte et à l'éducation des gens arriérés qui l'habitent. Elle est aidée dans son sacerdoce par l'abbé Bonnet pour le sauvetage des âmes et par un jeune ingénieur qui ressemble à Surville pour la mise en valeur de la région. Ainsi, grâce à une

1. Lettre de la fin novembre 1839.
2. Lettre du 2 décembre 1839.

pécheresse repentie, la religion et la science concourent au bonheur de l'humanité. La morale du *Curé de village* rejoint celle du *Médecin de campagne*.

Romancier dans toute l'acception du terme, Balzac n'en a pas moins le plus grand respect pour l'action. C'est la même tête qui porte un monde imaginaire et qui voudrait appliquer ses théories au monde réel. L'expérience malheureuse de *La Chronique de Paris* ne lui a pas suffi. Il revient à l'idée de fonder une revue qui crierait la vérité aux lecteurs de tous bords. Ce sera *La Revue parisienne*. Armand Dutacq, qui dirige déjà cinq ou six journaux, s'associe avec lui pour lancer cette nouvelle publication, un mensuel de cent vingt-cinq pages qui coûtera un franc. Balzac s'engage à le rédiger seul, gratuitement. En échange, il partagera les bénéfices avec Dutacq, qui contrôlera, lui, la fabrication et la diffusion. Afin de marquer son attachement à *La Revue parisienne*, il lui donne, pour le premier numéro, une superbe nouvelle : *Z. Marcas*. Ce nom, il l'a découvert sur une enseigne du Marais et, séduit par sa consonance bizarre, en a aussitôt gratifié le héros de son récit. Zéphirin Marcas est un « double » de l'auteur. Bien qu'il ne soit pas légitimiste comme Balzac, mais catégoriquement républicain, il a, comme lui, l'amour de la France et la haine de ceux qui ont frustré la jeunesse des conquêtes de la révolution de Juillet. Ce sont les hommes d'autrefois, cramponnés à leurs préjugés et à leurs privilèges, qui interdisent au pays d'aller de l'avant. « Votre Cour est composée de chouettes qui ont peur de la lumière, s'écrie Marcas face à un ancien ministre, de vieillards qui tremblent devant la jeunesse ou qui ne s'en inquiètent pas. [...] La jeunesse surgira comme en 1790. Elle a fait les belles choses de ce temps-là ! » Marcas mourra d'un « accès de fièvre nerveuse ». Dans l'intervalle, il aura « sondé le cratère du pouvoir ».

A *La Revue parisienne*, Balzac assure également la rubrique littéraire. Il en profite pour infliger des critiques acerbes à Eugène Scribe, à Henri de Latouche, mais surtout à Sainte-Beuve qu'il déteste. Ridiculisant *Port-Royal*, il ose écrire : « En lisant M. Sainte-Beuve, l'ennui tombe sur vous comme une petite pluie fine qui finit par vous percer jusqu'aux os. » Ce jugement est une réplique aux sarcasmes dont l'auteur de *Volupté* a tant de fois accablé l'auteur du *Père Goriot*. En revanche, Balzac consacre un article dithyrambique à Stendhal et à *La Chartreuse de Parme* : « M. Beyle a écrit un livre où le sublime éclate de chapitre en chapitre. » Il a d'autant plus de mérite à proclamer le génie de Stendhal que nul, autour de lui, n'y prête attention. Il célèbre aussi Victor Hugo, « le plus grand poète du XIXᵉ siècle », et Fourier, dont les idées sociales rejoignent les siennes.

Jouant de malchance, *La Revue parisienne* s'essouffle, ne rassemble que peu de lecteurs et disparaît en septembre 1840, au bout de trois numéros. Dutacq et Balzac doivent faire face à une perte de mille huit cents francs. Ce nouveau fiasco dans le journalisme désarçonne Honoré. Venant après l'échec de *Vautrin*, il le confirme dans l'idée que l'univers entier s'est coalisé pour le jeter en bas de l'échelle. Il n'a même plus le courage de se plaindre à Mme Hanska. Comment comprendrait-elle cette succession de guignes ? Il ne lui a envoyé que six lettres en 1840. En manière d'excuse, il lui avoue que, trop souvent, il n'a pas assez d'argent pour affranchir son courrier. Une lettre *lourde* pour la Russie coûte dix francs. Et, dans le désastre financier où il se débat, chaque sou pèse son poids d'or. Vivre aux Jardies étant devenu une gageure à cause des assauts répétés des créanciers, il met sa propriété en adjudication. Elle est vendue dix-sept mille cinq cent cinquante francs. Avec les dépenses de construction, de terrassement, de plantations, d'entretien, elle lui en a coûté près de cent mille. Mais son avoué, Me Gavault, lui avait conseillé une manœuvre : lors des enchères, il a fait acquérir le bien par un architecte, nommé Jean-Marie Claret, qui n'est, en réalité, qu'un homme de paille à ses ordres. La vente fictive lèse les créanciers, qui ne peuvent se partager qu'une maigre somme au prorata des obligations qu'ils possèdent, et Balzac reste, sous un nom d'emprunt, propriétaire des Jardies.

C'est également sous un nom d'emprunt, Mme Brugnol, qu'il avait loué à Passy un discret pavillon, à flanc de coteau, dont l'entrée principale donne dans la rue Basse, au numéro 19, et l'entrée sur cour dans la petite rue du Roc[1]. La dénivellation, à cet endroit, est très forte et un escalier dérobé relie l'appartement à la cour. Ainsi Balzac bénéficie-t-il d'un logement à deux issues. Avantage appréciable car, si des huissiers se présentent à la porte de la rue Basse, il pourra toujours s'échapper par la porte de la rue du Roc et dévaler jusqu'au quai où passe la patache du Palais-Royal. Réfugié à Passy, Balzac se sent encore à la campagne. C'est, aux portes de Paris, une sorte de village, réputé pour ses eaux thermales et ses nombreux jardins. Tout y est simplicité et silence. Pour mieux préserver son anonymat, Balzac impose à ses visiteurs la consigne du mot de passe. Ils doivent sonner au 19, rue Basse, prononcer devant la concierge la formule convenue,

1. La rue Basse porte aujourd'hui le nom de rue Raynouard et le numéro 19 est devenu le 47. C'est l'actuelle adresse de la maison-musée de Balzac. La rue du Roc s'appelle maintenant rue Berton.

demander à voir Mme Brugnol, puis descendre deux étages avant d'accéder au saint des saints.

Née en 1804 dans la Nièvre, Philiberte-Louise Breugniot est une ancienne maîtresse de Latouche ; Marceline Desbordes-Valmore lui a fait rencontrer Balzac, qui, toujours obsédé par la particule, va la changer de nom et la baptiser Mme de Brugnol. Elle sait se rendre indispensable dans un intérieur comme gouvernante, comme infirmière, comme ménagère, comme exécutrice des basses besognes et confidente des hautes pensées. A ses côtés, Balzac a l'impression que les soucis de la vie quotidienne s'éloignent. Elle éconduit les importuns, se charge des menues courses en ville, se manifeste, quand il le faut, auprès des imprimeurs, des éditeurs, des rédacteurs de journaux, met son nez dans les contrats et surveille, en même temps, la propreté des chambres et la qualité de la cuisine. Réconforté par la présence de cette matrone énergique et intelligente, Balzac s'avise même que, malgré son embonpoint, sa figure molle et ses manières rudes, elle n'est pas désagréable à regarder. Certes, elle ne peut rivaliser avec Mme de Berny, avec la duchesse d'Abrantès, avec la comtesse Guidoboni-Visconti, avec Mme Hanska, mais elle a des formes généreuses et son dévouement dépasse la simple gentillesse. En chaque femme, estime-t-il, il y a du bonheur à prendre. Le tout est de ne pas faire de comparaisons. Si Mme de Brugnol n'est pas une conquête flatteuse, elle peut être une compagne utile. Bientôt, Balzac lui demande des soins plus intimes que ceux des travaux domestiques. Devenue sa maîtresse, elle continue de le servir comme si elle n'était pas montée en grade. Et il se félicite de cet arrangement qui assure à la fois l'intendance de la maison et la satisfaction de ses besoins sexuels. Deux femmes en une : celle du plumeau et celle du lit, le rêve !

Tout irait pour le mieux si Balzac n'avait pas sa mère sur les bras. Harcelé par elle, il calcule que, pour réduire les charges, il serait plus sage qu'elle vînt habiter chez lui, rue Basse. Après tout, avec le temps, elle s'est peut-être assagie ! Décidé à tenter l'expérience, il écrit à Laure Surville : « La chambre de ma mère sera prête dans une dizaine de jours. [...] Dis à ma mère qu'il faudra mettre son lit de plume, sa pendule, ses flambeaux, deux paires de draps, son linge à elle chez toi ; je ferai tout prendre le 3 décembre ou le 4. Si elle le veut, elle sera très heureuse, mais dis-lui bien qu'il faut se prêter au bonheur et ne jamais l'effaroucher. Elle aura pour elle seule cent francs par mois, une personne auprès d'elle et une servante. Elle sera soignée comme elle le voudra. Sa chambre est aussi élégante que je sais les faire. Elle a un tapis de Perse que j'avais rue Cassini dans la mienne. Obtiens d'elle de ne pas faire la moindre résistance à ce que je veux lui demander pour sa toilette ; il me serait pénible de la voir mal mise [...] ; je ne veux pas qu'elle soit autrement qu'elle *doit être*, elle me causerait de grandes souffrances [1]. »

Hélas ! après quelques semaines de cohabitation avec sa mère, Balzac reconnaît qu'elle a le génie de semer la tempête dans les lieux les mieux protégés. Ses heurts avec Honoré, et surtout avec Mme de Brugnol, électrisent l'atmosphère. Très vite, il ne peut plus supporter ces querelles pour rien, ces reproches cent fois répétés, ces criailleries, ces soupirs, ces yeux levés au ciel. Si cette existence chaotique continue, il devra renoncer à travailler. Au bout de six mois, Madame mère elle-même a hâte de quitter une maison où son fils se compromet avec une femme de peu. « Quand j'ai

1. Lettre de la fin novembre 1840.

consenti, mon cher Honoré, à vivre chez toi, lui écrit-elle, j'ai cru que je pourrais y être heureuse. J'ai bientôt reconnu que je ne pouvais supporter les tourments et les orages journaliers de ta vie ; cependant j'ai patienté tant que j'ai cru souffrir seule ; lorsque je me suis aperçue, par tes froideurs, que ma présence était tolérée comme une nécessité et que, loin de t'être agréable, j'étais bien près de te déplaire, ma position a été plus pénible encore ; cette situation m'a fait trouver des mots qui t'ont fait de la peine. De cet instant, j'ai pris la résolution de quitter la maison. Les gens âgés ne vont sans doute pas avec la jeunesse ! [...] Je t'écris pour te prévenir que, le 25 de ce mois, j'aurai pris un parti quelconque qui réduira ma dépense à cent francs par mois ; je te prie de me faire tenir cette somme exactement à titre d'acompte sur les arrérages d'intérêts de l'argent que tu me dois et sur lesquels j'ai reçu chez toi six cents francs. Madame de Brugnol, que j'ai prévenue de ma décision, m'a dit que je n'aurais pas cet argent. Je n'ai pas douté un seul instant qu'elle ne te fît tort en ayant une telle pensée. [...] Je ne te parlerai pas des chagrins que tes froideurs m'ont causés ; tu me refuses peut-être le triste privilège de la sensibilité. [...] Ta mère, Veuve de Balzac[1]. » A sa fille Laure, elle écrit par ailleurs qu'elle n'incrimine pas Mme de Brugnol, qui est sans doute une femme probe, aimante, active et qui surveille bien les dépenses d'Honoré, mais que cette personne a des « manques » et que cela se sent. Au fond, ce qu'elle refuse d'admettre, c'est l'absolue sujétion de Balzac à son œuvre. Comment se fait-il que, malgré tant de livres publiés en si peu de temps, il soit toujours à la merci des créanciers ? Elle considère, pour sa part, qu'en étant plus économe il pourrait

1. Lettre du 16 juillet 1841.

mieux aider sa famille. Justement, son frère Henry, qui s'est réinstallé à Saint-Denis, dans l'île Bourbon, se tourne vers Honoré pour lui apprendre que lui et sa femme sont totalement dénués de ressources : « Nous sommes tous sans vêtements, sans pain et sans espoir d'en avoir de longtemps que par l'assistance de la métropole. Me tromperai-je en m'adressant à toi ? » Un de ses amis, qui part pour la France, veut bien lui avancer mille francs : « Me permettrais-tu de tirer sur toi, à trois mois de cette somme ? [...] Notre pauvre mère n'a peut-être pas de quoi y répondre et ce serait la tuer que de le lui demander. Toi, tu pourrais, je crois, faire cette somme rapidement et je viens la demander avec insistance [1]. » Balzac est débordé : de tous côtés, des mains se tendent vers lui – les unes pour quémander un secours, les autres pour exiger le paiement d'une dette. Et il n'a que la vente de ses livres pour satisfaire à la fois ses proches dans le besoin, ses créanciers acharnés et ses propres goûts de luxe.

Par chance, son cerveau fonctionne encore à plein rendement. Si la Banque de France dispose d'une planche à billets, lui exploite glorieusement une planche à romans. Il en a mis plusieurs en chantier dans la petite maison de la rue Basse : *La Fausse Maîtresse*, les *Mémoires de deux jeunes mariées*, *Une ténébreuse affaire*, *Ursule Mirouët*, *La Rabouilleuse*... Il saute d'un manuscrit à l'autre avec l'aisance d'un acrobate.

Dans *La Rabouilleuse*, le colonel Philippe Bridau, demi-solde de l'Empire, s'ingénie à réformer le ménage de garçon de son oncle Jean-Jacques Rouget, lequel est tombé sous la dépendance de sa servante-maîtresse, Flore Brazier, dite « la Rabouilleuse [2] », qui le trompe

1. Lettre du 1er août 1841.
2. Surnom donné à Flore, quand elle était enfant, parce qu'elle

pourtant avec un chenapan, Max Gilet. Philippe Bridau tue Max Gilet en duel, oblige Flore à se marier avec Rouget, qu'elle tient par les sens, hâte la fin du bonhomme en l'entraînant dans les excès, épouse sa veuve, la pousse diaboliquement dans la débauche où elle trouve la mort et, s'étant approprié la fortune de son oncle, arrive au faîte des honneurs avant d'être ruiné par plus fort que lui : Nucingen. Toute l'intrigue se déroule à Issoudun, sous la Restauration ; en toile de fond : les mœurs provinciales de l'époque, la rancune ricanante des officiers en demi-solde et les farces grossières des jeunes perturbateurs de l'ordre public, les « Chevaliers de la Désœuvrance », qui inquiètent les honnêtes gens. Alors que Balzac craint la réaction des lecteurs timorés devant tant de violence, de cynisme et de sensualité, le livre reçoit un accueil favorable. On se passionne, avec un sentiment d'horreur, pour ces histoires de vol, de vieillard conduit à la débauche, de duel, de déchéance d'une femme dans la boisson.

Malgré cet engouement du public, Balzac, quant à lui, déclare préférer *Ursule Mirouët*, sans doute parce que ce récit est tout pénétré d'occultisme. C'est en apparaissant après sa mort, dans une vision surnaturelle, à la pure et innocente Ursule, sa pupille, que le docteur Denis Minoret lui apprend la criminelle manœuvre qui l'a privée de son héritage. Le coupable, un marâtre de poste nommé Minoret-Levrault, se sentant sur le point d'être découvert, tremble à l'idée du châtiment qui l'attend. La main de Dieu s'appesantit sur son épaule. Il voit mourir son fils unique, tandis que sa femme, sous le coup du chagrin, sombre dans la folie. Tout se termine par la restitution à Ursule de

n'avait pas son pareil pour brouiller (« rabouiller ») l'eau des ruisseaux afin de rameuter les écrevisses.

l'argent dont elle a été spoliée et par un mariage heureux qui fait dire au narrateur : « Cherchez une Ursule Mirouët, une jeune fille élevée par trois vieillards et par la meilleure des mères, par l'Adversité. » En écrivant ce livre aux multiples invraisemblances, Balzac a voulu payer son tribut aux théoriciens du magnétisme et aux somnambules qu'il consulte assidûment.

Dans *Une ténébreuse affaire*, le ton change : l'auteur se mue en policier et en historien. Il s'agit de conter l'enlèvement de Malin de Gondreville, qui s'est fait adjuger, comme bien national, le domaine des Simeuse. Deux frères jumeaux, Paul-Marie et Marie-Paul, considérant qu'il les a dépouillés avec l'approbation des autorités, entreprennent de se venger. Leur aventure a été inspirée à Balzac par le rapt, à l'époque du Consulat, du sénateur Clément de Ris. Il en a entendu parler jadis par la duchesse d'Abrantès et s'amuse à transposer les événements en un cauchemar pathétique.

Tout autre est sa préoccupation en abordant les *Mémoires de deux jeunes mariées*. Cette fois, il se livre à l'illustration de ses théories sur le mariage. Deux anciennes amies de couvent, Louise de Chaulieu et Renée de l'Estorade, échangent des lettres où elles se confient leur expérience de femmes mariées. Renée a une vie conjugale raisonnable, s'efforce d'apprécier les qualités de son mari, qui n'est pourtant pas un surhomme, prend plaisir à élever leur enfant et à administrer leur domaine, se contente de ce qu'elle a par crainte de perdre au change. Louise, en revanche, a fait un mariage d'amour, puis, après une période flamboyante, se referme, s'éteint, se remarie et, désespérant de trouver son équilibre, dévorée de désirs fous et de jalousies absurdes, cherche à se donner la mort pour en finir avec des tentations jamais assouvies. A travers ces deux figures de femmes, Balzac essaie de prouver qu'un couple ne peut supporter l'existence commune que par la compréhension réciproque, la tolérance et la soumission aux usages du monde. Et cependant, lui-même se sent incapable de cette fade sagesse. La passion commande sa littérature comme sa vie. Il ne va que par sauts et par bonds. Parlant de son dernier roman, qu'elle vient de lire, George Sand s'en déclare enchantée, mais émet une légère réserve : « Ce livre est une des plus belles choses que vous ayez écrites. Je n'arrive pas à vos conclusions, et il me semble au contraire que vous prouvez tout l'opposé de ce que vous voulez prouver[1]. » Il lui répond aussitôt : « Soyez tranquille, nous sommes du même avis, j'aimerais mieux être tué par Louise [l'exaltée] que vivre long-temps avec Renée [la résignée][2]. »

Comme il fallait s'y attendre, les *Mémoires de deux jeunes mariées* suscitent un large intérêt dans le public féminin. La vente marche bien. Balzac devrait être content. Mais il refuse de se monter la tête. Il veut même restreindre sa participation aux mondanités de toutes sortes pour consacrer plus de temps à ses manuscrits. Il a une telle somme de travail en perspective ! Surtout, ne pas ralentir la cadence. Tenir bon la rampe. Pourtant, il y a des obligations auxquelles il ne peut échapper. Ainsi, le 15 décembre 1840, assistait-il à l'entrée solennelle des cendres de Napoléon aux Invalides. Depuis sa tendre jeunesse, il s'est senti proche de l'Empereur, homme d'autorité, d'invention et de combat. Il rêvait d'être dans le domaine de l'esprit ce que son modèle avait été dans le domaine de l'action. Le triomphe posthume du plus grand capitaine des

1. Lettre de février 1842.
2. Lettre également de février 1842.

temps modernes lui paraît, ce jour-là, être son propre triomphe. Il admire la décoration des Invalides, dont la façade est tendue de velours violet parsemé d'abeilles. « Hier, quinze cent mille personnes dans les Champs-Elysées ! écrit-il le 16 décembre 1840 à Mme Hanska. Chose qui ferait croire à des intentions dans les effets naturels. Au moment où le corps de Napoléon est entré aux Invalides, il s'est formé (le 15 décembre) un arc-en-ciel au-dessus des Invalides. Victor Hugo a fait un poème sublime, une ode sur le retour de l'Empereur. »

Le 3 juin 1841, le même Victor Hugo, enfin élu, après quatre échecs, à l'Académie française, est reçu sous la coupole. Il est très beau et très digne dans son habit bleu à broderies vertes, mais son discours déplaît à Balzac, qui le juge trop conciliant envers les tenants du pouvoir : « Il a voulu caresser les partis, et ce qui peut se faire dans l'ombre et dans l'intimité ne va guère en public. Ce grand poète, ce faiseur d'images a reçu les étrivières, de qui ? de Salvandy[1]. » Ce dernier, ancien ministre de l'Instruction publique, s'est amusé à cribler de flèches l'illustre récipiendaire. C'est un jeu mesquin qui révolte Balzac. S'il entre un jour à l'Académie française, il mettra bon ordre à ces pratiques. Pour l'instant, il a d'autres chats à fouetter. La Société des gens de lettres, dont il est le président honoraire, ne parvient pas à imposer au législateur ses vues sur la protection de la propriété littéraire. Désespérant de rallier tous ses confrères pour participer avec lui à la défense de leurs droits, il voudra donner sa démission. Elle sera refusée. Serait-ce qu'on l'estime trop pour se passer de lui ? Pourtant, il sait qu'il a de nombreux ennemis dans la profession. Le 12 juin, il a dîné chez

1. Lettre à Mme Hanska du 30 juin 1841.

Marie d'Agoult avec Ingres, Lamartine et l'historien Auguste Mignet. Sainte-Beuve, invité, a refusé de « partager le sel avec lui ». Un adversaire de taille, avec lequel il devra compter s'il veut conquérir le public et la presse. N'a-t-il pas été imprudent en le provoquant dans son article de *La Revue parisienne* sur *Port-Royal* ? Bah ! le génie finit toujours par dominer de la voix les roquets du journalisme.

Le 2 octobre 1841, il signe avec les libraires Furne, Hetzel, Paulin et Dubochet un accord pour la publication de ses œuvres complètes, sous le titre général de *La Comédie humaine*. Ce titre, il y songe déjà depuis quelque temps comme à une réplique de *La Divine Comédie* de Dante. Mais c'est la première fois qu'il l'annonce officiellement, dans un contrat. Il lui semble que, sous cette appellation prestigieuse, les intrigues qu'il a inventées, les personnages qu'il a animés prendront un relief et une cohésion sans précédent dans l'histoire des lettres. Les conditions matérielles sont bonnes. Le traité est conclu pour huit ans, le tirage sera de trois mille exemplaires par ouvrage et les droits d'auteur se monteront à cinquante centimes par volume, avec une avance immédiate de quinze mille francs en billets. Mais, aujourd'hui, ce n'est pas la pensée du gain qui enchante Balzac, c'est celle de l'œuvre colossale qu'il s'apprête à donner au monde, sous le nom générique de *La Comédie humaine*. Ayant pris sa décision, il se sent encouragé à poursuivre, touche après touche, la peinture de cette immense fresque sociale, commencée dix ans auparavant et dont il ne voit pas encore la fin. Avec fierté, il écrit à Mme Hanska : « Vous raconter ma vie, chère, c'est vous raconter, vous énumérer mes travaux, et quels travaux ! L'édition de *La Comédie humaine* (tel est le titre de l'ouvrage complet dont les fragments ont composé jusqu'à présent les ouvrages que j'ai donnés) va prendre deux ans et contient cinq cents feuilles d'impression compacte, et il faut que je les lise trois fois, c'est comme si j'avais mille cinq cents feuilles compactes à lire, et mes travaux habituels n'en doivent pas souffrir. [...] Cette révision générale de mes œuvres, leur classement, l'achèvement des diverses portions de l'édifice me donnent un surcroît de travail que moi seul connais et qui est écrasant. » Et il ajoute mélancoliquement : « Je n'ai vécu que dans l'encre, dans les épreuves et dans les difficultés littéraires à résoudre. J'ai bien peu dormi, j'ai, je crois, fini, comme mithridate, par user le café[1]. » Il espère que sa correspondante le félicitera pour sa résolution et compatira à sa fatigue. Mais les réponses de Mme Hanska se font de plus en plus attendre et leur ton est de plus en plus froid. Sans doute l'a-t-il lassée par la litanie de ses malheurs. Il ne peut tout de même pas lui avouer que ses soucis d'argent lui laissent parfois quelque répit et qu'il a, à ses côtés, une brave Mme de Brugnol toute disposée à tenir sa maison et à satisfaire ses désirs.

1. Lettre de juin 1841. Le mithridate était une préparation pharmaceutique opiacée que l'on considérait comme un antidote.

XIII

LA COMÉDIE HUMAINE

Pour la publication des œuvres complètes de Balzac sous le titre grandiose de *La Comédie humaine*, Hetzel exige une préface inédite. On pense d'abord à la demander à Charles Nodier, qui, fatigué, refuse. George Sand, sollicitée, se dérobe à son tour. Balzac suggère alors de reproduire les préfaces que Félix Davin avait rédigées jadis pour les *Études philosophiques* et les *Études de mœurs*. Mais Hetzel souhaite à présent un avant-propos signé de l'auteur lui-même. Une sorte de déclaration liminaire sur les idées qui ont inspiré ce travail de géant. « Il est impossible de reproduire ces préfaces signées F. Davin, lui affirme-t-il. [...] Leur effet à la tête d'une chose capitale comme notre édition complète serait détestable. [...] Il n'est pas possible qu'une édition complète de vous, la plus grande chose qui se soit osée sur vos œuvres, s'en aille au public sans quelques pages de vous en tête. Non, l'opération aurait l'air abandonnée par vous, son père. On dirait un fils renié, ou au moins négligé par son auteur. [...] À l'œuvre, mon gros père. [...] Comment, nous publierions vos livres qui paraîtraient pour la première fois sous ce titre d'ensemble : *La Comédie humaine*, et la première ligne ne serait pas celle-ci : Je donne ce nom (*La Comédie humaine*) à mes œuvres complètes pour les raisons que voici, etc., etc. ? [...] Attelez-vous à votre machine. Nous sommes les roues, soyez la vapeur[1]. »

Convaincu par les arguments de Hetzel, Balzac s'exécute. Dans cet avant-propos de vingt-six pages, il développe sa profession de foi conservatrice et religieuse, dont il espère qu'elle lui vaudra la faveur du Sacré Collège, lequel vient de mettre son œuvre à l'Index, des milieux légitimistes, qui l'attaquent dans leurs journaux. « L'unique religion possible est le Christianisme, déclare-t-il. Le Christianisme a créé les peuples modernes, il les conservera. [...] J'écris à la lueur de deux Vérités éternelles : la Religion et la Monarchie, deux nécessités que les événements contemporains proclament et vers lesquels tout écrivain de bon sens doit essayer de ramener notre pays. [...] L'Election, étendue à tout, nous donne le gouvernement par les masses, le seul qui ne soit point responsable et où la tyrannie est sans bornes. » Et, comme idée première de *La Comédie humaine,* il revendique « une comparaison entre l'Humanité et l'Animalité ». Inspiré par Geoffroy Saint-Hilaire, il note qu'il y a « des espèces sociales comme il y a des espèces zoologiques ». Les différences de mentalité, de comportement qui existent entre un ouvrier et un banquier, un dandy et un prêtre sont aussi considérables que celles qui distinguent l'éléphant du corbeau. Mais le monde des humains est plus complexe que le monde des bêtes. Dans un couple d'animaux, la femelle est toujours de la même espèce que le mâle. Le lion ne cherche pas d'autre compagne qu'une lionne. En revanche, dans notre société, la femme est rarement la femelle du

1. Lettre de la fin juin 1842.

mâle. Bien qu'ils appartiennent, en apparence, à la même race, ils sont parfois aussi opposés que le loup et l'agneau. Ce n'est pas seulement leur sexe qui les caractérise, mais leur éducation, leur tempérament, leur passé. « Il peut y avoir deux êtres parfaitement dissemblables dans un ménage, constate Balzac. La femme d'un marchand est quelquefois digne d'être celle d'un prince et souvent celle d'un prince ne vaut pas celle d'un artiste. » Dans cette faune prétendument civilisée, les instincts les plus sauvages se heurtent aux lois et aux traditions. Fasciné par cet univers multiforme, l'auteur veut le peindre en « faisant concurrence à l'état civil », en étant le « secrétaire » d'un peuple et d'une époque. Des centaines de personnages servent à cette analyse de l'humanité sous tous ses aspects, dans toutes ses aspirations et dans tous ses travaux. Balzac passe avec un égal bonheur des étudiants pauvres aux duchesses désœuvrées, des courtisanes lascives aux financiers retors, des médecins touchés par la grâce aux anciens forçats. Tantôt Paris, avec ses salons, ses bureaux, ses magasins et ses bouges, tantôt les différents recoins de la province, avec leurs mœurs étriquées et leurs antagonismes sournois, sont évoqués si exactement que l'on soupçonne l'écrivain d'avoir vécu dans toutes les villes de France, d'y avoir exercé tous les métiers et d'avoir écouté à toutes les portes.

Malgré cette accumulation de tableaux pris sur le vif, la curiosité de Balzac demeure insatiable. Les projets se chevauchent dans sa tête. Il ne délaisse ses romans en cours que pour écrire à Mme Hanska. Elle lui répond distraitement, de loin en loin, et il s'en désole. Est-ce la fin de leur amour ? L'absence aura-t-elle eu raison d'une passion longtemps insatisfaite ? Il est sur le point de le croire lorsque, le 5 janvier 1842, il reçoit d'Eve une lettre cachetée de cire noire : Wenceslas Hanski est décédé le 10 novembre 1841. Cette mort tellement attendue le jette dans une joie sacrilège. Comment dire à la veuve qu'il est à la fois triste pour elle et ravi pour eux deux ? Il espérait depuis tant d'années la disparition de ce brave homme, dont l'existence constituait un obstacle à leur union ! Et voici que la voie est libre. Eve est à lui, ou presque ! Mais, en pareil cas, il faut savoir s'exprimer avec tact. Il tourne sept fois sa plume dans l'encrier avant de répondre : « Chère adorée, quoique cet événement me fasse atteindre à ce que je désire ardemment depuis dix ans bientôt, je puis, devant vous et Dieu, me rendre cette justice que je n'ai jamais eu dans mon cœur autre chose qu'une soumission complète et que je n'ai point souillé, dans mes plus cruels moments, mon âme de vœux mauvais. On n'empêche pas certains élans involontaires ; je me suis souvent dit : "Combien ma vie serait légère avec *elle* !" On ne garde pas sa foi, son cœur, tout son être intime sans espérance. Ces deux mobiles dont l'Eglise fait des vertus m'ont soutenu dans ma lutte, mais je conçois les regrets que vous m'exprimez. [...] J'ai été cependant joyeux de savoir que je pouvais vous écrire à cœur ouvert et vous dire toutes ces choses que je vous taisais [1]. »

En effet, du vivant de M. Hanski, Balzac était tenu à une certaine réserve dans sa correspondance, de crainte que ses lettres ne fussent lues par lui. Aujourd'hui – premier avantage ! –, sa plume est libre. C'est un pas décisif dans la conquête de l'Etrangère. Au vrai, elle éprouve plus de chagrin qu'il ne le supposait de la perte de son mari. Il était âgé, bien sûr, mais aimable, compréhensif et dirigeait fermement le domaine. A présent, elle doit se débattre au milieu de

1. Lettre du 5 janvier 1842.

mille difficultés suscitées par une famille hostile. Wenceslas Hanski a laissé à sa femme la jouissance viagère de sa fortune, mais un oncle, Charles Hanski, un vieil original aigri, surnommé « Tamerlan » par Balzac, s'oppose à l'entrée en possession des biens du défunt. L'administration impériale russe n'est guère tendre pour la noblesse polonaise d'Ukraine. Un écart de conduite et tout serait perdu. Il ne faut surtout pas, dit-elle, que Balzac aille en Russie avant le règlement de ces odieuses questions d'intérêt. Au lieu de la soutenir dans le malheur, il la compromettrait aux yeux de la société et du tsar lui-même. Saisie de panique devant la menace de commérages, Eve lui demande avec insistance ce qu'il a fait de ses lettres. S'il disparaissait soudain, ne pourrait-on pas s'en servir contre elle et contre sa fille Anna, dont elle veut à tout prix conserver la tutelle ? « Quant à vos lettres, chère adorée, lui répond Balzac, soyez sans inquiétude. Si je mourais subitement, il n'y aurait rien à craindre. Elles sont dans la boîte pareille à celle que vous avez, et il y a dessus un avis que ma sœur connaît de mettre tout au feu sans rien regarder, et je suis sûr de ma sœur [1]. »

Tourmenté par la situation délicate où se trouve son Eve, qui doit se battre – faible femme ! – contre des héritiers sans scrupule et des juges malveillants, il travaille peu et par foucades. D'une lettre à l'autre, il attend qu'elle l'appelle en Russie. Il est persuadé qu'entre temps il aura amassé suffisamment d'argent pour aller y passer quelques mois. Une fois de plus, il se tourne vers les mirages de la scène. Pour l'encourager, Victor Hugo lui affirme que c'est au théâtre et non dans l'édition que niche la poule aux œufs d'or. Il faut donc qu'il « ponde » au plus vite une pièce susceptible

1. *Ibid.*

d'emballer le public. Sûr de son fait, Balzac présente à l'Odéon une comédie de style espagnol, *Les Ressources de Quinola*, relatant les déboires d'un inventeur illuminé, Alfonso Fontanarès, et les ruses acrobatiques de son valet Quinola, émule de Figaro. Un rôle a été réservé à Marie Dorval. Balzac lit les quatre premiers actes aux comédiens, en changeant de voix et de mimique pour chaque personnage, et se contente de raconter le cinquième, qu'il n'a pas encore écrit. L'improvisation est décevante. Balzac hésite, ânonne. La séance s'achève sur des compliments courtois. Marie Dorval se récuse, prétextant un contrat déjà signé pour une tournée aux Pays-Bas. En réalité, elle n'est pas satisfaite de son rôle. Malgré cette défection, la pièce est acceptée. Une pâle Héléna Grassin remplacera Marie Dorval. Et les répétitions commencent. Balzac est tellement convaincu de réussir qu'il exige de s'occuper personnellement des aspects « pratiques » du spectacle. Il n'y aura pas de claque payante : c'est inutile quand la pièce est bonne. Les billets des trois premières représentations seront vendus par lui au prix fort. Il importe que la salle, exceptionnellement brillante, soit garnie de chevaliers de l'ordre de Saint-Louis, de pairs de France, d'ambassadeurs, de banquiers et de femmes du monde. Tant pis pour les journalistes. On se passera d'eux. De toute façon, ils sont décidés à éreinter la comédie avant même de l'avoir vue. Bien entendu, à l'annonce de ces dispositions extravagantes, la presse se répand en petits échos aigrelets. Certaines gazettes titrent : « Balzac, marchand de contremarques » ou « Spéculation dramatico-romantique »...

Le 19 mars, pour la première, la salle est à moitié vide. Agacés par le procédé discourtois de Balzac, les habitués de l'Odéon ne se sont pas dérangés. Bientôt, les rares spectateurs sont débordés par une horde d'individus entrés grâce aux billets invendus et soldés. Des huées et des sifflets couvrent la voix des acteurs. Assourdi par ce concert haineux, Balzac défaille de honte et de rage. On lui donne la fessée en public. C'est plus qu'il n'en peut supporter. D'autant que le désastre littéraire se double d'un désastre financier. Les journaux publient des critiques féroces. La pièce est retirée de l'affiche après la dix-neuvième représentation. Pourtant, elle n'est pas mauvaise. Signée d'un autre nom, elle eût peut-être fait une carrière honorable. « Quant à moi, je suis au bout de toutes mes forces, et corporelles et morales, écrit Balzac à Mme Hanska. Si je deviens fou, ce sera par épuisement. *Quinola* a été l'objet d'une bataille mémorable, semblable à celle d'*Hernani*. On est venu siffler toute la pièce, d'un bout jusqu'à l'autre, sans vouloir l'entendre. [...] *Quinola* ne me donnera pas cinq mille francs. Tous mes ennemis, et ils étaient en grand nombre, se sont rués sur moi à propos de *Quinola*. Tous les journaux, à deux exceptions près, se sont mis à m'injurier et à calomnier la pièce à qui mieux mieux [1]. »

Le rêve russe s'éloigne. Il faut d'urgence compenser le manque à gagner de *Quinola* par la publication de quelques nouveaux romans. Ecrire, écrire, pour avoir le droit de jouir. Une fois en Russie, il y restera le temps nécessaire pour décider Eve au mariage. Pourquoi garde-t-elle encore le silence ? Or, voici que la missive tant espérée arrive. Il se jette dessus. Patatras ! Au lieu d'une fervente invitation à la rejoindre, c'est une dérobade. Avec une sérénité que Balzac qualifie de « glaciale », l'Etrangère lui annonce : « Vous êtes libre. » Plutôt que de lui parler voyage, amour partagé et hymen glorieux, elle l'entretient de ses affaires

1. Lettre du 8 avril 1842.

embrouillées, de sa fille Anna (alors âgée de quatorze ans), à laquelle elle désire consacrer tous ses soins, et de l'abominable « tante Rosalie » (en réalité une cousine), qui lui conseille de se méfier des Français. Cette « tante Rosalie » est, décrète-t-il, son « ennemie jurée ». Sous prétexte que sa mère, la princesse Lubomirska, a été décapitée sous la Révolution par les sans-culottes, elle a pris Paris en grippe. Elle écrit à Mme Hanska : « Paris, jamais ! » et Eve s'empresse de communiquer cette lettre à Balzac. Il est atterré. La « fleur céleste » refuse de venir à lui en France et refuse qu'il aille vers elle en Russie. Que veut-elle donc maintenant ? Une séparation définitive ? C'est impossible ! Il se dit que, une fois ses litiges de succession réglés avec le terrible oncle Tamerlan, elle lui fera signe. « Donc, après cette lettre cruelle, j'attendrai, conclut-il. Vous m'y avez fait de bien profondes et de bien cruelles blessures ; elles atteignent sept années pendant lesquelles vous avez été la vierge intronisée au-dessus du foyer et que le pauvre regarde à toute heure, dans ses petits bonheurs et dans ses angoisses [1]. »

Et la correspondance continue, pudique et prudente de la part de Mme Hanska, délirante d'impatience de la part de Balzac. Ce qu'il ne veut pas comprendre, c'est qu'en Russie elle doit tenir compte de l'opinion des siens, qui considéreraient comme une mésalliance son union avec un écrivain criblé de dettes. N'ira-t-on pas jusqu'à lui retirer sa fille mineure, qu'elle adore, si elle se remarie avec un homme sans fortune et jugé peu recommandable ? Et, à supposer qu'elle cède à l'insistance de Balzac, ne la trouvera-t-il pas vieillie, fanée, après sept ans de séparation, alors que tant de

1. Lettre du 21 février 1842.

jeunes et jolies femmes tournent autour de lui dans les salons parisiens ? Enfin, ne risquera-t-elle pas de perdre son procès s'il est prouvé qu'elle entretient des relations intimes avec un homme de lettres dont les convictions politiques sont d'autant plus suspectes qu'il vient de France ? Les Polonais d'Ukraine sont soumis à une surveillance constante de la part des autorités tsaristes. On les tolère, on ne les aime pas. Le général gouverneur de Kiev a la haute main sur ses administrés et peut, à tout moment, ordonner la mise sous séquestre des biens de la succession. Or, la cour civile de Kiev a refusé de reconnaître la validité du testament, qu'elle estime trop avantageux pour la veuve. Celle-ci en appelle au Sénat et, par-dessus la tête de cette assemblée, à Nicolas Ier en personne. Elle a quelques appuis au palais, notamment son frère, le général Adam Rzewuski, aide de camp du tsar. Bon gré, mal gré, il faut qu'elle parte pour Saint-Pétersbourg, afin d'y défendre ses intérêts. Balzac l'approuve : « Chère, quant à vous, pour tout ce qui vous regarde vous avez maintenant raison : allez à Saint-Pétersbourg et appliquez toute votre intelligence, tous vos efforts à gagner votre procès ; employez-y tout ; voyez l'empereur et usez, si cela est possible, du crédit de votre frère et de votre belle-sœur. Tout ce que vous m'avez écrit à ce sujet est plein de sens. Vous êtes donc persécutée comme je le suis, nous avons une similitude. » Entraîné par le désir de se dévouer à une femme aimée, victime des gens de chicane, il en vient à envisager de quitter la France pour voler à son secours et – pourquoi pas ? – de changer de nationalité : « Je deviendrai russe si vous n'y voyez pas d'obstacle et j'irai demander au tsar la permission nécessaire à notre mariage. Ce n'est pas si sot ! Et, dans les quinze premiers jours d'engouement qui marqueront ma visite, l'hiver prochain, je pourrai obtenir bien des choses [1]. »

S'il veut s'exiler, c'est qu'avec l'échec de *Quinola* il a perdu confiance dans le public et dans les critiques littéraires de sa patrie. Après tout, qu'est-ce que la nationalité ? Une convention parmi tant d'autres. Les liens avec le sol, avec la langue sont-ils plus forts que l'appel de l'esprit et du cœur quand il vient d'au-delà des frontières ? Faut-il préférer le pays où l'on est né et qui vous rejette au pays étranger qui vous ouvre les bras ? N'est-il pas plus agréable d'être apprécié en Russie que dédaigné en France ? Ne vaut-il pas mieux être un écrivain universel qu'un écrivain français ? « Il y a deux ans que je songe à aller faire une littérature et un théâtre à Saint-Pétersbourg et à y juger les œuvres de l'Europe, et j'y resonge depuis quelques jours. Dites-m'en votre avis. Je voulais faire un premier voyage pour étudier le terrain, les hommes et les choses. Ce qui m'a surtout arrêté, c'est le défaut de connaissance de la langue. » Et, revenant à sa déception d'auteur dramatique, il ajoute : « Vous ignorez à quel point les actrices sont bêtes et laides. Les deux actrices de *Quinola* ont failli faire baisser le rideau, tant elles étaient épouvantablement mauvaises et j'ai pour tout ce qui grimpe sur les planches une aversion si profonde que je ne sais pas comment vous m'en parlez. Mon frère [Henry] et son Indienne sont dans la dernière misère. Mon beau-frère [Eugène Surville] lutte avec ses ponts et va faire un canal latéral à la basse Loire. *Ursule Mirouët* est dédiée à ma nièce Sophie [Surville] qu'il faut marier dans quelque temps. Voilà des réponses catégoriques ! Mais songez que tout cela doit vous être indifférent et que le mot : je vous aime plus que jamais

1. Lettre du 9 avril 1842.

doit vous remplir le cœur comme le mien s'abreuve de vos peines et de vos joies[1]. »

Qui sait si *Quinola*, malgré son échec à Paris, ne remporterait pas un triomphe à Saint-Pétersbourg ou à Moscou ? Mais foin de ces rêveries malsaines ! C'est avec une rage amère, un acharnement furibond que Balzac retourne à ses manuscrits. Eux seuls pourront lui payer le voyage. « Je ne crois pas que j'atteigne à l'année prochaine sans quelque catastrophe de fortune ou de santé. Je ne puis plus soutenir cette lutte tout seul après quinze ans de constants travaux ! Créer, toujours créer ! Dieu n'a créé que pendant six jours. Aussi, mes dettes payées, vivre dans un coin, Russie ou France, sans entendre parler de quoi que ce soit, en compagnie d'un amour comme le vôtre, est une idée que je caresse beaucoup plus que celle des grandeurs que vous me reprochiez. Voudrez-vous de cette âme lassée, de cet esprit fatigué, quoique le cœur soit resté pur et enfant[2] ? » Dans la même lettre, il annonce à Mme Hanska qu'il vient d'achever *Le Voyage en coucou* (titre définitif : *Un début dans la vie*), tiré d'une courte nouvelle que sa sœur Laure a écrite d'après le récit de ses filles, qu'il entrevoit la fin d'*Albert Savarus*, que les journaux lui réclament *Les Paysans* et qu'il s'échine sur les dernières pages des *Deux Frères*... « C'est à en perdre la tête ! Oh ! quand viendra [*sic*] vous et *la tranquillité* ? Jamais homme n'aura été préparé par la souffrance pour le bonheur autant que moi[3] ! »

Un début dans la vie présente un adolescent fanfaron et naïf qui ruine sa carrière future par les propos qu'il tient inconsidérément dans une diligence, devant un

1. *Ibid.*
2. Lettre du 29 avril 1842.
3. Même lettre, mais en date du 14 mai 1842.

homme puissant et redoutable. Autour de cette fable très mince, Balzac évoque la révolution de juillet 1830, les troubles de l'époque et la conquête de l'Algérie, où le héros perdra un bras et rachètera ses mensonges par son courage. Dans *Albert Savarus* apparaît un avocat brillant et ambitieux, qui, installé à Besançon, s'éprend d'une belle veuve italienne, la duchesse d'Argaiolo. Mais il a inspiré un amour jaloux à une jeune fille de la ville, Rosalie de Watteville. Furieuse d'être dédaignée, elle se venge en commettant des faux en écriture qui entraînent la rupture entre la duchesse et l'avocat. La duchesse, vexée, se remarie et l'avocat, désespéré, entre comme novice à la Grande Chartreuse. Tout au long de ce roman où un homme, blessé dans son amour, se retire du monde, Balzac tente de peindre le naufrage qui serait le sien si Mme Hanska se refusait à lui. Il se sent si proche du personnage d'Albert Savarus qu'il lui prête son aspect physique : même lourde tête au front haut, même regard de feu, même cou robuste, rond et blanc. La rencontre amoureuse, il ne peut s'empêcher de la situer en Suisse. Et l'âme noire du récit se prénomme Rosalie, comme la terrible « tante Rzewuska ». A coup sûr, Eve comprendra, en lisant la triste histoire d'Albert Savarus, que l'auteur, comme son héros, est à bout de résistance. Il craint de n'avoir pas la force de terminer l'œuvre entreprise et de ne pouvoir toucher, encore valide, au bonheur dont il a si longtemps rêvé : « Chaque jour me vaut une année et j'ai peur de ne pas arriver tout entier à ce bienheureux jour souhaité mille fois par année depuis dix ans », écrit-il à Mme Hanska. A-t-elle au moins tiré la leçon de son roman ? Trois mots d'elle le déçoivent. Elle trouve qu'*Albert Savarus* est un « roman d'homme ». Il proteste : « Je m'étonne que vous n'ayez pas aimé *Albert Savarus*[1]. » Et encore : « Vous ne connaissez pas assez notre société française actuelle pour apprécier *Albert Savarus*. [...] Je me suis étonné que cet amour unique et violent, que cette démission de la vie d'Albert ne vous ait pas frappée[2]. »

Peu après, pour attendrir ce juge sévère, il précise : « Je me fatigue beaucoup, j'ai dans les petits nerfs des paupières des tressaillements continuels qui m'affectent beaucoup car j'y vois l'avant-coureur de quelque maladie nerveuse ; il me faudrait absolument du repos et de la distraction, que je ne puis prendre, car il *faut* travailler[3]. » Le docteur Nacquart, appelé en consultation, a trouvé « les gros vaisseaux du cœur un peu engorgés » et a décelé dans cette anomalie la cause des nombreux étourdissements de son malade. Inquiet, Balzac accepte de garder le lit pendant deux semaines. Pourvu que la carcasse tienne jusqu'au premier baiser des retrouvailles, en Russie !

1. Lettre du 14 octobre 1842.
2. Lettre du 11 novembre 1842.
3. Lettre du 21 novembre 1842.

TROISIÈME PARTIE

LA PAGE BLANCHE

I

SAINT-PÉTERSBOURG

A peine remis de ses malaises et pestant contre le
temps perdu, Balzac retourne à sa besogne de forçat.
Mais s'agit-il vraiment d'une torture comme il se plaît
à le dire ? Quand il se retrouve seul, la nuit, devant son
papier et parmi ses phantasmes, il jouit d'une ivresse
qui ne doit rien au café noir, dont il avale tasse sur
tasse. Possédé par le bonheur de créer, il a la sensation
grisante de participer à la confection d'un « objet », là
où quelques minutes plus tôt il n'y avait rien. Par la
seule volonté de son cerveau, un monde imaginaire
vient, page après page, rivaliser avec le monde réel.
Pendant ces instants d'exaltation silencieuse, il est un
démiurge qui se préoccupe moins du destin futur de
son œuvre que du plaisir de la faire. Sa plume court,
son esprit vole. Vite, fixer sur la feuille les images, les
mots qui le hantent. Ainsi, en deux ou trois nuits, il
donne naissance aux personnages, combien émouvants, d'*Honorine*. Une jeune femme trompe un mari
banal, mais très estimable, Octave de Bauvan, avec un
amant sans scrupule, qui l'abandonne après l'avoir
séduite. Ayant détruit son ménage, elle s'efforce de
vivre de façon indépendante et digne, en exerçant le
métier de fleuriste. Bien que dédaigné par son épouse,

Octave est prêt à la reprendre et, en attendant, veille sur elle de loin, lui vient en aide sans qu'elle le sache. Il l'adore avec la ferveur d'un exclu piétinant à la porte du paradis, et c'est Balzac rêvant à l'inabordable Mme Hanska. Le public s'intéresse aux tribulations sentimentales de l'héroïne et l'auteur, redressant la tête, annonce à Eve : « *Honorine* obtient un succès qui, selon *quelques amis*, rappelle mes beaux jours. On dit (ceux qui ne lisent rien) que je sommeillais et que je me suis réveillé. Tout cela veut dire qu'un *ouvrage de femme* est une bien meilleure spéculation de gloire qu'un ouvrage viril [1]. »

Peu après, c'est *La Muse du département* qu'il livre en feuilleton à l'avidité des foules. Là, il s'agit d'un bas-bleu de province, Dinah Piédefer, qui, mariée à un nabot, charme les notables de Sancerre en leur lisant des poèmes de sa composition lors des soirées littéraires qu'elle organise chez elle. Elle ressemble fort à Caroline Marbouty, qui s'est jetée dans les bras de Balzac quelques années auparavant. Un jour, Dinah est ensorcelée par un journaliste de passage dans la ville, Etienne Lousteau, vide, phraseur et paresseux. Ayant perdu la tête, elle le suit à Paris, partage son existence dégradante, tombe enceinte et subit toutes sortes d'humiliations. Après cette douloureuse expérience d'union libre, elle revient à son mari, qui endosse les deux enfants de Lousteau et reprend sa femme, à jamais blessée et résignée. Caroline Marbouty ne tarde pas à se reconnaître dans l'héroïne. Elle se vengera de l'auteur en publiant, sous le pseudonyme de Claire Brunne, un roman de mise au point intitulé *Une fausse position*. Balzac n'en aura cure. Pour l'instant, il est tout à la joie d'avoir réussi un beau livre, un grand

1. Lettre du 25 mars 1843.

livre. Il proclame, à l'usage de Mme Hanska, que le succès d'*Honorine* va « crescendo », mais que « *La Muse du département*, qui paraît en même temps dans *Le Messager*, est bien supérieure [1] ».

Avec cette double réussite, il a l'impression d'avoir de nouveau mangé du lion. Certes, il ne peut se mesurer avec Eugène Sue, dont *Les Mystères de Paris* font fureur auprès de l'ensemble des lecteurs, ni avec Alexandre Dumas, dont les feuilletons s'arrachent comme le pain frais dans une boulangerie. Mais, en dépit de quelques critiques qui lui reprochent son style lourd et ses sujets tortueux, il lui semble qu'il est monté dans la hiérarchie des écrivains. Ne serait-ce pas le moment de retourner à l'assaut de l'Académie française ? De quel lustre soudain se parerait son front, pour Eve et pour tous ses amis et ennemis de Russie, s'il était reçu parmi les « immortels » ! Plus personne autour d'elle n'oserait parler de « mésalliance » ! Il rencontre Charles Nodier chez lui, à la bibliothèque de l'Arsenal, lui fait part de son souhait et rapporte fièrement à Mme Hanska la réponse qu'il a reçue : « Mon cher Balzac, vous avez l'unanimité à l'Académie. Mais l'Académie, qui accepte très bien un scélérat politique qui sera traîné aux gémonies de l'histoire, qui élira même un fripon qui a su ne pas aller en cour d'assises à cause de l'immensité de sa fortune, s'évanouit à l'idée d'une lettre de change qui peut envoyer à Clichy. Elle est sans cœur ni pitié pour l'homme de génie qui est pauvre et dont les affaires vont mal. [...] Ainsi, ayez une position, soit par un mariage, soit en prouvant que vous ne devez rien, soit en ayant pignon sur rue, et vous êtes élu. » Alléché par cette perspective, Balzac précise, pour l'édification de sa correspondante : « Or,

1. Lettre du 29 mars 1843.

je serai, une fois élu, nommé membre de la Commission du Dictionnaire, ce qui fait une place inamovible de six mille francs ; deux mille francs comme académicien, et je serai bien certainement nommé à l'Académie des Inscriptions et Belles-Lettres, et deviendrai secrétaire perpétuel. » Déjà, il fait ses calculs, comme si l'Académie lui avait ouvert ses portes et avancé un fauteuil. « Ainsi, j'ai, en dehors de l'action du gouvernement, quatorze mille francs de places inamovibles qui ne dépendent de personne et qui ne sont pas frappées par la loi du cumul. [...] Gagnez donc votre procès ! Vous gagnerez le mien[1] ! » Autrement dit : « Consolidez votre fortune, épousez-moi et, dès que je serai votre élu, je serai aussi celui de l'Académie française. »

Mais le procès se traîne, Mme Hanska est bien seule, bien désarmée devant des adversaires résolus et Balzac n'a toujours pas de quoi s'offrir un voyage en Russie. Pour se distraire de ses nuits de veille, il accepte quelques invitations. Réconcilié avec Mme de Castries, devenue duchesse, il dîne chez elle en compagnie de Victor Hugo et de Léon Gozlan, se montrant plus disert, plus spirituel que jamais. Il fait la connaissance de Henrich Heine ; il pose pour un buste chez le sculpteur David d'Angers ; il rencontre une femme de lettres allemande, la baronne Luise von Bornstedt, qui se propose de traduire *La Comédie humaine* en allemand. Elle est flanquée de son amie belge, la comtesse Ida Visart de Bocarmé. La première fois que la baronne voit Balzac, elle est frappée par son aspect léonin. « Il était d'une apparence plus petite que grande, écrira-t-elle, corpulent, planté sur des jambes fines et des pieds élégants et bien formés ; la tête semblait d'une

1. Lettre du 11 novembre 1842.

grosseur extraordinaire ; de longs cheveux bruns et brillants, parsemés de fils d'argent, pendaient de chaque côté ; le front était bas, les joues pleines, presque pendantes, et, au-dessus d'un nez lourd et grossier, deux yeux à la fois merveilleusement doux et spirituels formaient un tel contraste que toute conception que l'on se faisait du célèbre romancier s'en trouvait anéantie [1]. » Charmées par la conversation de Balzac, la baronne et la comtesse multiplient les occasions de le revoir. Par crainte qu'Eve ne prenne ombrage de ces nouvelles relations, il évite d'en parler dans sa correspondance. En revanche, apprenant que Franz Liszt compte se rendre à Saint-Pétersbourg, il commet l'imprudence de rédiger pour lui une lettre d'introduction auprès de Mme Hanska : « Mon cher Franz, si vous tenez à me rendre un service personnel, vous irez passer une soirée chez la personne qui vous enverra ce billet de ma part et vous jouerez quelque chose, pour ce petit ange que vous fascinerez sans doute, mademoiselle Anna de Hanska [2]. » Ignore-t-il que Liszt est un séducteur redoutable ? Deux jours après l'arrivée du musicien à Saint-Pétersbourg, Mme Hanska l'invitera à venir la voir et, émerveillée par son jeu et son regard, se laissera faire la cour plus que de raison. Il la quittera bientôt pour des concerts à Moscou et, à son retour, les marivaudages recommenceront. Mme Hanska, enamourée, doit prendre sur elle pour lui signifier qu'elle entend demeurer dans les limites de la galanterie. Balzac se doute-t-il des dangers que court la vertu de sa bien-aimée ? Il ne parle plus de Liszt dans ses lettres à Eve qu'avec une soupçonneuse réserve, parfois même avec malveillance : « J'ai appris que vous alliez revoir

1. Cité par Roger Pierrot dans la *Correspondance* de Balzac.
2. Lettre du 14 novembre 1842.

Liszt, homme ridicule, talent sublime ! C'est le Paganini du piano. Mais Chopin lui est bien supérieur[1]. » Et encore, au sujet de la carrière du virtuose : « Voilà une destinée brisée. [...] Comme celle de tous les hochets humains que Paris prend pour ses amusements. Liszt, annoncé comme le plus grand génie musical, ne sera jamais compositeur[2] ! » Plus tard, informé que son Eve va répondre à une lettre de Liszt parti en voyage, il lui écrit : « Sois prudente dans ta lettre à Liszt si tu écris, car tu ne sais pas dans quel discrédit il est tombé[3]. » Malgré ces légers accrocs, Balzac a bon espoir : ni Liszt ni personne ne l'empêcheront de rejoindre Mme Hanska, de l'aider dans son procès par ses connaissances juridiques et de l'épouser, au grand dam de leurs ennemis de France et de Russie.

Afin de hâter la publication de ses derniers livres, s'installe à Lagny, près de l'imprimerie, et y passe quatre semaines, écrivant, corrigeant ses épreuves, buvant du café noir à haute dose et dormant sur un lit de sangles. C'est « à l'arraché » qu'il essaie de finir ses travaux pour pouvoir, les poches dûment garnies, se précipiter à Saint-Pétersbourg. En juin, il achève la troisième partie des *Illusions perdues*, d'abord intitulée *David Séchard* et qui deviendra *Les Souffrances de l'inventeur*. David Séchard, créateur d'une nouvelle espèce de pâte à papier, doit se battre, à travers les embarras de la procédure, contre Cointet, imprimeur riche et borné d'Angoulême. Peut-on intéresser le lecteur à ces démêlés judiciaires ? Balzac se le demande avec un rien d'inquiétude : « *David Séchard* est une belle chose. Eve Chardon est une figure sublime ; mais

1. Lettre du 5 avril 1843.
2. Lettre du 11 mai 1843.
3. Lettre du 13 décembre 1843.

Esther est une horrible peinture ; il fallait la faire[1]. »
Dans *Esther*, il s'est plu à décrire l'abaissement du terrible Nucingen, tombé amoureux de l'héroïne et se bourrant d'aphrodisiaques dans l'espoir de retrouver l'élan de la jeunesse. Vingt fois il retouche les épreuves, dans « cet infâme Lagny ». Les typographes sont excédés. Or, Balzac s'obstine dans sa poursuite du mot juste. Il vacille de fatigue. Les yeux lui brûlent. Il a des crampes d'estomac. En juillet enfin, il émerge du cauchemar. La révision est terminée. Mais les deux journaux, *L'État* et *Le Parisien*, qui publient en feuilleton, respectivement, *David Séchard* et *Esther*, sont sur le point de déposer leur bilan. Balzac craint de n'être pas payé. Il est littéralement à sec. « Mon cher ange, écrit-il à Mme Hanska, [...] me voilà donc aujourd'hui, 1er juillet, partant le 22 [pour Saint-Pétersbourg], ayant encore quarante feuillets à écrire, menacé de perdre cinq mille quatre cents francs qui sont l'argent de mon voyage, ou menacé d'avoir des difficultés pour les faire rentrer. [...] Je n'irai retenir ma place au paquebot que payé, que mes ouvrages livrés, que mon argent dans ma poche, et j'aperçois des retards possibles. Moi-même, suis-je certain, le cœur oppressé comme il l'est, de travailler et de faire aujourd'hui le nombre de feuillets nécessaires à la fin de mon ouvrage, quatre mille cinq cents lignes à écrire encore ? [...] La France m'ennuie, je me suis pris d'une belle passion pour la Russie, je suis amoureux du pouvoir absolu, je vais voir si c'est aussi beau que je le crois[2]. »

C'est encore l'obligeant avoué Gavault qui le tire de ce mauvais pas. Il se charge de récupérer les créances sur les journaux et lui avance spontanément l'argent

1. Lettre à Mme Hanska du 13 juin 1843.
2. Lettre du 1er juillet 1843.

nécessaire au voyage. Comme Balzac veut paraître à son avantage devant Mme Hanska et ses amies de Saint-Pétersbourg, il commande à son fidèle tailleur, Jean Buisson (qu'il ne règle jamais), une garde-robe complète pour un montant de huit cents francs et achète chez son orfèvre, Janisset, pour huit cent dix francs de bijoux, dont trois alliances. Le 14 juillet 1843, il se rend à l'ambassade de Russie pour faire viser son passeport. Il est reçu par le secrétaire d'ambassade, Victor Balabine, qui écrira dans son *Journal* : « – Faites entrer, dis-je au garçon de bureau. Aussitôt m'apparut un petit homme gros, gras, figure de panetier, tournure de savetier, envergure de tonnelier, allure de bonnetier, mine de cabaretier, et voilà ! Il n'a pas le sou, donc il va en Russie ; il va en Russie, donc il n'a pas le sou. » De son côté, le chargé d'affaires russe à Paris, le comte Nicolas Kisseleff, qui gère l'ambassade depuis le rappel du comte von Pahlen, informe son ministre des Affaires étrangères, le comte Nesselrode : « Comme cet écrivain [Balzac] est toujours aux abois dans ses affaires pécuniaires et qu'il est en ce moment plus gêné que jamais, il est vraisemblable que, malgré l'assertion contraire des journaux, une spéculation littéraire entre dans le but de son voyage. Dans ce cas, en venant en aide aux besoins d'argent de M. de Balzac, il serait peut-être possible de mettre à profit la plume de cet auteur, qui conserve encore quelque popularité ici, comme en Europe en général, pour le porter à écrire la contrepartie de l'hostile et calomnieux ouvrage de M. de Custine. » Cette suggestion diplomatique ne sera pas suivie d'effet. Le gouvernement russe ne daigne pas acheter la plume de Balzac pour répondre au livre d'Astolphe de Custine, *La Russie en 1839*, si sévère à l'égard du régime autocratique et des mœurs barbares du pays. Il laisse aux visiteurs le soin de se convaincre par eux-mêmes des exagérations et de la malveillance du marquis.

Dégagé à grand-peine de ses obligations littéraires et financières, Balzac quitte Paris le 19 juillet pour Dunkerque, où il s'embarque, le 21, sur un paquebot anglais, le *Devonshire*, de la nouvelle ligne maritime reliant la Grande-Bretagne à Saint-Pétersbourg. Le voyage dure, par mauvais temps, jusqu'au 29 juillet. Mme Hanska, qui loge dans la maison Koutaïssoff, sur la Grande Millionnaïa, dans le quartier de l'Amirauté, ne saurait décemment héberger l'étranger dans ses murs et a retenu pour lui, à proximité, un « meublé » modeste, dans la maison Petroff. Mais la chambre n'est guère confortable et le lit se révèle infesté de punaises : inconvénient secondaire auprès de l'immense joie des retrouvailles avec Eve ! Sept ans qu'ils ne se sont vus ! La dernière fois, c'était à Vienne. « Je l'ai trouvée aussi jeune, aussi belle qu'alors », notera-t-il, le 2 septembre 1843, dans l'album où Mme Hanska écrit son journal. Sans doute exagère-t-il un peu son admiration pour cette femme sur qui le temps n'aurait pas de prise. En tout cas, une chose est certaine : veuve et libre, elle peut le recevoir à volonté dans la maison Koutaïssoff. Ces visites quotidiennes ne font qu'exciter sa ferveur. Quand il n'est pas auprès d'elle, il lui envoie des billets dans lesquels il l'appelle « Chère minette » ou « Mon loulou adoré » ; il adresse « mille gentilles caresses du loulou à la louloue », et ose des allusions aux ébats de la veille. Malgré son désir de ne pas trop se montrer aux côtés de Balzac, Mme Hanska se doit de le présenter à quelques amis. Les femmes sont reconnaissantes envers l'auteur des *Mémoires de deux jeunes mariées* d'avoir si bien parlé de leur condition dans ses livres et se disent toutes impatientes de le rencontrer. Il se rend à Tsarskoïe Selo, à Peterhof, chez Mme Hélène

Smirnova, à l'ambassade de France, où il est reçu par le baron d'André, deuxième secrétaire, remplaçant l'ambassadeur en congé. Dans les meilleurs salons, on le comble d'éloges. Il est, à lui seul, tout Paris visitant Saint-Pétersbourg...

Le général Léon Narychkine, dont la famille est proche de Mme Hanska, intervient auprès du comte Alexandre Benckendorf, chef de la police, et fait inviter Balzac à la fameuse revue annuelle des troupes par le tsar, au camp de Krasnoïe Selo. Flatté, il arrive sur les lieux, admire la tenue des soldats, la régularité des mouvements, mais trouve la parade trop longue et défaille presque, vers la fin, victime d'une insolation. Sa grande fierté : s'être trouvé « à cinq pas de l'empereur ». Sa secrète déception : ne lui avoir pas été présenté. Fasciné par la stature herculéenne, le regard dominateur, le torse bombé de Nicolas Ier, il examine à la dérobée ce potentat marmoréen, excellente incarnation de l'autocratie. Il voit en lui le maître de la nation par volonté divine. Le tsar a toujours refusé d'écrire au « roi des Français », Louis-Philippe, coupable à ses yeux d'avoir été *élu* par le peuple. Sa dignité lui interdit de s'adresser à lui en l'appelant « Monsieur mon frère ». Et Balzac lui donne raison sur ce point de protocole entre monarques. Dès le 22 janvier, bien avant d'avoir quitté Paris, il écrivait à Mme Hanska : « J'ai, sans avoir jamais vu l'Empereur de Russie, de la propension pour lui – 1° parce que c'est le seul souverain dans l'acception de ce mot, c'est-à-dire maître et gouvernant par lui-même, et que cela réalise toutes mes idées sur la politique qui est dans son essence exprimée par ces mots, le pouvoir fort dans la main d'un seul ; 2° parce qu'il exerce le pouvoir comme on doit l'exercer ; 3° parce qu'il est, au fond, très aimable avec les Français qui vont voir sa ville. Aussi, si l'Empereur devait vivre cinquante ans, ce que je lui souhaite, n'aurais-je aucune répugnance à devenir russe. J'aimerais mieux être russe que tout autre sujet ; j'abhorre les Anglais ; j'exècre les Autrichiens ; les Italiens ne sont rien. [...] Donc, si je n'étais pas *frrrançais* ! comme dit *Le Charivari*, je voudrais être russe et j'irais à Saint-Pétersbourg pour y voir l'Empereur qui se soucie fort peu d'un gribouilleur de papier comme moi. » Après avoir approché Nicolas Ier à la revue de Krasnoïe Selo, il notera : « Tout ce qu'on a dit, écrit sur la beauté de l'Empereur est réel ; il n'existe pas en Europe [...] d'homme qui puisse lui être comparé. Sa physionomie est glaciale par parti pris, car il peut, comme Napoléon, sourire d'une manière irrésistible [1]. »

Pourtant, il ne songe nullement à écrire une réfutation des critiques du marquis de Custine. Son séjour en Russie ne doit pas être politique, mais sentimental. Soit, il apprécie Saint-Pétersbourg, ses palais, ses monuments, ses canaux, ses magasins, ses avenues rectilignes, la discipline de sa population, le nombre et l'éclat de ses uniformes, l'aisance avec laquelle tant de Russes cultivés parlent le français, la présence immatérielle et sévère du tsar dans tous les recoins de la capitale. Cependant, jamais il n'est aussi heureux que lorsqu'il retrouve son Eve, dans l'accueillante maison Koutaïssoff. Dès midi, il se précipite chez elle. En attendant qu'elle sorte de sa chambre, il s'attarde à contempler les objets qui meublent cet intérieur tout parfumé d'elle : les coffres, le samovar, l'écran Louis XIV, la causeuse à deux dossiers, le canapé bleu... Enfin elle apparaît dans une robe dont le froufrou le met en émoi. Il voudrait la prendre séance tenante. Or, ils doivent respecter les convenances,

1. Cf. *Lettres sur Kiev*.

d'autant que la petite Anna assiste souvent à leurs rencontres. Parfois, il leur fait la lecture de ses dernières pages. Mme Hanska lui prête un volume de la correspondance de Goethe avec Bettina Brentano, qui a épousé Achim von Arnim. La jeune fille romantique écrivant, sans le connaître, à un homme illustre rappelle à Eve sa propre aventure de femme mariée avec Honoré. Mais Balzac demeure sceptique. Pour lui, Bettina n'aime pas Goethe. Le grand Allemand n'est pour elle qu'un prétexte à jolies lettres. Elle brode un roman dans sa tête ; elle ne le vit pas. Sous-entendu : Eve et lui sont d'une essence supérieure. Chez eux, le cœur et le corps sont également impliqués dans l'amour. Eve lui avoue avoir rédigé naguère une nouvelle sur cette passion à distance et l'avoir brûlée. Il regrette l'autodafé mais se promet d'utiliser le thème du récit dans son prochain roman, *Modeste Mignon*, qui sera le dernier volet des *Scènes de la vie privée*, l'histoire d'un combat sans merci entre la réalité et l'illusion. N'est-il pas expert en la matière ?

Au contact d'Honoré, Eve s'humanise. Il l'attendrit par sa naïveté, son enthousiasme, sa bonté, il l'éblouit par sa culture et son intelligence. Tantôt savant, tantôt enfant, il la surprend toujours sans jamais la fatiguer. Elle a maintenant la quasi-certitude d'être la maîtresse d'un génie. Quelle responsabilité ! Pour la première fois, elle se dit que le mariage avec un tel homme ne serait peut-être pas une folie. Son procès est en bonne voie. Encore un peu de patience !

Malheureusement, la saison s'avance, l'argent manque, il est temps de songer au retour. Ayant d'abord envisagé de regagner la France par bateau, Balzac se souvient du mal de mer qu'il a enduré au cours du voyage d'aller et décide de rentrer par voie de terre. Après des adieux éplorés avec Eve, il quitte la ville le

25 septembre 1843 (calendrier julien), soit le 7 octobre (calendrier grégorien) [1]. Un service de malle-poste relie Saint-Pétersbourg à Taurogen : trois jours et demi dans un véhicule clos, puant et durement secoué. Pour se réchauffer, il a endossé une pelisse, chaussé d'énormes bottes fourrées et enfoui ses mains dans un manchon de femme. Connaissant l'ordinaire détestable des relais, Mme Hanska a fait préparer des provisions par son cuisinier : de la langue farcie, du chevreuil, une mayonnaise de poisson et des bouteilles de bordeaux. Les chemins sont boueux et défoncés. Le 10 octobre, à la frontière russo-prussienne, sur le Niémen, Balzac envoie une lettre à Eve, la remerciant pour le manteau, les bottes et les victuailles. Restée seule, encore émue par la séparation, elle revient à son journal, relit les dernières lignes qu'Honoré y a tracées pour elle avant de partir et note : « Il écrivait ceci le 2 septembre ! Hélas ! que ce jour est déjà loin ! et cependant il est toujours là, il est toujours présent comme l'étoile qu'on voit sans pouvoir l'atteindre, que j'ai prise pour la devise de ma destinée. »

Le samedi 14 octobre 1843, à six heures du soir, Balzac arrive à Berlin et descend à l'hôtel de Russie. Là, il trouve, selon son expression, « le premier lit qui ressemble à un lit depuis [qu'il a] quitté Dunkerque ». Avec un de ses compagnons de voyage, le sculpteur Nicolas Ramazanoff, qui parle un peu le français, il visite « en une heure » les monuments de la vieille cité, flâne dans les rues, observe les habitants et décrète que « les magasins, les figures, les passants » traduisent « des mœurs libres ou mieux la liberté dans les mœurs ». Mais, aussitôt après, il affirme que, pour lui,

---

1. Le calendrier julien en usage en Russie retardait de douze jours, au XIXe siècle, sur le calendrier grégorien en usage ailleurs.

Berlin est « la ville de l'ennui ». Profitant de son passage dans la capitale, il fait la connaissance du grand naturaliste Alexandre von Humboldt, se rend à un dîner de gala chez Mme Bresson, née de Comminges-Guitaut, dont le mari est le chargé d'affaires de France, et y rencontre la duchesse de Dino, nièce de Talleyrand. Il lui a déjà été présenté autrefois et elle n'avait pas apprécié son accoutrement ni ses façons. Elle note dans son journal : « Nous possédons ici l'agréable Balzac qui revient de Russie. [...] Il est lourd et commun. Je l'avais déjà vu en France, il m'avait laissé une impression désagréable qui s'est fortifiée. »

Le 17 octobre, il quitte Berlin pour Leipzig, en chemin de fer, puis se rend à Dresde, visite la Galerie, s'extasie devant la Vierge de Raphaël. « Mais, écrit-il à Mme Hanska, *j'aime mieux ma mie, au gué.* [...] Un sourire de ma mie est meilleur que le plus beau tableau[1]. » De Dresde, il se précipite à Mayence où, arrivé le 25, il s'embarque rapidement sur le Rhin pour Cologne. Puis, c'est la Belgique. Il est exténué, il a la tête « comme une citrouille vide ». Aura-t-il encore la force d'écrire lorsqu'il se retrouvera à Paris ? Il éprouve, avoue-t-il à Mme Hanska, une « difficulté d'être » qui l'inquiète : «Je n'ai pas souri depuis que je vous ai quittée. Ceci se traduit par le mot *spleen* ; mais c'est le *spleen* du cœur, et c'est bien autrement grave ; c'est un double *spleen*. [...] Je puis vous dire que je vous aime beaucoup trop pour mon repos, car, après cet août et ce septembre, je sens que je ne puis vivre qu'auprès de vous[2]. »

Au point de désarroi où il est parvenu, il ne sait plus s'il ne préférerait pas retourner, en homme léger et

1. Lettre du 19 octobre 1843.
2. Lettre du 21 octobre 1843.

oisif, à Saint-Pétersbourg, où vit l'incomparable « fleur céleste », plutôt que de regagner le terrible Paris où l'attendent éditeurs, journalistes et créanciers. Et pourtant, Paris, qu'il déteste, l'attire irrésistiblement. Analysant l'empire qu'exerce sur lui cette ville admirable et maléfique, il a écrit naguère à sa bien-aimée : « Il y a seulement à Paris un air qu'on ne retrouve nulle part, un air plein d'idées, plein d'amusements, plein d'esprit, saturé de plaisirs et de drôleries, puis une grandeur, une indépendance, qui élèvent l'âme. Il s'y prépare, il s'y fait de grandes choses [1]. » Au nombre de ces « grandes choses », il compte, bien entendu, son œuvre, *La Comédie humaine*. C'est elle, et elle seule, qui le ramène à sa table de travail, par un invisible licou, comme la chèvre attachée à son piquet. Il s'en irrite et, en même temps, il sent que cet esclavage de l'écriture est indispensable, quoi qu'il dise, à son bonheur.

1. Lettre déjà citée du 22 janvier 1843.

II

LE MARIAGE EST EN VUE

Il aurait voulu reprendre le collier dès son retour rue Basse, mais il est si mal en point, ses maux de tête sont si violents que le docteur Nacquart le condamne au repos et à la diète. Légumes cuits à l'eau, sangsues, saignées, lavements, bains de moutarde jusqu'aux genoux. Dès qu'il est un peu requinqué, Balzac se précipite au Havre pour rechercher la malle qu'il a expédiée de Saint-Pétersbourg par bateau. Puis il se remet au régime et aux médicaments pour quelques jours. C'est Louise de Brugnol qui le soigne avec une sollicitude maternelle. Elle l'a patiemment attendu en veillant sur l'ordonnance et la propreté de la maison. Pour passer le temps, elle a travaillé à une tapisserie. Elle la lui offre en gage de fidélité. Il a conscience que les choses sont allées trop loin avec elle, qu'il ne pourra pas toujours cacher son existence à Mme Hanska et qu'il s'expose, par lâcheté, aux pires crises de jalousie. En son absence, la « gouvernante-maîtresse » a resserré ses liens avec la « céleste famille Balzac », rapportant les ragots des uns sur les autres, se mêlant de toutes les querelles, se complaisant à envenimer les relations déjà tendues dans le clan. Mais comment se séparer d'elle sans éclat ? Honoré doit éviter tout scandale s'il veut que la société parisienne admette son prochain mariage avec Eve. Les journaux français sont si malveillants ! Ne raconte-t-on pas dans les salons et dans les salles de rédaction qu'il est allé chercher une riche fiancée au-delà des frontières et qu'en outre il a accepté, moyennant une forte subvention du tsar, d'écrire une réfutation du livre de Custine sur la Russie ? « Ce qu'on a fait d'articles plaisants, de cancans et de niaiseries ici, sur mon voyage, égale presque les commérages de Saint-Pétersbourg, confie-t-il à Mme Hanska. [...] On a surtout supposé, chose infiniment flatteuse, que ma plume était nécessaire à l'Empire russe, et que je devais en rapporter des trésors pour prix de ce service. A la première personne qui m'a dit cela, j'ai répondu qu'on ne connaissait ni votre grand tsar ni moi [1]. » Dans la même lettre, il ose, pour la première fois, parler incidemment de Mme de Brugnol, qui est « ravie de son manchon », cadeau qu'il lui a fait en revenant de voyage. C'est un jalon posé avec astuce pour habituer Eve à l'idée qu'il a une « gouvernante », rue Basse.

Il marque également une grande sollicitude envers l'ancienne institutrice employée par Mme Hanska, Henriette Borel, dite Lirette, protestante convertie au catholicisme, qui voudrait se retirer dans un couvent, en France. Lirette se prépare à débarquer, un jour prochain, à Paris, avec ses rêves de sainteté. Certes, les démarches pour la faire entrer dans une communauté religieuse sont compliquées. Mais elle a été une complice si efficace dans les amours avec Eve qu'il jure de se mettre en quatre pour obtenir son admission dans l'ordre des Sœurs grises. En même temps, il doit se débarrasser des Jardies, pour lesquelles on ne trouve

1. Lettre du 7 novembre 1843.

pas d'acquéreur, régler ses comptes avec l'avoué Gavault, qui a administré ses affaires en son absence, enfin faire quelques visites académiques. Malgré les réticences de plusieurs académiciens, il n'a pas renoncé à briguer leurs suffrages : « Croyez-vous qu'il soit agréable que tout le monde me porte à l'Académie et que des membres de l'Institut disent publiquement [...] que si je n'en suis pas c'est à cause de ma situation financière ? [...] On me prendra quand je serai riche ! J'ai vu ce matin deux académiciens ; je me remue uniquement pour faire savoir que je veux être nommé, car c'est une fête que je réserve à mon Eve, ou plutôt à mon loup. Tant que je suis en dehors de l'Académie, je suis mis à la tête de la littérature qui en est exclue, et j'aime mieux être cette espèce de César que le quarantième immortel ; puis je ne veux de cet honneur qu'en 1845[1]. »

Par malchance, un des académiciens sur lesquels il compte pour soutenir sa candidature, Charles Nodier, est à la dernière extrémité. Balzac lui rend visite à l'Arsenal et le moribond, dans un douloureux effort pour sourire, lui dit : « Eh, mon ami ! vous me demandez ma voix, je vous donne ma place ! J'ai la mort sur les dents. » Malgré cela, il promet, s'il peut se traîner jusqu'à l'Académie, de voter pour lui. Trois jours plus tard, Balzac réitère ses espoirs devant Eve : « Je serai refusé quatre fois ; je serai reçu vers la fin de 1844 ; Dieu veuille que ma femme soit là[2]. » Et, comme il lui revient que de nombreux membres de l'Académie continuent de soulever contre lui l'objection infamante des dettes, il éclate d'une fureur vengeresse. Cette fois,

1. Lettre à Mme Hanska du 15 décembre 1843.
2. Lettre du 18 décembre 1843.

il est bien décidé à tourner le dos aux illustres vieillards qui siègent quai de Conti. Que Mme Hanska en soit persuadée : « Aussi méditai-je une lettre à chacun des quatre académiciens que j'ai vus, car je suis bien niais de m'occuper de ces trente-six cadavres, et mon métier est d'achever mon monument et non de courir après des voix. J'ai dit hier à Mignet : – J'aime mieux faire un livre que d'avorter une élection ! Mon parti est pris, je ne veux pas entrer à l'Académie à cause de la fortune, je prends pour une insulte l'opinion qui règne sur ce sujet à l'Académie, surtout depuis qu'elle passe dans le public. Riche, et je le serai par moi-même, je ne me présenterai jamais[1]. » Le lendemain, il persiste : « J'ai écrit les quatre lettres ; elles sont honnêtes, fières et dignes[2] ; j'ai rayé le mot Académie de ma mémoire. Je vois que je ne peux compter que sur une seule ressource : la création perpétuelle qui sort de mon encrier [...]. Comme me l'a dit Hugo, je suis un audacieux architecte et je ne dois m'occuper que de *La Comédie humaine*, y ajouter, pierre à pierre, les galeries[3]. »

Charles Nodier meurt le 27 janvier 1844. Le surlendemain, Balzac assiste aux obsèques ; il écrit à Mme Hanska : « Pauvre Nodier, il est toujours resté secondaire, quand il a quelquefois mérité la première place. [...] Je suis allé jusqu'au cimetière. Il a été enseveli dans le voile de mariée de sa fille, il l'avait demandé. [...] J'ai été pris par les larmes, moi qui crois que toutes mes larmes vous appartiennent[4]. » En revenant du cimetière, il fait une visite à Mme Delannoy et

1. Lettre du 24 décembre 1843.
2. Ces lettres étaient destinées aux partisans de Balzac : Hugo, Nodier, Pongerville et Dupaty.
3. Lettre du 25 décembre 1843.
4. Lettre du 30 janvier 1844.

va dîner chez George Sand, en compagnie du consul d'Espagne, Emmanuel Marliani, et de sa femme. Au cours du repas, une discussion politique s'engage ; Balzac vante les vertus du régime autocratique russe et la sagesse d'un peuple qui obéit sans murmurer. Parlant de Nicolas Ier, il dit à George Sand : « Si vous le voyiez, vous en tomberiez folle et vous passeriez d'un bond de votre bousingotimisme [1] à l'autocratie ! » Elle lui réplique par un regard courroucé. De son côté, George Sand évoquera cette soirée dans la notice qu'elle rédigera, en 1853, pour l'édition Houssiaux de *La Comédie humaine* : « Un jour, il revenait de Russie et, pendant un dîner où il était placé près de moi, il ne tarissait pas d'admiration sur les prodiges de l'autorité absolue. Son idéal était là, dans ce moment-là. Il raconta un trait féroce dont il avait été témoin et fut pris d'un rire qui avait quelque chose de convulsif. Je lui dis à l'oreille : – Ça vous donne envie de pleurer, n'est-ce pas ? Il ne répondit rien, cessa de rire comme si un ressort se fût brisé en lui, fut très sérieux tout le reste de la soirée et ne dit plus un mot sur la Russie [2]. »

Le 8 février 1844, c'est Saint-Marc Girardin qui est élu à l'Académie française. Balzac hausse les épaules et se tourne vers d'autres hochets. Rien de tel afin d'oublier les soucis que la chasse aux objets rares, pense-t-il. Sa passion pour les trésors cachés des antiquaires et des brocanteurs le conduit parfois à des achats dont le prix dépasse ses moyens. C'est ainsi qu'il se ruine pour acquérir « deux meubles en ébène, avec

1. Bousingots était le nom donné, après la révolution de 1830, aux jeunes gens qui affichaient des opinions très démocratiques, d'où « bousingotimisme ».
2. Thierry Bodin, *Le Courrier balzacien*, octobre 1980 ; cf. Roger Pierrot, *op. cit.*

incrustations de cuivre et de nacre », qui, du moins en est-il persuadé, « ornaient la chambre à coucher de Marie de Médicis ». Eve est, bien sûr, effrayée par cette dépense énorme et inutile, mais il s'y est décidé, dit-il ingénument, « pour [leurs] étrennes ». En remerciement de cette attention délicate, elle lui envoie son portrait, la miniature originale de Daffinger, et un morceau de tissu découpé dans une de ses robes afin qu'il en fasse des chiffons pour essuyer ses plumes. Ainsi participera-t-elle, de loin, à son travail. Il se déclare éperdument ému de toucher ces bouts d'étoffe qui ont été si proches de la chair de sa bien-aimée : « Vous êtes *ma vengeance* de tout ce que les dédains m'ont fait souffrir, vous êtes mon seul amour et vous êtes, outre cela, ce qu'est l'inexplicable passion éprouvée par certains hommes pour une femme qui leur plaît. [...] Vous êtes surtout et par-dessus tout cette introuvable femelle d'âme et de corps, puis la sainte et noble et dévouée créature à qui l'on confie toute sa vie et son bonheur, et son lustre, avec la plus ample certitude. Vous êtes le phare, l'étoile heureuse [1]. »

Désormais, toutes les ressources de son cerveau sont tendues vers un but dont il se dit qu'il est enfin à sa portée : le mariage ! S'il veut obtenir cette consécration, il doit fournir une quantité phénoménale de pages sans jamais décevoir la clientèle. C'est précisément ce dernier point qui l'inquiète. Pour être un bon feuilletoniste, il faut conduire son histoire ventre à terre, en évitant les temps morts, les longues descriptions, les subtiles analyses psychologiques et en ménageant des surprises, afin de pimenter le plat. Or, ce sont ces détours de la pensée, ces évocations d'atmosphère, ces influences mystérieuses d'une âme sur l'autre qui pas-

1. Lettre du 20 février 1844.

sionnent Balzac. Il se refuse à sacrifier la poésie des lieux, la magie des interférences spirituelles à la nécessité de faire vite et de frapper fort. Alexandre Dumas et Eugène Sue le supplantent auprès des directeurs de journaux. Eux sont des spécialistes du récit découpé en tranches et du « suspense », lui pas. De plus en plus, il a l'impression d'être dépassé par les vendeurs de prose à la ligne. Pourtant, Armand Bertin, le directeur du *Journal des débats*, qui a fait florès en lançant *Les Mystères de Paris*, signe avec lui un contrat pour deux romans : *Modeste Mignon* et *Les Petits Bourgeois*. La publication de *Modeste Mignon* commence le 4 avril 1844, avant même que l'auteur ait mis la dernière main à son manuscrit. Le récit est ainsi dédié : « A une étrangère – fille d'une terre esclave, ange par l'amour, démon par la fantaisie, enfant par la foi, vieillard par l'expérience, homme par le cerveau, femme par le cœur, géant par l'espérance, mère par la douleur et poète par les rêves, etc. » Cet hommage amphigourique fait jeter les hauts cris à Sainte-Beuve : « A-t-on jamais vu pareil galimatias ? écrit-il. Comment le ridicule ne fustige-t-il pas de pareils écrivains et par quelle concession un journal qui se respecte leur ouvre-t-il ses colonnes à grand fracas [1] ? »

Mais ce n'est pas seulement la dédicace qui déconcerte les lecteurs. L'intrigue même les déçoit et les ennuie. L'ouvrage est sans ressort, dépourvu de péripéties et naïvement bavard. Devant le mécontentement des abonnés, *Le Journal des débats* annonce aussitôt la publication du *Comte de Monte-Cristo* d'Alexandre Dumas. Avec cette histoire-là, du moins, le public en aura pour son argent. Balzac est détrôné. Il en souffre dans son orgueil, tout en affirmant à Mme Hanska :

1. *Correspondance*, t. V ; cf. André Maurois, *op. cit.*

« L'opinion générale de la littérature et du monde est que c'est [*Modeste Mignon*] un petit chef-d'œuvre ; mais, quand la troisième partie aura paru, ils diront que c'en est un grand [1]. » Toujours ce contentement de soi, ce besoin de bomber le torse ! Il a travaillé sur *Modeste Mignon* avec effort et presque à contrecœur. Par manque d'inspiration, il abandonne *Les Paysans* en cours de route. La première urgence, dans son programme de « production » en série, lui paraît être maintenant l'achèvement de *Splendeurs et Misères des courtisanes*.

Ce dernier roman exploite le thème indiqué dans la troisième partie des *Illusions perdues*, où l'on voit Lucien de Rubempré, désespéré, se vendre corps et âme à un prétendu prêtre espagnol, Carlos Herrera, qui n'est autre que le forçat Vautrin. Attaché à son « sauveur » par une fascination équivoque, Lucien conclut avec lui une alliance politique et sociale : en échange des pouvoirs que lui promet Vautrin-Herrera, il devient son instrument dans la conquête du monde. Après l'avoir détourné de la femme qu'il aime (la courtisane Esther Gobseck, jetée dans les bras du financier Nucingen), l'ancien bagnard pousse Lucien à épouser une aristocrate, Clotilde de Grandlieu. Esther s'empoisonne. Lucien et Vautrin sont arrêtés. Lucien se pend en prison. A la suite d'une tortueuse négociation avec la police, Vautrin devient chef de la Sûreté. Ce roman-fleuve aux nombreux rebondissements comprendra plusieurs parties, qui se déboîteront l'une de l'autre et auront pour titres : *Comment aiment les filles* (qui inclut *La Torpille*), *A combien l'amour revient aux vieillards*, *Où mènent les mauvais chemins* (d'abord intitulé *L'Instruction criminelle*) et *La Dernière Incarnation de*

1. Lettre du 31 mai 1844.

Vautrin. L'ensemble est d'un mouvement et d'une diversité qui donnent le vertige. On y trouve des caractères au relief accusé, des sentiments extrêmes et parfois ambigus (comme l'instinct homosexuel qui lie Lucien de Rubempré et Carlos Herrera), des coups de théâtre, des descriptions hallucinantes, qui préfigurent l'école réaliste, et des invraisemblances hautes comme des montagnes. C'est l'œuvre d'un esprit ivre de sa fécondité et prêt à toutes les audaces. Mais le labeur surhumain que représente cette fresque met Balzac sur le flanc. Ses maux de tête le reprennent, compliqués de colique. Il a peur de succomber avant d'avoir terminé *La Comédie humaine*. Et ses proches, avec leur tyrannie habituelle, ne l'aident pas à se concentrer. Il regrette le temps où sa sœur Laure était sa confidente et son alliée. Elle est devenue atrabilaire, soupçonneuse : elle finit par ressembler à leur mère, qui nourrit des griefs contre le monde entier. « Je ne vous raconterai pas les mille gouttes de fiel qui font déborder la coupe entre ma famille et moi ! écrit-il à Mme Hanska. [...] 1° Ma sœur a supprimé à jamais entre nous la question littéraire avec ses manies de bas-bleu. 2° Je ne puis parler de mes affaires et surtout de celles avec ma mère. 3° Elle me cause des soucis cruels par des manques de tact, toutes les fois qu'il y a des tiers chez elle. 4° Elle veut que son mari soit *un plus grand homme que moi*. Je ne suis rien dans ma famille qui manque essentiellement de *l'esprit de famille*. On a rompu un à un tous les liens. Je vais me mettre à cheval sur mes travaux [...], ne voir ma sœur qu'à de rares intervalles. Au moins il n'y aura pas de froissements. Voici longtemps que j'observe l'étrange transformation de ma sœur en ma mère, prédite par Madame de Berny. [...] La bonté de ma sœur ne va plus que par accès. [...] Je ferai donc une famille nouvelle, grâce à l'adorable femme qui a fait Anna[1]. »

Or, voici que, le 14 juin 1844, l'ancienne gouvernante d'Anna, Henriette Borel, annonce son arrivée imminente à Paris. A plusieurs reprises, elle a supplié Balzac de l'aider, grâce à ses relations, à entrer au couvent. Bon gré, mal gré, il s'entremet auprès des autorités religieuses pour qu'elle soit admise, comme postulante, dans un ordre non cloîtré. Encore du temps volé à son travail ! Mais que ne ferait-on pas pour complaire à une proche de Mme Hanska ? Il pousse la mansuétude jusqu'à loger « Lirette » chez lui, en attendant qu'elle prenne le voile.

Dans l'intervalle, Eve a gagné son procès. Malheureusement, pendant qu'elle bataillait à Saint-Pétersbourg, l'intendant du domaine de Wierzchownia a relâché sa surveillance sur les paysans, vendu les récoltes à perte et laissé les terres à l'abandon. Un préjudice considérable. Emu par la détresse de Mme Hanska, Balzac la presse de quitter Wierzchownia et de venir le rejoindre en France. Elle fait la sourde oreille. N'a-t-elle pas un autre prétendant en vue ? Henriette Borel affirme que non. Mais elle lui révèle, à cette occasion, qu'Eve a été touchée, comme elle, par la grâce et qu'elle songe à se retirer dans un cloître. Devant cette perspective sanctifiante, Balzac est terrassé par une jaunisse.

A peine sur pied, il se remet au travail et force sur les rations de café noir. Il prépare lui-même des mélanges de moka, de café de la Martinique et de bourbon. La mixture est versée dans une cafetière Chaptal, puis bouillie. Pour se stimuler, il lui arrive d'en boire plus d'un litre par jour. Il ne veut pas croire qu'Eve se soit

1. Lettre du 20 février 1844.

refroidie à son égard au point de s'enfermer dans la religion. De lettre en lettre, il renouvelle ses supplications et ses justifications. Enfin, elle accepte de quitter Wierzchownia. Mais il est à peu près impossible à une Polonaise d'obtenir des autorités tsaristes un passeport pour la France, pays de la subversion. Eve préfère se rendre à Dresde, où résident déjà nombre de ses compatriotes. Immédiatement, Balzac la prie de retenir une chambre pour lui dans cette ville. Par malchance, *La Presse* a commencé la publication des *Paysans* et l'ouvrage n'est pas achevé. Il faut, coûte que coûte, suivre le rythme du feuilleton, fournir la copie, morceau par morceau, vivre à l'heure de l'imprimerie. Comment écrire des chefs-d'œuvre quand on vous oblige à lutter contre la montre ? Alors que sa plume court sur le papier, il ne rêve qu'à une chose : la main fraîche d'Eve sur son front.

La critique des *Paysans* est meurtrière, cannibalesque. L'auteur, disent certains, déshonore la vie rustique. Il présente les cultivateurs comme le rebut de la société. Cependant, il redresse la crête et clame à Mme Hanska : « J'ai retrouvé ma verve, mes facultés de travail, d'invention, etc. *Les Paysans* doivent être et seront un chef-d'œuvre comme *César Birotteau*, comme *Splendeurs et Misères*, dont on s'émerveille et avec raison[1]. » Par ces chants de victoire, il espère inciter Eve à réclamer au plus vite sa présence auprès d'elle, à Dresde. Mais elle tarde à se décider. Il la soupçonne d'être entourée, là-bas, de gens qui lui sont systématiquement hostiles. Ce climat de cancans est malsain pour elle. Qu'elle s'en libère donc et le rejoigne avec Anna ! On trouvera bien un moyen de leur faire franchir la frontière sans passeport. Au besoin, il les ins-

1. Lettre du 8 novembre 1844.

crira sur le sien comme étant sa sœur et sa nièce. Elles vivront à Paris, incognito, dans un appartement meublé. Ensemble, ils courront la ville et choisiront leur futur domicile conjugal. Pour gagner du temps, il s'ingénie à dénicher lui-même, à ses moments perdus, une maison digne de leurs amours. Il en visite plusieurs : rue Neuve-des-Mathurins, au parc Monceau, en bordure de l'allée des Veuves, sur les Champs-Elysées... Aucune ne le satisfait. Comme toujours, il voit grand. Il ne sort de ses romans que pour se plonger dans ses additions. En vendant les Jardies, en négociant au mieux *Les Paysans* et *La Comédie humaine*, en s'appuyant sur une participation raisonnable de Mme Hanska à l'achat, on arrivera à se payer un logis de rêve ! Il piaffe. Son idée fixe lui ôte la plume de la main. La folie le guette.

Or, pour l'instant, c'est un autre projet de mariage qui occupe l'esprit de Mme Hanska. Un parti fort convenable s'est présenté pour Anna : un noble polonais, le comte Georges Mniszech, esthète blond, barbu et doux, amateur de coléoptères, suffisamment riche et d'un mysticisme de bon aloi. Eve ne veut pas songer à refaire sa vie tant qu'elle n'aura pas « établi » sa fille unique. Qui sait si, en apprenant que sa future belle-mère est sur le point d'épouser un écrivain français de réputation controversée, le fiancé présomptif ne va pas se dédire. La pauvre Anna en serait mortifiée. Balzac entre spontanément dans les intérêts de la famille. En cette grave circonstance, il endosse les responsabilités d'un père sur le point de confier sa fille à un inconnu. Il met Eve en garde contre l'arrangement matrimonial qui se prépare. Choisir un gendre polonais alors que les ressortissants de cette nation sont traités avec une telle animosité par les Russes, quelle absurdité ! D'autant qu'il a été question également d'un préten-

dant silésien. Ce serait tout de même plus acceptable !
Mais Anna, la chère petite sotte, ne veut pas d'un
« étranger ». Elle est une patriote polonaise. « Un Silésien dans la politique actuelle vaut mieux qu'un Polonais, plaide Balzac. On ne vous pardonnera jamais un
Polonais, et un Silésien est irréprochable. C'est la
liberté, presque, la liberté d'aller et venir au moins. [...]
Je crierai jusqu'au dernier moment qu'un Polonais est
le plus mauvais mari qu'Anna puisse avoir. » Et il développe, à cette occasion, sa pensée politique : « Je ne
vois que des malheurs pour la Pologne tant que vivra
le système actuel. On veut vous détruire à tout prix.
Epouser un Polonais plein de moyens, de patriotisme
et de courage, c'est acheter un glorieux malheur et
attirer la foudre sur soi, c'est tenter la délation, c'est
un désastre en herbe. » Conclusion : « Dans dix ans, la
carte de l'Europe sera refaite à cause de l'Orient. La
Pologne sera prussienne, les bords du Rhin, français,
les quatre principautés, autrichiennes et russes, la mer
Noire, un lac russe et le sort du monde se décidera
dans la Méditerranée comme toujours. Devenir prus-
siens, voilà votre plus bel avenir[1]. »

Tout en lançant cette prophétie aventureuse, il
contemple avec fierté son buste en marbre par David
d'Angers, qu'on vient de lui livrer. A le voir, il a
l'impression d'être déjà entré dans la postérité. Les
générations de demain s'inclinent devant sa statue.
L'éternité le reconnaît pour sien. Dès réception de la
sculpture, il a écrit à Mme Hanska : « C'est magnifique,
et cela fait un effet superbe. J'ai bien fait d'acheter un
piédestal ; que serais-je devenu si je n'avais rien eu
pour poser ce colosse[2] ? » Le buste n'a pu figurer au

1. Lettre du 26 février 1845.
2. Lettre du 20 février 1845.

Salon, à cause de l'inscription que David d'Angers a gravée sur le socle : « A son ami Balzac. P.-J. David d'Angers. » Or, le règlement du Salon interdit toute inscription sur les œuvres exposées. Balzac le déplore. Ce qui le navre davantage, c'est la difficulté qu'il éprouve maintenant à écrire : « Je ne puis tirer une ligne de mon cerveau ; je n'ai pas de courage, pas de force, pas de volonté ; je corrige *La Comédie humaine* parce que les feuillets m'en viennent sous le nez[1]. » La raison de cette brusque incapacité ? Les réticences de Dresde. On le laisse à l'écart. On lui tient la dragée haute. Les lettres d'Eve sont rares et évasives. Toute tendresse en est absente. Elle parle d'entrer au couvent après avoir marié sa fille. N'est-ce pas une façon supplémentaire de le torturer ? Il a des fureurs de fauve. Dans sa colère, il s'en prend encore aux stupides inclinations d'Anna pour un fiancé polonais : « Riche et polonaise, ta fille est dans une situation exceptionnelle et dangereuse. L'Empereur Nicolas veut l'unité de son Empire, *à tout prix*, et il a deux choses à cœur : le catholicisme et la nationalité polonaise à détruire. [...] Or, tout ce qui sera debout, grand, riche, polonais et fort sera pour lui, plus encore pour ses subordonnés, un point de mire. [...] Dans l'idée d'Anna d'épouser un Polonais, il y a la ruine dans l'avenir. [...] D'ailleurs Anna, faisant dépendre son bonheur de *l'extérieur*, ignore que le plus beau garçon du monde peut devenir le plus affreux, elle ignore les répulsions physiques qui se déclarent par le mariage même[2]. » La violence de ses récriminations et de ses adjurations finit par offenser Eve. Elle se fâche, boude, puis avertit Honoré qu'elle lui *pardonne* la prose « meurtrière » de ses let-

1. *Ibid.*
2. Lettre du 20 mars 1845.

tres. Il en est bouleversé de gratitude. Dans ses effusions épistolaires, il l'appelle à présent Linette : « Ah ! Linette, c'est maintenant à moi de te répéter les mots que j'ai baisés dans ta lettre : *je te pardonne !* Je les ai baisés avec une larme à l'œil, car il y avait là tout ton amour. [...] Oh ! merci de la douleur qui vous fait sonder la profondeur du sentiment. Mon louploup, oui, pardonne-moi, sois *toi* tant que tu voudras, fais tout ce que tu voudras et si, par hasard, tu faisais mal, ce sera mon bonheur que de réparer la maille rompue du filet. [...] A un amour comme le tien, il faut répondre par autant d'amour. Ecris-moi peu ou prou, ne m'écris pas, je saurai que tu m'aimes. Fais comme tu veux avec Anna[1]. »

Ainsi, après avoir polémiqué au sujet du mariage d'Anna, il capitule sur toute la ligne. Il en est aussitôt récompensé, car très vite Mme Hanska lui écrit : « Je voudrais te voir. » Victoire ! Immédiatement, Balzac décide d'arrêter net ses travaux, de décommander ses rendez-vous et de se mettre en route : « J'ai tout envoyé promener, et *La Comédie humaine*, et *Les Paysans*, et *La Presse*, et le public [...] et un petit volume projeté, intitulé *Pensées et Maximes de M. de Balzac* (un *monsieur* de ta connaissance), et mon affaire avec *Le Siècle* qui se termine cette semaine ! Enfin tout ! Je suis si heureux de partir que je ne puis plus écrire posément ; je ne sais pas si tu pourras me lire, mais à mon griffonnage tu reconnaîtras ma joie. Lis bonheur et amour à tout ce qui sera indéchiffrable[2]. »

Balzac quitte Paris le 25 avril 1845, arrive à Dresde le 1er mai et descend à l'hôtel *Stadt Rom*, où Mme Hanska lui a retenu une chambre. Elle-même et

1. Lettre du 3 avril 1845.
2. Lettre du 18 avril 1845.

Anna logent à l'hôtel de Saxe. Il découvre une Eve préoccupée davantage du bonheur de sa fille que du sien propre. Sa bien-aimée lui paraît plus inquiète et plus autoritaire qu'auparavant. Se serait-elle durcie dans le veuvage ? Pour la convaincre du rang élevé qu'il détient en France, il ne peut lui annoncer qu'une seule distinction dont il a été l'objet de la part des autorités. Il vient d'être fait chevalier de la Légion d'honneur. Lui-même estime que c'est peu de chose en comparaison des hommages nationaux qu'il mérite. Les caricaturistes, qui ne manquent pas une occasion de le brocarder, le représentent accrochant sa croix au pommeau de sa canne légendaire.

Balzac, qui avait de sérieuses préventions contre le fiancé d'Anna, le juge, dès la première rencontre, d'une compagnie agréable, bien qu'un peu simplet. Le garçon est riche, il parle le français, il a un joli coup de crayon, il s'intéresse aux insectes et aux fossiles, et il a l'air sincèrement épris. Quant à ses antécédents, ils sont remarquables. Une des ancêtres de Georges, Marina Mniszech, a épousé, en 1605, le faux Dimitri, fils prétendu d'Ivan le Terrible, a régné sur la Russie pendant un an, jusqu'à l'assassinat de son mari, a traversé, tant bien que mal, une période de troubles, a vu surgir un autre imposteur se faisant passer à son tour pour Dimitri, a été contrainte de reconnaître en lui le disparu et a été mise à mort en 1613, après l'élection de Michel Fedorovitch, fondateur de la dynastie des Romanov. Cet arrière-plan tumultueux et sanglant ne déplaît pas à Balzac. Est-ce de l'Histoire ou du roman ? Il aurait pu écrire les aventures de cette lointaine aïeule de Georges...

Au bout de quelques jours, il est agacé par les commérages qui se déchaînent autour des deux couples. Eve aussi a hâte d'échapper à la curiosité indiscrète des Polonais de Dresde. Le 11 mai 1845, le quatuor, composé de Balzac, de Mme Hanska, de Georges et d'Anna, part joyeusement pour Bad Homburg et Cannstadt, où Eve suivra une cure d'eaux thermales. Anna et Georges témoignent une véritable affection à Balzac. Il se traite volontiers devant eux de « gros patapouf ». Le ton du petit groupe est à l'insouciance et à la plaisanterie. Il s'agit, en somme, d'un double voyage de fiançailles : parents et enfants. L'idylle des premiers concurrence celle des seconds. On fait assaut de galanterie et de serments. Les jeunes prennent des leçons de tendresse auprès des anciens. De passage à Cologne, ils assistent à une « parade » de Dumersan et Varin, alors fort à la mode, *Les Saltimbanques*. Anna s'est amusée à reconnaître Balzac dans Bilboquet, le bonimenteur du spectacle, qui se répand en calembours ; Eve devient Atala, Anna sera Zéphyrine et Georges, Gringalet. Ils ne se désignent plus que par ces surnoms, en usent dans leurs lettres et ont l'impression d'avoir tous les quatre le même âge et de découvrir en même temps l'amour.

Cette équipée de deux générations de fiancés les amène, le 22 juin 1845, à Strasbourg. Là, Balzac prépare le séjour clandestin des deux femmes à Paris. Il retient trois places pour elles et lui dans la malle-poste du 7 juillet. Georges les rejoindra plus tard. Mme de Brugnol est prévenue. Elle doit louer un petit appartement meublé pour ces dames, mais à son nom, car Mme Hanska et sa fille n'auront pas de passeport. Elles entreront en France incognito. Comme il l'avait déjà envisagé, Balzac les fera passer pour sa sœur et sa nièce. Un logement modeste est trouvé pour les voyageuses, rue de La Tour, à Passy, non loin de la rue Basse. Tout semble donc parfaitement en ordre. Mais, en arrivant à Paris, Mme Hanska se heurte à Mme de

Brugnol. Au premier coup d'œil, Eve a deviné que cette « gouvernante » a, dans la maison, un rôle plus important et plus intime que ne le prétend Honoré. D'emblée, elle exige le renvoi de l'indésirable. Pour l'apaiser, Balzac feint d'être, lui aussi, excédé par la présence de cette encombrante personne, qu'il traite, derrière son dos, de « gueuse », de « mégère », de « chouette », d'« infâme créature ». Mais il n'a pas le courage de signifier son congé à la malheureuse. Ce n'est qu'à la fin du mois d'août qu'il se résignera à lui annoncer, « ni sèchement, ni affectueusement, mais positivement [1] », qu'elle a six mois pour quitter les lieux. Elle s'y attendait. Néanmoins, elle est outrée de l'ingratitude dont Honoré fait preuve à son égard et réclame, pour plier bagage, l'attribution d'un bureau de tabac. Le docteur Nacquart, qui compte parmi ses relations le directeur général des Tabacs, propose de se charger des démarches. Au moment où elles sont sur le point d'aboutir, Mme de Brugnol se ravise. Elle ne veut plus s'abaisser à vendre du tabac et ambitionne à présent un dépôt du Timbre. Nouvelles discussions, nouvelles tractations. Pour se conformer à sa promesse d'un « préavis » de six mois, Balzac doit supporter son ancienne maîtresse jusqu'en février 1846. En aura-t-il la patience ? Il se demande, à part soi, comment il a pu vivre si longtemps en concubinage heureux avec elle. Décidément, le temps est venu de tout changer dans son existence : personnel, conseillers et habitudes. L'avoué Gavault, lui aussi, est mis à l'écart. Balzac le trouve d'une « apathie affreuse ». Son homme de confiance est maintenant Auguste Fessart, un maître en matière de combinaisons financières. Celui-ci se débrouille si bien qu'il obtient un compromis de la plu-

1. Lettre à Mme Hanska du 31 août 1845.

part des créanciers. Le garrot se desserre un peu autour du cou de Balzac. Il faut vite profiter de ce répit !

Dans la deuxième quinzaine de juillet, Eve, Honoré et Anna sont partis pour Fontainebleau, puis pour Rouen et ont entamé un circuit touristique en France. Ce fut un tournoiement de villes, de villages, de monuments, de paysages et de ciels superbes. De retour à Paris, ils se sont précipités à Strasbourg. De là, ils ont gagné la Hollande. Après avoir visité La Haye, Amsterdam, Rotterdam, ainsi qu'Anvers et Bruxelles, ils se sont séparés, Mme Hanska se rendant à Cologne et à Carlsruhe, Balzac reprenant la route pour Paris. Il n'y restera guère. Au diable les manuscrits qui attendent et les éditeurs qui réclament la copie promise ! L'important n'est pas d'écrire, mais de vivre. Le 24 septembre 1845, il grimpe dans la malle-poste pour rejoindre Mme Hanska à Baden-Baden, reste six jours dans cette ville trop mondaine à son goût et rentre chez lui, la tête à l'envers et les reins endoloris par le voyage.

Or, Eve a la bougeotte. Elle veut maintenant passer l'hiver en Italie, avec Georges et Anna. Balzac ne peut résister à la tentation d'accompagner ses chers « Saltimbanques ». Il les suivrait au bout du monde, dût-il revenir sur les genoux. Le 22 octobre, il part pour Chalon-sur-Saône. Il y retrouve Mme Hanska, Anna et Georges qui arrivent de Baden-Baden. Tous les quatre descendent vers Marseille, *via* Lyon et Valence, à bord d'un bateau à vapeur. Selon l'itinéraire prévu, ils iront de Marseille à Naples par mer. De toutes les villes aperçues au cours de cette rapide expédition à travers la France, c'est Lyon qui laissera à Balzac la plus forte impression. Par un heureux hasard, il y est seul avec « Evelette » : « Mais Lyon, ah ! Lyon, lui écrira-t-il, Lyon m'a montré mon amour surpassé par une grâce,

une tendresse, une perfection de caresses et une douceur d'amour, qui, pour moi, font de Lyon un de ces
schibboleth[1] particuliers dans la vie d'un homme et
qui, prononcés, sont comme le mot sacré avec lequel
on ouvre le ciel[2]. »

Dans ce concours sentimental, lequel des deux hommes est le plus amoureux ? Georges, qui a vingt et un
ans, ou Honoré, qui en a quarante-six ? C'est à peine
si Balzac regrette de s'être provisoirement détourné de
La Comédie humaine. Au vrai, il ne sait plus s'il a quitté
Paris pour courir vers le bonheur ou pour fuir les tracas. En partant, il a rompu avec Mme de Brugnol, qui
tantôt pleure et tantôt accuse, avec les huissiers qui le
menacent de prison, avec les journalistes qui s'obsti-
nent à lui préférer Eugène Sue et Alexandre Dumas. Il
voudrait n'avoir d'autre visage à contempler jusqu'à la
fin de ses jours que celui de Mme Hanska. N'est-elle
pas, à elle seule, toute *La Comédie humaine* en mouve
ment ?

L'amiral Charles Baudin, préfet maritime de Toulon,
a fait visiter la rade, dans son canot personnel, aux
quatre voyageurs. Sur l'album de l'amiral, Balzac a
écrit : « La femme distraite est un lynx qui a tout vu.
Les femmes qui se taisent habituellement sont sublimes
dans les grandes circonstances de la vie. [...] Aimer,
c'est se donner à tout moment. » Ce n'est évidemment
pas à madame l'amirale qu'il songe en traçant ces
lignes inspirées. Tout lui est prétexte à honorer Eve.

Le 1er novembre 1845, les Saltimbanques embar-
quent sur le paquebot *Léonidas* à destination de
Naples.

1. *Schibboleth*, mot hébreu, signifie familièrement une épreuve
destinée à mesurer les capacités d'un individu.
2. Lettre du 12 décembre 1845.

III

LA PRÉPARATION DU NID

Après une escale à Civitavecchia, le *Léonidas* arrive à Naples, le 5 novembre 1845. Malgré son désir de prolonger le voyage avec les Saltimbanques à travers toute l'Italie, Balzac doit se résigner à abréger son séjour. Même ici, les tourments de Paris ne le lâchent pas : en dépit des efforts de Fessart, ses dettes sont encore loin d'être réglées, son nouvel éditeur, Chlendowski, paraît insolvable, *La Comédie humaine* est en panne et les journalistes annoncent partout que l'auteur n'a plus rien à dire. Esclave de son œuvre, il n'a pas le droit de prendre des vacances comme le commun des mortels. Trois jours de bonheur fou à Naples auprès de la bien-aimée, c'est tout ce qu'il peut se permettre. Le 8 novembre, il embarque sur le *Tancrède* pour retourner à Marseille. Une traversée houleuse et pluvieuse. Tout le monde a le mal de mer, sauf lui et l'équipage. A bord, il noie le chagrin de la séparation dans des flots de champagne, en compagnie du capitaine et du commissaire : six bouteilles à eux trois. N'est-ce pas la meilleure façon de célébrer son futur mariage avec Eve ?

Toujours soucieux de préparer le nid dans lequel il recevra sa femme lorsqu'ils auront « régularisé » leur situation, il profite de son passage à Marseille pour courir les antiquaires avec le poète Joseph Méry, qui connaît la ville comme sa poche. Emporté par l'enthousiasme du collectionneur, il achète quatre-vingt-quatorze assiettes, des soupières, des saucières, des plats, le tout pour mille cinq cents francs. Rien n'est trop beau pour la table de son Evelette. Il s'est également laissé séduire par une superbe parure de corail, d'origine indienne, et a immédiatement décidé de la lui offrir. « C'est quelque chose d'unique au monde, lui écrit-il, et, quand on la verra dans les cheveux, aux bras, aux doigts, au cou de cette *phâme*, les plus lionnes donneront des mille francs à poignées pour avoir la pareille et ne l'auront jamais. [...] Vous en serez folle de joie et je suis heureux par avance de vous la savoir à vous. C'était une occasion à saisir. Oh ! le rouge du corail sur vos cheveux, sur votre col ; il y a la broche, tout complet[1]. » Le lendemain, le ton devient plus intime : « Oh ! Minette, je baise tes jolies paupières, je savoure ton bon col, à cet endroit qui est comme le nid des baisers, et je tiens tes pattes de taupe dans mes mains, et je sens ce parfum qui rend fou, et je te dis, en jouissant par la pensée de ces mille trésors dont un seul suffirait à l'orgueil d'une femme bête – ô louploup, ô mon Evelette, mon âme aime encore plus ton âme et mon regret est de ne pas pouvoir caresser cette âme, la saisir, m'en emparer, la posséder, comme j'ai ton front, ne fût-ce que pour devenir meilleur, en participant à toi, à ton essence, si éthérée, si parfaite[2]. »

Pour contribuer aux dépenses d'installation de leur couple à Paris, Mme Hanska lui a fait parvenir une grosse somme (cent mille francs or). C'est un trésor

1. Lettre du 12 novembre 1845.
2. Lettre du 13 novembre 1845.

sacré, le « trésor louploup ». Tout en prêtant serment de ne pas y toucher sans l'accord de son Eve, Balzac considère qu'il serait criminel de laisser cet argent dormir dans le coffre d'une banque. Sûr de son flair financier, il achète des actions des Chemins de fer du Nord, dont les spécialistes prévoient que la cote en Bourse grimpera très vite. Fessart n'est pas hostile à ce placement. Avec méthode, il continue à éponger les dettes de son commettant. Parmi les créanciers, la mère d'Honoré se montre particulièrement impatiente. Elle lui réclame cinquante-sept mille francs, y compris les intérêts impayés. Il conteste le chiffre. Ce que cette femme d'ordre ne peut toujours pas admettre, c'est qu'il se lance dans des acquisitions inconsidérées avant d'avoir apuré ses comptes. Incapable de résister aux tentations, il achète pêle-mêle des tableaux, des panneaux d'ébène, six chaises anciennes « d'une richesse royale », un bureau « d'aspect élégamment féminin », deux armoires en marqueterie fleurette. Rien que de bonnes affaires ! Il ne se trompe jamais. Il roule les marchands. Du moins le croit-il. Mme Hanska, qu'il tient au courant de ses réussites d'amateur d'art, n'est qu'à demi rassurée.

En outre, elle s'irrite de constater qu'il n'a pas encore congédié Mme de Brugnol. Au vrai, Balzac se sent en porte-à-faux dans cette nécessaire et délicate rupture. Sacrifier Mme de Brugnol lui paraît d'une cruauté que rien ne justifie, et mécontenter Eve est au-dessus de ses forces. Heureusement, voilà que Mme de Brugnol songe à se marier. Le prétendant est un sculpteur assez connu, Carl Elschoët. D'emblée, elle oublie le bureau du Timbre et réclame une dot. Hélas ! renseignements pris, Elschoët est criblé de dettes et grand coureur de filles à peine nubiles. Le projet tombe à l'eau et Mme de Brugnol, déçue, revient à son idée de bureau du Timbre. Excédé mais compatissant, Balzac s'adresse au baron James de Rothschild pour l'aider à caser honorablement sa « protégée ». Celui-ci se dérobe : « Les affaires me tuent, soupire-t-il. Faites une note. » Cette réponse dilatoire replonge Balzac dans l'embarras. Quel moyen employer pour faire déguerpir « la chouette » ? En attendant qu'elle vide les lieux, de gré ou de force, il est bien content qu'elle se charge encore de diriger la maison et d'accomplir pour lui quelques commissions secondaires. En somme, tant qu'Eve n'est pas à Paris, Mme de Brugnol garde ses prérogatives de gouvernante, sinon de maîtresse. Cela d'autant plus que la « céleste famille », Madame mère en tête, la préfère à cette Polonaise dont Honoré s'est imprudemment entiché. Pour ses proches, il n'est bon qu'à écrire. Dès qu'il se sépare de sa plume, il « déraille ».

Le 2 décembre 1845, Balzac assiste à la prise de voile d'Henriette Borel chez les Dames de la Visitation : « Ces coquines de religieuses croient que le monde ne tourne que pour elles et la tourière à qui je demande combien de temps durera la cérémonie me dit *une heure*. [...] Ça a duré jusqu'à quatre heures », mande-t-il à Mme Hanska. Il songe à toutes les pages qu'il aurait pu écrire s'il avait évité la corvée. Mais il doit bien à sa « chère femme » et à Anna de les représenter à « l'enterrement d'Henriette » : « Lirette et les sœurs converses ont entendu le sermon-exhortation à genoux ; elle n'a pas levé les yeux. C'était un visage blanc, pur et une exaltation de sainte. Comme je n'avais jamais vu de prise de voile, j'ai tout regardé, observé, étudié avec une attention qui m'a fait considérer sans doute comme un homme très pieux. [...] J'ai été fort ému quand les trois récipiendaires se sont jetées à terre, qu'on les a ensevelies sous un drap mortuaire et qu'on a récité les prières des morts sur ces trois êtres du monde, et qu'après on les a vues reparaître en mariées, avec une couronne de roses blanches, et qu'elles ont fait le vœu d'épouser Jésus-Christ. [...] J'ai vu Lirette après, elle était gaie comme un pinson. – Vous voilà Madame, lui ai-je dit en riant[1]. »

Quelques jours plus tard, pour préparer la rédaction de la troisième partie de *Splendeurs et Misères des courtisanes*, il visite « bien en détail » la Conciergerie, les cachots et la cour d'assises. Perdu dans le prétoire, il suit avec passion le déroulement d'un procès dont il espère se servir pour *La Cousine Bette*. Le 22 décembre, toujours en quête d'impressions singulières, il participe, avec d'autres écrivains et artistes, à une séance collective de prise de haschich, à l'hôtel Pimodan. Gautier et Baudelaire sont parmi les invités. Selon Baudelaire, Balzac aurait refusé de toucher au haschich. Mais Balzac affirme qu'il y a goûté sans résultat probant. « J'ai résisté au haschich, écrit-il à Mme Hanska, et je n'ai pas éprouvé tous les phénomènes ; mon cerveau est si fort qu'il fallait une dose plus forte que celle que j'ai prise. Néanmoins, j'ai entendu des voix célestes et j'ai vu des peintures divines. [...] Mais ce matin, depuis mon réveil, je dors toujours, et je suis sans volonté[2]. » Le 1er janvier 1846, il fait à sa mère une visite de nouvel an et se heurte à une statue de la réprobation. La dette qu'il a envers elle a tari entre eux toutes les sources de la tendresse. Il rentre chez lui avec la sensation d'avoir été chassé comme un paria et confie son désespoir à la seule femme capable de le comprendre, Eve : « Je n'ai jamais eu de mère, aujourd'hui, *l'ennemie* s'est déclarée. Je ne t'ai jamais dévoilé cette plaie, elle était

1. Lettre du 3 décembre 1845.
2. Lettre du 23 décembre 1845.

trop horrible, et *il faut le voir pour le croire*. [...] Ne faut-il pas que tu saches pourquoi je ne veux pas qu'il y ait la moindre relation de famille entre toi et les miens [1] ? »

Durant ce mois de janvier 1846, le travail languit, les plaisirs comme les soucis sont ailleurs : mauvaise saison pour *Les Paysans*, qui piétinent, et pour *La Dernière Incarnation de Vautrin*, qui hésite à prendre forme. Dans l'engourdissement qui le gagne, Balzac se dit qu'une fois marié il retrouvera toute son énergie et toute sa verve. Mais pourquoi Eve se tient-elle encore sur la réserve ? Que craint-elle d'un homme qui lui est dévoué du sexe au cerveau ? Voici maintenant qu'elle se prétend trop vieille pour lui. Coquetterie ou inquiétude sincère ? Il lui répond avec fougue que les vraies passions se moquent de l'âge. A ses yeux, elle sera toujours jeune et désirable.

Enfin, une éclaircie : au mois de février, Eve l'invite à Rome. De là, ils iront à Florence, en Suisse, à Baden... « Mettez-nous à Baden, lui écrit-elle, et allez achever vos affaires à Paris pendant que nous prendrons les eaux. » Merveilleux programme ! Balzac ne fait ni une ni deux et se précipite chez son tailleur, l'illustre Buisson, au coin de la rue Richelieu et du boulevard Montmartre, pour renouveler sa garde-robe en vue d'un prochain voyage de séduction. En sortant de la boutique, il se sent si alerte qu'il saute un ruisseau et se déchire un muscle. La douleur le foudroie. Aussitôt, le docteur Nacquart le met au lit, prescrit quelques remèdes et annonce que le départ ne pourra pas avoir lieu avant quinze jours. C'est la guigne ! Balzac enrage. Une bonne nouvelle pourtant : grâce au baron James de Rothschild et à quelques autres personnes

1. Lettre du 2 janvier 1846.

influentes, Mme de Brugnol va sans doute décrocher son bureau du Timbre. Le diligent Buisson livre les habits neufs. Balzac recommence à marcher. Plus rien ne s'oppose au voyage.

Première étape : Marseille, où il s'embarque le 21 mars sur le *Mentor*. Il arrive le 24 à Civitavecchia. Et, le 25, il est à Rome où Eve l'attend, toute chaude. Après les premiers échanges de baisers et de congratulations, il lui rend compte des prélèvements qu'il a faits, en stricte sagesse, sur le « trésor louploup ». Elle ne lui en veut pas outre mesure de ses dépenses et de ses placements. Aurait-elle compris les délices de la prodigalité ? Avec lui, elle furète chez les antiquaires et les marchands de curiosités. Ils visitent aussi les musées. Anna et Georges les accompagnent souvent. Les Saltimbanques sont au complet et plus allègres que jamais. Au palais Sciarra, Balzac, séduit par l'accumulation de chefs-d'œuvre, décide d'avoir une galerie de peintures dans l'hôtel particulier où il habitera à Paris avec Eve, dès qu'ils seront mariés. Pour commencer sa collection, il achète un vieux tableau défraîchi, « un cadavre de tableau », *Le Chevalier de Malte en prière*, qu'il attribue à Sebastiano del Piombo, un *Portrait de femme* par le Bronzino, un *Portrait de jeune femme* de Mirevelt. Toutes ces toiles devront, dit-il, être restaurées par un élève de David et de Girodet. Après trois semaines de flânerie dans Rome, le quatuor reprend le bateau à Civitavecchia pour Gênes, où Balzac fait encore l'acquisition d'un lit à colonnes.

Voici maintenant les voyageurs insatiables à Genève, puis à Berne. Dans cette dernière ville, ils sont les hôtes de l'ambassadeur de Russie, le baron Paul de Krüdener[1]. La fille du baron Paul, Juliette, âgée de vingt et

---

1. Fils de la célèbre baronne de Krüdener.

un ans, observe Balzac avec une attention dévorante. Elle notera dans son *Journal* : « Qui aurait pu jamais s'attendre à rencontrer Balzac à Berne ? Balzac voyage avec une Madame Hanska, une Polonaise pleine de grâce, de cordialité et séduisante au possible malgré son embonpoint oriental. Cette dame est accompagnée de sa fille et de son futur gendre, et c'est ainsi que ce quatuor se transporte d'un pays à l'autre de la manière la plus agréable. » Assis à côté de Juliette de Krüdener, Balzac évoque avec éloquence ses impressions de voyage, le paysage du Simplon, celui du lac d'Orta. « Sa figure, en s'animant, me parut moins désagréable, reconnaît la jeune fille, car, en premier, tout son ensemble offre plutôt un aspect repoussant. Sa taille est d'une petite moyenne et son embonpoint (qui est surtout saillant dans deux parties différentes : sa figure et son ventre) lui donnerait un aspect grotesque si sa physionomie sombre et pensive ne changeait le cours des idées. Son front ne m'a pas paru très grand, mais, entre les deux sourcils, il a un trait assez profondément marqué que j'ai observé chez presque toutes les personnes chez qui la pensée travaille. Ses cheveux sont d'une couleur et d'une coupe étranges, retombant sur son front et sur le col de son habit en grandes mèches grisâtres, très irrégulières et qui sont coupées droites comme des cheveux de femme. Des sourcils assez épais ombragent des yeux enfoncés mais excessivement expressifs : du reste son regard est plutôt pensif qu'observateur, car on ne croirait pas que cet homme, en apparence si tranquille, si calme, si indifférent à tout ce qui l'entoure, soit ce peintre admirable qui excelle dans le genre le plus subtil d'observation et de petits détails. Son nez est accentué et sa bouche, un peu déformée par l'absence de plusieurs dents, est surmontée de moustaches fort pittoresques. Son costume est aussi boutonné que sa personne et il n'a pas quitté de toute la soirée ses gants blancs qui contrastaient avec le reste de sa personne qui est plus originale qu'élégante [1]. »

De Berne, les Saltimbanques se transportent à Bâle, à Soleure, à Heidelberg. D'étape en étape, Balzac se persuade qu'Eve est enfin prête pour le mariage. Ensemble, ils font des rêves d'installation et de vie mondaine en France : un château en Touraine pour y passer les beaux jours et un pied-à-terre dans le faubourg Saint-Germain pour participer à l'amusante agitation de la saison d'hiver. En attendant, Balzac doit rentrer à Paris où des affaires littéraires et autres réclament sa présence. On se sépare à Heidelberg sur un très tendre au revoir.

De retour à Paris le 28 mai, Balzac, à bout de patience, écrit à Mme Hanska : « Oh ! finissons ! Marie tes enfants et viens ! Ne nous quittons plus. [...] Oh ! comme je te désire. Bengali est mort. Il n'aime qu'en présence de cette minette [2]. » Balzac en effet a baptisé son sexe « Bengali », car c'est un oiseau précieux, « d'une fidélité sans bornes », uniquement attiré par sa « minette ». Tandis que Bengali est au repos, Honoré s'évertue à préparer l'arrivée de la « minette » en France. Ayant assuré la protection du « trésor loup-loup » par une cuirasse d'actions des Chemins de fer du Nord, il va à Vouvray, avec Jean de Margonne, dans l'intention d'y acheter une propriété. Le château de Moncontour, qui est à vendre, lui paraît tout désigné pour être son fief, avec sa noble architecture du XVe siècle, ses deux tourelles et ses terrasses d'où l'on décou-

1. Baronne Juliette de Krüdener, *Journal des années 1842-1849*, publié par Francis Ley.
2. Lettre du 30 mai 1846.

vre la Loire. Le domaine comprend vingt hectares de vignes. La ligne de chemin de fer qui relie Tours à Paris permettrait au couple de se rendre en six heures quatorze minutes dans la capitale pour profiter des plaisirs de la société. Le billet ne coûte que onze francs quatre-vingt-cinq centimes en première et huit francs quatre-vingt-quinze en seconde. Car Honoré compte bien également acquérir un appartement à Paris, afin d'y séjourner à sa convenance et d'y présenter les objets d'art qu'il a achetés au cours de ses pérégrinations. Il faut que ce logement d'apparat soit situé dans un quartier élégant, que la façade en soit orientée au midi et qu'il comporte au moins trois chambres de domestiques. Tout cela, juge-t-il, est frappé au coin du bon sens. Quand il aura aménagé le château tourangeau et l'appartement parisien, Mme Hanska n'aura plus qu'à paraître. Par sa seule présence, elle donnera tout leur éclat aux cadres qu'il lui aura dédiés.

Alors qu'il n'en est encore qu'aux projets, il apprend la mort du père de Georges Mniszech : raison de plus pour marier immédiatement Anna et son fiancé. Du même coup, Ève n'aura plus aucun prétexte pour retarder son propre mariage. Or, voici qu'au mois de juin elle lui annonce une nouvelle qui le stupéfie de bonheur : elle est enceinte de ses œuvres. L'événement se serait produit à Soleure, entre le 20 et le 30 mai, au cours d'une nuit mémorable et « malgré les précautions » prises par Honoré, qui lui ont d'ailleurs valu des reproches de la part de sa « minette ». Il relit dix fois la lettre. Sa poitrine éclate de gratitude et de vanité. Il souffre de ne pouvoir faire partager son exaltation à personne. Le sentiment paternel rejoint chez lui l'orgueil du créateur de romans. D'un côté, *La Comédie humaine* née de son cerveau ; de l'autre, un fils né de sa semence. Car ce sera un fils, à n'en pas douter. Un fils qui perpétuera son nom et sa lignée. Un fils qu'il élèvera dans les grands principes qui lui sont chers. On l'appellera Victor-Honoré. « J'ai de la vie, du courage et du bonheur pour trois dans le cœur, dans les veines et dans la tête, écrit-il à Mme Hanska. [...] Fie-toi à la loyauté de ton louploup. [...] Les enfants de l'amour ne donnent pas de nausées ; on les porte avec facilité ; mais prends garde à tout. Pauvre petit Victor-Honoré [1] ! » Et encore : « Mille tendresses pour les deux cœurs qui battent en toi ; je te trouve bien heureuse d'avoir la première ce petit être. Allons, soigne-toi bien ! Mange des carottes et dis-moi tes envies pour que je les satisfasse [2]. »

Là-bas, au-delà des frontières, Eve vit sa grossesse en recluse. Balzac la presse de se décider au mariage, afin que Victor-Honoré soit un enfant légitime et non un bâtard né hors des liens légaux et qu'il lui faudra reconnaître par la suite. Au déclin de juillet, une attaque de cholérine [3] le frappe dans la rue. Il court chez le docteur Nacquart qui le met au lit et ordonne la diète, des lavements, de l'eau gommée. Le moral miné par la maladie, il redoute de plus en plus un accouchement dans la clandestinité. Il supplie Mme Hanska de faire venir de Pologne son acte de naissance pour procéder à un mariage en règle. Or, elle est née en 1800 et s'est, toute sa vie durant, rajeunie de six ans par coquetterie. Elle n'ose avouer à Balzac son âge réel. En outre, elle supporte difficilement son état. Le dernier accouchement a été très pénible. A quarante-six ans, est-il raisonnable de redevenir mère alors qu'on a une fille sur le point de se marier ? L'enfant, conçu au

1. Lettre des 2 et 12 juin 1846.
2. Lettre du 13 juin 1846.
3. Forme atténuée du choléra.

mois de mai, commence à peser dans son ventre. Encore six mois à attendre en se cachant de ses amis, en fuyant les plaisirs de la société. Et ensuite, quelle sera son existence entre un homme qui ne sait pas se conduire et un bébé vagissant ? Cette maternité, qui réjouit Honoré, la consterne. Il ne se doute sûrement pas du supplice qu'elle endure par sa « faute ». Elle lui laisse entendre dans ses lettres qu'elle est préoccupée de cette situation dont il se félicite. Mais Honoré est aveuglé par le bonheur. Il met les angoisses de son Evelette sur le compte de l'extrême nervosité des femmes avant l'épreuve de l'enfantement. Pour la réconforter, il la rejoint à Creuznach, près de Francfort, à la pension Grotius. Anna et Georges sont là, fidèles au poste. Savent-ils qu'Eve est enceinte ? On n'aborde pas le sujet en leur présence. Le petit groupe se rend à Mayence en feignant l'insouciance habituelle. Le temps de cajoler Eve, de la persuader que tout est pour le mieux dans le meilleur des mondes, et Honoré reprend le chemin de Paris. Il s'arrête à Metz, afin de régler sur place les modalités d'un mariage discret. Deux de ses amis sont associés au projet : Jean-Nicolas Lacroix, parent du docteur Nacquart, qui est procureur du roi à Metz, et le préfet de la Moselle, Albert Germeau. Balzac espère que, grâce à eux, la cérémonie pourra se faire sans publicité et avec la complicité d'un maire et d'un curé compréhensifs.

Il est de retour à Paris le 15 septembre au soir. Ces quelques jours ont regonflé son optimisme. Eve, en revanche, est de plus en plus alarmée par le scandale que cette naissance tardive risque de provoquer dans sa famille et jusqu'au palais impérial, car certains de ses parents sont proches du tsar. Elle préférerait accoucher secrètement, confier l'enfant à Honoré, se retirer dans la solitude de Wierzchownia et rester là-bas jusqu'à ce que les esprits malveillants aient oublié son aventure. Elle le dit à Honoré, mais il ne peut accepter cette solution honteuse.

Il veut exhiber aux yeux de la terre entière les deux objets de sa fierté : son épouse et son fils. En attendant la date fatidique, il entreprend un nouveau voyage en Allemagne pour assister, le 13 octobre 1846, à Wiesbaden, au mariage d'Anna et de Georges Mniszech. Ses retrouvailles avec Eve sont marquées par une nuit de volupté sans pareille et par un pantagruélique repas de noces. Ayant regagné la rue Basse, le 17 octobre, il fait publier dans plusieurs journaux l'annonce du fastueux mariage célébré à Wiesbaden, en précisant, avec une juste vanité, que l'un des témoins était « M. de Balzac ».

La sœur aînée de Mme Hanska, Aline Moniuszko, résidant à Paris, tente de confesser Balzac : est-il vrai qu'il va épouser Eve ? Il répond prudemment qu'il le souhaite, que rien n'est encore décidé, mais que, le cas échéant, il apportera dans le ménage un capital de trois cent mille francs, la certitude que toutes ses dettes sont réglées et l'assurance d'un gain de cent mille francs par an grâce à ses travaux de plume. Sur quoi, Aline Moniuszko, doucereuse et perfide, remarque : « Ainsi, ma sœur ferait un excellent mariage d'argent[1] ! » Et Balzac, qui ignore encore comment il paiera la maison et les meubles qu'il convoite, ne dément pas cette opinion flatteuse. Bien mieux, il s'emploie à apaiser Eve sur le résultat de ses transactions financières. Soit, les opérations en Bourse comportent toujours des risques et les actions des Chemins de fer du Nord sont actuellement à la baisse. Mais il s'agit, dit-il, d'un mouvement d'humeur et bientôt elles remonteront assez pour lui permettre de réaliser un gros bénéfice. De toute façon,

1. Lettre de Balzac à Mme Hanska du 6 novembre 1846.

que la « minette » se tranquillise, le « trésor louploup »
ne sera entamé qu'à bon escient.

Son objectif prioritaire demeure l'achat d'une maison à Paris pour y loger son bonheur de mari et de
père. Soudain, après avoir prospecté le « nouveau
quartier Beaujon », il découvre un hôtel vétuste, situé
au numéro 14 de la rue Fortunée[1]. Ce nom lui paraît
une promesse de félicité. Il charge Mme de Brugnol –
toujours aussi indispensable ! – des premières tractations avec le propriétaire. Elle réussit à faire tomber le
prix à cinquante mille francs, dont trente-deux mille
déclarés et dix-huit mille hors contrat, c'est-à-dire en
dessous-de-table, payables en actions des Chemins de
fer du Nord. Balzac est content de lui et de sa mandataire. D'après ses calculs, les réparations ne dépasse-
ront pas dix mille francs. Ainsi l'ensemble, achat et
travaux, reviendra à soixante mille francs et en vaudra
cent cinquante mille quatre ans plus tard.

Certes, la grande bâtisse est triste et laide, avec neuf
fenêtres sur la façade et un jardinet devant. Mais, une
fois nettoyée, rafistolée, meublée, elle deviendra un
palais dont Ève sera la princesse. Détail émouvant : la
maison est adossée à la chapelle Saint-Nicolas (dépen-
dant de la paroisse Saint-Philippe-du-Roule). Sous le
règne de Louis XVI, Nicolas Beaujon, receveur général
des Finances et libertin notoire, avait fait construire
cette « folie » qui communiquait, par une porte intérieure, avec la tribune de la chapelle Saint-Nicolas.
Grâce à cet arrangement, il pouvait, au sortir de ses
entrevues galantes, se glisser directement dans le lieu
sacré pour y entendre la messe. Balzac ne manque pas
de signaler cet avantage à la très dévote Evelette. « Tu
passeras de ta chambre à coucher dans ta tribune, lui

1. La future rue Balzac.

écrit-il. Voilà ce qui m'a fait acheter cette habitation[1]. »
Quelques jours plus tard, il insiste : « Sais-tu que, véri-
fication faite, tu seras la seule, à Paris, avec la famille
royale, à posséder une tribune de plain-pied avec une
chapelle[2] ? » Et, inlassable, il répétera : « Quand je
pense que mon amour de femme peut passer de ses
appartements, en haut et en bas, dans une tribune à
elle, dans une chapelle, entendre les offices, et que c'est
la seule maison de Paris qui ait ce droit royal ou princier, j'en suis hébété[3]. »

Dès novembre 1846, il ne s'occupe plus que d'aménager sa maison. Il court les ébénistes, les tapissiers,
les antiquaires. Dans ses lettres, apparaissent les noms
de Grohé, qui fabrique les meubles de bibliothèque, de
Soliliage, qui lui livre les tissus, de Paillard, qui fournit
les bronzes, sans compter les adresses des brocanteurs,
dont il pille les dépôts. Il envoie à Eve la liste détaillée
des pendules, des lustres, des chenets, des sièges, des
tableaux qui orneront son intérieur, le tout agrémenté
de plans afin qu'elle puisse juger de l'effet. En achetant
l'hôtel de la rue Fortunée, il a estimé que les réparations lui coûteraient dix mille francs au maximum. Il
parle maintenant de vingt-trois mille francs et bientôt
de trente mille. Négligeant son travail, il passe des heures sur le chantier, discute le dessin d'un parquet, la
ciselure d'une espagnolette, découvre une porte secrète
qui a été murée, fait creuser un sous-sol pour y installer
un calorifère à l'intention de sa « chère frileuse ». Eve
approuve, de loin, l'acharnement d'Honoré à vouloir
un écrin précieux et douillet, digne de sa femme. Mais
les dépenses l'inquiètent. Il lui semble que son futur

1. Lettre du 1er octobre 1846.
2. Lettre du 4 octobre 1846.
3. Lettre du 8 décembre 1846.

mari ne sait pas contrôler ses désirs de luxe. Son emballement ne le mènera-t-il pas à la ruine ? Et puis, elle ne comprend pas pourquoi il s'obstine à charger l'affreuse Mme de Brugnol de missions de confiance, alors qu'elle a été depuis longtemps révoquée. Cette femme envahissante est-elle la servante d'Honoré, sa secrétaire, sa maîtresse ? La craint-il au point d'hésiter à se débarrasser d'elle ? Il assure son Eve qu'elle se monte la tête. Simplement, il a besoin de « la chouette » pour quelques besognes subsidiaires. Il ne peut s'occuper de tout lui-même ! Ne doit-il pas, au nom de leur amour, consacrer le meilleur de son temps à surveiller les travaux de la rue Fortunée ?

IV

ULTIMES CHEFS-D'ŒUVRE

Peu à peu, Balzac constate qu'un phénomène étrange est en train de bouleverser sa vie : le monde réel prend sa revanche, autour de lui, sur le monde imaginaire. Les personnages de ses romans, qui étaient les hôtes privilégiés de ses rêveries, pâlissent devant des hommes et des femmes en chair et en os. Ce ne sont plus les Lucien de Rubempré et les Père Goriot qui le hantent, mais des entrepreneurs, des fournisseurs, des tapissiers, des antiquaires, qui ont tous une facture à la main. Plongé jusqu'aux oreilles dans les plans et les devis, il se désintéresse de son œuvre, ou plutôt il change d'œuvre. La nouvelle *Comédie humaine*, c'est la maison de la rue Fortunée. S'il la veut parfaite, c'est uniquement par amour pour son Eve et pour le petit Victor-Honoré qu'elle porte dans son sein. Il ne lui fait grâce d'aucun détail sur les travaux qu'il a engagés pour leur bonheur à tous trois. La décoration n'est pas son seul souci. Pour mieux honorer sa future femme, il va jusqu'aux plus infimes considérations domestiques. Il la charge d'acheter en Allemagne des draps, du linge, des torchons, douze taies d'oreiller brodées sur les coins et les côtés. Il lui annonce triomphalement que la poignée du mécanisme de la chasse d'eau dans les lieux d'aisances sera « en verre de Bohême, couleur verte ». Et aussi qu'il vient d'acquérir la fontaine que Bernard Palissy a faite ou pour Henri II, ou pour Charles IX. « Elle est tout en émail de Bernard Palissy, tous les éléments en sont bleu foncé sur bleu tendre et elle est couverte de fleurs de lys. Le fond est blanc verdâtre. Il n'y a rien, dit-on, de comparable à ce morceau ni au Louvre, ni à Cluny, enfin nulle part. [...] Cela sera mis en pendant avec mon horloge. On doit me l'apporter aujourd'hui ou demain [1]. »

Tout cela coûte cher, et les éditeurs, échaudés, ne veulent plus lui avancer d'argent tant qu'ils n'ont pas un seul manuscrit complet dans leurs tiroirs. Le « trésor louploup » ne compte plus que quelques actions des Chemins de fer du Nord, qui valent maintenant deux cents francs de moins que leur prix d'achat. Du reste, ces actions ne sont pas entièrement libérées. Il faut verser encore vingt-huit mille francs ou vendre à perte. Eve, qu'Honoré appelle au secours, refuse de lui envoyer le supplément qu'il réclame. Une fois de plus, James de Rothschild lui sauve la mise, en consentant un prêt gagé sur les actions de la Compagnie du Nord. Epouvantée par ces continuelles acrobaties financières, Eve écrit à Honoré : « Fais des choux, des raves de ce que je t'ai donné, mon Noré [Honoré], mais ne mange pas mon patrimoine. » En outre, elle lui assène une décision qui le navre : dans les circonstances actuelles, elle souhaite retarder d'une année leur mariage. Il proteste contre ce délai dont il ne voit pas la nécessité. Mais le préfet de la Moselle, Albert Germeau, lui ayant rendu visite à Paris, le met en garde contre une union conclue en province, à la sauvette. Cette procédure

1. Lettre du 5 octobre 1846.

expéditive serait vite connue en Russie, dit-il, et le tsar pourrait en prendre ombrage, ce qui risquerait de nuire aux intérêts de Mme Hanska en Ukraine. La sagesse, selon Germeau, serait d'attendre qu'elle soit retournée à Wierzchownia et en ait terminé avec les affaires de la succession de son défunt mari avant de convoler. Quant à l'enfant, Balzac le reconnaîtrait après coup, et nul n'y trouverait à redire. D'abord réticent, il se résigne. Eve obtient un sursis d'un an. Il n'a plus qu'à s'armer de patience. « C'est ton avis, c'est aussi le mien maintenant », lui écrit-il. Après tout, ce recul lui laissera du temps pour aménager leur maison et réunir l'argent nécessaire à leur entrée dans le monde parisien. « J'aurai bien assez de fortune pour nous deux, lui affirme-t-il. Je gagnerai cent mille francs dans l'année 1847 avec : 1° la fin de *Vautrin*, 2° *Les Vendéens*, 3° *Le Député d'Arcis*, 4° *Les Soldats de la République* et 5° *Une famille*. *La Comédie humaine* se réimprimera [1]. » Par ailleurs, afin qu'elle sache tout de lui, il l'informe qu'il a failli brûler vif, la flamme d'une bougie ayant mis le feu à son vêtement de coton, que « la chouette » atteinte d'une maladie nerveuse, « vomit du sang à cuvettes » et que les travaux de la rue Fortunée avancent de façon satisfaisante : « J'ai enfin découvert l'homme qui va remettre nos cuirs de Cordoue comme neufs [2]. »

Du côté de la littérature, il a tout lieu d'être content. *La Cousine Bette* a commencé de paraître en feuilleton dans *Le Constitutionnel*. Alors qu'il écrivait ce roman, Balzac confiait à Mme Hanska : « Le caractère principal sera un composé de ma mère, de Mme Valmore et

1. Lettre du 6 octobre 1846.
2. Lettre du 18 octobre 1846.

de ta tante Rosalie[1]. » Et bientôt : « J'espère que *La Cousine Bette* t'amusera bien ; on crie au chef-d'œuvre de tous côtés, et ils ne sont pas encore arrivés au pathétique. Il y a de fières scènes, va ! Je ne savais pas ce que je faisais. Je le sais maintenant[2]. » Ce récit féroce, qui évoque les vices de la bourgeoisie et les méfaits de l'argent, est dominé par la figure de Bette, « *la parente pauvre*, accablée d'injures, vivant dans l'intérieur de trois à quatre familles et prenant vengeance de ses douleurs[3] ». Elle se délecte en poussant aux désordres et à la ruine le chef d'une de ces opulentes tribus, le baron Hulot, libertin effréné, pour qui rien n'est sacré, ni la mort, ni l'amour, ni l'honneur. Tout est négatif dans cet enfer où règnent la sexualité et la vénalité. La colère va bien à Balzac. Constatant le succès croissant de son histoire auprès des lecteurs, il aura ce cri de triomphe : « J'ai vaincu ! »

Au milieu de cette jubilation, un brusque coup de semonce. Prise de douleurs suspectes, Ève a dû s'aliter, à Dresde. Les médecins lui ordonnent un repos absolu, si elle veut éviter une fausse couche. Affolé, Balzac consulte le docteur Nacquart. Celui-ci ne cache pas que Mme Hanska a eu tort de faire de longs et pénibles voyages dans son état. Mais elle est solide. Il a confiance. Or, le 1er décembre 1846, une lettre apprend à Balzac la catastrophe : le bébé, né avant terme, est mort à sa venue au monde. Tous ses espoirs sont anéantis. Plus de Victor-Honoré, ce fils sur lequel il avait déjà fondé des rêves d'avenir ! D'ailleurs, il s'agissait d'une fille. « Je viens de pleurer trois heures comme un enfant, écrit-il à Ève. Je comprends tout. Ce

1. Lettre du 28 juin 1846.
2. Lettre du 5 novembre 1846.
3. Lettre du 16 juin 1846.

serait une cruauté gratuite que de te parler de moi. Je me tairai. » Et, plus loin : « Je ne puis pas exprimer ce que je souffre ; c'est un désarroi général. J'aimais tant un enfant de toi ! C'était toute ma vie ! » Il voudrait se précipiter à Dresde pour mêler ses larmes à celles de la mère. Mais ses obligations envers les gazettes lui interdisent de quitter sa table de travail tant qu'il n'aura pas livré la totalité de la copie qu'il leur doit : « Etre ici, attelé à un journal, au lieu de te consoler, d'être auprès de toi, c'est une douleur dont je porterai, j'en ai bien peur, les marques toute ma vie. » Son unique réconfort, c'est qu'elle va relativement bien malgré cet accident : « Enfin, tu m'es conservée, tu es toujours là, aimante, c'est de cela qu'il faut remercier Dieu. Reprendre mes travaux et attendre ! Attendre encore ! Attendre lorsque quarante-sept ans sont sonnés, lorsque tant d'efforts, tant d'amour ont épuisé, rassuré mon pauvre être tour à tour. [...] Il faut se soumettre : la fatalité, la Providence, si tu veux, a ses raisons [1]. » Quelques jours plus tard, il revient sur les circonstances et les conséquences du drame : « Il n'y a pas de doute, c'est les secousses du chemin de fer qui ont déterminé l'affreux coup qui tue tant d'espérances et de bonheur ; sans compter tes souffrances. Soigne-toi bien, car ces affreuses maladies-là sont les plus dangereuses, celles *dont les suites* sont les plus cruelles, les plus difficiles à calmer. Ecoute bien le docteur, ne sors pas, ne t'agite pas [2]. »

Alors qu'il écrit ces lettres pathétiques, il ignore que Mme Hanska, pour annoncer à sa sœur la nouvelle de la fausse couche, lui a simplement dit : « Sauvée ! » Au vrai, tandis qu'il porte le deuil de sa paternité, elle

1. Lettre du 1er décembre 1846.
2. Lettre du 6 décembre 1846.

éprouve le sentiment d'une bienheureuse délivrance. Elle souhaite à présent, avoue-t-elle, retourner à Wierzchownia. Il en est accablé, car, en regagnant l'Ukraine, elle s'éloignera encore de lui. Déjà elle ne lui répond plus que rarement et brièvement. Il se plaint avec la douce insistance d'un coupable : « Je t'écris à bâtons rompus, regardant mon feu en pensant à toi, regardant le titre de *Vautrin*, mon papier blanc, les épreuves des *Paysans* et me demandant : Pourquoi pas de lettres ? Que fait-elle ? A-t-elle encore ses enfants ? Est-elle seule ? A-t-elle besoin de moi ? [...] Ah ! comme je t'aime ! Comme je sens que tu es ma chair, mon cœur, mon âme, ma vie et toute la nature pour moi [1]. » Afin de l'amuser, il lui raconte qu'il a rencontré la marquise de Castries, sa vieille amie, et qu'elle a « un pied dans la tombe », ressemble à « un cadavre qui s'habille » et distille la médisance. Ayant appris – Dieu sait comment ! – qu'il a acheté un hôtel particulier rue Fortunée, elle n'a pu se retenir de lâcher son venin : « On dit que cette maison est affreuse ! » « Horrible, lui ai-je répondu, écrit Balzac. Ça a l'air d'une caserne, et il y a devant un jardinet de trente pieds de large sur cent pieds de long. C'est comme un préau de prison. Mais, que voulez-vous ? J'y ai trouvé solitude, silence et bon marché. » Pour finir, il confesse à Eve : « Le fait est que l'aspect de la petite maison de Beaujon n'est pas flatteur ; aussi te disais-je hier de ne pas trop te monter la tête ; ce ne sera une très bonne affaire que par la double acquisition du terrain devant et du terrain en côté ; mais cela ne se fera que lorsque la souveraine y sera [2]. »

Croit-il réellement séduire Mme Hanska en faisant miroiter à ses yeux les charmes de la rue Fortunée ?

1. Lettre du 8 décembre 1846.
2. Lettre du 9 décembre 1846.

De lettre en lettre, il lui en décrit les multiples avantages. Mais il craint aussi de la lasser par ces comptes rendus d'une activité quelque peu maniaque : « Comme tu dois rire de voir le *grrrrand auteur* de la *grrrrrrande Comédie humaine* se passionner pour du mobilier et de semblables affaires, au point de rabâcher sans cesse et de toujours recommencer les mêmes calculs comme le savetier de La Fontaine avec ses cent écus. Mais, que veux-tu, louploup, ça, c'est nous deux [...]. C'est pour nous et notre fortune que je combats en ce moment[1]. » Alors qu'il pense avoir convaincu sa correspondante de faire un saut à Paris, elle se rebiffe. Il est vraiment par trop irresponsable ! Non content d'avoir acheté la maison de la rue Fortunée, voici qu'il reparle du château de Moncontour : « Nous aurons Beaujon et Moncontour, lui écrit-il ingénument. Petite maison à Paris, petit castel en Touraine[2]. » Mais où prendra-t-il l'argent ? Pas chez elle, en tout cas. Elle le lui déclare abruptement. Il réplique par une avalanche de chiffres, d'où il ressort que, grâce aux émoluments de l'Académie française, dont il sera membre un jour ou l'autre, et à la vente de *La Comédie humaine*, qui ne peut que faire boule de neige d'année en année, il sera bientôt un des hommes les plus riches de France. Qu'elle mette seulement un pied à Paris, et il travaillera deux fois plus vite, deux fois mieux, gagnera deux fois plus d'argent.

Soudain – ô miracle ! –, Eve se décide à bouger. Elle promet de venir passer deux mois dans la capitale. Ensuite, elle ira rejoindre ses enfants en Ukraine. Deux mois ! Une éternité ! Balzac se confond en remerciements pour cette aumône inespérée. Ressuscité, il

1. Lettre du 20 décembre 1846.
2. Lettre du 12 décembre 1846.

retourne à ses manuscrits. *La Dernière Incarnation de Vautrin* est achevée en un tournemain et *Le Cousin Pons* avance à pas de géant. Ce nouveau livre, qui fait pendant à *La Cousine Bette*, sous le titre d'ensemble des *Parents pauvres*, conte l'histoire d'un musicien sans fortune, Sylvain Pons, pique-assiette minable, que sa riche famille méprise et rejette, jusqu'au jour où l'on s'aperçoit de la valeur des innombrables objets d'art qu'il a accumulés sa vie durant. Alors, avec un cynisme et une ingéniosité diaboliques, ses proches le dépouillent de son trésor et le font mourir. Rarement Balzac a mis autant de lui-même dans un roman. On y retrouve les échos de sa passion du bric-à-brac, de ses amours en dents de scie avec Mme Hanska, de ses rapports équivoques avec Mme de Brugnol, de son ingénuité d'enfant devant les entreprises de gens malveillants et habiles. C'est à la fois un hommage à la folie du collectionneur, une condamnation de la cupidité des familles bourgeoises et une réflexion sur les jolies choses, les bibelots anciens considérés comme une marchandise dans la société contemporaine. Ce récit, l'auteur, avec juste raison, le trouve sublime. Et il en attribue la réussite à Ève, qui, dit-il, l'a inspiré de loin. « Ce sont là de tes coups, de tes miracles ! Cela te dira-t-il à quel point je t'aime, à quel degré [...] tu es ma vie ? [...] Oh ! ne tarde pas ! Viens, viens, viens [1] ! » La veille, il la pressait déjà : « Ma grosse, bonne, tendre et voluptueuse Ève daignera-t-elle voir qu'elle est toute la vie de son Noré, voudra-t-elle s'assurer, de février à fin avril, quatre-vingt-dix jours d'échéance, qu'elle est son seul plaisir, comme elle est sa joie, sa force, son bonheur [...] la fleur de cette existence si tourmen-

1. Lettre du 20 janvier 1847.

tée[1] ? » Au début de février, il peut enfin, ayant réglé ses dernières affaires avec les journaux assoiffés de copie, aller chercher Eve à Francfort. Il a loué pour elle, moyennant six cents francs pour deux mois, du 15 février au 15 avril, un appartement sis 12 *bis*, rue Neuve-de-Berry[2], au rez-de-chaussée d'un hôtel particulier. Elle disposera d'un salon, de trois chambres à coucher en enfilade et d'une chambre de domestique. Une voiture sera réservée à ses courses « chez un loueur au cachet ».

Balzac quitte Paris le 4 février 1847 et arrive le 6 à Francfort, où Eve l'attend, les valises prêtes et la mine anxieuse. La France l'effraie, Honoré l'effraie, l'avenir l'effraie. Elle regrette presque d'avoir consenti à ce voyage. Elle a prévu sept mille francs pour le déplacement et les frais. Cette somme, à présent, lui paraît énorme. Il la tranquillise. A Paris, ils feront des économies, ne sortiront guère, verront peu de gens, dîneront à la maison. Il est impatient de lui montrer le chef-d'œuvre de confort et d'élégance qu'il a créé pour elle, rue Fortunée. Elle se rend sur les lieux. Il espère des exclamations d'enthousiasme. Or, dès ses premiers pas dans la maison, Eve est consternée. Comment a-t-il pu dépenser tant d'argent pour cette vaste baraque, dont la façade ressemble à celle d'un entrepôt ? Pourquoi toutes ces marqueteries, tout ce marbre, tout ce bronze, tous ces bibelots entassés qui ne font qu'accuser la laideur de l'ensemble ? Les pièces sont insuffisamment chauffées, les fenêtres ferment mal. Chaque détail, ici, est ostentatoire et dérisoire. De la poudre aux yeux ! On se croirait chez un brocanteur étalant sa marchandise. Sous cette volée de critiques, Honoré

1. Lettre du 19 janvier 1847.
2. L'actuelle rue de Berri.

chancelle. Il a mis un tel espoir dans la construction de leur nid, et celle qui aurait dû l'en féliciter, ou du moins l'en remercier, le condamne ! Pour se défendre, il lui fait observer que les travaux ne sont pas terminés, que l'endroit n'est encore qu'un chantier souillé de gravats, avec des ouvriers dans tous les coins. Elle est péremptoire : il a commis une lourde sottise ! Une de plus ! Elle ne donnera pas un sou pour achever l'installation d'une demeure aussi affreuse et aussi insalubre. Balzac se le tient pour dit. Il trouvera le moyen de payer les entrepreneurs sur ses propres deniers. Et, quand tout sera fini, Eve reconnaîtra qu'il lui a préparé un véritable palais et que, de plus, il a réalisé une bonne affaire.

Durant les quelques semaines que Mme Hanska passe à Paris, Balzac, délaissant son travail, se promène avec elle dans les rues, fouille les magasins, visite les musées, l'emmène dans les restaurants, à l'Opéra, aux Variétés. Mais, d'un commun accord, ils évitent de se montrer dans les salons de leurs amis. Leur incognito est strictement observé. Personne ou presque ne trouble leur tête-à-tête. En avril, Balzac raccompagne Eve à Francfort et revient désemparé à l'idée du vide qui l'attend. D'autant que cette solitude est aggravée par un nouveau contretemps. Ayant juré à Mme Hanska d'éliminer définitivement sa « gouvernante », il se heurte à une Mme de Brugnol qui l'agresse, toutes griffes dehors. Il a cru l'apaiser en lui promettant sept mille francs et un bureau de Tabac ou de Timbre. Mais, à présent, elle exige davantage. Furieuse de n'avoir pas encore touché ses « indemnités », elle a recopié vingt-quatre lettres d'Eve, parmi les plus compromettantes, notamment celles qui font allusion à la grossesse et à la fausse couche. Elle menace d'envoyer ces pièces à conviction à la fille et au gendre de Mme Hanska, et même aux autorités russes, provoquant ainsi un scandale qui compromettrait à jamais la réputation de sa « rivale » et lui vaudrait peut-être une accusation d'avortement. Pour prix de son silence, Mme de Brugnol réclame trente mille francs. S'en contentera-t-elle ? Céder au chantage, ce serait encourager la surenchère. Néanmoins, l'avoué Gavault conseille à Balzac de négocier. Celui-ci offre cinq mille francs comptant. Trop peu ! Alors, il fait appel au commissaire de police, qui parle durement à Mme de Brugnol et la déclare passible de prison pour vol de documents. A cette perspective, Mme de Brugnol s'effondre. Balzac a pitié d'elle. Peut-il lui en vouloir de l'aimer au point d'être jalouse d'Eve ? Une femme éprise est capable de toutes les folies, de toutes les vilenies. Ne vaut-il pas mieux étouffer l'affaire plutôt que de traîner la malheureuse devant les tribunaux et de déclencher un procès dont les journalistes se hâteraient de ridiculiser les plaignants ? Averti du péril, il écrit à Mme Hanska : « La Chouette [...] veut te créer des ennuis en Pologne [...]. Oh ! ma louploup, défends nos deux existences comme je vais essayer de les défendre ici avec persistance et courage[1]. » Cependant, il refuse d'employer un moyen « déshonorant » pour amener la coupable à résipiscence, comme le conseille Gavault : « Je lui ai dit [à Gavault] qu'il fallait être noble avec tout le monde, même avec les voleurs et que, si cela ne faisait pas un procès, je serais condamné par ma conscience. » Et il conclut : « Je ne respirerai que quand j'aurai tes lettres[2]. » Au lieu de faire procéder à une perquisition au domicile de Mme de Brugnol, il va la trouver et tâche de l'amadouer en évoquant le

1. Lettre du 17 mai 1847.
2. Lettre du 18 mai 1847.

souvenir des sept ans qu'ils ont passés ensemble. Elle finit par céder contre la promesse d'un versement de cinq mille francs. « L'affaire de la Chouette va se terminer par cinq mille francs de plus que je donnerai pour ravoir les lettres, annonce-t-il, tout content, à Eve. Cela se traite en ce moment et, quand ce sera terminé, j'aurai recouvré la tranquillité qui me manque et la santé[1]. » Et, un mois plus tard : « J'y suis allé, elle m'a remis les lettres en disant qu'elle m'aimait plus que la vie et que la pensée d'être dans ma disgrâce et mon mépris la tuait. J'ai toujours accepté en disant que cela coûterait plus cher, car elle fera la pauvre et voudra *un simple prêt* de quelques mille francs. Mais je me disais intérieurement : – Elle ne rend pas tout ; elle garde encore ! Et de fait, elle a conservé trois lettres. Trois ou vingt-quatre, c'est toujours la même chose ; mais je les aurai. Je ne me suis engagé à rien. [...] Tout cela m'ôte le sens littéraire, je ne fais rien ; je devrais travailler dix ou douze heures par jour, gagner les soixante mille francs qu'il me faut[2]. » Quand il a récupéré les lettres de Mme Hanska, celle-ci exige qu'il les brûle toutes. Il se résigne, le cœur serré, à l'autodafé. En regardant flamber ces témoignages d'une longue liaison, il croit assister au suicide d'un couple.

Pour obéir au programme qu'il s'est fixé, il s'apprête à quitter la rue Basse pour la rue Fortunée. Ce déménagement le ravit, mais le perturbe aussi au-delà de ce qu'il imaginait. Tous ces manuscrits, tous ces livres à emballer ! Ce n'est pas un changement de lieu, c'est un changement de vie ! Dans sa nouvelle maison, il dispose lui-même les bibelots aux endroits prévus et s'efforce d'animer ce décor si froid où manque une

1. Lettre du 5 juin 1847.
2. Lettre du 10 juillet 1847.

présence féminine. Lors de sa visite, Eve lui a fait promettre de ne plus rien acheter pour garnir leur intérieur. Cependant, il faut équiper la cuisine, l'office, profiter de quelques occasions exceptionnelles chez les antiquaires. Une commode ayant appartenu à Elisa Bonaparte le tente et il se l'offre au quart de sa valeur, quatre cents francs : « C'est unique, original et royal ! » Il a également trouvé une superbe garniture de cheminée : une paire de flambeaux à cent francs. « C'est la dernière acquisition, a-t-il juré à Eve. Je n'ai pas de regret à ce dernier billet de mille francs jeté dans le complément de mobilier, car je ne saurais voir les choses les plus nécessaires absentes. J'aurais l'air de m'arrêter à mi-chemin [1]. » Malgré cette assurance, les achats continuent et, de Wierzchownia, Mme Hanska s'acharne à vitupérer son fiancé, prodigue jusqu'à l'inconscience. D'autant que le « trésor louploup » est au plus bas. Les actions des Chemins de fer du Nord perdent chaque semaine un peu de leur valeur en Bourse et Balzac est trop occupé par son installation pour écrire et décrocher de nouveaux contrats. Son humeur s'en ressent. Sa tête est une passoire qui ne retient rien. Il est incapable de fixer son attention sur autre chose qu'un vase de Chine à mettre en valeur ou un lustre à accrocher au bon endroit. « Je maigris, écrit-il encore à Eve, je ne m'intéresse à rien. Je commence à prendre en haine cette maison vide où tout est fait pour une absente [2]. » Il promet de travailler d'arrache-pied à de nombreux romans si seulement elle veut bien de lui en Ukraine. Un moment, il songe à trousser une pièce en collaboration, un *Orgon* qui ferait suite au *Tartuffe* de Molière. Mais il faut que cette

1. Lettre du 15 juin 1847.
2. Lettre du 22 juin 1847.

comédie soit en vers et donc rédigée par des poètes. Théophile Gautier, pressenti, refuse de mettre la main à la pâte. Alors Balzac se rabat sur des écrivains secondaires et annonce à Mme Hanska : « J'ai eu l'idée de donner un acte à Charles de Bernard, deux actes à Méry et de distribuer les deux autres à deux autres poètes comme Grammont[1]. » Le projet n'aboutit pas. Décidément, il ne peut compter que sur lui-même pour faire de l'argent. Et il a beau avaler des flots de café noir, son cerveau reste inerte. Est-ce la mort de la faculté créatrice ou une fatigue passagère ?

Emile de Girardin proteste parce que « son » auteur tarde à lui livrer la fin des *Paysans*, roman qu'il n'apprécie guère : « Je ne publie *Les Paysans* que parce que nous avons un compte à éteindre, écrit-il brutalement à Balzac ; autrement, je ne les publierais certainement pas. [...] Si vous pouvez, sans vous gêner, rembourser à *La Presse* ce qu'elle vous a avancé, je renoncerais volontiers aux *Paysans*[2]. » Réponse indignée de Balzac : « Je regarde, contre votre opinion, mon manuscrit et mon œuvre comme excellents et je ne ferai pas compter ce que vous n'en publiez point, quoiqu'il soit écrit et composé pour *La Presse* et à *La Presse*. [...] Quant à l'œuvre en elle-même, le temps donnera tort à ceux qui la trouvent mauvaise[3]. » Cette fois, c'est la franche rupture avec Emile de Girardin. Une porte qu'on claque au nez de Balzac. Il le confirme à Mme Hanska : « *Les Paysans* ne paraîtront point dans *La Presse*. Tout est fini entre les Girardin et moi pour toujours, et j'en éprouve une bien vive satisfaction[4]. »

1. Lettre du 26 juin 1847.
2. Lettre du 13 juillet 1847.
3. Lettre du 14 juillet 1847.
4. Lettre à Mme Hanska du 13 juillet 1847.

Heureusement, il y a d'autres journaux en France. Qu'Eve se rassure : jamais il ne sera en peine pour caser sa prose !

A cette époque, d'ailleurs, il a une autre préoccupation : embaucher des domestiques honnêtes et stylés. Il renvoie son précédent serviteur, Millet, et le remplace par un Alsacien, François Munch, futur portier et futur cocher de la future Mme Honoré de Balzac. Sur les conseils de sa cuisinière italienne, Zanella, qui est « douce, soigneuse, tranquille et probe », il engage également une femme de chambre de cinquante ans, experte en travaux de lingerie. « Elle est belge, pieuse [...] et pas légère », s'est-il hâté de préciser à Eve [1]. Trois domestiques à quatre-vingt-dix francs par mois, plus les frais de nourriture et de voiture, cela suppose une dépense annuelle de douze mille francs. Or, Zanella commet le crime de proposer à un voisin de visiter la maison en l'absence du maître. Balzac est outré par cette indélicatesse et se demande s'il ne devrait pas licencier la coupable. En revanche, il accueille à bras ouverts la sœur aînée de Mme Hanska, Aline Moniuszko : elle souhaite voir l'intérieur que le grand homme a préparé pour recevoir Eve. Emerveillée et malade de jalousie, elle s'écrie : « Qu'est-ce que Wierzchownia auprès de cette délicieuse chose ? Je n'ai rien vu de pareil nulle part [2]. » En repartant, elle est persuadée que Balzac cache son jeu et qu'en réalité il est millionnaire.

Cette admiration envieuse le console quelque peu du dédain de l'élue. Cependant, voici que sa santé maintenant l'inquiète. Il croit avoir une « hypertrophie du cœur ». En vérité, ce qui lui enlève toute énergie, c'est

1. Lettre du 23 juin 1847.
2. Lettre à Mme Hanska du 14 juillet 1847.

l'indifférence d'Eve, qui ne réagit même plus au récit de ses souffrances. Passe encore qu'elle craigne Paris. Mais pourquoi s'obstine-t-elle à lui interdire de la rejoindre à Wierzchownia ? A trop redouter l'opinion des autres, on finit par sacrifier son bonheur. Incompris de Mme Hanska, il se tourne vers sa fille et son gendre, « Zéphyrine » et « Gringalet ». Il les prie d'intercéder en sa faveur, d'expliquer à la « souveraine » tout l'intérêt qu'elle aurait à le recevoir en Ukraine : « Votre chère maman m'écrit très peu et me défend l'Ukraine ; ces deux propositions me semblent contre nature. [...] Je me suis tant accoutumé à vous trois que la vie m'est devenue insupportable et que rien ne peut me distraire. Me voilà comme un chien sans maître et qui ne veut que celui qu'il a perdu[1]. » Son besoin de partager l'existence d'Eve est si impérieux qu'il envisage à nouveau d'aller trouver le tsar pour lui décrire son malheur et obtenir de lui sa naturalisation ainsi que le droit d'épouser la veuve de M. Hanski. Il le confirme à Anna : « Ma maison est odieuse, la littérature insipide, et je me croise les bras, tandis que je devrais travailler. Aussi ai-je formé le projet de vendre la maison et tout le *bataclan* [...] et de venir m'établir professeur de français, de danse et de belles manières en Ukraine. [...] Je vais aller à Pétersbourg demander du service à Sa Majesté, fût-ce dans la police en Ukraine[2]. » Quelle est la part de la plaisanterie et celle de la détermination dans cette volonté d'exil ? Sans doute Balzac ne le sait-il pas lui-même. Il a une idée fixe : fuir Paris, changer d'air, de régime, de public et renaître à la lumière de Mme Hanska. Pour la décider à l'accueillir dans le paradis russe, il renoncerait à ses

1. Lettre à Anna Mniszech, du 25 juillet 1847.
2. *Ibid.*

caprices les plus tyranniques, les plus coûteux : « Je fais tout ce que vous m'ordonnez. Il n'y a plus de marchands de bric-à-brac pour moi ; je n'achèterai plus jamais rien [1]. » Il insiste également sur la nécessité pour elle d'avoir à ses côtés un homme comme lui, prêt à la défendre en toute circonstance. Il voit un avenir tragique pour l'Europe. Le péril, à ses yeux, c'est la propagation dans le peuple de la théorie communiste, qui prêche la révolte aux plus démunis : « Je prévois de si grands dangers pour vous que je ne vis pas, je me demande si vous et vos enfants aurez le temps de réaliser vos projets. Selon moi, l'incendie gagne. [...] Vous ne vous figurez pas le chemin que fait le *communisme*, doctrine qui consiste à tout bouleverser, à *partager tout*, même les denrées et les marchandises, entre tous les hommes considérés comme frères. Vous savez quelles sont mes idées sur la répression ; je ne trouve que la mort à infliger à de pareils apôtres qui préparent une conflagration générale. Le communisme agite la Suisse, il agite l'Allemagne, il va soulever l'Italie et nous verrons de belles choses [2]. »

Enfin, Mme Hanska, sermonnée par Anna et Georges, se laisse fléchir. Sans dire franchement oui, elle ne dit plus non. Qu'il vienne donc, s'il en a tellement envie ! Balzac voudrait lui obéir sur-le-champ. Mais son travail, ses affaires ne souffrent pas qu'il les quitte sur un coup de tête. Un peu de temps est nécessaire avant de rompre avec Paris. Son avoué, Gavault, qu'il est allé chercher pour régler définitivement le différend avec Mme de Brugnol, lui a dit, le voyant à bout de nerfs : « Partez, vous êtes un homme mort ! » « C'est vrai, confesse-t-il à Eve, je souffre moralement et phy-

1. Lettre du 1er août 1847.
2. Lettre du 2 août 1847.

siquement au-delà du possible. Comprenez qu'au milieu de ce luxe insensé je n'ai pas de pain dans un mois [...] et qu'il m'est impossible de *trouver une idée*, une ligne à écrire, malgré mon vouloir féroce de travail[1]. » Il court à droite, à gauche pour réunir l'argent du voyage. L'éditeur Hippolyte Souverain lui prête quatre mille francs sur un billet à ordre garanti par quinze actions des Chemins de fer du Nord. Balzac fait viser son passeport. Dans sa tête, il est déjà en route : « Concevez-vous que je vais vous voir, vous ! écrit-il à Mme Hanska, que je vais être heureux pendant au moins deux mois ? [...] Seulement, je crains que je n'en sortirai plus [de Wierzchownia] et que nous vendrons la rue Fortunée pour rester à Pawlovska, oubliant tout le monde et du monde oubliés[2]. »

Il part le dimanche 5 septembre 1847. En prévision d'un long et pénible voyage, il emporte un panier à provisions, contenant des biscuits de mer, du café concentré, du sucre, une langue farcie et une bouteille d'anisette. Le train le dépose à Bruxelles. De là, il se rend, toujours par le train, à Cologne. Puis il prend la diligence pour Hanovre et à nouveau le train pour gagner Berlin. Encore un jour dans un wagon avant d'atteindre Breslau. Ensuite, la locomotive se traîne jusqu'à Cracovie. A tous les relais, il constate que son nom est connu des hauts fonctionnaires provinciaux. La popularité de son œuvre en Europe l'étonne. Il s'en réjouit comme d'une revanche sur les journalistes parisiens. A partir de Radziwilloff, il est traité en seigneur des lettres. Le général Paul Hackel, directeur des Douanes, offre un festin en son honneur. Les autorités loca-

1. Lettre du 12 août 1847.
2. Lettre du 3 septembre 1847.

les viennent le saluer dans le salon de la générale, comme s'il était un hôte officiel de la Russie.

Il déchantera lorsqu'il lui faudra monter dans une « kibitka », voiture couverte mais rudimentaire, en bois et en osier, qui le mènera jusqu'à Doubno. Malgré un coussin, cadeau du général, il a les reins brisés par les secousses de cette course d'enfer. Mais le spectacle de la nuit ukrainienne le console de ses courbatures. « La nuit était superbe, le ciel ressemblait à un voile bleu retenu par des clous d'argent. Cette solitude profonde, ce désert était animé par cette sonnette qui tinte toujours au cou du cheval, et dont la note claire finit par plaire infiniment[1]. » A Doubno, après huit jours de couchage à la dure, il se jette avec délices sur un canapé et s'endort d'une masse. Dès le lendemain, il doit affronter trente heures de voiture à travers la plaine. Ces immenses espaces cultivés lui semblent une paisible et magnifique Beauce. Il lui suffit d'un regard sur des moujiks croisés au passage pour juger qu'ils sont heureux de leur sort : « Partout je voyais des groupes de paysans et de paysannes allant au travail ou en revenant, très gaiement, d'une allure insouciante, et presque tous chantant[2]. » Le fait que ces paysans soient la propriété de leur maître au même titre que le bétail ne trouble pas le voyageur, puisqu'en échange ils sont protégés contre les risques de famine. Ils ont ainsi l'insouciance et la sécurité de l'enfant au sein d'une famille. « On le nourrit [le moujik], on le paye, et la servitude, loin d'être un mal pour lui, devient une source de bonheur, de tranquillité, conclut Balzac. Aussi offrez au paysan russe la liberté aux conditions de travail, d'impôts à payer, il la

1. *Lettres sur Kiev.*
2. *Ibid.*

refuse[1]. » Décidément, tout dans ce pays l'enchante, puisque c'est le pays d'Eve. Chaque tour de roue le rapproche d'elle. Après Berditcheff, où il arrive le 13 septembre 1847, il aborde la « vraie steppe » : « C'est le désert, le royaume du blé, c'est la prairie de Cooper et son silence[2]. » Soudain, au crépuscule, alors qu'il est tombé dans un profond sommeil, un cahot le réveille en sursaut. Il se croit le jouet d'un mirage. Devant lui, la terre promise : Wierzchownia ! « J'aperçus une espèce de Louvre, de temple grec, doré par le soleil couchant[3]. »

1. *Ibid.*
2. *Ibid.*
3. *Ibid.*

V

LE BONHEUR EN UKRAINE

A Wierzchownia, on trouve de tout en abondance : des terres, des paysans et de l'amitié. Le domaine, qui compte vingt et un mille hectares, est peuplé de plus de mille serfs mâles. Dans le château, immense et vétuste, il y a des enfilades de pièces désertes et non meublées ; certains murs ne sont même pas tapissés et on brûle de la paille dans les poêles pour se chauffer. Mais trois cents domestiques s'affairent autour des maîtres. Le soir, la lueur des quinquets refoule imparfaitement les ténèbres. Dans la journée, on découvre, à travers les grandes fenêtres, les champs de blé étalés à perte de vue. Comme le château est isolé, il faut avoir sur place des représentants de tous les métiers : cuisiniers, tapissiers, tailleurs, cordonniers, charpentiers, tisserands... Ici, on vit en autarcie, on est fier de se suffire à soi-même. Eve a logé Honoré dans un appartement très coquet : chambre à coucher, salon, cabinet de travail, « en stuc rose, avec une cheminée et des tapis superbes ». Il a un moujik à son service, qui se prosterne dès qu'il aperçoit « l'écrivain français ». Cette dévotion du peuple pour les seigneurs flatte chez lui une conception patriarcale de la société. Il a toujours été pour le respect des hiérarchies. La Russie lui semble un modèle politique parce que chacun y est à sa place et apparemment content d'y rester. La gentillesse de ses hôtes lui fait voir tout le pays en rose. Les « Saltimbanques » le traitent comme un membre de la famille. Il n'est pas chez eux, mais chez lui. Tant de prévenance, tant d'affection de la part d'« Atala », de « Zéphyrine » et de « Gringalet » pour leur cher « Bilboquet » l'aide à oublier l'inconfort du château et le froid qui traverse les murs en ce début d'automne.

Anna lit à longueur de journée des romans et des revues d'histoire, sa mère fait de la tapisserie et Georges délaisse parfois sa collection d'insectes pour bavarder de tout et de rien avec les deux femmes et leur invité. Celui-ci se dit stupéfié par les richesses naturelles de la Russie. Il estime que les Russes sont impardonnables de ne pas mieux exploiter les ressources de leur sol. Lui s'en chargerait volontiers. Il a toujours cru qu'il avait la bosse des affaires. Dès à présent, il entrevoit une fortune à cueillir sur place. Ce serait encore plus rentable que les mines argentifères de Sardaigne ! Les deux frères Mniszech, Georges et André, possèdent en indivision vingt mille arpents de forêts, autrement dit : soixante mille chênes de haut fût. Or, l'Europe a besoin de bois pour les traverses de chemin de fer. Et elle paie fort cher celui qu'elle utilise, tandis que celui de la région se vend très bon marché. Frappé d'une illumination, Balzac alerte sa sœur Laure afin qu'elle intéresse son mari à la question. Surville calcule aussitôt le prix de revient de la marchandise une fois rendue en France. Hélas ! les frais de transport seraient tels que la stère de bois d'Ukraine livrée à destination atteindrait une somme exorbitante. Force est de renoncer au projet. Encore une bulle de savon irisée qui crève et se dissout dans l'air.

Balzac tente de s'en consoler en écrivant. Il a entrepris un nouveau roman, *L'Initié*, deuxième épisode de *L'Envers de l'histoire contemporaine*, où il évoque la destinée d'un jeune homme acculé au désespoir et sauvé du suicide par une sainte femme, Mme de La Chanterie. Elle anime une société secrète, réunissant des hommes riches et pieux, dont le but est de préserver du malheur ceux de leurs semblables en qui ils reconnaissent des qualités de cœur. Tous ces « initiés », secourus à temps, appliqueront dans leur vie quotidienne les préceptes de haute spiritualité qu'ils ont reçus au cours de leur « noviciat ». C'est une apologie de la charité, conçue comme un levier de la réussite sociale. Un retour aux théories morales du *Médecin de campagne* et du *Curé de village*. Le soir, au coin du feu, Balzac lit son manuscrit à ses hôtes, qui en pleurent d'émotion. Dans ces moments-là, il a l'impression que, par la magie de son talent, il gagne Eve, insensiblement, à l'idée du mariage. Mais il ne veut pas la brusquer, par crainte d'une rebuffade définitive. Elle est si fragile ! Elle se plaint de ses rhumatismes. Son médecin personnel, le docteur Knothé, lui conseille de plonger ses pieds dans les entrailles d'un porc éventré vivant. Malgré l'étrangeté de la méthode, Balzac fait confiance au praticien. Il absorbe même sans sourciller les poudres que Knothé lui prescrit pour le guérir de ses maux de tête.

La fatigue n'empêche pas Honoré de se rendre à Kiev, en compagnie de Mme Hanska et de sa fille, pour être présenté au général Bibikoff, gouverneur militaire de l'Ukraine, et faire régulariser son permis de séjour. Il est un peu déçu par cette « ville tartare aux trois cents églises ». « C'est bon à voir une fois, écrit-il à sa sœur. On m'a comblé de prévenances. Croiriez-vous qu'un riche moujik a lu tous mes ouvrages, qu'il brûle un cierge pour moi à Saint-Nicolas, toutes les semaines, et qu'il a promis de l'argent aux domestiques d'une sœur de Mme Hanska pour savoir quand je reviendrais, afin de me voir [1] ? » En voyageur consciencieux, il visite la Laure de Kiev, le plus ancien et le plus célèbre des monastères russes, la cathédrale Sainte-Sophie aux dix-neuf coupoles et les catacombes contenant de nombreux tombeaux de saints. Partout, il s'émerveille pour complaire à Eve qui lui sert de guide. Mais il a rarement l'occasion de se retrouver tête à tête avec elle. Anna est la plupart du temps entre eux. Et, en sa présence, on ne parle pas du mariage. Mme Hanska est, comme d'habitude, à la fois bienveillante et évasive, consentante et lointaine.

Torturé par cette incertitude, Balzac décide subitement de frapper un grand coup. De sa propre initiative, il rédige un projet de supplique au comte Nesselrode, chancelier de l'empire de Russie, pour obtenir du tsar l'autorisation d'épouser une de ses fidèles sujettes : « Lié depuis longtemps, par une amitié pure et sincère, à Madame la comtesse Hanska, je suis presque sûr aujourd'hui que le seul obstacle qui s'oppose à mon union avec elle vient de ce qu'elle ne veut pas se marier avec un étranger sans l'agrément de son Souverain ; je prie Votre Excellence de mettre aux pieds de Sa Majesté l'Empereur de toutes les Russies, Votre Auguste Maître, la très humble demande que j'ai l'honneur de lui faire de son autorisation paternelle, en assurant Sa Majesté de la profonde reconnaissance que je conserverai de son consentement, heureux même de penser que je tiendrai d'Elle le bonheur de ma vie. » Pour inciter Nesselrode à la bienveillance, il lui rappelle bizarrement les services que les écrivains français du XVIIIᵉ siècle, Voltaire en tête, ont rendus à la culture

1. Lettre de novembre 1847.

russe. « Que Votre Excellence, conclut-il, veuille appuyer ma requête de ces motifs qui ne sont pas sans quelque noblesse, qu'elle plaide auprès de Son Auguste Maître la cause d'un attachement, vieux de quinze ans, dont la pureté plaide d'elle-même, et, en me rappelant sans cesse à la bonté de l'Empereur, je joindrai le nom de Votre Excellence à ce souvenir éternel[1]. »

Sans doute Honoré soumet-il ce brouillon de lettre à Mme Hanska. Effrayée de sa maladresse et de son audace, elle lui demande de n'envoyer aucune missive de ce genre à Nesselrode. Il obéit à contrecœur. Entre-temps, elle a pris des dispositions afin que tous ses biens soient dévolus à sa fille Anna en échange d'une rente viagère. Balzac se réjouit de cette décision qui, pense-t-il, rendra le mariage acceptable par l'autorité impériale et par les autres membres de la famille Hanski. « Je suis ravi de ce que le bonheur de ma vie soit dégagé de tout intérêt[2] », écrit-il à sa sœur. Lui-même, avant de quitter Paris, a rédigé son testament : « Je donne et lègue à la comtesse Eve de Hanska, née comtesse Rzewuska, demeurant en ce moment à Wierz-chownia, près Berditcheff, l'universalité de mes biens, meubles et immeubles, à la charge de faire à ma mère une rente viagère de trois mille francs par an. » L'énu-mération des legs à prévoir au cas où Mme Hanska refuserait le legs universel se termine par ces mots : « Je désire être enterré avec un convoi de la dernière classe, sans aucune voiture autre que celle pour le clergé[3]. » Ainsi, même en dénigrant cette mère qui l'a si mal aimé, il se préoccupe de lui assurer une vieillesse décente. Elle s'est du reste radoucie, depuis peu, à son

1. Lettre de décembre 1847.
2. Lettre de novembre 1847.
3. Testament olographique du 28 juin 1847.

égard. Elle lui écrit à Wierzchownia sitôt après le Jour de l'an et lui donne des nouvelles de la rue Fortunée où elle a fait, comme il l'en a priée, une tournée d'inspection : « J'ai trouvé tout dans le plus grand ordre, d'une propreté qui ne laissait rien à dire à la femme la plus minutieuse. Tu as deux braves gardiens ; je les crois très honnêtes. Ils désirent ton retour. [...] Comme toujours, cher aimé, je me tiens à ta disposition, très heureuse, tu le sais bien, quand je peux être de quelque utilité à ceux que j'aime tant. Tu peux compter sur moi en tout et pour tout, à tous les instants de ma vie. [...] Tu sais aussi que des engagements me pressent ; n'oublie pas ce que tu m'as promis pour mars ; j'ai à payer au 15 avril, et avant. A ton retour, que j'attends avec une grande impatience, nous nous entendrons pour que je ne te prenne que le moins qu'il sera possible [1]. »

Cette lettre, tout ensemble affectueuse et intéressée, rappelle à Balzac ses obligations parisiennes. Sa mère a besoin de lui. La maison de la rue Fortunée ne peut rester indéfiniment inhabitée. Trente mille francs de billets à ordre arrivent à échéance le 31 janvier 1848. Les actions des Chemins de fer du Nord vacillent et il est urgent de les sauver par un nouvel apport de fonds sous peine de tout perdre. En France, les républicains s'agitent. On craint des troubles dans les rues. Il faut être sur place pour défendre ses biens. Balzac se résigne à écourter un séjour qu'il souhaitait prolonger jusqu'au mois de mars. Qu'a-t-il obtenu d'Eve au cours de leurs brefs conciliabules seul à seul ? Elle veut bien le voir de temps en temps, mais ne songe pas encore à l'épouser. Châtelaine à Wierzchownia, elle ne tient nullement à finir bourgeoise à Paris. La situation ambi-

1. Lettre du 10 janvier 1848.

guë où se trouve leur couple, avec des échanges de lettres en guise de baisers, lui convient tout à fait. Elle vit le bonheur de sa fille et ne cherche plus à construire le sien.

Quand Balzac lui parle de la triste nécessité où il est de repartir, en plein hiver, elle ne le retient pas. Elle se contente de lui offrir une pelisse de renard. Mais le froid est si intense, en cette saison, que le tailleur de Wierzchownia confectionne aussi, pour le Français frileux, « un manteau à mettre par-dessus la pelisse et qui est comme une muraille ». Au moment des adieux, Eve, attendrie, ajoute à ces cadeaux pratiques une somme de quatre-vingt-dix mille francs qui devrait permettre à Honoré de faire face aux premiers embarras qui l'attendent loin d'elle. Il remercie pour tout, pour l'hospitalité, pour l'argent, pour la pelisse, pour l'amour au compte-gouttes.

Pendant ces quatre mois et demi, il a travaillé, tant bien que mal, à *L'Initié*, au *Député d'Arcis*, aux *Petits Bourgeois*, à *La Femme auteur*, à *Un caractère de femme*. Une activité dispersée et heureuse. Mais surtout, il a été délivré des soucis mesquins de sa vie à Paris : manuscrits à fournir dans les délais, créanciers à éconduire, argent à emprunter, journalistes à affronter... La paix à Wierzchownia si elle n'a pas été celle du cœur, a été celle de l'esprit. Il n'en appréhende que davantage le retour rue Fortunée.

Parti de Wierzchownia le 30 janvier, il retraverse l'Ukraine en voiture, grelottant et pestant, gagne Lvov puis Cracovie, où il peut enfin prendre le train pour Breslau. A chaque étape, il écrit à Mme Hanska. Il veut qu'elle n'ignore aucun détail de son voyage, le temps qu'il fait, les gens qu'il rencontre, le cours du rouble dans les différentes villes où il passe. Après s'être accordé un crochet par Mayence et Francfort, il rentre à Paris, avec le sentiment d'y être encore plus dépaysé qu'à Wierzchownia le lendemain de son arrivée. Là-bas, il vivait hors du temps, hors de l'espace, dans un château inexpugnable ; ici, il replonge dans le tumulte et le bruit de son époque. La rue est menaçante. Tous les amis qu'il aborde ont un air excédé et anxieux. Parvenu à ce point de confusion, il se demande s'il n'aimerait pas mieux être un sujet de Nicolas plutôt que de Louis-Philippe.

FIÈVRE POLITIQUE
ET FIÈVRE AMOUREUSE

Paris a la fièvre. Dans les banquets réformistes, les orateurs fustigent le gouvernement et exigent un changement de régime. La garde nationale elle-même semble gagnée par la contagion libérale. Tout en méprisant la mollesse de la monarchie de Juillet, Balzac, qui a toujours été partisan d'un pouvoir fort, craint les violences d'une populace déboussolée. Débarqué le 15 février 1848 il écrit, dès le 20, à Mme Hanska : « Vous ignorez que nous sommes à la veille d'une révolution. L'opposition livre une bataille au ministère dans la rue, cela peut n'être rien et être tout. »

Le 22 février, il dîne chez Jean de Margonne, qui possède un petit appartement à Paris. La plupart des invités se sont décommandés à la dernière minute, à cause des émeutes. Balzac, dont le loueur de voitures a refusé de se hasarder dans les rues, rentre chez lui à pied. En chemin, il constate que des barricades ont été dressées « dans notre faubourg ». La troupe, sans faire usage de ses armes, les démolit méthodiquement à coups de hache. La journée du lendemain risque d'être chaude. Toutefois, ces graves événements sont éclipsés pour Honoré par l'arrivée d'une lettre d'Eve, à laquelle il répond aussitôt : « Vous ne devinez pas les sensations que vient de me causer le parfum de ce papier. [...] L'oiseau indien [le Bengali] est sans chants ni couleurs hors de sa douce patrie. Il lui faut les roses de sa prébende [le minou], non des cages quelque dorées qu'elles soient[1]. » Et il ajoute : « Je hais la France et suis prêt à rester toute ma vie à Wierzchownia ou à Pawlovska[2]. » Le soir même, il apprend que le roi a cédé devant la colère de la foule et a sacrifié son président du Conseil, Guizot, par trop impopulaire, pour le remplacer par Molé : « C'est le premier pas de Louis-Philippe à l'exil ou à l'échafaud, prophétise Balzac. [...] Les gens sensés sont consternés, mais ne savent que se consterner. [...] Maintenant ils crient : A bas Louis-Philippe ! Vive la République ! Qu'allons-nous devenir ? Je vais mettre mes passeports en règle car je ne veux pas vivre sous la république, son règne ne fût-il que de quinze jours[3]. » Et, une fois de plus, il proclame la nécessité d'un gouvernement autocratique : « La politique doit être impitoyable pour que les Etats soient sûrs et je vous avoue qu'en voyant ce que je viens de voir, j'approuve, comme toujours, et les *carceri duri* de l'Autriche, et la Sibérie, et les façons du pouvoir absolu. Ma doctrine de l'absolutisme gagne tous les jours, mon beau-frère s'y range. Ce qui s'est passé depuis deux jours est honteux. [...] C'est la niaiserie de Prudhomme sur le trône[4]. »

Dans la nuit du 24 au 25 février, Louis-Philippe se résigne à abdiquer et laisse la régence à la duchesse d'Orléans, mère du comte de Paris, âgé de neuf ans et

1. Lettre des 22 et 23 février 1848.
2. *Ibid.*
3. *Ibid.*
4. *Ibid.*

demi. Le roi quitte à pied les Tuileries et monte en voiture sur la place de la Concorde. Il fuit son peuple. Or, ce peuple ne veut ni de la régence, ni du comte de Paris, et la république est proclamée « par quelques misérables », selon l'expression de Balzac. Un gouvernement provisoire est aussitôt constitué, mais ne sait où donner de la tête. Poussé par la curiosité, Balzac descend les Champs-Elysées parmi un fleuve de badauds et entre aux Tuileries, dont les salons sont ouverts à tous vents. Les insurgés, ivres de leur victoire, brisent les glaces, les lustres de cristal, déchirent les riches rideaux de velours, crèvent les tableaux, brûlent les livres. Au vandalisme succède le pillage. On fait main basse sur tout ce qui traîne. C'est un festival de bêtise, de violence et de cupidité. Bien qu'écœuré par le spectacle de ces désordres, Balzac retrouve son instinct de collectionneur et emporte, en souvenir, « des ornements et des draperies du trône », ainsi que quelques cahiers d'écolier des « petits princes », le comte de Paris et le duc de Chartres. Après avoir mis à sac les Tuileries, les émeutiers pénètrent, sans coup férir, dans les casernes, s'emparent des armes, brûlent le palais de Neuilly ayant appartenu au roi. « Paris est au pouvoir de la plus vile canaille, constate Balzac. [...] Les mesures les plus révolutionnaires se succèdent avec rapidité. *Tout citoyen est garde national.* Enfin, ils ont déjà prononcé cette fatale trinité : *liberté, égalité, fraternité.* On se tutoie. [...] Je prévois une guerre sociale en France ou une guerre avec l'Europe[1]. » La présence au gouvernement provisoire de son ami Lamartine ne suffit pas à le rassurer. Il redoute l'idéalisme échevelé du poète. Au lieu d'apaiser les masses,

1. Lettre à Mme Hanska du 26 février 1848.

l'auteur des *Méditations* les enflammera par des promesses inconsidérées : « En ce moment, *Lamartine* !... garantit du travail à *tous* les travailleurs, et leur garantit un travail qui les rémunère *selon leurs besoins*. [...] C'est la démence de la démocratie. Si tel est le commencement, quelle sera la fin[1] ? »

Lors du pillage des Tuileries, Balzac a rencontré un jeune littérateur de sa connaissance, Jules-François Champfleury. A son invitation, celui-ci se rend rue Fortunée. L'entrevue durera trois heures. Vêtu de sa légendaire robe monacale, le célèbre romancier reçoit le débutant avec bonhomie : « Il riait souvent et bruyamment, écrira Champfleury[2] ; son ventre bondissait de joie et, derrière ses lèvres pleines de sang rouge, se montraient quelques rares dents, solides comme des crocs. » Superbe d'assurance, Balzac lui donne des conseils d'aîné sur la façon de conduire sa carrière. Champfleury s'est spécialisé dans des contes très brefs pour les journaux. Or, selon l'auteur de *La Comédie humaine*, les contes sont voués à être oubliés sitôt lus. Seuls le roman et le théâtre peuvent procurer l'argent et la notoriété. Et, pour preuve de sa réussite, Balzac montre à Champfleury sa « galerie ». En admirant les œuvres d'art exposées, le visiteur a soudain l'impression de se promener parmi les trésors du cousin Pons.

Ce jour-là, Balzac est de belle humeur. Mais il ne tarde pas à être repris par l'angoisse. Le 1er mars, « dix mille ouvriers sont sur les Champs-Élysées ! Ils veulent qu'on les surpaye. [...] Ils ont demandé, en annonçant l'intention de n'en point démordre, de travailler *moins* et d'être *plus* payés. Ce qui est quadrupler les prix de main-d'œuvre. C'est le renversement de tout le com-

1. *Ibid.*
2. *Note sur M. de Balzac* ; cf ; André Maurois, *op. cit.*

503

merce[1] ». L'argent se cache. Les bourgeois tremblent. Le bruit court que la République songe à nationaliser les Chemins de fer. Immédiatement, les actions de la Compagnie du Nord dégringolent. La rente « 3 % » baisse de jour en jour. Dans les journaux, chez les éditeurs, la panique est telle qu'il devient impossible de caser un manuscrit que ce soit pour une publication en feuilleton ou pour un tirage en volume. Personne ne lit plus, la politique a tué la littérature. La maison de la rue Fortunée a perdu les trois quarts de sa valeur. Il y a des milliers d'appartements à Paris qui ne trouvent ni acquéreurs, ni locataires. Les boutiques ferment l'une après l'autre ; les faillites se multiplient. On ne parle que des élections à l'Assemblée constituante, prévues pour le mois d'avril. Le cens ayant été ramené à deux cents francs et Balzac étant propriétaire, rien ne s'oppose à ce qu'il présente sa candidature. Il le fait sans illusion, afin de tenter, une fois de plus, sa chance dans la conduite des affaires publiques. Son programme est simple : il faut un gouvernement à poigne, dont la durée et la fermeté rassurent « notre propriété, notre commerce, nos arts qui sont les fortunes de la France ». S'il n'est pas élu, il se réfugiera à Wierzchownia. Que ferait-il dans une république où la populace imposerait ses volontés à des dirigeants incapables ?

Les élections d'avril donnent une majorité écrasante aux républicains. Balzac, qui a négligé les « obligations de la campagne », ne recueille qu'une vingtaine de voix. Lamartine, en revanche, obtient un million six cent mille voix dans l'ensemble de la France. Mais Balzac pressent que le ministre-poète ne fera pas long feu. Louis-Napoléon a des chances de bientôt gouverner : il

1. Lettre à Mme Hanska du 1er mars 1848.

a été triomphalement élu dans quatre départements. « Nous aurons une parodie de l'Empire », annonce Honoré. Quant à lui, il se considère, dès à présent, comme ruiné. Dans son hôtel particulier de la rue Fortunée, parmi sa collection d'objets rares, il se nourrit de pain, de fromage et de salade. Une maladie nerveuse attaque ses yeux. Il lui arrive de voir double. S'il devient aveugle, il ne pourra pas terminer son œuvre. De quoi vivra-t-il alors ? De la charité publique ? Des aumônes d'Eve ? Le docteur Nacquart lui impose des vésicatoires aux oreilles. Sa mère préconise des sangsues sur les tempes. Et Mme Hanska ne paraît nullement pressée de le revoir à Wierzchownia. Elle lui conseille même de prendre pour femme une jeune personne fraîche et docile. Stupéfait, il montre cette lettre à la sœur parisienne d'Eve. Aline Moniuszko, ne faisant ni une ni deux, lui offre d'épouser sa propre fille, Pauline. Balzac informe Mme Hanska de cette proposition saugrenue, et la voici qui se vexe comme s'il l'avait trahie pour une autre ! Donc, elle est jalouse, conclut-il. Donc, elle l'aime. Donc, il a raison d'espérer le mariage. Pourvu qu'elle ne change pas d'avis entre-temps !

Au milieu de ce désarroi sentimental, politique et physique, une seule note claire : Mme de Brugnol a enfin décroché un mari ; non le sculpteur détraqué Elschoët, mais un riche industriel, veuf et père de deux enfants mineurs, Isidore Segault. « Cet homme est donc fou ! » s'écrie Balzac, oubliant qu'il a été lui-même l'amant de cette femme qu'aujourd'hui il méprise et déteste. En tout cas, il est rassuré : une fois honorablement et solidement casée, la Chouette renoncera au chantage et rendra les dernières lettres volées. D'ailleurs, Madame mère a conservé son estime à l'ancienne gouvernante-maîtresse de son fils. Elle a assisté à la cérémonie nuptiale, cachée au fond de l'église Saint-Roch. « Quel bonheur que d'avoir la certitude que ce taon [la nouvelle Mme Segault] ne piquera plus mon cher louploup », déclare Balzac à Mme Hanska. Et il ajoute : « Pas un ouvrier ne travaille, depuis cinq jours tout Paris est occupé à se garder[1]. »

Incapable de se consacrer à une tâche sérieuse dans le charivari des événements, Balzac tente d'écrire une pièce, *La Marâtre*. Il en a déjà lu trois actes à Hippolyte Hostein, directeur du Théâtre historique, et à Marie Dorval. Elle serait d'accord pour jouer le rôle principal, celui de Gertrude. Mais Hostein exige que sa maîtresse, Mme Lacressonnière, ait le second rôle féminin, celui de Pauline. Finalement, Marie Dorval, affectée par la mort de son petit-fils, Georges Luguet, âgé de quatre ans et demi, ne veut plus remonter sur scène avant quelque temps et c'est Mme Lacressonnière qui la remplace en tête de la distribution. *La Marâtre* entre en répétition. Ce drame de la jalousie entre une mère et sa belle-fille à propos du jeune homme dont toutes deux sont amoureuses ira jusqu'à une tentative d'empoisonnement. Balzac a agencé son intrigue avec maestria et le dialogue ne manque pas de vigueur. Il a déjà calculé les substantielles recettes que produira le spectacle. L'affaire s'annonce bien puisque, le 25 mai 1848, lors de la première, le public ovationne l'auteur. La critique, unanime, est favorable. « C'est son premier grand succès au théâtre », écrit Jules Janin. Théophile Gautier salue la naissance d'un dramaturge qui renouvelle de fond en comble l'art de la scène. Hélas ! le moment est mal choisi pour attirer les foules. Les émeutes recommencent sporadiquement. La plupart

1. Lettre du 28 février 1848.

des gens hésitent à mettre le nez dehors. Dès la deuxième représentation, la salle est aux trois quarts vide. Hostein annonce que, dans ces conditions, il retirera la pièce de l'affiche le 30 mai et emmènera la troupe en Angleterre. *La Marâtre* n'aura rapporté à Balzac que cinq cents francs au lieu des sommes fabuleuses qu'il escomptait. Cette chute l'abasourdit par sa brutalité : « Personne ne va au théâtre ; il y a des clubs au coin de toutes les rues ! L'état actuel de la France navre le cœur[1]. » L'unique point fixe dans cette tornade qui emporte tout, c'est Eve : « Au milieu de ces grands malheurs publics et des catastrophes privées, je m'attache au seul sentiment qui me fasse vivre, car, sans mon Eve, je crois que le chagrin m'aurait tué. [...] Oui, sans vous je n'existerais pas, j'en ai la certitude, car, après vingt-cinq ans de travaux, à cinquante ans dans onze mois, voir une position acquise, avec tant de peines et de soins, compromise sans espoir de la maintenir par le travail le plus acerbe, c'est à donner sa démission à l'Etre Suprême[2]. »

Le samedi 3 juin, Balzac appréhende un regain de violence à Paris. Jean de Margonne lui ayant offert l'hospitalité à Saché, il décide d'accepter cette invitation amicale. Loin des désordres de la capitale, il pourra, pense-t-il, trouver la paix nécessaire à la poursuite de ses travaux. Il compte finir là-bas une pièce à peine ébauchée, *Les Petits Bourgeois*. Peut-être aussi esquisser d'autres comédies. Mais, une fois sur place, il est envahi d'une paresse maladive. Depuis son veuvage en 1841, Margonne mène une existence tranquille, confortable et discrète. Des amis viennent souvent chez lui pour dîner et jouer au whist. On mange

1. Lettre à Mme Hanska du 31 mai 1848.
2. Lettre du 2 juin 1848.

trop, le vin est trop capiteux. « J'éprouve un tel bien-être physique, ici, que tous les ressorts du cerveau et de l'intelligence, si prodigieusement tendus à Paris, se sont relâchés et je sens des difficultés à remonter toutes les cordes au diapason voulu par le travail », écrit Balzac à Mme Hanska[1]. En outre, il a des palpitations de cœur, des étouffements qui l'épuisent. C'est à peine s'il peut encore gravir le raide escalier du château. Et les nouvelles de Paris sont de plus en plus alarmantes. Des bandes de manifestants parcourent les rues en réclamant « du travail et du pain ». Le 22 juin, la Commission exécutive, après avoir ordonné la fermeture des Ateliers nationaux, refuge des ouvriers sans travail, confie les pleins pouvoirs militaires au général Cavaignac pour faire entendre raison aux mécontents. Les émeutiers répliquent en dressant des barricades rue Saint-Denis et bientôt le centre et l'est de la ville sont en insurrection. Il s'ensuit une répression sanglante et d'innombrables arrestations. On chuchote que les « journées de juin » ont coûté vingt-cinq mille morts. Les sacrifices de la garde nationale sont également très élevés. Les théâtres sont fermés. Lamartine perd tout son prestige. La folie règne sur une population qui ne sait où elle va. Balzac se félicite de s'être retiré à Saché, car, à Paris, il aurait été mobilisé dans la garde nationale et serait sûrement mort lors d'un assaut contre les barricades. « Ma carrure aurait offert une cible aux insurgés », dit-il en plaisantant. Mais sa boutade dissimule une frayeur profonde. Margonne craint maintenant que les troubles ne gagnent la province. Saché ne lui paraît plus très sûr. Il songe à partir lui-même pour se mettre à l'abri. Du coup, Balzac se résout, bon gré, mal gré, à rentrer rue Fortunée.

1. Lettre du 7 juin 1848.

Il quitte Saché le 6 juillet 1848 pour retrouver un Paris terrorisé et exsangue. Par bonheur, plusieurs lettres d'Eve l'attendent à son domicile. Rien qu'à la vue de son écriture, il renaît. « C'est le *paradis* ! lui répond-il. S'abreuver comme cela, sans arrêt, à la source de votre âme, vivre deux mois de votre vie en deux heures, c'est indescriptible. [...] Au milieu de Paris morne et désert, de Paris abandonné par un tiers de ses habitants, je suis gai ; vous savez pourquoi, c'est que je vois que vous m'aimez autant que je vous aime[1]. » Eve ne se contente pas de lui écrire, elle lui fait un envoi de dix mille francs, grâce à quoi il pourra effectuer un nouveau versement pour les actions de la Compagnie du Nord qui vont certainement monter, le réseau ferroviaire étant en voie d'achèvement. De plus, la Comédie-Française lui consent une avance de cinq mille francs sur *Les Petits Bourgeois*. Ainsi encouragé, il médite déjà d'adapter *La Comédie humaine* sous une forme dramatique. Mais en aura-t-il la force et le temps ? Chateaubriand est mort le 4 juillet. Balzac suit le cortège funèbre et assiste à la messe, en l'église des Missions étrangères, rue du Bac, préliminaire aux obsèques solennelles à Saint-Malo et à l'inhumation au Grand-Bé. Pendant la cérémonie parisienne, les gens commentent à voix basse, avec des mines traquées, les derniers événements. « C'était froid, prévu et indifférent. On était comme à la Bourse », constate Balzac. Il dîne chez sa sœur, fait un whist dans la soirée et rentre à la maison en voiture. Dans les rues, retentissent les cris des sentinelles : « Passez au large ! » « Garde à vous ! » « Qui vive ? » Les sourds et les distraits qui n'obéissent pas aux injonctions des soldats risquent d'être tués sur place.

1. Lettre du 7 juillet 1848.

Déplorer la perte d'un grand homme n'empêche pas de briguer sa succession dans les honneurs. A peine revenu des funérailles de Chateaubriand, Balzac songe à se présenter au fauteuil du défunt à l'Académie française. Hugo l'y incite tout en lui faisant observer qu'une trop grande précipitation serait jugée indécente. Il faut laisser courir un délai de convenance. Le 20 juillet, *La Marâtre* est reprise au Théâtre historique. Mais le public, encore effarouché par les secousses révolutionnaires, ne vient pas. Les représentations sont arrêtées, faute de spectateurs, le 20 août. Tant de malchance pourrait détourner Balzac des planches. Mais non : il est un « mordu » de la scène. Malgré la persistance de ses malaises oculaires et cardiaques, il écrit *Mercadet* (titre définitif : *Le Faiseur*) et le lit bravement aux acteurs de la Comédie-Française. Toutefois, il n'a pas encore rédigé le cinquième acte. Il s'en sort en le racontant avec son brio habituel. La pièce est acceptée à l'unanimité. Seulement, il doit prendre son tour avant d'envisager les répétitions. D'ici là, les choses peuvent changer.

Quoi qu'il en soit, Balzac ne veut pas retarder, à cause de promesses théâtrales et académiques encore lointaines, le bonheur inouï d'un séjour à Wierzchownia. Le souvenir de la bien-aimée – détails de sa toilette, parfum de ses cheveux, froissement de sa robe – l'aide à supporter ce Paris qu'il exècre davantage encore depuis que les républicains se sont emparés du pouvoir. Dans la perspective du voyage, il va voir le curé de sa paroisse, Saint-Philippe-du-Roule, et lui demande un *demissorium*, formulaire permettant un mariage religieux en dehors du diocèse de Paris. Le prêtre se montre compréhensif, mais ne délivre la dispense matrimoniale que pour les diocèses catholiques de

Pologne. Comme Mme Hanska a prévu de se rendre bientôt à Saint-Pétersbourg, Balzac la rassure en lui affirmant qu'il saura, sans faute, obtenir le même *demissorium* pour la capitale de l'Empire russe. Reste la question du visa. Afin de réunir tous les atouts dans sa main, Balzac appuie sa requête par une lettre au comte Ouvaroff, ministre de l'instruction publique, et une autre au comte Orloff, ministre de la Justice. Le premier prend conseil du second en précisant à son collègue : « Je n'ai jamais eu de rapports avec M. de Balzac, que je ne connais que par ses écrits et sa conduite politique tout à fait passive [1]. » Deux jours plus tard, c'est Orloff qui adresse un mémoire au tsar sur l'opportunité de la venue de Balzac en Russie : « Considérant la conduite irréprochable de Balzac lors de son dernier séjour en Russie [...], je croirais possible de satisfaire à la demande de Balzac de lui permettre de venir en Russie. » L'empereur apostille de sa main, en russe et au crayon, le document de son ministre : « Oui, mais avec une stricte surveillance. » Ouvaroff fait part à Balzac de cette auguste faveur du tsar : « Je suis charmé de vous annoncer, Monsieur, que Sa Majesté l'Empereur [...] a donné l'ordre que l'entrée de l'Empire vous fût ouverte. [...] Il me reste à vous exprimer l'assurance que vous trouverez ici l'oubli de la tempête qui bat le monde politique. Venez, Monsieur, partager la sécurité profonde dont nous jouissons, vous verrez que rien de ce qui a bouleversé l'Europe n'a ralenti un seul instant le progrès régulier et paisible dont vous avez été, il y a un an, le témoin ; peut-être trouverez-vous même que le contrecoup de tant de funestes événements a été de nous rallier plus étroite-

1. Lettre en français du 26 juillet (7 août) 1848.

ment autour du principe national garant de nos destinées et source de nos intérêts les plus précieux [1]. »

Ouf ! le dernier obstacle est tombé. Le 22 août, Balzac obtient son passeport à la préfecture de Police et, quelques jours après, les visas du consulat de Russie. Plus que jamais, il est résolu à fuir la pourriture française et à se faire naturaliser russe si le tsar l'exige. Pressé de régler les derniers détails de son départ, il donne procuration, par-devant notaire, à Laurent-Jan pour s'occuper de ses affaires littéraires et théâtrales, et une procuration générale à sa mère pour veiller sur sa maison de la rue Fortunée. En arrêtant ces dispositions, il a l'impression de rompre avec un univers qui ne veut plus de lui. Et, de fait, le mode de vie qui est en train de s'installer en France lui est tragiquement étranger. Il a évolué jusqu'ici dans la société des personnages de *La Comédie humaine*. Il a été, à son insu, l'un d'eux. Un nouveau monde est sur le point de naître, dont il ne connaît pas bien les tenants et les aboutissants. Les événements l'ont pris de vitesse. Dépassé, bousculé, il se sent incapable d'inventer des héros autres que Vautrin, Rubempré ou la cousine Bette, des aventures inédites qui vaudraient celles des *Illusions perdues*. A-t-il fini son temps ? La magie du théâtre lui permettra-t-elle de surmonter l'épreuve, alors que le riche terreau romanesque semble épuisé ? Saisi de vertige entre le passé qui lui a servi à construire son œuvre et le présent où il ne voit encore que brouillard, il se raccroche à Eve comme à sa dernière chance de salut. Peu importe que la France soit républicaine ou monarchiste : ce qui compte, c'est qu'à Wierzchownia on veuille bien de lui. Il n'est pas un touriste partant pour un voyage d'agrément, mais un exilé volontaire en

1. Lettre en français du 5 (17) août 1848.

quête d'une nouvelle patrie. Cependant, ce qu'il recherche désespérément, c'est moins l'Empire du tsar que l'empire d'Eve. Il est persuadé qu'au premier baiser il retrouvera le goût de vivre et le bonheur d'écrire. Selon lui, il a dans ses cartons dix-sept excellents sujets de pièces. « En restant à Wierzchownia, on peut faire facilement quatre pièces par an », affirme-t-il à Mme Hanska [1]. Puis : « Ô ma chère aimée, je vais donc enfin ne plus jamais quitter cette jupe aimée et m'y coudre [2] ! »

Le 19 septembre 1848, après de nombreuses démarches et des retards accumulés qui ont usé sa patience, il se rend à la gare du Nord et monte dans le train du soir à destination de Cologne. Il est lourd de bagages et léger de cœur.

1. Lettre du 6 août 1848.
2. Lettre du 23 août 1848.

VII

DERNIERS OBSTACLES
AVANT LE MARIAGE

Wierzchownia n'a pas changé. C'est Balzac qui n'est plus le même. Le moindre effort le fatigue et il a perdu le goût du travail. Cependant, il est ici déchargé de tous les soucis secondaires. Il aime se rendre, le matin, dans *son* cabinet, où *son* domestique, le géant Thomas Goubernatchouk, a déjà allumé le feu. Ayant adressé un sourire protecteur au moujik qui se prosterne, il s'assied à son bureau et jette un regard sur les manuscrits en cours : *Mademoiselle du Vissard ou la France sous le Consulat, La Femme auteur, Le Théâtre comme il est...* Il n'a que l'embarras du choix. Mais aucun de ces textes ne l'affriole. La tête vide, la main lasse, il ajoute quelques lignes à l'un ou à l'autre et se renverse sur le dossier de son fauteuil. Une robe de chambre en « termolama », de « couleur soleil », étoffe circassienne ou persane, à la fois légère et chaude, enveloppe son corps frileux. Ses pieds sont à l'aise dans des babouches fourrées. Les yeux perdus sur l'infini des champs, il savoure le privilège de n'avoir plus à écrire sur commande pour payer un billet ou apaiser l'impatience d'un directeur de journal. Logé, nourri, chauffé, servi, il n'a à se préoccuper de rien. Il se laisse vivre sans inquiétude et sans remords. Quand une demande d'argent lui arrive de Paris, il en prévient ses hôtes. Et Mme Hanska, après avoir un peu grondé, fait le nécessaire. Une banque russe transmet la somme à la banque Rothschild, et le tour est joué. Eve, Anna et même Georges déplorent l'irréflexion de Bilboquet, tout en ayant pour lui une affection et une admiration qui le touchent.

Pourtant, le mariage n'est pas encore pour demain. Mme Hanska hésite à épouser un homme si lourdement endetté et si prodigue. Les revenus de Wierzchownia ayant diminué, elle craint de ne pouvoir entretenir le ménage Balzac en France. La maison de la rue Fortunée est un gouffre insondable. En outre, Eve se doute qu'elle sera obligée de prendre à sa charge la mère d'Honoré et sa sœur, qui ne cessent de se plaindre. Mme Bernard-François de Balzac crie famine, Laure Surville a deux filles, Sophie et Valentine, à doter et à caser, et son mari se bat, comme Honoré lui-même, contre des meutes de créanciers. Dans ses moments de lucidité, Balzac reconnaît qu'il n'est pas un parti de tout repos. A la veille de l'an 1849, il dresse un bilan tragique à l'intention de sa sœur : « Les affaires, ici, sont plus difficiles que jamais, et tout va mal pour moi. Les dettes, qui sont encore de cent mille francs, effrayent beaucoup : aussi, si je n'étais pas là, je crois que tout serait abandonné. Cette maison [de la rue Fortunée] qui revient à trois cent cinquante mille francs, sans argenterie, sans linge, sans chevaux, ni voitures, ni etc., paraît être une folie au taux où sont les rentes qui baisseront encore ; et, au lieu de me servir, elle m'a nui. L'on me trouve trop magnifique, car on est positif comme toutes les personnes qui ont administré de grandes fortunes et, la fortune personnelle ayant été réduite à presque rien, l'avenir ne paraît pas en beau. [...] A cinquante ans, avoir encore cent mille francs de dettes et ne pas être fixé sur une question qui est toute ma vie et mon bonheur [le mariage], voilà la thèse de l'année 1849. Mme Hanska a eu pour quatre-vingt mille francs de blés brûlés par une imprudence et cet accident a compromis tous ses plans[1]. »

Son triple espoir maintenant, c'est de retrouver la passion du travail, d'obtenir qu'Eve, oubliant ses anciens griefs, se décide au mariage et que l'Académie française, enfin éclairée sur les mérites de l'auteur de *La Comédie humaine* et rassurée sur l'état de ses finances, l'accepte dans son sein. Il a chargé sa mère de déposer des « cartes » chez tous les académiciens. Mais un carton ne saurait remplacer une visite de courtoisie. Ne va-t-on pas le juger un peu trop cavalier chez les immortels ? Tant pis ! Quand on a son génie, on peut se permettre quelques entorses au protocole ! L'élection au fauteuil de Chateaubriand a lieu le 11 janvier 1849. Il n'y a que deux candidats : le duc de Noailles et Balzac. Le duc de Noailles l'emporte haut la main par vingt-cinq voix contre quatre à Balzac : celles de Hugo, Lamartine, Empis et Pongerville. Huit jours plus tard, nouvelle élection, cette fois au fauteuil de Jean Vatout. Balzac récolte deux voix : Hugo et Vigny. C'est le comte de Saint-Priest qui est élu. Balzac surmonte mal son dépit. Il aurait tant voulu offrir ce plaisir de gloire à Eve, en compensation de tous les ennuis qu'il lui cause ! Allons ! l'affaire n'est que remise. Il se montrera si opiniâtre qu'on finira bien par l'accueillir sous la coupole ! Pour l'instant, il se console en faisant des calembours avec Georges et en jouant aux échecs avec Eve. Elle n'aime pas perdre et parfois ses fâcheries gâchent la soirée. Mais souvent aussi ils bavardent avec

1. Lettre du 20 décembre 1848.

abandon jusqu'à deux heures du matin et le domestique, Goubernatchouk, doit leur servir du café brûlant en pleine nuit. Bien qu'ils se voient à longueur de journée, ils ont mille sujets de conversation : la maison de la rue Fortunée, l'avenir des enfants, la littérature, les dettes d'Honoré, ses projets de théâtre, de romans et, de loin en loin, sans insister, le mariage...

A Paris cependant, la mère d'Honoré a pris très au sérieux son rôle de gardienne de musée. François Munch, le portier, et Zanella, la cuisinière, lui obéissent au doigt et à l'œil. Son fils la charge de cent démarches auprès des créanciers, des entrepreneurs, des fournisseurs. Elle doit acheter pour lui des bobèches en cristal doré chez Macé, passage Vivienne, courir au Mont-de-Piété pour en retirer un plat d'argent et le confier à l'orfèvre Froment-Meurice comme modèle, afin de faire compléter le service de table de tous les jours, veiller à ce que Feuchère confectionne deux consoles en marqueterie de Boule à quatre-vingts francs pièce, installer dessus deux vases de Chine, l'un en Céladon gris, l'autre à médaillons de fleurs et d'animaux[1]. Elle lui rend compte en détail de toutes les missions qu'il lui confie. La vie solitaire et opulente qu'elle mène rue Fortunée lui convient parfaitement. Levée à l'aube, elle récite ses prières, s'habille, va à la messe, déjeune, ordonne au portier d'allumer les calorifères, dicte le menu du jour à Zanella (potage, marrons bouillis, un peu de poisson) et, le soir venu, ayant avalé une légère collation, monte dans sa chambre, aidée de François qui éclaire les marches devant elle, et passe des heures à lire *L'imitation* ou à tricoter une couverture pour sa petite-fille Sophie. De mémoire de

1. Instructions données par Balzac dans une lettre à sa mère du 26 octobre 1848.

mère, elle n'a jamais été aussi bien servie, ni respectée. Elle est la reine provisoire d'un palais destiné à une autre. Néanmoins, il arrive qu'elle s'attire une semonce de son fils, l'accusant d'une négligence ou d'une bévue. Ainsi, elle a commis l'étourderie de faire allusion, dans sa correspondance, aux difficultés financières de Laure et à l'insuccès de Surville dans ses entreprises de travaux publics. Or, les lettres, apportées à Wierzchownia par un domestique, qui va à cheval les chercher à Berditcheff, sont aussitôt déchiffrées en famille avec avidité et commentées pour que chacun profite des nouvelles reçues par les autres. Ayant eu l'imprudence de lire à haute voix le début d'une de ces épîtres maternelles pleines de lamentations, Balzac a dû avouer que son beau-frère était au bord de la ruine. Cette révélation a produit le plus mauvais effet sur Eve, qui redoute toujours d'être responsable, le cas échéant, des dettes de tout le clan Balzac. Comme Honoré reproche durement cette inadvertance à sa mère, elle se vexe d'être si mal récompensée de ses efforts pour le satisfaire. Drapée dans sa dignité, elle passe du tutoiement au vouvoiement, en un style pathétique : « Quand vous serez plus aimable pour votre pauvre mère, elle vous dira qu'elle vous aime. Je fais des vœux pour votre tranquillité ; la nôtre est un problème[1]. »

A son tour, Honoré se rebiffe : « Ma chère mère, si quelqu'un a jamais été étonné, c'est bien certainement le petit garçon de cinquante ans à qui s'adressait ta lettre, mélange de *vous* et de *tu*, en date du 4 de ce mois, et reçue hier. [...] Et quitte à en recevoir une autre du même genre, je te dirai que j'en ai ri ; si elle ne m'avait pas profondément navré en y voyant une absence complète de justice et une si cruelle ignorance

1. Lettre du 4 mars 1849.

de nos deux positions. A ton âge, tu devrais cependant savoir que, si l'on ne prend pas de mouches avec du vinaigre, on prend encore moins les femmes avec ce désagréable acide. La fatalité veut que cette lettre, d'une raideur étudiée et d'une sécheresse superlative, me tombe au moment où je me disais qu'à ton âge tu devrais avoir toutes tes aises et que Zanella devait rester toujours auprès de toi ; que je ne serais content que lorsque tu aurais, outre ta pension de cent francs par mois, ton loyer payé et trois cents francs pour Zanella, ce qui faisait à peu près mille huit cents francs au lieu de mille deux cents. [...] Et il faut qu'à propos de choses dont tu reconnais toi-même la vérité, il me tombe une lettre qui, moralement parlant, fait l'effet des regards irrités et fixes avec lesquels tu terrifiais tes enfants quand ils avaient quinze ans et qui, à cinquante ans que j'ai malheureusement, manquent tout à fait leur coup. De plus, la personne de qui j'attends tout le bonheur de ma vie, et le seul d'une vie orageuse, travailleuse, agitée, traversée de haut en bas dans une constante misère, cette personne n'est pas un enfant ; ce n'est pas une jeunesse de dix-huit ans éblouie par la gloire, ni séduite par la fortune, ni attirée par les charmes de la beauté, je ne lui offre rien de tout cela. [...] Elle est très défiante, et les événements de la vie ont augmenté sa défiance à un point où elle est extrême. [...] Il était tout naturel que, dans les dispositions où je la sais depuis dix ans, je lui aie dit qu'elle n'épousait pas ma famille, qu'elle serait entièrement maîtresse de voir ou de ne pas voir les miens, car la probité, la délicatesse, le bon sens prescrivaient d'agir ainsi. Aussi ne vous ai-je pas caché cette condition et à Laure et à toi. Déjà ceci, qui cependant est naturel et de la plus exacte vérité, vous a paru louche et vous avez pensé que c'étaient des prétextes ou quelque mauvaise chose de ma part : envie de m'élever, aristocratie, abandon des miens, etc., car vous avez, toi et Laure, de l'imagination pour les *cachots en Espagne*. C'était et c'est pourtant la pure et simple vérité. Hé bien ! crois-tu que tes lettres où tu me dis à peine quelques mots de tendresse écourtée, à moi qui suis pourtant ou devrais être un sujet d'orgueil pour toi, et une lettre surtout comme celle que j'ai reçue hier, puissent *affriander* une femme de ce caractère et de cette expérience pour une nouvelle famille ? Voyons ! Laure m'écrit une lettre [...] où elle dépeint sa position et celle de son mari sous les couleurs les plus sombres, elle y parle de misère pour elle et ses enfants [...], que crois-tu que des étrangers, qui sont les plus grands seigneurs de ce pays, pensent d'une famille en voyant la sœur dans cette situation avec deux filles sans dot, non mariées, le beau-frère ayant besoin de cent mille francs de capital au moins pour ses affaires, et une mère à qui son fils pense incessamment et qui commence par lui faire [une rente de] deux mille francs environ par an, et enfin un homme de cinquante ans qui a encore cinquante mille francs de dettes. [...] Je ne te demande certes pas de feindre des sentiments que tu n'aurais pas, car Dieu et toi savez que tu ne m'as pas étouffé de caresses, ni de tendresse depuis que je suis au monde [...] mais ce que je voudrais, ma chère mère, c'est *l'intelligence de tes intérêts* que tu n'as jamais eue, c'est de ne pas barrer encore mon avenir, car je ne te parle pas de mon bonheur [1]. »

Balzac craint tellement que les grossières insistances de sa famille n'irritent Eve, et n'empêchent un mariage sur lequel il compte pour assurer sa félicité et sa fortune, qu'ayant écrit cette longue lettre de mise au point

1. Lettre du 22 mars 1849.

à sa mère il en écrit une autre, le même jour, à sa sœur. Il la supplie de faire comprendre à leur mère qu'il est dans la situation délicate d'un quémandeur, que Mme Hanska risque d'être effarouchée par le dénuement et les exigences des proches de son fiancé et que, rien n'étant encore réglé, une phrase de trop suffirait à compromettre des années de patientes approches : « Ne prends pas en mal tout ce que je te dis. Cela part d'un bon cœur et d'une envie de t'éclairer sur les manières d'agir en fait de mariage ; alors, chère enfant, il faut marcher comme sur des œufs, réfléchir à un mot, à toutes ses actions [...] La seule chose dont j'ai soif, c'est la tranquillité absolue, la vie intérieure et le travail modéré pour terminer *La Comédie humaine*. [...] Si les choses échouent complètement, je reprendrai la bibliothèque et ce qui m'appartient rue Fortunée, et je recommencerai philosophiquement la vie et ma fortune. [...] Mais, cette fois, je me mettrai en pension dans un établissement quelconque et je n'aurai qu'une chambre garnie afin d'avoir une indépendance absolue de toute chose, même de mobilier. [...] Pour moi, l'affaire actuelle, sentiment à part (l'insuccès me tuerait moralement), c'est tout ou rien ; c'est quitte ou double. Une fois la partie perdue, je ne vivrai plus, je me contenterai de la mansarde de la rue Lesdiguières et de cent francs par mois. Le cœur, l'esprit, l'ambition ne veulent pas en moi autre chose que ce que je poursuis depuis seize ans ; si ce bonheur immense manque, il ne me faut plus rien et je ne veux rien. Il ne faut pas croire que j'aime le luxe ; j'aime le luxe de la rue Fortunée avec tous ses accompagnements : une belle femme, bien née, dans l'aisance et avec les plus belles relations ; mais je n'ai rien de tendre pour cela en soi-même, et la rue Fortunée n'a été faite que *pour* et *par* elle. [...] Si je ne suis pas grand par *La Comédie humaine*, je le serai par cette réussite, si elle vient. »

A Paris, toute la famille suit, à travers les lettres d'Honoré, les fluctuations de son aventure sentimentale avec l'Etrangère. Voudra-t-elle enfin de lui comme époux ? La nièce de Balzac, Sophie Surville, note ingénument dans son journal : « Elle [Mme Hanska] est bien fière ; elle le croira au-dessous d'elle, tout illustre qu'il est. Je me trompe peut-être. Aussi je désire bien ardemment que tout réussisse selon ses souhaits. Et cependant cela nous séparera. Nous serons humiliés, qu'importe ! Je m'en vais prier ce soir pour le mariage de mon oncle[1]. » De son côté, Laurent-Jan, que Balzac a chargé de discuter ses affaires avec les théâtres, les éditeurs, les journaux, lui reproche de laisser trop longtemps le public sans un nouveau chef-d'œuvre à se mettre sous la dent. Il s'est démené comme un beau diable pour « placer » *Le Faiseur*. Bien que la pièce ait été acceptée, un changement à la tête de la Comédie-Française a fait repousser la réalisation à plus tard. Lors d'une seconde lecture, la pièce n'a plus été reçue qu'« à correction ». En mars 1849, elle est proposée au *Théâtre historique*. Mais cette salle connaît un triomphe avec « les sempiternels *Mousquetaires*[2] » et refuse, en conséquence, de monter *Le Faiseur* dans l'immédiat.

Au vrai, à cette époque, Balzac se sent très loin des scènes parisiennes. Les bruits de coulisses lui parviennent tellement assourdis par la distance qu'il s'étonne d'avoir pu s'y intéresser naguère. Aujourd'hui, toute son attention est requise par les multiples démarches

1. Le « Journal de Sophie Surville » a été publié par André Lorant dans *L'Année balzacienne*, 1964.
2. *La Jeunesse des Mousquetaires*, d'Alexandre Dumas et Auguste Maquet.

d'Eve pour la transmission légale de ses biens à Anna et la constitution de la rente viagère qu'elle doit toucher en échange de cet abandon. Les autorités semblent acharnées à entraver le mariage qu'elle se propose de contracter avec un citoyen français. Lui qui admirait tant le régime autocratique de la Russie est stupéfait d'en être à son tour la victime. Pour la première fois, il souffre d'une contrainte politique qui le prive de sa liberté de mouvements et même de pensée. Dès le 5 janvier 1849, il a écrit au ministre Ouvaroff : « J'aime, depuis bientôt seize ans, une noble et vertueuse femme. [...] Cette personne est une sujette russe dont la parfaite soumission ne saurait être mise en doute. [...] Elle ne veut pas épouser un étranger sans le consentement de Son Auguste Souverain ; néanmoins, elle a daigné m'autoriser à le solliciter. [...] Madame Hanska, veuve depuis six ans, n'a pas voulu qu'il fût question de mariage jusqu'à ce qu'elle eût accompli ses devoirs de mère en mariant sa fille unique et en la mettant en possession de la fortune paternelle qui est assez considérable. Quant à ce que Madame Hanska possède en propre, c'est assez restreint pour que ma demande soit entièrement désintéressée. [...] Ainsi, la question qui pourrait préoccuper, en semblable circonstance, celle d'immeubles russes transmis à un étranger, se trouve sans importance. [...] Quant à moi, si Sa Majesté a la bonté de m'accorder la grâce que j'ai l'honneur de solliciter, je n'oublierai jamais qu'après avoir travaillé, peut-être inutilement dira-t-on, pendant vingt années à la gloire de mon pays, sans en avoir jamais rien reçu, ce sera de Sa Majesté l'Empereur de Russie que j'aurai tenu la seule récompense que j'ambitionne pour prix de tant de travaux. »

Après avoir traîné de bureau en bureau, la requête aboutit à un refus catégorique. Le 22 mars 1849, Balzac expose clairement la situation à sa sœur Laure : « Non seulement le maître n'a pas consenti, mais, par l'organe du ministre, il nous a été dit qu'il y avait des lois et que je n'avais qu'à y obéir. Or, la loi oblige Mme Hanska à vendre ses biens, car la femme d'un étranger ne peut conserver sa fortune dans le pays qu'en vertu d'un oukase. Or, Mme Hanska ne possède pour toute fortune qu'une terre de mille sujets et sujettes, d'un revenu de vingt mille francs. La vendre, c'est se ruiner. » De son côté, Mme Hanska a écrit au général-gouverneur Bibikoff pour implorer de Sa Majesté cette infime dérogation aux dispositions législatives : « Vous ajouterez, mon Général, une grande faveur à cette bonté si vous pouviez m'obtenir la permission de garder (bien que mariée à un étranger) une petite terre que je possède en propre dans le gouvernement de Kiev et qui est toute ma fortune. » La réponse du général-gouverneur est un « non » tranchant : « Madame, j'ai l'honneur de vous informer que Sa Majesté l'Empereur n'a pas accordé son consentement à ce que vous conserviez, Madame, vos droits de propriété sur la terre que vous possédez dans le cas de votre mariage avec M. de Balzac. »

Désarmé, Balzac a l'impression de se battre contre une montagne. De nouveau, il se surprend à regretter les libertés républicaines. Ce découragement est aggravé par la brusque détérioration de son état de santé. Lors de son séjour à Saché, il avait déjà été alerté par des troubles cardiaques. Ici, dès qu'il met un pied devant l'autre, dès qu'il lève un bras pour se peigner, il est pris d'étouffements. Sa gorge se contracte, ses poumons manquent d'air, il se rassied, le souffle court, les jambes coupées. Les médecins attachés à Wierzchownia, le docteur Knothé et son fils, tous deux élèves du fameux docteur Frank, parlent d'une hypertrophie du cœur. Estimant qu'il faut purifier et alléger le sang du malade, ils lui font absorber à jeun du jus de citron pur. A peine a-t-il avalé le liquide qu'il est secoué par des vomissements incoercibles. Il n'en garde pas moins sa confiance aux deux médecins qui le soignent. Ne sont-ils pas des protégés de la divine Eve ? Cela suffit à leur donner du talent. Ils disposent de poudres secrètes qui font, paraît-il, merveille. Mais le traitement risque d'être long. Première prescription impérative : éviter toute émotion, renoncer à tout travail. Balzac accepte sans trop rechigner de délaisser, pour un temps, ses manuscrits. En janvier 1850, alors qu'il espère la guérison, il est atteint d'une forte bronchite. Ses quintes de toux lui déchirent la poitrine et le laissent anéanti, haletant, au bord de la syncope. « Je me voyais déjà enterré ici, ayant craché mes poumons, écrit-il à sa mère. Il a fallu rester dix jours dans ma chambre sans en sortir, et même au lit ; mais ces dames ont eu l'adorable bonté de me tenir compagnie, sans se rebuter de ma manière de cracher qui est un vrai vomissement de mal de mer. J'ai eu des sueurs, à croire que j'avais la suette, enfin j'ai bien souffert ; mais me voilà quitte et je suis même acclimaté. [...] Néanmoins, la maladie chronique est toujours là [1]. »

Bien que soulagé de sa bronchite, Balzac est si faible qu'il songe constamment à la mort. A-t-il le droit, dans son état, de souhaiter encore le mariage ? Ce n'est pas un homme valide, en possession de tous ses moyens, qu'il offrira à Eve, mais un malade incurable, et presque un impuissant. Elle ne sera pas son épouse et son amante, mais son infirmière. Au lieu de la combler, il excitera sa pitié, voire sa répulsion. Sans doute même

1. Lettre du 10 janvier 1850.

cessera-t-elle de l'admirer, car, épuisé par l'âge et la souffrance, il ne sera plus en mesure de soutenir sa réputation de grand écrivain. Et pourtant, il ne peut renoncer au rêve de sa vie, alors qu'il est sur le point de toucher au but. D'ailleurs, par un étrange retournement psychologique, Eve, si réticente quand il était en bonne santé, se montre maintenant disposée à se laisser passer la bague au doigt. Ce n'est plus elle, c'est lui qui a peur. Il se demande soudain s'ils n'auraient pas tort, une fois mariés, de quitter la Russie pour la France. En Russie, l'ordre règne ; en France, tout n'est qu'improvisation et incertitude. Louis-Napoléon est président de la Deuxième République, mais on le dit si faible, si velléitaire ! Est-il capable, malgré son nom légendaire, de diriger l'Etat ? Madame mère en doute : « Quant au pauvre président, écrit-elle à son fils, on remarque partout sa fatigue intellectuelle et sa préoccupation. Il ne sait, à ce qu'il paraît, se faire la marque impénétrable que tout homme politique doit prendre, et paraît si visiblement tourmenté qu'il répond souvent *oui* pour *non* et ne sait, les trois quarts du temps, ce qu'on lui dit. Il a encore de l'inquiétude dans l'air. Chacun dit : comment tout cela finira-t-il[1] ? »

Malgré la grande fatigue d'Honoré, le couple effectue un déplacement à Kiev pour la « foire aux contrats ». A peine arrivé, Balzac fait quelques visites aux autorités afin de se mettre en règle avec elles, mais un vent glacé souffle sur la ville. Ayant pris froid, il doit de nouveau s'aliter. « J'ai eu quatre jours de fièvre, écrit-il à sa mère, et j'ai gardé vingt jours la chambre, sans sortir. Les bronches, les poumons, tout a été attaqué. Ce n'est pas encore fini. Décidément, ma nature se refuse à l'acclimatement. Ce pays-ci est impossible

1. Lettre du 10 février 1850.

pour les natures exclusivement nerveuses[1]. » Alors qu'il craint d'agacer Eve par ses indispositions successives, il semble qu'elle se soit rapprochée de lui en le voyant si mal en point. Chaque jour, il constate sur elle ce miracle de la charité. Il peut affirmer à sa mère : « Je crois que tout ira bien. Dans cette heureuse hypothèse, il faudrait bénir le voyage de Kiev, car la comtesse m'a héroïquement gardé pendant tout le temps sans sortir[2]. »

En vérité, Mme Hanska, ayant longuement pesé le pour et le contre, a fini par accepter l'idée de devenir Mme Honoré de Balzac. Au mois de février 1850, elle a fait les ultimes démarches pour donner ses terres à sa fille, non par un simple accord familial, de gré à gré, mais par un acte officiel dûment enregistré. Cette mesure devrait suffire à lever l'interdit impérial qui l'empêchait d'épouser un étranger et de le suivre dans son pays. Cependant, les formalités administratives et religieuses se révèlent plus longues et plus compliquées que prévu. Georges et Anna interviennent personnellement pour hâter la publication des bans. Enfin, en mars 1850, toutes les signatures sont obtenues, tous les cachets sont apposés au bas de tous les papiers nécessaires : Eve et Honoré se rendent à Berditcheff, ville choisie pour le mariage. Balzac doute encore de son bonheur. « Tout est préparé pour l'affaire que tu sais, annonce-t-il à sa mère, mais je ne t'en écrirai qu'à Wierzchownia après la terminaison ; ces choses-là, ici comme partout, ne sont finies que quand on sort de la cérémonie. [...] Maintenant, chère mère, fais bien attention à la recommandation suivante. Je voudrais que Mme Honoré trouvât sa maison [rue Fortunée] dans sa

1. Lettre du 16 (28) février 1850.
2. *Ibid.*

527

plus belle parure, et qu'il y eût de belles fleurs dans toutes les jardinières ; mais, comme il faut que les fleurs soient fraîches, je t'écrirai de Francfort pour te dire le jour où tu feras placer les fleurs. C'est une surprise que je prépare et je n'en dirai rien[1]. »

Jusqu'à la dernière minute, il craint un revirement de sa « fiancée » ou un arrêté impérial interdisant leur union. Mais Dieu est avec eux ! Le 14 mars 1850, à sept heures du matin, le couple est béni en l'église catholique de Berditcheff par le comte Victor Ozarowski, abbé délégué par l'évêque de Jitomir. Georges Mniszech est l'un des témoins. Au premier rang de l'assistance, Anna rayonne, tout heureuse de marier sa mère.

Après la cérémonie nuptiale, les membres de la petite famille retournent à Wierzchownia. Ils n'y arrivent, rompus, qu'à dix heures du soir. Balzac souffre d'étouffements et de palpitations qui lui coupent la parole. Quant à Eve, elle subit une rude crise de goutte. « Les pieds et les mains (deux merveilles surnaturelles dont a hérité sa fille), écrit Balzac à Laure, enflent au point de ne pas lui permettre de remuer les doigts et de marcher[2]. » La mariée, quinquagénaire et arthritique, n'en paraît pas moins belle à l'époux qui souffle comme un bœuf en montant l'escalier : « Il n'y a pas [...] dans ce pays de femme qui lui soit comparable ; c'est bien le diamant de la Pologne et le joyau de cette vieille et illustre famille Rzewuski. On peut dans tous les pays être fier d'elle, et j'espère que dans peu tu la verras, car, avant le mois de mai, je te présenterai ta belle-sœur », lit-on dans la même lettre. Autre chant de triomphe à l'intention, cette fois, de Zulma Carraud :

1. Lettre du 11 (23) mars 1850.
2. Lettre du 3 (15) mars 1850.

« Il y a trois jours, j'ai épousé la seule femme que j'aie aimée, que j'aime plus que jamais et que j'aimerai jusqu'à la mort. [...] Je n'ai eu ni jeunesse heureuse, ni printemps fleuri, j'aurai le plus brillant été, le plus doux de tous les automnes [1]. » Au docteur Nacquart, il détaille avec orgueil la généalogie de son épouse, « la petite-nièce de Marie Leczinska », et l'incroyable richesse dont elle s'est séparée par amour pour lui. Mais il avoue aussi le triste état de sa propre santé : « Je ne puis pas, après un an de traitement, monter vingt marches, j'ai des essoufflements sans cause, assis, ne faisant aucun mouvement. [...] Aussi ai-je hâte de revenir en France avec le diamant de la Pologne que j'ai conquis [2]. »

Il est si fier de ce « diamant de la Pologne » qu'il voudrait l'exhiber demain à sa famille, à ses amis, pour jouir de leur émerveillement. Dans un sursaut d'énergie, il se rend de nouveau à Kiev, afin de faire inscrire Eve sur son passeport et d'obtenir leur visa de sortie de l'Empire russe. Il revient à Wierzchownia avec des douleurs oculaires aggravées. « J'ai gagné à Kiev une ophtalmie, écrit-il à sa mère ; mes yeux ont une tache noire qui n'a pas encore disparu et qui couvre les objets [3]. » Inquiet, le docteur Knothé conseille de retarder le départ pour la France. Balzac ronge son frein. Enfin, après quelques jours de repos, il se sent assez requinqué pour prendre la route. Le 24 avril 1850, Eve et Honoré montent dans la grosse berline qu'ils ont achetée à Francfort et qui ploie sous le poids de leurs bagages.

Le voyage, par Cracovie et Dresde, constitue un sup-

1. Lettre du 5 (17) mars 1850.
2. Lettre du même jour.
3. Lettre du 2 (14) avril 1850.

plice pire que ce qu'ils prévoyaient. On est encore en plein dégel et les chemins sont à peine praticables. De temps à autre, la lourde voiture s'enlise dans la boue. Il faut mettre pied à terre, pendant que des paysans dégagent les roues avec des cordes et des crics. Debout au bord de la chaussée, une main sur le cœur, le souffle perdu, les yeux à demi aveugles, Balzac se demande s'il arrivera vivant à Paris. Profitant d'une halte à Brody, le 30 avril 1850, Eve écrit à sa fille : « Je ne suis pas du tout contente de sa santé ; ses étouffements deviennent de plus en plus fréquents ; il est dans un état de faiblesse excessive, sans aucun appétit, et des sueurs abondantes qui l'affaiblissent de plus en plus. [...] Mon mari revient dans ce moment ; il a fait toutes ses affaires avec une activité admirable ; nous partons aujourd'hui ; je ne me faisais pas l'idée de ce que c'est que cet adorable être ; je le connais depuis dix-sept ans, et tous les jours je m'aperçois qu'il y a une qualité nouvelle que je ne connaissais pas. Si seulement il pouvait avoir de la santé ! Tu n'as pas d'idée comme il a souffert cette nuit. J'espère que l'air natal lui fera du bien, mais, si cette espérance me manque, je serai bien à plaindre, je t'assure. C'est si bon d'être ainsi aimée, protégée ! Ses pauvres yeux vont aussi très mal. Je ne sais pas tout ce que cela veut dire et je suis, par moments, bien triste et bien inquiète. »

Le 10 mai, ils sont à Dresde. Balzac, qui distingue à peine les caractères qu'il trace sur le papier, écrit à Laure : « Un pareil voyage use la vie pour dix ans, car juge de ce que c'est que de craindre de se tuer l'un l'autre, ou l'un par l'autre, quand on s'adore. » Et, pour finir, cette recommandation capitale : « Je compte sur toi pour faire comprendre à ma mère qu'il ne faut pas qu'elle soit rue Fortunée à mon arrivée. Ma femme doit aller la voir chez elle et lui rendre ses respects. Une fois cela fait, elle peut se montrer dévouée comme elle l'est ; mais sa dignité serait compromise dans les déballages auxquels elle nous aiderait. Donc, qu'elle mette la maison en état, fleurs et tout, pour le 20, et qu'elle vienne coucher chez toi ou qu'elle aille à Suresnes, chez elle. Le surlendemain de mon arrivée, j'irai lui présenter sa belle-fille[1]. » Confirmation à l'usage de Madame mère : « J'espère être rue Fortunée le 20 ou au plus tard le 21. Je t'en prie donc instamment, fais que tout soit prêt pour le 19 et que nous trouvions à déjeuner ou à dîner. [...] Je te conjure d'aller soit à Suresnes, soit chez Laure ; car il ne serait ni digne ni convenable que tu reçusses ta belle-fille chez elle ; elle te doit du respect et doit t'aller trouver chez toi. [...] N'oublie pas les fleurs. Comme il m'est *impossible* de monter un escalier de plus de vingt-cinq marches, si tu étais chez Laure j'en aurais de moins à monter[2]. »

Profitant de la halte à Dresde, le couple fait quelques emplettes : Honoré achète une « toilette » de vingt-cinq mille francs, « qui est mille fois plus belle que celle de la duchesse de Parme », et Eve, pour sa fille, un collier de perles « à rendre folle une sainte ». Ces dépenses inconsidérées leur donnent l'illusion de vivre une seconde jeunesse. Ne sont-ils pas en voyage de noces ? Toutefois, Balzac doit se forcer pour feindre l'insouciance. Ses douleurs lui gâchent tout plaisir. Les voici à Francfort. Eve échange vingt-quatre mille roubles contre de l'argent français. Elle veut paraître optimiste pour n'être pas en reste avec son mari qui est si courageux. Cependant, de cette même ville, Balzac écrit, le 16 mai, à Anna Mniszech : « Je ne puis faire aucun mouvement sans une espèce de syncope, tant l'essouf-

1. Lettre du 11 mai 1850.
2. Lettre du même jour.

flement est violent. J'ai hâte d'être à Paris, car ma situation est intolérable. Il est impossible d'être plus admirable que votre maman. C'est un supplice pour moi que de lui donner le spectacle d'une souffrance continuelle. J'attends les effets de l'air du pays et ceux de l'air natal de Touraine. »

Le 20 mai au matin, conformément aux ordres d'Honoré, Mme Balzac mère quitte la rue Fortunée, laissant l'hôtel particulier à la garde du portier François Munch et de la nouvelle cuisinière, Marguerite. Au préalable, elle a garni les jardinières de fleurs fraîches et les bols de petites bruyères du Cap. Après dix-neuf mois passés, en qualité de maîtresse des lieux, dans un palais, cette vieille dame de soixante-treize ans a l'impression d'être chassée de chez elle par un fils ingrat. Du luxe, elle va retomber dans la gêne, de l'affairement dans l'ennui. Elle s'éloigne, le dos rond, avec ses ballots et ses paniers. Un fiacre l'emmène.

Le soir, un autre fiacre, venant du débarcadère du Nord, s'arrête rue Fortunée. Il transporte Balzac et son épouse. Les fenêtres de la maison sont brillamment éclairées. Mais la porte d'entrée est close. Le cocher sonne à plusieurs reprises, frappe, appelle. Pas de réponse. Malgré son illumination de fête, la demeure semble inhabitée. Balzac prévoit le pire. A sa requête, le cocher va chercher, en pleine nuit, un serrurier, rue du Faubourg-Saint-Honoré. Celui-ci force le verrou, ouvre la porte à l'aide d'un levier. Quand Balzac, précédant Eve, pénètre dans l'intérieur où toutes les lampes sont allumées et tous les vases garnis de fleurs, il constate que François Munch, devenu fou furieux, s'est réfugié au fond d'une pièce et refuse de reconnaître son maître. Il faut attendre le petit jour pour le faire saisir et interner, tandis qu'un médecin prodigue des soins à Marguerite, terrorisée et « malade à mort ».

Devant le désastre de ce retour, qu'il aurait voulu tout d'élégance et de tendresse, Balzac se demande si Eve ne risque pas de prendre en dégoût une France qui la reçoit si mal. Il espérait une apothéose, il vit un cauchemar. N'est-ce pas un mauvais présage ? Ayant payé le cocher et le serrurier, les nouveaux mariés se retrouvent, penauds, au milieu de leurs bagages, sans personne pour les servir, le ventre creux et les membres moulus. Balzac n'a qu'une envie : tomber aux pieds d'Eve et implorer son pardon. Il se ressaisit : les plus violents orages s'achèvent par une embellie. Il est impossible que demain ne fasse pas oublier aujourd'hui !

VIII

LE DÉCLIN

Dès le matin suivant, le docteur Nacquart se précipite au chevet de Balzac. L'homme robuste et exubérant qu'il a connu s'est transformé en un pauvre hère amaigri, au teint livide, au regard éteint et à la respiration entrecoupée. Effrayé de cette soudaine décrépitude, il appelle en consultation trois confrères célébrissimes : Pierre-Alexandre Louis, Philibert-Joseph Roux et Fouquier. Réunis le 30 mai, ils prescrivent de recourir à des « évacuations sanguines » : saignées, sangsues, ventouses scarifiées, plus des laxatifs et des décoctions de chiendent. Le patient devra éviter les aliments et les boissons aux effets excitants, manger et boire froid, s'interdire tout mouvement brusque, toute conversation prolongée, toute émotion et tout effort. Eve est constamment aux côtés de son mari et surveille les soins qu'on lui prodigue. Elle fait preuve de beaucoup de vaillance et de calme dans l'adversité. « Notre pauvre Honoré a été saigné ce matin, écrit-elle, le 1er juin, à Laure Surville. [...] Il s'est senti aussitôt soulagé. Notre adorable docteur [Nacquart] est venu le voir, ce matin ; il a trouvé le sang fort enflammé et la dernière palette contenait de la bile. Il paraît être assez satisfait et l'espoir que je lui vois me donne une force, un courage et une patience dont je ne me croyais pas susceptible. » Et elle ajoute : « Je ne vous apprends rien de nouveau en vous disant que c'est [Honoré] la plus belle âme qui soit sortie des mains du Créateur. » Comme sa vue baisse de jour en jour, Balzac renonce à écrire, fût-ce un court billet, et dicte ses lettres à sa femme, se contentant de les signer d'une main tâtonnante. Il a cependant assez de force pour convoquer un notaire, Me Gossart, afin de rédiger un contrat de mariage, en date du 4 juin, par lequel les conjoints se font mutuellement donation de l'universalité de leurs biens en cas de décès de l'un ou de l'autre. Cette décision apaise les craintes d'Honoré sur l'avenir de son épouse. Il persiste à croire que la maison de la rue Fortunée, avec ses objets d'art, représente un capital énorme. D'ailleurs, il est persuadé que, grâce aux remèdes du docteur Nacquart, grâce à l'amour d'Eve, grâce à son étoile, il s'en tirera. Il se plaît à rappeler les prédictions d'une voyante, laquelle lui a certifié jadis qu'il aurait, à cinquante ans, une grave maladie mais qu'il vivrait jusqu'à quatre-vingts ans. Dieu ne peut vouloir qu'il disparaisse avant d'avoir achevé son œuvre. Or, il a encore de nombreux sujets en tête pour enrichir *La Comédie humaine*. Constatant une légère amélioration dans l'état d'Honoré, Eve s'en réjouit et écrit, le 7 juin, à sa fille : « Le traitement qu'il suit a produit les plus heureux résultats. La bronchite a disparu, les yeux commencent à y voir, les défaillances ont cessé et les essoufflements, qui étaient presque continuels, deviennent de plus en plus rares. »

Puisque Balzac ne peut se déplacer et qu'Eve ne peut quitter son chevet, c'est Madame mère qui vient les voir. La rencontre des deux femmes est quelque peu guindée. Elles n'ont rien pour se comprendre et s'aimer raisonnablement. Même la maladie d'Honoré, au lieu de les rapprocher, les sépare. « J'ai enfin fait la connaissance de *belle-maman*, raconte Eve dans sa lettre à Anna. Comme mon état de garde m'empêche de sortir, elle est venue voir son fils. [...] Quant à la personne, entre nous soit dit, c'est une *élégantka zastarzala* [une vieille élégante] ; elle a dû être fort belle. [...] Heureusement, elle ne viendra pas trop réclamer nos respects, car elle est allée, pour la belle saison, à Chantilly. J'aime sa fille, qui est une petite boule toute ronde, mais qui a de l'esprit et du cœur. Le mari est un excellent homme et les petites sont charmantes. » De son côté, Laure Surville éprouve une vive sympathie pour cette nouvelle venue dans la famille ; Sophie juge que sa tante polonaise a la meilleure influence sur son oncle. Mais, autant elles font confiance à l'amour d'Eve pour sauver Honoré, autant elles sont sceptiques sur le traitement prescrit par le docteur Nacquart. Ne va-t-on pas épuiser le malheureux par ces trop fréquentes saignées ?

Un jour, toute la petite tribu est ébahie parce que le président de la République, le prince Louis-Napoléon, a daigné s'enquérir de la santé de M. de Balzac. Cet hommage officiel ne suffit pas, bien sûr, à guérir le malade. Auguste Vacquerie et Paul Meurice, qui lui rendent visite, le trouvent à demi couché dans un grand fauteuil. « Il était enveloppé d'une longue robe de chambre, écrira Auguste Vacquerie. Sa tête reposait sur un oreiller ; sous ses pieds s'étalait un coussin. Ah ! quelle lamentable métamorphose le temps et la maladie avaient opérée sur lui ! [...] Le grand romancier n'était plus que l'ombre de lui-même, considérablement amaigri, le visage d'une pâleur tombale. Tout ce qui lui restait de vie et d'énergie s'était concentré dans ses yeux. » D'une voix usée, Balzac balbutie : « Causez avec ma femme... Moi, ça m'est défendu aujourd'hui, mais je vous écoute[1]. » Les deux amis s'exécutent, gênés. Observant la nouvelle Mme Balzac, Vacquerie notera : « C'était une personne de manières très correctes, de physionomie agréable, distinguée, parlant bien, mais un certain embonpoint et quelques cheveux gris, mêlés à sa chevelure, annonçaient la venue de l'âge mûr[2]. »

Eve monte la garde pour que son mari ne soit pas trop souvent dérangé. Ainsi refuse-t-elle de recevoir Théophile Gautier, craignant qu'il ne le fatigue par ses bavardages. Honoré lui dicte une lettre au « bon Théo » pour s'excuser de n'avoir pu l'accueillir. Il prétend aller mieux : « Aujourd'hui, je suis débarrassé d'une bronchite et d'une affection qui embarrassait le foie. Il y a donc amélioration ; aussi demain attaque-t-on la véritable maladie inquiétante, dont le siège est au cœur et au poumon. On me donne de grandes espérances de guérison, mais je dois toujours rester à l'état de momie, privé de la parole et du mouvement ; etat de choses qui doit durer au moins deux mois. » Au bas du billet écrit par Eve, il griffonne de sa main quelques mots à peine déchiffrables : « Je ne puis ni lire ni écrire. » On est le 20 juin. Le surlendemain, il subit une rechute. « Je ne suis pas contente de l'état de santé de mon mari, annonce Eve à Laure Surville, et ce vésicatoire, sur lequel je comptais tant, a agacé ses nerfs d'une épouvantable manière ; il a eu même la fièvre toute la journée d'hier ; aujourd'hui, la fièvre a cessé, mais il est d'un profond abattement, et presque continuellement assoupi. » Pourtant, elle continue de faire confiance à « l'adorable docteur Nacquart ». Elle le tient au courant

1. Cité par André Billy, *Vie de Balzac* ; d'après Gabriel Ferry, *Balzac et ses amies*.
2. *Ibid.*

de l'évolution du mal et se repose sur lui pour apaiser ses inquiétudes : « La douleur que mon mari ressent au côté droit est devenue de plus en plus intense. Il semblerait que les lavements n'ont fait que l'accroître et il souffre véritablement d'une manière intolérable. J'oserai donc vous prier de venir le voir après votre dîner, et il doit beaucoup souffrir s'il me l'a demandé lui-même. [...] Je n'ai pas besoin de vous dire avec quelle reconnaissance je vous suis dévouée à la vie et à la mort[1]. »

Au début de juillet, la santé de Balzac décline encore. Le 6, l'un des praticiens consultants, ayant rencontré Victor Hugo, lui dit en confidence : « Il n'a pas six semaines à vivre. » Le 9, le docteur Nacquart diagnostique une péritonite. Laure, qui n'a pas le même respect que sa belle-sœur pour la science des médecins, écrit, le 11 juillet, à sa mère : « Le docteur [Nacquart] a mis bravement cent sangsues sur le ventre, en trois fois, à un homme hydropique, disant que cette maladie était peut-être un bien pour un mal et pouvait faire une réaction heureuse. » Eve participe à l'administration de ces soins avec une sérénité et une vaillance étonnantes. N'a-t-elle pas conscience que son mari est sur le point de mourir ? Accepte-t-elle cette issue comme une épreuve voulue par Dieu et contre laquelle toute révolte serait vaine, voire impie ? Laure estime que l'Etrangère est un « hiéroglyphe » énigmatique. Quoi qu'il en soit, son énergie et son sang-froid adoucissent les affres de Balzac. Raisonné par elle, il accepte les potions, les lavements, les coups de lancette, les sangsues. Rien ne la rebute. En la voyant si active, il se reprend à espérer. Il plaisante même sur son enflure maladive, parle de

1. Lettre non datée, de juin 1850.

ses romans à venir, du temps qu'il lui faudra pour les mener à bien et les publier.

Vers le 18 juillet, il reçoit la visite de Victor Hugo, amical, solennel et florissant. « Il était gai, notera Hugo, plein d'espoir et ne doutant pas de sa guérison, montrant son enflure en riant. Nous avions beaucoup causé et disputé de politique. Il me reprochait ma démagogie. Lui était légitimiste. » Au cours de la conversation, Balzac se déclare enchanté d'avoir un accès direct à la chapelle du coin de la rue. « Un tour de clef, dit-il, et je suis à la messe. » Puis, reconduisant son confrère, à petits pas prudents, jusqu'à l'escalier, il lui montre la porte de communication avec ladite chapelle. Et, du haut des marches, il crie à sa femme : « Surtout, fais bien voir à Hugo tous mes tableaux [1] ! »

Malgré les remèdes préconisés par le docteur Nacquart, ou à cause d'eux, l'état de Balzac empire à vue d'œil. L'affolement gagne l'entourage. La belle maison de la rue Fortunée n'est plus, dit Ève dans un triste jeu de mots, que « la maison infortunée ». Constatant l'enflure du ventre et des jambes, qualifiée d'« albumineuse », le médecin a recours aux ponctions. Valentine Surville, la sœur cadette de Sophie, indignée de cette torture supplémentaire infligée à son oncle, écrit, vers le 25 juillet, à sa grand-mère : « On a fait plusieurs ponctions à mon oncle ; l'eau ruisselle : ça n'est donc pas une hydropisie albumineuse ? Décidément, je crois que le pauvre docteur n'y voit goutte. » Et Laure Surville ajoute à la lettre de sa fille : « Je suis loin de trouver mon frère mieux ; il est enflé terriblement, il étouffe, l'appétit a bien disparu, il meurt de soif. M. Cordier a fait deux piqûres à deux endroits devenus gros comme deux têtes ; il en est sorti une cuvette d'eau et

1. Rapporté par Hugo dans *Choses vues*.

l'eau coulait toujours ; ce matin, on entame la seconde jambe, l'eau déjà ruisselle par une plaie que les bains de vapeur et l'écorchure du lit avaient tout naturellement faite. Je crains bien qu'on en vienne aussi à la ponction au ventre, et, comme l'eau ruisselle, que devient l'hydropisie couenneuse, albumineuse, etc. [...] Il y a un appareil de caoutchouc sur le tapis et des vases dessous lui. Ah ! que tout cela est triste. [...] Si le docteur ne t'écrit pas, c'est qu'il y a espoir ; quand les ponctions sont faites, les hydropiques respirent et l'on peut, peut-être, ensuite travailler le sang pour l'empêcher de tourner en eau ; mais en tout cas l'exemple de mon frère n'est pas fait pour donner confiance aux médecins : les grands décident qu'il y a maladie de cœur. Un mois après M. Leroyer (?) vient déclarer qu'il n'y a qu'hydropisie... et on ne sait quelle hydropisie. Oh ! pauvres malades, comme votre existence est en la main des médecins ! »

Les docteurs du corps se révélant inefficaces, on fait appel à un docteur de l'âme. L'abbé Ausoure, curé de Saint-Philippe-du-Roule, desservant la chapelle si chère à Honoré, rend visite au malade. Ils ont une longue conversation en tête à tête, mais Balzac n'en paraît guère soulagé. La souffrance est trop féroce pour que l'esprit puisse la dominer. Le 5 août, se déplaçant à peine, il heurte un meuble et l'eau sort à flots de sa blessure. Le même jour, Eve écrit, sous sa dictée, une lettre à Auguste Fessart, son homme d'affaires : « Le fauteuil que vous connaissez n'est plus possible, je reste au lit et j'ai des infirmiers pour me faire accomplir les mouvements indispensables à la vie, même quand on n'y appartient plus que de nom. Ma femme commence à succomber à sa tâche. Enfin je suis dans les douleurs d'un abcès à la jambe droite. C'est vous dire à quel point mes souffrances sont augmentées. Tout cela, je crois, est le prix demandé par le ciel pour l'immense bonheur de mon mariage. » Sous la signature de Balzac, Eve ajoute ces quelques lignes : « Vous vous demanderez, mon cher Monsieur, comment le triste secrétaire a eu la force d'écrire cette lettre. C'est que ce pauvre être est au bout de tout et que, dans cet état, on n'est plus qu'une machine qui fonctionne – jusqu'à ce que la Providence en brise le ressort dans un moment de miséricorde. »

Cependant, la gangrène causée par l'artérite gagne les tissus décomposés. Autour du lit, l'odeur devient nauséabonde. Le docteur Nacquart prescrit une potion de jusquiame et de digitale, conseille d'ouvrir portes et fenêtres, fait placer en plusieurs endroits de la « chambre mortuaire » des assiettes remplies d'eau phéniquée. Si le médecin se hasarde à parler de « chambre mortuaire », c'est qu'il a abdiqué tout espoir. Déjà, Balzac halète et délire. Il ne sait plus au juste s'il est encore de ce monde ou s'il évolue dans celui de *La Comédie humaine*, dont tous les personnages sont les enfants de son cerveau. On raconte qu'avant de perdre conscience il a appelé à son secours l'un des médecins imaginaires qui figurent dans son œuvre : « Seul Bianchon pourrait me sauver ! » répétait-il dans un souffle.

A la place de Bianchon, c'est l'abbé Ausoure, averti par Eve, qui se glisse le 18 août, à neuf heures du matin, dans la pièce aux senteurs pestilentielles. Balzac entend à peine ce que lui dit le prêtre. Mais, du regard, il le remercie pour ses paroles d'apaisement. Après avoir reçu l'extrême-onction, il sombre dans une épaisse somnolence. A onze heures, il entre en agonie. Dans l'après-midi, Mme Victor Hugo vient prendre de ses nouvelles. A la nuit tombée, c'est Victor Hugo lui-même qui se fait conduire en fiacre rue Fortunée. Il estime que son devoir est de rendre une ultime visite à celui qu'il considère comme son égal dans la gloire. Une servante en larmes l'introduit dans le salon où trône, colossal, le buste en marbre de Balzac par David d'Angers. Une autre femme, la garde sans doute, surgit et murmure entre deux soupirs : « Il se meurt. Madame est rentrée chez elle. Les médecins l'ont abandonné depuis hier. »

Eve, exténuée, est allée se reposer avant de reprendre sa place auprès du moribond. Selon une rumeur accréditée par le très malveillant Octave Mirbeau, elle ne se serait pas enfermée dans la pièce voisine pour s'allonger quelques instants, mais pour se pâmer dans les bras du peintre Jean-François Gigoux. Ainsi, elle aurait fait l'amour à deux pas de son mari expirant. Or, il a été prouvé qu'Eve ne connaissait pas Gigoux avant la mort d'Honoré. Toujours est-il que, s'étant assoupie, elle n'a pas assisté aux derniers moments de Balzac. Hugo s'étonne de ne pouvoir la saluer en ces heures graves. La garde lui propose d'aller chercher M. Surville, qui n'est pas encore couché. Resté seul, Hugo contemple les meubles précieux exposés comme dans un musée, les tableaux anciens pendus aux murs, le buste blanc qui se dresse dans la pénombre, tel « le spectre de l'homme qui allait mourir ». Il respire dans l'air une odeur pénétrante de médicaments et de cadavre. Enfin, voici Surville. Ensemble, ils gravissent l'escalier, couvert d'un tapis rouge et flanqué de statues, de bibelots, de crédences portant des émaux, et pénètrent dans la chambre où retentit le râle puissant de Balzac. « Un lit était au milieu de cette chambre, écrira Hugo[1]. Un lit d'acajou ayant, aux pieds et à la tête, des traverses et des courroies qui indiquaient un appareil de suspension destiné à mouvoir le malade.

1. Dans *Choses vues*.

542

M. de Balzac était dans ce lit, la tête appuyée sur un monceau d'oreillers auxquels on avait ajouté des coussins de damas rouge empruntés au canapé de la chambre. Il avait la face violette, presque noire, inclinée à droite, la barbe non faite, les cheveux gris et coupés courts, l'œil ouvert et fixe. Je le voyais de profil, et il ressemblait ainsi à l'Empereur. »

La garde et un domestique se tiennent debout de part et d'autre de la couche. Une odeur écœurante se dégage du corps étendu là, immobile, dont on se demande s'il a conservé une étincelle de vie. Hugo soulève la couverture et s'empare de la main de Balzac. Elle est inerte et mouillée de sueur. Il la serre légèrement en signe d'amitié. Balzac ne répond pas à la pression. La garde chuchote : « Il mourra au point du jour. » « Je redescendis, écrira encore Hugo, emportant dans ma pensée cette figure livide ; en traversant le salon, je retrouvai le buste immobile, impassible, altier et rayonnant vaguement, et je comparai la mort à l'immortalité. Rentré chez moi, c'était un dimanche, je trouvai plusieurs personnes qui m'attendaient. [...] Je leur dis : "Messieurs, l'Europe va perdre un grand esprit [1]." »

Balzac ne reprend plus connaissance. Il rend le dernier soupir dans la nuit même, le 18 août 1850, à onze heures et demie, peu de temps après la visite de Victor Hugo. Il a cinquante et un ans et trois mois. Le peintre Eugène Giraud fait un portrait, au pastel, du défunt sur son lit. Le visage est calme, presque souriant. Mais, quand le mouleur Marminia veut prendre l'empreinte de la face, il doit y renoncer, les chairs s'étant déjà décomposées. Il se contentera d'un moulage de la main. Laurent-Jan, qu'Eve n'aime pas à cause de son

1. *Ibid.*

allure débraillée, de ses sautes d'humeur et de son « mauvais ton », se charge des démarches : déclaration du décès à la mairie, organisation des obsèques, notice nécrologique aux journaux...

Un lourd silence s'est abattu sur la maison. Dans son deuil, Eve ne peut s'empêcher de songer à l'étrange contraste entre le cadavre sage qui gît au fond de la chambre, et le monde fantastique des personnages si vivants auxquels Balzac a donné naissance. Durant sa brève existence, il a tout voulu : la gloire, l'amour, la fortune. Et, de cette agitation opiniâtre, que reste-t-il ? Une veuve qui ne sait où porter ses pas, un hôtel particulier trop vaste, des meubles de prix qu'il faudra vendre à l'encan, mais aussi *La Comédie humaine*, qui, elle, est impérissable. Ainsi, cet écrivain assoiffé de plaisirs terrestres n'a réussi que dans les jeux de l'esprit. Lui, tellement préoccupé des conditions matérielles de sa carrière, il s'est enfin évadé des contingences qui entravaient sa marche vers la postérité. Soudain, la grande demeure de la rue Fortunée devient insupportable à celle pour qui elle a été conçue. En contemplant les trésors accumulés en ce lieu, elle se dit que tout cela, à quoi Balzac tenait tant, n'a rien à voir avec son vrai destin, et elle n'en aime que davantage cet homme qui s'est si souvent trompé dans sa vie et jamais dans son œuvre.

IX

LES AUTRES

Le curé de la paroisse ayant accordé une autorisation écrite, le cercueil contenant le corps de Balzac est exposé, pendant deux jours, dans la petite chapelle Saint-Nicolas du quartier de Beaujon. Le service funèbre, dans l'église même de Saint-Philippe-du-Roule, célébré le mercredi 21 août, à onze heures, est des plus modestes. Aucun insigne officiel sur le drap noir, pas de drapeaux, pas de musique militaire, pas d'uniformes. Mais, dans la nombreuse assistance, mêlés à des écrivains, à des journalistes, à des amis, quelques ouvriers typographes qui ont travaillé sur les livres du défunt. Le ministre de l'Intérieur, Jules Baroche, est assis devant le catafalque à côté de Victor Hugo. Pendant la messe, il se penche vers le poète et murmure : « C'était un homme distingué. » Hugo lui répond : « C'était un génie ! » Convoi de troisième classe. La procession traverse Paris par les boulevards en direction du Père-Lachaise. Une pluie fine et tiède descend du ciel incertain, puis s'arrête. Hugo et Dumas tiennent les cordons d'argent du poêle. Au cimetière, devant la fosse ouverte, Hugo prononce un discours qui est écouté dans un recueillement religieux. Pendant qu'il parle, des mottes de terre se détachent des parois de l'excavation et tombent, avec un bruit sourd, sur la bière. On croirait que, du fond de son trou, le cadavre répond à son thuriféraire. « L'homme qui vient de descendre dans cette tombe était de ceux auxquels la douleur publique fait cortège, proclame Hugo [1]. Le nom de Balzac se mêlera à la trace lumineuse que notre époque laissera dans l'avenir. [...] M. de Balzac était un des premiers parmi les plus grands, un des plus hauts parmi les meilleurs. [...] Tous ses livres ne forment qu'un livre, livre vivant, lumineux, profond, où l'on voit aller et venir, et marcher et se mouvoir, avec je ne sais quoi d'effaré et de terrible mêlé au réel, toute notre civilisation contemporaine, livre merveilleux que le poète a intitulé *Comédie* et qu'il aurait pu intituler *Histoire* [...] ; livre qui est l'observation et qui est l'imagination ; qui prodigue le vrai, l'intime, le bourgeois, le trivial, le matériel et qui, par moments, à travers toutes les réalités brusquement et largement déchirées, laisse tout à coup entrevoir le plus sombre et le plus tragique idéal. [...] Voilà l'œuvre qu'il nous laisse, œuvre haute et solide, robuste entassement d'assises de granit, monument ! œuvre du haut de laquelle resplendira désormais sa renommée. Les grands hommes font leur propre piédestal, l'avenir se charge de la statue. [...] Hélas ! ce travailleur puissant et jamais fatigué, ce philosophe, ce penseur, ce poète, ce génie a vécu parmi nous de cette vie d'orages, de luttes, de querelles, de combats, commune dans tous les temps à tous les grands hommes. Aujourd'hui, le voici en paix. Il sort des contestations et des haines. Il entre le même jour dans la gloire et dans le tombeau. »

Profondément émue, Eve écrira à Hugo pour le remercier de ce bel hommage posthume : « Je ne trouve

1. Cf. *Actes et Paroles*.

que des larmes, mais c'est la première fois, depuis trois jours, qu'elles coulent sans amertume. Soyez-en béni, Monsieur [1]. »

La plupart des journaux signalent la disparition de Balzac en termes mesurés, sans prendre la peine d'analyser son œuvre. Seul Barbey d'Aurevilly adopte un ton pathétique, dans son article publié par *La Mode* du 24 août : « Cette mort est une véritable catastrophe intellectuelle à laquelle il n'y a rien à comparer que la mort de Lord Byron, parmi tous les deuils que notre époque a revêtus. » Sainte-Beuve, en revanche, dans son « Lundi » du *Constitutionnel* en date du 2 septembre, tout en reconnaissant, à contrecœur, le succès des livres de Balzac – surtout auprès des femmes – , s'obstine à regretter « ce style si souvent chatouilleux et dissolvant, énervé, rosé et veiné de toutes teintes, ce style d'une corruption délicieuse, tout asiatique comme disaient nos maîtres ». Sans nier le « merveilleux talent » de cet auteur prolifique et populaire, il craint que l'admiration des lecteurs n'aille s'égarer « au-delà des bornes permises ».

Passé le flot des condoléances plus ou moins sincères, Ève se retrouve tout étourdie dans son état de veuve. La maison de la rue Fortunée lui paraît immense, vide, sinistre et elle ne sait à quoi employer sa pensée et son temps. Le 2 septembre, deux semaines après la mort de Balzac, elle écrit à Anna : « Sois bien tranquille, ma chère enfant bien-aimée, ma santé continue à être étonnamment bonne et je ne reçois que des preuves de bonté et d'intérêt de tout le monde ; je vis dans le chagrin, il est vrai, mais aussi dans le repos le plus absolu. » Elle attend la visite de sa sœur Caroline, va voir au couvent l'ancienne institutrice de sa fille,

1. Cf. Roger Pierrot, *op. cit.*

sœur Marie-Dominique, se promène avec sa belle-mère et les Surville du côté de Suresnes, flâne aux Tuileries en compagnie de sa nièce Sophie, observe avec curiosité les Parisiens endimanchés qu'elle croise et songe que tous, ou presque tous, ont dû être affectés par la mort de l'auteur de *La Comédie humaine*. « Je me sentais une tristesse et un serrement inexprimable au cœur, confesse-t-elle dans la même lettre, en pensant que, dans cette solitude peuplée, dans ce désert d'hommes inconnus pour moi, il n'y avait pas un être qui n'eût souffert plus ou moins de mon affreuse et inconsolable douleur. On ne se souvient pas d'un regret aussi général. La mort de Louis-Philippe [1] a passé inaperçue, sous ce deuil écrasant. Les journaux continuent de publier des notices, des appréciations, des biographies de Lui, je reçois des paquets cachetés, de prose et de vers, je n'y réponds jamais et l'on continue tout de même. » Elle ajoute que la rue Fortunée prendra sous peu le nom de rue de Balzac : « Il y a eu des pétitions sans nombre de tous les habitants de notre quartier pour demander ce changement. En attendant, écris toujours à cette rue jadis Fortunée, sous le nom menteur qu'elle porte encore. »

Ayant accepté le legs testamentaire de 1847 et la donation au dernier vivant du 4 juin 1850, Eve charge Auguste Fessart de débrouiller la succession et de régler les créanciers les plus agressifs. Son premier soin est de verser à sa belle-mère la rente viagère de trois mille francs instituée par Balzac. Elle consent même à loger la vieille dame, provisoirement, rue Fortunée. Les deux femmes s'entendent relativement bien, évitent les accrochages et communient dans le culte du cher Honoré. Madame mère fait des courses en ville

1. Mort en exil le 26 août 1850, à Claremont, en Angleterre.

pour sa bru, qui dit d'elle : « A soixante-treize ans, elle court comme une biche et est toujours sur pied. » Mais, peu à peu, les rapports entre les deux Mme Balzac s'enveniment. Comme sa belle-mère lui demande d'augmenter sa pension alimentaire, Eve lui répond sèchement : « Je ne crois pas vous avoir fait d'autres promesses que celle d'être exacte dans le paiement de votre rente et je vous assure que cela ne m'est pas facile. Vous savez mieux que personne que ma fortune entière a passé aux créanciers de Monsieur votre fils [1]. »

En novembre 1850, Eve signe avec Armand Dutacq un contrat le chargeant de céder les œuvres de son mari, « tant en librairie qu'aux journaux et revues ». C'est à ce moment que surgit dans sa vie un jeune admirateur de Balzac : Champfleury. Absent de Paris à la mort de son auteur préféré, il rend visite à la veuve. Elle le trouve d'une fraîcheur et d'une amabilité exquises et lui propose de l'aider à classer les papiers du défunt. Sensible à cette marque de confiance, il accepte. Pendant la conversation, il se plaint de migraine et elle lui met les deux mains sur le front pour le faire profiter de ses effluves magnétiques. Champfleury a vingt ans de moins qu'elle et l'idée de succéder à Balzac dans les faveurs de la plantureuse et rayonnante Polonaise le grise. Il devine en elle des trésors de volupté, d'expérience, et son léger accent slave le chavire. Elle, de son côté, est troublée par cette vénération juvénile qui la ramène des années en arrière. Ils se revoient, ils s'écrivent. Dans ses premières lettres, elle l'appelle « Monsieur », mais très vite il devient « Petiot chéri ». En répondant au désir de son nouvel amant, elle a l'impression de jouer auprès de lui le rôle de la mûrissante Mme de Berny auprès de l'adolescent

1. Lettre publiée par *L'Année balzacienne*, 1961.

Honoré. Pas un instant elle ne se repent de tromper le souvenir de son illustre mari, mort depuis moins de neuf mois, avec un homme qu'elle connaît d'hier et qui l'abandonnera peut-être demain. Après l'épreuve qu'elle a subie, elle a soif de s'amuser, d'oublier. Elle écrit à Champfleury : « Depuis que je vole de mes ailes, je mène une vraie vie de Bohême [sic], mais à ma façon, c'est-à-dire très isolée et très pure ; je suis ivre d'indépendance et de liberté. Je ne sais plus rentrer chez moi. Les Champs-Elysées, c'est mon domicile. Je vais tous les soirs à des cafés chantants où je m'amuse !... Non, j'ai ri avant-hier [le vendredi 6 juin 1851] comme jamais de ma vie. Oh ! qu'on est heureux de ne connaître personne, de ne se soucier de personne, d'avoir son indépendance, la liberté sur la montagne, et d'être à Paris. »

Elle n'en perd pas de vue pour autant l'exploitation de l'œuvre de Balzac et, constatant qu'il y a dans le lot des manuscrits du disparu deux romans inachevés, *Le Député d'Arcis* et *Les Petits Bourgeois*, elle suggère à Champfleury de les terminer. Bien entendu, on ne révélerait à personne qu'ils ont été, en partie, rédigés par un autre. Jugeant le procédé incorrect, il refuse. Elle insiste et cherche maladroitement à le soudoyer : « Il faut que je te dise que j'ai eu hier une petite rentrée de fonds sur laquelle je ne comptais pas du tout et il s'est trouvé là quelques pièces neuves républicaines, si jaunes, si brillantes que je les ai mises de côté, les jugeant trop jeunes et trop gaies pour moi [1]. » Comme preuve de son attachement, elle lui offre même le cachet dont Honoré se servait pour sceller ses « lettres à l'Etrangère ». Mais Champfleury reste sur ses posi-

1. Lettre citée par André Lorant dans *L'Année balzacienne*, 1961 ; cf. André Maurois, *op. cit.*

tions : il ne se prêtera pas au subterfuge littéraire qu'elle propose. D'ailleurs, il se lasse bientôt des débordements sentimentaux et des exigences physiques de sa maîtresse. Elle est d'une autorité et d'une jalousie maniaques. Tout est pour elle prétexte à exaltation et à reproche. Ecrasé par le caractère excessif de cette amazone, il s'étonne que Balzac ait pu la supporter pendant des années et s'évertue à rompre une liaison qui l'épuise. Les scènes se succèdent, toujours plus violentes, jusqu'au mois de novembre 1851 qui voit le couple se séparer.

Privée de Champfleury, Eve ne renonce pas à son projet et se raccroche au journaliste et romancier Charles Rabou, qui, moins scrupuleux, accepte d'achever anonymement *La Comédie humaine*. Pour le stimuler, elle lui affirme que Balzac, avant de mourir, lui a exposé en détail la façon dont il voulait conclure son œuvre. Rabou se met gaillardement au travail. Il a la plume facile. Il « fait » du Balzac avec entrain. *Le Député d'Arcis*, fruit d'une collaboration posthume, paraîtra en 1852 dans *Le Constitutionnel*. Le nom de Rabou ne figure pas dans la publication. Encouragé, il s'attelle aux *Petits Bourgeois* et Eve, satisfaite, écrit à Dutacq, son éditeur : « Je suis fort aise que M. Rabou puisse les finir, par la conviction intime que M. de Balzac n'aurait choisi que lui pour terminer cette œuvre. Ceci n'est pas une supposition, mais une certitude, car il m'a dit dans sa maladie : "Je voudrais bien voir Rabou. Peut-être qu'il se chargerait de terminer *Les Petits Bourgeois*." » D'abord publiés en feuilleton dans *Le Pays*, *Les Petits Bourgeois* ne sortiront, en quatre volumes, qu'en 1856. En 1855, ce sont *Les Paysans*, habilement complétés par Eve elle-même, qui ont vu le jour, d'abord en six livraisons dans *La Revue de Paris*, puis en cinq volumes chez de Potter.

Le 12 juillet 1851, grande joie pour Eve : Anna et Georges débarquent à Paris pour une longue visite. Avec elle, ils vont voyager en France et en Belgique. C'est une réédition des escapades des « Saltimbanques ». Mais il manque le cher « Bilboquet ». Sa veuve évite de parler de lui pour ne pas attrister la compagnie. Elle a définitivement rompu avec sa belle-mère, qu'elle qualifie de « duègne », d'« épouvantail » et qui s'est fort heureusement établie à Chantilly, où elle continue à toucher sa rente et à broyer du noir. Vers cette même époque, le peintre franc-comtois Jean Gigoux ayant entrepris de faire le portrait d'Anna Mniszech, celle-ci amène sa mère dans l'atelier où il travaille. Charmée par le talent de l'artiste, Eve accepte à son tour de poser pour lui. De séance en séance, elle apprécie mieux cet homme rude et secret, aux traits accentués par une belle moustache gauloise. Peu après, elle tombe dans ses bras. La maison de la rue Fortunée, qui devait abriter les amours d'Eve et d'Honoré, abrite désormais les ébats du peintre et de sa maîtresse. Le 7 août 1852, Aline Moniuszko, sœur aînée d'Eve, écrit à son autre sœur, Caroline Lacroix : « Eveline est libre ! Mais le pauvre Balzac si tôt oublié me donne pourtant de l'indignation contre Eveline. Cette ravissante demeure créée par lui, avec sa pensée vouée à elle toujours, partout ; puis devenue le théâtre de ses horribles souffrances, le lieu de sa mort, en moins de deux ans, se transforme au point qu'un autre y apporte le bonheur et que les futilités de la toilette sont recherchées, [cela] me révolte, je l'avoue. » Plus tard, retirée avec son amant au château de Beauregard, qu'elle a acheté exprès, à Villeneuve-Saint-Georges, pour s'éloigner du monde, Eve mènera aux côtés de Jean Gigoux une existence sans éclat, quasi conjugale, et cela jusqu'à sa mort, le 10 avril 1882.

Le 19 janvier 1882, peu de temps avant de s'éteindre, elle revendra la maison, fort délabrée, de la rue Fortunée (devenue rue Balzac) à la baronne Salomon de Rothschild, pour cinq cent mille francs. Rasé aussitôt après le décès d'Eve, le « dernier logis de Balzac » cédera la place au somptueux hôtel Salomon de Rothschild, entouré de jardins. Sur le mur d'enceinte, seule une plaque rappelle qu'ici s'élevait la demeure si amoureusement aménagée et meublée par l'auteur de *La Comédie humaine* pour sa femme.

Entre-temps, Eve aura enduré les malheurs de ses enfants, ruinés par les dépenses et les caprices de la coquette Anna, puis tourmentés par la démence précoce de Georges, le gentil collectionneur de coléoptères. A la mort de sa mère, Anna, veuve et à bout de ressources, vendra le château de Beauregard et se retirera au couvent des Dames de la Croix, rue de Vaugirard.

Mme Balzac mère n'a pas connu les dernières frasques sentimentales de sa bru. Dans sa grande vieillesse, elle a reporté toute son attention sur sa fille Laure, se plaisant à la cajoler, tandis qu'elle « turlupinait » son gendre Surville, en qui elle voyait un empêcheur de danser en rond. N'ayant plus de soucis pécuniaires, grâce à la rente viagère que sa « belle-fille polonaise » lui versait régulièrement, elle jouait au whist, rendait des visites clandestines à son enfant chérie et prétendait se maintenir toujours vaillante en mangeant à profusion des quartiers d'orange sucrés. Elle mourra aux Andelys le 1er août 1854.

Après cette disparition, Laure se sentira encore plus seule et plus désemparée. Elle écrit de jolis contes qui ne trouvent pas preneur et son ingénieur de mari a des idées si grandioses que personne ne consent à les financer. Heureusement, elle a pu marier ses deux filles.

Sophie a épousé, le 6 mars 1851, un veuf, Jacques Mallet, de dix-neuf ans plus âgé qu'elle. Mais il désertera bientôt le domicile conjugal et ne donnera plus jamais de ses nouvelles. Abandonnée au lendemain de ses noces, Sophie se placera comme institutrice dans une famille de notables du Nord. Valentine aura plus de chance en devenant la femme de l'avocat Louis Duhamel, futur secrétaire du président Jules Grévy. Quant à Henry, le triste frère adultérin d'Honoré, il mourra dans la misère, à l'hôpital militaire de Dzaoudzi (îlot de l'archipel des Comores), le 11 mars 1858.

Mais c'est le décès de Mme Balzac mère qui provoquera la plus profonde mésentente entre Laure et Eve. Les deux belles-sœurs, qui avaient de l'affection l'une pour l'autre, s'affronteront au moment du règlement de la succession. Le notaire, Me Delapalme, ayant adressé à Eve un extrait d'inventaire des biens de sa belle-mère avec prière de régler quelques dettes, elle lui répondra d'une plume trempée dans le vinaigre : « J'ai été, pendant quatre mois, non la femme, mais *la garde* de M. de Balzac. En soignant la maladie incurable de mon mari, j'ai ruiné ma santé, comme j'ai ruiné ma fortune personnelle en acceptant la succession de dettes et d'embarras qu'il me léguait. Si je faisais plus, je compromettrais l'avenir de mes enfants auxquels la famille Balzac est complètement étrangère, comme elle me l'est devenue, à moi aussi, par la mort de mon mari qui a terminé d'une manière si fatale une déplorable union de quatre mois et demi[1]. »

Comme Surville, à demi convaincu par la réponse d'Eve à Me Delapalme, revient à la charge directement auprès de sa belle-sœur, elle lui décoche une fin de

1. Cité par André Lorant dans *L'Année balzacienne*, 1961.

non-recevoir catégorique : « A la mort [de mon mari], la maison que j'habitais n'était pas payée et j'ai dû recourir à l'amitié de mes enfants qui ont garanti un emprunt que j'ai été forcée de faire chez M. de Rothschild (et qui court encore) pour n'être pas expropriée deux mois après la mort d'un mari auquel j'ai sacrifié ma fortune, ma position, mon pays, pour être encore tourmentée par sa famille quatre ans après sa mort. C'est-à-dire après ma ruine complète ! J'espère, Monsieur, que vous vous épargnerez une peine inutile en m'écrivant désormais [1]. »

Ainsi, les questions d'héritage, l'obsession des dettes, les folies amoureuses, les ambitions déçues, l'appât du gain, les deuils, les mariages, les querelles de famille continuent sur cette terre d'où Balzac a disparu. Ne dirait-on pas que le monde réel singe le monde imaginaire créé par lui de toutes pièces ? S'il avait vécu plus longtemps, sans doute eût-il puisé, dans les aventures de ses proches, de quoi donner une suite tragique et dérisoire à *La Comédie humaine.*

1. *Ibid.*

BIBLIOGRAPHIE

La bibliographie complète de Balzac pourrait, à elle seule, remplir un petit volume. Je ne citerai ici que quelques ouvrages essentiels.

Année balzacienne (L'), 1960-1993, Garnier, puis Presses universitaires de France (34 vol. parus).

ARRIGNON (L.-J.) : *Les Débuts littéraires d'Honoré de Balzac*, Paris, Librairie académique Perrin, 1924.

– *Les Années romantiques de Balzac*, Paris, Librairie académique Perrin, 1927.

Balzac et la Contessa, Editions des Portiques, sans date.

BALZAC (Honoré de) : *Album Balzac* (iconographie), Paris, Gallimard, Bibliothèque de la Pléiade, 1992.

– *La Comédie humaine* (sous la direction de Pierre-Georges Castex), Paris, Gallimard, Bibliothèque de la Pléiade, 1976-1981 (12 vol.).

– *Œuvres diverses* (sous la direction de Pierre-Georges Castex), Paris, Gallimard, Bibliothèque de la Pléiade, 1990.

– *Correspondance* (textes réunis et annotés par Roger Pierrot), Paris, Garnier Frères, 1960-1969.

– *Lettres à Madame Hanska* (textes réunis et établis par Roger Pierrot), Paris, Robert Laffont, coll. Bouquins (2 vol.).

– *Balzac dans l'empire russe*, Paris-Musées et Editions des Cendres, 1993.

BARDÈCHE (Pierre) : *Balzac romancier*, Paris, Plon, 1940.

BELLESSORT (André) : *Balzac et son œuvre*, Paris, Librairie académique Perrin, 1924.

BENJAMIN (René) : *La Prodigieuse Vie d'Honoré de Balzac*, Paris, Plon, 1925.

BERTAULT (Philippe) : *Balzac, l'homme et l'œuvre*, Paris, Boivin et Cie, 1942.

BERTAUT (Jules) : *La Vie privée de Balzac*, Paris, Hachette, 1950.

BILLY (André) : *Vie de Balzac*, Paris, Flammarion, 1944 (2 vol.).

BOUVIER (René) et MAYNIAL (Edouard) : *Les Comptes dramatiques de Balzac*, Paris, Fernand Sorlot, 1938.

CAZENOVE (Marcel) : *Le Drame de Balzac*, Paris, Delmas, 1950.

DESCAVES (Pierre) : *Les Cent-Jours de Monsieur de Balzac*, Paris, Calmann-Lévy, 1950.

FAGUET (Emile) : *Balzac*, Paris, Hachette, 1913.

FERNANDEZ (Ramon) : *Balzac*, Paris, Stock, 1943.

FOREST (H.-U.) : *L'Esthétique du roman balzacien*, Paris, Presses universitaires de France, 1950.

GAUTIER (Théophile) : *Portraits contemporains : Balzac*, Paris, Charpentier, 1874.

GOZLAN (Léon) : *Balzac chez lui*, Paris, Michel Lévy, 1863.

– *Balzac en pantoufles*, Paris, Delmas, 1949.

LE BRETON (André) : *Balzac, l'homme et l'œuvre*, Paris, Colin, 1905.

LÉGER (Charles) : *A la recherche de Balzac*, Paris, Le Goupy, 1927.

– *Balzac mis à nu*, Paris, G. Gaillandre, 1928.

MALO (Henri) : *La Duchesse d'Abrantès du temps des amours*, Paris, Emile Paul, 1927.

MARCEAU (Félicien) : *Balzac et son monde*, Paris, Gallimard, 1986.

MAURIAC (Claude) : *Aimer Balzac*, Paris, La Table ronde, 1945.

MAUROIS (André) : *Prométhée ou la vie de Balzac*, Paris, Flammarion, 1974.

MÉTADIER (Paul-B.) : *Saché dans la vie et l'œuvre de Balzac*, Paris, Calmann-Lévy, 1950.

– *Balzac en son pays*, C.L.D., 1993.

PICON (Gaétan) : *Balzac par lui-même*, Paris, Le Seuil, 1956.

PIERROT (Roger) : *Honoré de Balzac*, Paris, Fayard, 1994.

RUXTON (Geneviève) : *La Dilecta de Balzac*, Paris, Plon-Nourrit, 1909.

SIPRIOT (Pierre) : *Balzac sans masque*, Paris, Robert Laffont, 1992.

SURVILLE (Laure, née Balzac), *Balzac, sa vie et son œuvre d'après sa correspondance*, Paris, Calmann-Lévy, 1878.

VACHON (Stéphane) : *Les Travaux et les Jours d'Honoré de Balzac* (chronologie), Paris, Presses du C.N.R.S., 1992.

WERDET (Edmond) : *Souvenirs de la vie littéraire. Portraits intimes*, Paris, E. Dentu, 1879.

WURMSER (André) : *La Comédie inhumaine*, Paris, Gallimard, 1964.

ZWEIG (Stefan) : *Balzac, le roman de sa vie* (traduit de l'allemand), Paris, Albin Michel, 1950.

INDEX

TABLE

enri Troyat

oscou en 1911, il est
ve en France en 1920 et est
devenu l'un des plus grands écrivains français. En 1959, il est
élu à l'Académie française.

Avocat parisien fortuné,
Philippe Eygletière se remarie
avec une femme ravissante, qui
n'a que dix ans de plus que
l'aîné de ses fils. Peu à peu, la
façade de respectabilité bourgeoise de cette grande famille
va se désagréger, minée par
l'hypocrisie et les compromis.

Moscou, 1812 : la Grande Armée arrive aux portes de la ville, qui s'em-
brase dans un gigantesque incendie.
Armand de Croué, un jeune émigré
français dont la famille s'est réfugiée
en Russie à la Révolution voit alors,
avec épouvante, les troupes napoléoniennes déferler sur sa terre
d'adoption.

Le défi d'Olga
4310/2

Olga, veuve de quatre-vingts
ans, vit à Paris, enfermée dans
le souvenir de la Russie des
Tsars qu'elle a quittée lorsqu'elle était encore enfant.
Soudain débarque chez elle son
fils quinquagénaire, doublement lâché par sa femme et sa
maîtresse... Ravie de remettre la
main sur son vieux rejeton, Olga
s'épanouit totalement lorsqu'on
lui propose d'écrire ses
mémoires !

LES GRANDES BIOGRAPHIES D'HENRI TROYAT

De la construction d'un État
moderne à la révolution de
1917, l'histoire fascinante de
trois souverains qui ont marqué
l'histoire de la Russie. « En fait,
avoue Henri Troyat, chacun de
ces monarques m'est apparu
comme un personnage de
roman aux dimensions démesu-
rées. »

6582   8:55   Apil

Photocomposition Assistance 44-Bouguenais
Achevé d'imprimer en Europe (France)
par Brodard et Taupin à La Flèche (Sarthe)
le 12 mai 1997. 1094S-5
Dépôt légal mai 1997. ISBN 2-290-04492-X

Éditions J'ai lu
84, rue de Grenelle, 75007 Paris
Diffusion France et étranger : Flammarion

4492